U0020667

國族、極權、歷史記憶，
人民為何再次臣屬於普丁的國家？

偉大的俄羅斯回來了

THE FUTURE IS HISTORY

HOW TOTALITARIANISM RECLAIMED RUSSIA

MASHA GESSEN

瑪莎・葛森——著
蔡耀緯——譯

紀念斯維特蘭娜．波伊姆（Svetlana Boym, 1959-2015）*

* 譯註：出生於蘇聯，一九八〇年代移民美國，曾任哈佛大學斯拉夫語文及比較文學教授，也從事散文、小說、戲劇及攝影創作。她對神話、記憶與認同的研究最為著名，曾將懷舊（nostalgia）區分成兩種：流亡者社群的反思性懷舊（reflexive nostalgia）承認過去不可能完全重建；而試圖原汁原味重建過去世界的修復性懷舊（restorative nostalgia），則是當今世界國族主義復甦及反現代國族神話建構的憑藉，具有危險性。由此開展出批判反思現代情境的外現代（off-modern）理論。

目次

第六部　鎮壓

故事主角*

本書共有七位主角，不時出現在故事之中。我以一種修正過的俄國習慣來稱呼他們。任何讀過俄國小說的人都知道，俄國人有很多個名字。一個人的合法姓名是由完整的名字加上父名（父親名字的變格形式）所組成的。但在當代生活中，名字加上父名的組合，通常只用於正式場合或年長者。同時，大多數名字又會衍生出各式各樣的暱稱小名。多數俄國人在童年時期都會得到一個為他們挑選的小名，而且終其一生沿用下去；即使並非全部，但多數小名顯然都從名字衍生而來，所以

* 廖沙、瑪莎、謝廖沙和冉娜——這些都是真名——在將近一年的時間內向我敘述他們的生活。我用上幾小時請求他們回顧事件及地點、對話、感受、電影、新聞報導和想法。我運用多種資料來源證實日期、時間，以及電視影片上的描述。要是出現矛盾，我就予以解決（或者在其中一個例子裡，記下回憶與實際時間順序的出入）。同時，我首要關注個人認知。因此，所有對話除非經過錄音，全都是參與者以第一人稱向我講述（其中一個例子則由其他人向我講述）。我們對於談話內容的回憶難得精確，但這正是我們所接受的境況。阿魯圖尼揚和古德科夫分別花了十幾個小時為這本書與我談話。杜金拒絕受訪，但指派他的助手和我談話；我也訪問了他的其他同事，並研讀他大量的著作和講學。在這些資料來源之外，我也仰賴俄國和西方國家豐富的學術研究。只要非出自主要人物的訪談，亦非親身採訪的資訊，我皆註明出處。

我們可以從小名倒推出本名。比方說，所有的薩沙（Sasha）原都是亞歷山大，多數的瑪莎（Masha）則是瑪莉亞。兒童幾乎一定是用小名稱呼的。

故事中第一次出現時是兒童的人物，在全書皆以小名稱之（例如瑪莎、廖沙〔Lyosha〕）。第一次出現時是成人的人物，則以正式名字稱之（例如鮑里斯〔Boris〕、塔蒂亞娜〔Tatiana〕）。第一次出現時是老人的人物，則在全書以名字加上父名稱之。以下是主角名單。還有數十人在本書中也被提及，但他們不在名單上，因為這些人偶爾才現身。

冉娜（Zhanna，生於一九八四年）

父親：鮑里斯
母親：雷莎（Raisa）
丈夫：季米特里（Dmitri）
祖母：吉娜・雅可夫列夫娜（Dina Yakovlevna）

瑪莎（生於一九八四年）

母親：塔蒂亞娜
祖母：加林娜・瓦西里耶夫娜（Galina Vasilyevna）
祖父：鮑里斯・米哈伊爾洛維奇（Boris Mikhailovich）
丈夫：謝爾蓋（Sergei）
兒子：薩沙

謝廖沙（Seryozha，生於一九八二年）

父親：阿納托里（Anatoly）

祖父：亞歷山大・尼古拉耶維奇・雅可夫列夫（Alexander Nikolaevich Yakovlev）

廖沙（生於一九八五年）

母親：加林娜

生父：尤里（Yuri）

繼父：謝爾蓋

祖母：謝拉菲瑪・阿達莫夫娜（Serafima Adamovna）

瑪莉娜・阿魯圖尼揚（Marina Arutyunyan），精神分析學家

母親：瑪雅（Maya）

祖母：安娜・米哈伊爾洛夫娜・潘克拉托娃（Anna Mikhailovna Pankratova）

列夫・古德科夫（Lev Gudkov），社會學家

亞歷山大・杜金（Alexander Dugin），哲學家、政治運動人士

序章

我聽過許多關於俄羅斯的故事，我自己也說過一些。在我十一、十二歲時，母親對我說，蘇聯是個極權國家——她把蘇聯政權比擬為納粹，對一位蘇聯公民而言，這種思想與言論不同凡響。我的父母親都告訴我蘇聯政權會永久延續，因此我們必須離開這個國家。

當我在一九八〇年代晚期成為年輕的新聞記者時，蘇聯政權開始搖搖欲墜，然後崩塌成一堆瓦礫，至少故事是這麼說的。我加入了一群記者大軍，興奮地記錄我的國家擁抱自由和邁向民主的旅程。

我三十多歲和四十多歲的人生，都用來記錄一個不曾真正實現的俄羅斯民主之死。不同的人對這件事都有不同說法：許多人堅稱，俄國只不過是向民主進兩步又退一步；有些人歸咎普丁與蘇聯國家安全委員會（KGB）；其他人則歸咎俄國人對鐵腕強人的愛好；還有些人責怪自私而專橫的西方。我一度確信我的報導將會寫到普丁政權的衰亡。可沒多久，我就發現自己得第二次離開俄國——這次身為一個帶著兒女的中年人。一如我的母親，我也要和我的兒女們說明，我們為何不能繼續在自己的國家生活。

具體事實夠清楚了。將近二十年來，俄國公民不斷失去自己的權利與自由。二〇一二年，普丁政府展開一場全面的政治鎮壓。國家同時對內部敵人及鄰國發動戰爭。二〇〇八年，俄國入侵喬治亞，二〇一四年則進攻烏克蘭，吞併大片領土。它也對西方民主國家展開概念及事實層次上的資訊戰。西方觀察家經過一段時間後才看清俄國的現況，但現在，俄國進行的各種戰爭已為人熟知。在當代美國人的想像中，俄國已經重新扮演起邪惡帝國和生存威脅的角色。

鎮壓、戰爭，乃至俄國在世界舞臺上回復的原貌，都是已經發生、也是我所見證的事，我想要說出這個故事。但我也想說出未曾發生的事：未被接納的自由、未被期望的民主。這樣的故事要怎麼說？匱乏的理由要放在哪裡？要從何處、又要從誰的身上說起？

談論俄國或其他國家的通俗著作，可以分成兩大類：旨在說明該國情況及運作方式的強人故事（沙皇、史達林、普丁，以及他們的親信），以及旨在呈現該國生活滋味的「尋常人」故事。這兩種書籍我都寫過，讀過的更多。但就算是其中最好的著作，都只能揭開這個國家故事的一角。倘若我們將報導想像成盲人摸象的印度寓言，像我現在這樣，多數談論俄國的書籍都只描述了大象的頭或腳。即使有些著作對尾巴、象鼻和身體提供了敘述，試圖說明這頭動物的全貌，相關著作仍寥寥無幾。我這次的抱負則是同時敘述及定義這頭動物。

我決定從蘇聯政權的「衰落」說起。在此，蘇聯「崩潰」的說法應該受到質疑。我也決定聚焦在那些以蘇聯時代結束做為最初成長記憶、或成長記憶一部分的人們身上——也就是一九八〇年代前期或中期出生的這一代俄國人。他們在一九九〇年代長大，這可說是俄國歷史上最受爭議的十年；有些人記得這是解放的年代，然而對其他人來說，這十年則代表了混亂與苦痛。這一代人的成年生活全都在普丁統治的俄國度過。藉由這個主題，我也在尋找那些人生因二〇一二年開始的鎮壓而遭逢劇變的人。四位出身不同城市、家庭，實際上來自蘇維埃社會不同角落的年輕人——廖沙、瑪莎、謝廖沙和冉娜——允許我說出在步向開放的國家長大，卻又在逐漸封閉的社會中成年是什麼樣的經驗。

我在尋找這些主角時，做了新聞記者常做的事：我尋找的是既「尋常」（意思是，他們的經驗足以具體而微地呈現千百萬人民的經驗）又不同凡響的人們——聰明、熱情、自省，又能生動敘述自身故事的人。但對人生之於世界意義的理解能力，是自由的其中一項功能。蘇聯政權不僅剝奪了人們自由生活的能力，也剝奪了人們充分理解自己被剝奪了什麼、以及如何被剝奪的能力。政權的目標在於消滅個人及歷史記憶，乃至學術界對社會的研究。它對社會科學發動的協同戰爭，使得西方學界數十年來都處在比俄國人更有力的位置來詮釋俄國；但西方學界身為資訊取得被受限的局外人，卻幾乎不可能填補其中的空缺。這不只是學術問題而已，更是對俄國社會人性的攻擊，令俄國社會喪失了理解自身的工具，甚至語言。俄國說出的那些關於自己的故事，就只有蘇聯理論家們創造的那一套。倘若一個現代國家沒有社會學家、心理學家或哲學家，它如何了解自己？它的公民又如何了解自己？我明白了母親將蘇聯政權歸類，並與另一個政權相比的簡單行動，需要非同小可的自由意志，而她至少有一部分是從決心移民這一點上得來的。

為了刻劃出「喪失理解的智識工具」這場更大的悲劇，我尋找的是那些在蘇聯時代和後蘇聯時代都試圖運用這些工具的人。人物名單隨之擴充，將一位社會學家、一位精神分析學家和一位哲學家納入。倘若有誰持有定義大象所需的工具，那就是他們了。他們既不是「尋常人」（他們戮力讓所處學科死而復生的故事，幾乎不具代表性），也不是「強人」；他們是一群「試著理解」的人。在普丁時代，社會科學再次被擊敗，並以全新的方式被貶低，我的主角們，則面臨著新一套進退維谷的選擇。

當我將這些故事編織起來，我想像自己正在撰寫一部漫長的俄國（非虛構）故事，主旨是同時刻劃出個人的悲劇，以及塑造這些悲劇的事件與觀念。我盼望結果不只是一部呈現出最近三十年來俄國生活滋味的書，也是一本呈現出當代俄國樣貌、變遷情形及方式的書。大象也真的在書中軋了一腳（參看頁四五一）。

第一部　生於蘇聯

第一章　生於一九八四

瑪莎

在偉大的十月社會主義革命七十周年紀念日當天，身為火箭科學家的祖母加林娜．瓦西里耶夫娜，帶著瑪莎到莫斯科市中心的勇士聖若望大教堂（the Church of St. John the Warrior）領洗。那時瑪莎三歲半，比當天教堂裡所有其他孩子都大了三歲左右。她的祖母加林娜．瓦西里耶夫娜當時五十五歲，歲數大致上跟在場多數的成年人相同。他們都是老人了——五十五歲是蘇聯女性的退休年齡，你幾乎找不到哪個五十五歲的女人還沒當祖母——但年紀還沒大到對宗教能在俄羅斯自豪、公開信奉的時代有所記憶。直到不久前，加林娜．瓦西里耶夫娜都不太思考宗教問題。她自己的母親上教堂，也帶她領洗。加林娜．瓦西里耶夫娜大學時主修物理，即使她在「科學無神論導論」這門課成為所有大專院校必修課的前幾年就已經畢業，她仍被教導「宗教是人民的鴉片」。[1]

1　譯者按：英語世界的讀者通常更熟知這句話的另一個不同版本：「宗教是大眾的鴉片。」俄文翻譯更貼近原文，但往往在被抽離上下文的狀況下習得，在西方大眾文化中也是如此。這句話出處的全文如下：「宗教裡的苦難既是現實的苦難的表加林娜．瓦西里耶夫娜成年人生的大半，都用來研究與宗教恰恰相反的事物：它們是摸得著的，一點都不神祕，而且朝太空飛去。她最近在研發蘇聯太空梭暴風雪號（Buran）的科技製造集團「閃電」（Molniya Scientific Production Association）裡工作，她的任務是設計出讓組員在降落後能打開艙門的機制。[2]太空梭當時已接近完工。再過一年，暴風雪號終於升空，且成功完成首次、也是最後一次無人駕駛試飛。計畫的資金枯竭了，著陸後從太空梭內部打開艙門的機制也從未派上用場。

加林娜．瓦西里耶夫娜對周遭世界的心情與期望之微妙變化，總是格外敏感。這在蘇聯這樣的國家是最派得上用場的，得知風向可能意味著生與死的分別。如今，即使她的職業生活似乎全都上了軌道——這時離暴風雪號升空還有一年——她還是感受得到，她唯一所知的這個世界，也就是建立在物質優先之上的世界，有某些根基的事物正在瓦解。由此產生的裂縫召喚著其他想法（或者更好的是，另一套基礎）現身，以填補空缺。彷彿她可以預料到，自己用盡一生建造的堅固、不神祕的事物，最後會落得乏人問津，留下一個形而上的空缺。

加林娜．瓦西里耶夫娜或許學過「宗教是人民的鴉片」，她或許也跟國內其他人、以及全世界人類一樣被告知過，布爾什維克黨已經征服了組織化宗教。但生活在蘇聯五十多年，她知道事實不盡然如此。回到一九三〇年代，在她小時候，蘇聯的多數成年人仍然公開表示自己信奉天主。[3]照理來說，新世代的人們會完全擺脫宗教，認為宗教僅是全套迷信的其中一環，令其成為必要的過往。但在加林娜．瓦西里耶夫娜九歲時，第二次世界大戰開始了。德軍的推進如此迅速，蘇聯領導人看來又是如此無助，除了天主之外再也無可信仰的了。[4]很快地，蘇聯政府似乎接納了俄羅斯正教會，從那時開始，共產黨人與神職人員攜手抵抗納粹。[5]大戰結束後，教會又重新成為服務老一輩人的機構，但宗教能在災禍來襲的不確定時刻提供庇護，這個常識仍然留存了下來。

祖母對瑪莎說，他們上教堂是為了亞歷山大・孟神父（Father Alexander Men）。孟神父是一位專門為加林娜・瓦西里耶夫娜這樣的人服務的俄羅斯正教會司鐸。他的雙親都是自然科學家，而他自有一套方法對在教會之外成長的人談話。他在俄羅斯正教會領受聖職，正教會從二戰結束以來始終仰賴克里姆林宮的鼻息，但他自有辦法學習和教誨，這使他遊走於被逮捕的邊緣。[6]既然情勢正稍微開放，孟神父受歡迎的程度日益顯著，聚集在他身邊的信眾從成千上萬增加到數十萬，雖然還

現，又是對這種現實的苦難的抗議。宗教是遭壓迫生靈的嘆息，是無情世界的感情，正像它是沒有精神的制度的精神一樣。宗教是人民的鴉片。廢除作為人民幻想的幸福的宗教，也就是要求實現人民的現實的幸福。要求拋開關於自己處境的幻想，也就是要求拋開那需要幻想的處境。因此，對宗教的批判就是對苦難世界——宗教是它們的靈光圈——的批判的胚胎。」Karl Marx, *"Critique of Hegel's Philisophy of Right"*, trans. Joseph O'Malley (Oxford: Oxford University Press, 1970), p. 3. 中譯參看中共中央馬克思恩格斯列寧斯大林著作編譯局編譯，《馬克思恩格斯選集》（北京：人民出版社，一九七二年），第一卷上冊，〈《黑格爾法哲學批判》導言〉。

2 關於「閃電」的詳細資料，參看：http://www.buran.ru/htm/molnaip.htm；太空梭的詳細資料，參看：http://www.buran.ru/htm/mtkmain.htm（二〇一五年十月二十八日瀏覽）。

3 Stephen Merritt Milner, Stalin's Holy War: Religion, Nationalism, and Alliance Politics, 1941-1945 (Chapel Hill & London: University of North California Press, 2003), p. 33.

4 前引書，pp. 32-33。

5 前引書，內文各處。

6 Yves Hamant, Alexander Men': Svidetel svoyego vremeni (Moscow: Rudomino, 1994), pp. 104-106.

要再過幾年，他才有在蘇聯出書的影響力。瑪莎不懂祖母告訴她大部分孟神父的事蹟或耶穌基督聖訓之光，但她並不反對上教堂。十一月七日[7]始終是她最愛的假日，因為在偉大的十月社會主義革命紀念日這天，一年當中其他三百六十四天要她下廚都不甘不願、且料理也不太美味的祖母，會烤瑪莎愛吃的派。

「你這是搞什麼鬼？」瑪莎的母親塔蒂亞娜來接女兒，發現女兒戴著小小的十字架項鍊時問了加林娜．瓦西里耶夫娜。但討論也就到此為止了。塔蒂亞娜並不多費脣舌，她是積極行動的女人。當塔蒂亞娜發現自己懷孕，她就找上研究所的黨委會，希望當局能迫使孩子的父親迎娶自己，那時他至少還有另一個女朋友。這種請求很常見，黨委會要介入這種事也很尋常，但在塔蒂亞娜身上卻適得其反；瑪莎的父親喪失了研究所教職，從而失去在莫斯科居住的權利，他不得不返回蘇聯遠東地區的家鄉，與自己的女朋友「們」相隔數千公里之遠。

成為新手母親帶來了更多令人不悅的意外。這讓塔蒂亞娜不得不依靠父母。她這一代幾乎所有人都運用父母做為照顧兒童的免費資源。[8]除此之外的選項有國營的街坊托兒所，那是幼兒監獄和倉庫的混合體；或是價格高得令人卻步、而且未必合法的私人保母服務。塔蒂亞娜向父母掙得了非比尋常的自由——不同於多數年紀相仿的人，她和父母分居，住在一間只有另一家人和她共同居住的公寓裡——但嬰兒又重新將她束縛在位於幾個街區外的父母公寓裡。加林娜．瓦西里耶夫娜和鮑里斯．米哈伊爾洛維奇這對夫婦有兩個房間和一個廚房，有足夠的空間照料小瑪莎；兩人也都是航太工業的資深科學家，閒暇時間多過身為研究生的女兒。塔蒂亞娜估量，她想要永遠逃離父母的家，就得賺錢，還得攀關係走後門。她非做不可的這些事，在限制一切活動、禁止多數事業經營的蘇聯法律下，不一定合法，但她做的許多事在大多數情況下是當局默許的。

三歲那年，瑪莎獲准進入一所聲譽卓著、篩選嚴格到幾乎無從入學、專供黨中央委員子女就讀的寄宿幼兒園就讀。（事實上，到了瑪莎出生時，黨中央委員的平均年齡已逼近七十五歲，[9]因此這所幼兒園除了服務他們的孫子女和曾孫子女，也接受一些像塔蒂亞娜這樣出奇積極進取的蘇聯公民子女。）以下是一位身為前一代學生的作家對這所幼兒園的描述：

> 幼兒園裡，處處散發富足和剛出爐的餡餅臭味。「列寧角落」更是格外華麗，深紅色的絨布布告欄上，烏里揚諾夫家的家庭照片有如聖像畫，底下還擺了白色的劍蘭裝飾。在面對森林鬧鬼的全景露臺上，黨內職官（*nomenklatura*）的子女正在戶外小睡，像小豬一樣包裹在鵝毛睡袋裡。我抵達的時候，正好是「死寂時刻」（Death Hour）——蘇聯人的午睡時間。
>
> 「未來的共產主義者，起床！」老師拍手大喊。她狡猾地微笑：「吃魚脂囉！」……一位魁梧的保母——我還記得她叫卓亞·彼得洛夫娜（Zoya Petrovna）——手上拿著一大匙黑色魚子

---

7 編按：十月革命紀念日的時間是十一月七日。由於彼得大帝在一七〇〇年將教會曆改用儒略曆（一年365.25天）；到了一九一八年，俄國又將儒略曆改成格里曆（當今普遍使用的曆法，一年365.2425天）所以到了二十世紀時，總共出現十三天的差距。

8 Jennifer Utrata, *Women Without Men: Single Mothers and Family Change in the New Russia* (Ithaca, NY, & London: Cornell University Press, 2015), pp. 126-127.

9 Olga Kryshtanovskaya, *Anatomiya rossiyskoy elity* (Moscow: Zakharov, 2005), p. 180, http://www.telenir.net/politika/sovetskii_soyuz_poslednie_gody_zhizni_konec_sovetskoi_imperii/（二〇一五年十月二十八日瀏覽）。

醬朝我走來。10

到了瑪莎入學時，列寧角落已經略失光澤，老師們的話語也緩和許多，幾乎不在發號施令時，高喊「共產主義者」了。但這裡每天仍然配給魚子醬，這與食物短缺成了日常生活的外界，構成更加鮮明的對比。同樣繼續供應的還有蘇聯幼兒園裡普遍發放的一塊粗穀粉，它可以直立在盤子上。學校維持著每週五天的寄宿課表，這樣的奢侈在蘇聯無人能及。到了週末，瑪莎和多數蘇聯孩子一樣，通常都跟祖父母在一起。努力賺錢維持這樣的生活，讓塔蒂亞娜一週七天不得閒。

瑪莎四歲時，母親教她辨別偽幣與真錢。不管攜帶真錢或偽造的外國貨幣，被查獲都是很危險的事，按照蘇聯法律，最重可處十五年有期徒刑，[11]但塔蒂亞娜看來不知恐懼為何物。不管怎麼說，這就是她的生計。她也在經營家教事業；起初只是一介家教老師。但她很快就明白，想要真正賺大錢就得增加總量。她開始將找家教的學生——這些客戶大多是即將面臨大學入學考試艱困口試的高中生——與她的研究所同學配對，而她的同學們可以為這些高中生預作準備。至於她自己的家教工作，則只從事自己培養出來的一項獲利豐厚且罕見的專長：幫助年輕學生準備好面對「棺材」。

「棺材」是特地為猶太裔考生量身打造的考題。蘇聯的高等學術機構一般可分兩類：完全不收猶太學生的，以及嚴格限定猶太學生人數的。當然，不收猶太學生的規定從未明文公布，卻以一種出奇虐人的方式予以實施。猶太裔考生通常與其他有志報考的學生一同參加入學考試，他們也和其他人一起從同一個題庫抽出題目單。但他們若是成功答對題目單上的兩三道問題，那麼，單獨和考官們共處一室的他們，就會被隨意追加一道問題，彷彿接續著先前的答案而來。這正是所謂的「棺材」。在數學題中，這個問題通常不只複雜，還根本不可解。考生會因此結巴而無法作答。考官接著就會釘牢棺材蓋：這位猶太裔考生無法通過考試。換句話說，除非這位考生找了塔蒂亞娜當他的家教，她爐火純青的教學藝術，不只能教客戶答出她設法拿到的某些特定「棺材」問題，還教會他們辨識問題、證明其不可解的一般演算法。這位戴著飛行員太陽眼鏡的暴牙金髮女子，能夠教導蘇聯猶太人戰勝反猶機器，也讓瑪莎繼續享用魚子醬，還有噁心的中央委員會粗穀粉。

冉娜

一個人就連想要實現任何看來像是公平競爭的事物，都必須不是猶太人。個人的「民族身分」——美國人稱之為「族裔」——記載於所有重要的身分證明文件上，從出生證明到內部護照，再到結婚證書，以及職場或學校的個人檔案都是。一經指定，「民族身分」幾乎不可改變，而且代代相傳。冉娜的父親鮑里斯卻不知為何——最有可能是經由父母的先見與努力——取得了將他標記為俄羅斯裔的文件。他暗褐色的眼珠和黑色濃密的鬈髮，以及父母親一望即知的猶太名字——吉娜與葉菲（Yefim），騙不了任何人，但他設法藉著不合邏輯地自稱「半個猶太人」而避開了多數查

---

10 Anya von Bremzen, *Mastering the Art of Soviet Cooking: A Memoir of Food and Longing* (New York: Crown, 2013), pp. 166-167. 譯者按：本段中譯參看安妮亞・馮・布連姆森（Anya von Bremzen）著，江杰翰譯，《精通蘇聯料理藝術：包裹在布林餅裡的悲歡離合》（臺北：網路與書，二〇一五年），頁二三六至二三七，略有改動。

11 俄羅斯蘇維埃聯邦社會主義共和國刑法第八十七、八十八條，*Ugolovniy kodeks RSFSR ot 27 oktyabrya 1960 goda*, http://avkrasn.ru/article-2004.html（二〇一五年十月二十八日瀏覽）。

問。這樣的技巧，加上民族身分正確的證明文件，還有優異的高中成績，使他得以進入大學就讀。還有一個重大障礙：鮑里斯不像絕大多數蘇聯高中生，他沒有加入共青團（*Komsomol*，共產主義青年團）。為此，畢業證書上將他註記為「政治上不可靠」。他的母親吉娜·雅可夫列夫娜向高中校方遊說，請求修改評語。這看來是不可能的任務，但非得做到不可。在這個完全由自然科學家和醫學博士組成的家族中，每個人都很聰明又有成就。評語被修改了。鮑里斯錄取了高爾基國立大學（Gorky State University）無線電物理學系。他畢業時獲頒一級榮譽學位，二十四歲那年就完成了博士論文。他的家人和朋友一致認為，他終究會因為量子物理學的研究成果而獲得諾貝爾獎。

冉娜出生於一九八四年，也就是鮑里斯完成論文那年。她的母親雷莎是一位法文教師。按照蘇聯用語，他們家是一個波希米亞風（*bogema*）家庭，意思是說，他們按照看似西化的觀念，以持續擴大社交圈的方式組織自己的生活。他們租了一間房子，而鮑里斯的姊姊和她的子女則按照規矩，與吉娜·雅可夫列夫娜住在一起。這是一間年代久遠的木造房子，位於破敗的城市中心，沒有浴缸或淋浴設施，只有馬桶。這家人還是將就著過日子——他們拿鍋子盛水加熱，用臉盆沖洗，或到朋友家沖澡——不管怎麼說，他們畢竟還沒西化到非得每天淋浴不可。但他們西化到了會打網球的地步，這項曲高和寡的運動，讓這家人的照片在冉娜年幼時，登上了城市的報紙四處流傳。照片裡的三人都有一頭黑髮，微笑時也都露出白牙，咧開的嘴和臉頰一樣寬。他們在這座灰暗的城市裡特別顯眼。

這座城市名為高爾基，以俄國作家阿列克謝·彼什科夫（Alexei Peshkov）為名，他照著俄國革命的風尚，為自己取了個催人淚下的筆名「高爾基」，原意是「苦人」。當冉娜開始對自己的生活環境產生意識時，她完全不知道有個名叫高爾基的作家曾經存在過；她以為這個地名是對她生活城市的字面敘述。蘇聯政府似乎也同意，在冉娜出生四年後，政府選擇高爾基做為一九七五年諾貝爾和平獎得主，也是全蘇聯最知名異議人士——物理學家安德烈．季米特里耶維奇．沙卡洛夫（Andrei Dmitrievich Sakharov）的流放地點。沙卡洛夫這個姓氏的字義是「糖」，而冉娜從父親說他名字的口氣，感受到這人身上有一股魔力。當父親說他要去「沙卡洛夫大樓」，她乞求父親帶她一起去——她並沒有意識到，父親並不是真的要去見那個偉大的人，只是偶爾在大樓外為他守夜——但父親不帶她去。她把自己的小貓取名為安德烈．季米特里耶維奇．沙卡洛夫。

以下是沙卡洛夫的妻子葉蓮娜．伯納（Yelena Bonner）在一九八七年春天對這個城市的描述，那時冉娜還不滿三歲：

> 你會覺得這不是四月初，而是晚秋或冬季開端……我看見行人邊走邊把腳從水坑裡拉出來，大塊沉重的泥土黏在他們的鞋子上。風將樹梢吹彎到碰觸地面。雪混雜著雨從昏暗的天空落下，在某種我不知是否夠格稱為「地面」的東西表面上，留下骯髒的白色汙漬。[12]

冉娜十分確定，她居住的城市是地球上最差勁的，城市的艱苦名稱，道出了被迫在這兒居住的人們的生活樣貌，尤其她的母親雷莎，得把大部分時間花在覓食上。有時她搭火車前往莫斯科——用一夜的時間坐車——然後整個白天都在排隊，晚上再搭火車回來。莫斯科最常出產的加工肉品，在高爾基已經好多年不見了。莫斯科本身當然也物資短缺，但相較於高爾基的商店——可能除了三

12 Yelena Bonner, *Postskriptum: Kniga o gorkovskoy ssylke* (Moscow: Interbook, 1990).

公升玻璃瓶盛裝、套上錫瓶蓋、完全無法辨識的烏黑汁液之外再無其他商品——莫斯科就算不是豐饒之地，也還是應許之地。有一次，雷莎帶了糖果回來，清澈的塑膠袋裡滿是包裝草率的灰棕色圓柱體。它們是大豆混合了糖、碎花生和一丁點可可粉製成的。冉娜覺得自己從來沒嘗過比這更美味的食物。還有一回，雷莎有位朋友把香蕉裝在健身包裡帶來。它們又綠又硬，而雷莎——她以前看過香蕉，不像她女兒——知道，它們應當存放在黑暗的櫥櫃裡才能熟透。鮑里斯並不分擔每日採購的義務，但他偶爾會現出他「搆到」的某樣東西——在蘇聯用語裡是指獲得很難找到的食物——冉娜覺得父親能「搆到」東西，是因為他太高了。基本上，他就是個超級英雄。

冉娜沒有固定的就寢時間，既然屋裡總有訪客圍坐在桌邊談話，她就跟他們一起熬夜，直到午夜或凌晨。她父親也沒有固定的上班時間。他會在前往實驗室途中順道送她去街坊的幼兒園，通常是死寂的時刻——午睡時間——開始的時候。這很方便，因為冉娜在家總是睡不夠。

冉娜快要三歲的時候，老木屋裡的桌邊談話內容開始變了。從異常的都卜勒效應或鮑里斯正在思考的任何理論，轉向一座核子動力供熱廠即將在高爾基興建這件事。它已經破土動工了。[13]此時不過是烏克蘭車諾比核電廠發生災變後一年；政府極力防堵災變的消息外流，但只能延緩消息流傳的速度。此時，損失與危害的嚴重性開始洩露出來。小兒科醫師吉娜．雅可夫列夫娜不斷纏著自己的兒子：「當這種東西就要在城市範圍內興建起來，你這個物理學家怎麼可以袖手旁觀？」

在冉娜、雷莎、鮑里斯，甚至吉娜．雅可夫列夫娜的有生之年，蘇聯人民在政府任意危害自己的生命時，都袖手旁觀，但有些事情開始轉變了。一九八五年，共產黨新任總書記——也就是蘇聯的國家元首——宣告他所謂的「新思維」。他不是第一個說出這些話的人，甚至不是第一個使用「重建」（*perestroika*）這個詞的人，但如今有些事情確實正在轉變。吉娜．雅可夫列夫娜去參加一場集會，抗議核電廠的興建計畫；不過在一年之前，未經黨允許的集會都會被視為反國家的罪行，參與者會被逮捕審判。沙卡洛夫則在流放七年後獲准離開高爾基，搬回莫斯科。他身為物理學家和蘇聯第一顆氫彈的研發者，多年來早已成為鼓吹核能安全的鬥士。鮑里斯前往莫斯科的公寓拜訪他，錄下了與這位偉大人物的訪談，他在訪談中公開反對核電廠，而這份訪談紀錄刊載於城市的報紙《高爾基工人報》（Gor'kovskiy rabochiy）。沙卡洛夫在訪談最後說道：「我希望你們能夠成功改變事態的走向。我完全支持你們。」[14]

最終，核電廠計畫作廢。鮑里斯則在其中找到了一項和物理同樣令他感興趣、甚至讓他更感興趣的事物。「政治」（*politika*）這個詞愈來愈常在餐桌上聽見，最後又加入了「選舉」（*vybory*）一詞。

*

瑪莎和冉娜都生於世界上延續最久的極權主義國家——蘇聯。她們都於一九八四年出生，也就是西方世界想像中極權主義所象徵的這一年。喬治・歐威爾（George Orwell）的著作《一九八四》不可能在它所形容的那種社會中發行，蘇聯讀者一直到一九八九年才讀到它，當時文字審查的限制獲得充分鬆綁，使得國內首屈一指的文學月刊得以刊載譯本。[15]但早在一九六九年，一位名叫安德

---

13 Boris Nemtsov, *Ispoved' buntarya* (Moscow: Partizan, 2007).

14 A. D. Sakharov, "Intervyu B. Nemtsovu," October 13, 1988, http://www.sakharov-archive.ru/Raboty/Rabot_20.htm（二〇一五年十一月二日瀏覽）。

15 *1984*, translated by Viktor Golyshev, in *Novy mir*, 1989, nos.2, 3, 4.

烈・阿瑪爾里克（Andrei Amalrik）的記者，就發表了——只是做成打字稿，在朋友之間傳閱——一篇長度不亞於書籍的論文，題為〈蘇聯能存活到一九八四年嗎？〉（Will the Soviet Union Survive Until 1984?），他認為蘇聯政權正走向內爆。[16]在此之前，身為政治犯、已服過刑期的阿瑪爾里克再次被捕，還有一名被控散播這論文的男子也一併被捕，兩人都被判刑入獄。阿瑪爾里克在法庭上的結辯陳述中說道：「我明白，像這樣的審判是為了驚嚇大多數人——許多人的確會受到驚嚇——但我仍然認為，思想解放的過程已經開始，而且不可逆轉。」[17]他坐了三年多的牢，隨後又在蘇聯境內被流放三年，接著被迫離開蘇聯。一九八〇年，他在西班牙死於車禍，當時他正要出席一場人權會議。[18]蘇聯政權仍然健在，即使到了一九八四年仍存活著。

但就在隔年，有些事物開始迸裂了。這是由新任總書記米哈伊爾・戈巴契夫（Mikhail Gorbachev）呼籲改革、宣告開放（*glasnost*）與重建開始的嗎？或者，他只是在表述阿瑪爾里克十五年前試圖述說的同一個過程？阿瑪爾里克說過，馬克思主義意識型態在這個國家從來不曾站穩腳跟，俄羅斯正教會也喪失了自身權威，少了一套統一的中心信念，這個被欲望各不相同的社會群體往反方向拉扯的國家，終將自我毀滅。

阿瑪爾里克是極少數認為這個體制在本質上並不牢靠的蘇聯公民，其他大多數人都以為體制無可改變，或可以說是建立在蘇聯式的強化混凝土之上，持續到永遠。在阿瑪爾里克出庭受審的同一年，另一位異議作家亞歷山大・加利奇（Alexander Galich）寫下一首歌，其中敘述一小群朋友聆聽他的其中一首錄音。有位聽者暗示歌者的反蘇笑話讓他承擔了太大的風險。「作者本人無可畏懼，」主人回答：「他一百年前就死了。」[19]（加利奇在一九七四年被迫移居國外，三年後在巴黎的公寓因電力意外喪生。[20]）

所有思考蘇聯問題的人，無論在國內還是國外，同樣具有兩大障礙：他們必須基於破碎的知識得出結論，並以無法勝任的語言表述這些結論。這個國家不只將一切重要的資訊及多數無關緊要的資訊保護在祕密與謊言的高牆後，它也用了數十年時間竭盡全力對知識本身發動戰爭。這場戰爭裡最具象徵意義（即使絕非最暴力）的一役發生在一九二二年，當時列寧下令將兩百名以上（歷史學家的估計人數各異）的知識分子——醫師、經濟學家、哲學家及其他——送上日後以哲學家之船（Philosophers' Ship）聞名的船隻（事實上有好幾艘不同的船）驅逐出境。驅逐出境被說成是死刑之外符合人道精神的替代選項。往後幾代知識分子就沒這麼幸運了，被認定不忠於政權的知識分子被捕入獄後，往往遭處決，而且幾乎必定被隔離於他們專長所在的學科之外。[21]隨著政權發展成熟，社會科學受到的限制變得更加廣泛，光憑著時間流逝就足以變本加厲。即使軍備競賽驅策著蘇聯政

16 Andrei Amalrik, *Prosushchestvuyet li Sovetskiy Soyuz do 1984 goda?* http://www.vehi.net/politika/amalrik.html#_ftnref17（二〇一五年十月三十一日瀏覽）。

17 Andrei Amalrik, "Posledneye slovo," http://profilib.com/chtenie/31354/andrey-amalrik-stati-i-pisma-1967-1970-lib-7.php（二〇一五年十月三十一日瀏覽）。

18 http://antology.igrunov.ru/authors/amalrik（二〇一五年十一月三日瀏覽）。

19 Alexander Galich, "Posle vecherinki," http://www.bards.ru/archives/part.php?id=4156（二〇一五年十一月三日瀏覽）。

20 Mikhail Aronov, *Alexander Galich: Polnaya biografiya* (Moscow: Novoye literaturnoye obozreniye, 2015).

21 Alexander V. Razin and Tatiana J. Sidorina, "The Philosophers' Ship," *Philosophy Now*, no. 31 (March/April 2001), https://philosophynow.org/issues/31/The_Philosophers_Ship（二〇一五年十月三十一日瀏覽）；Paul R. Gregory, "The Ship of Philosophers: How the Early USSR Dealt with Dissident Intellectuals," *The Independent Review* 13, no. 4 (Spring 2009), pp. 485-492.

府重振及培養精密科學與技術，卻沒有任何誘因——或幾乎沒有——足以刺激政權鼓勵哲學、歷史及社會科學發展。這些學科衰退到了這種地步——一位頂尖的俄國經濟學家在二〇一五年寫道——一九七〇年代蘇聯最優秀的經濟學家竟然無法理解五十年前經濟學家的論述。[22]

一九八〇年代在蘇聯工作的社會科學家不只缺乏資料，還缺乏理解自身社會所必需的技術、理論知識及語言。只有極少數人不顧一切艱難險阻，試著理解社會，而這些人都在黑暗中摸索。

22 Konstantin Sonin, blog posts "'Udovol' stviye byt' sirotoy,'" July 8, 2015, http://ksonin.livejournal.com/574202.html，以及"'Drugaya zhizn','" April 2, 2013, http://ksonin.livejournal.com/490977.html（皆於二〇一五年十月三十一日瀏覽）。

第二章　被考察的人生

杜金

一九八四年除夕，葉甫根妮婭・德布里安斯卡亞（Evgenia Debryanskaya）正在舉行派對。葉甫根妮婭是一位三十歲的單親媽媽，來自烏拉山區最大的城市斯維爾德洛夫斯克（Sverdlovsk）。她覺得自己是「外來者」，教育程度不高——她沒讀過大學——但她有金錢、人脈和美貌，這些都顯著增進了她在莫斯科出人頭地的志向。她的錢是打撲克牌掙來的——她是個老千，因此也是一位違法之徒。她的關係則來自令人難以置信的出身：她是某位長期在位的莫斯科黨委書記的非婚生女兒。[1]她的美貌別有韻味：非常瘦，鼻子高挺，剪得不對稱的黑色短髮遮住了半張稜角分明的臉；她說話的聲音是深沉的中低音菸嗓。這些不尋常的特點組合起來，讓葉甫根妮婭得以使用莫斯科最重要大道上——高爾基大街——一間非常龐大的職官公寓。

除夕這一天，人們不停前來，停留到隔天清早地鐵發車，或者繼續喝酒、抽菸、聊天，直到隔

1　作者訪談葉甫根妮婭・德布里安斯卡亞，一九九〇年十二月在紐約（刊登於《站出去／看過來》（Out/Look）雜誌）。

天很晚，甚至後天。這些人是莫斯科的「波希米亞人」：一群瘋狂玩樂、從事黑市買賣、知識前衛的人。其中有些人是作家或藝術家，其他人則純粹藉由生活在官方經濟之外、或舉辦精彩的派對而取得成員資格。有些人可能讀過或聽過歐威爾的《一九八四》，或是阿瑪爾里克的〈蘇聯能存活到一九八四年嗎？〉，這些在他們心境中增添了一絲不計後果。一位雄心勃勃的年輕女演員在男性仰慕者的簇擁下前來。他們一進門，其中一人就脫離人群。他沒有跟著人群走進廚房，而是在走廊上一張單獨擱在那兒的椅子坐下。他看起來才剛脫離青春期。他向女主人要水喝。

葉甫根妮婭拿了一杯水給他。他啜飲一口，然後問道：「你知道紫羅蘭什麼時候會在嘴唇上綻放嗎？」她聽不懂這句話是什麼意思，而她很愛。她因為他能說出這樣美麗得清楚明白、卻又完全無法理解的話而愛上了他。隔天他留了下來，後天也是，就這樣待了三年，直到她不再愛他。[2]

他的名字是亞歷山大・杜金。他來自兩人都覺得最為乏味的那種蘇聯家庭。他父親接受教育成為了工程師，但為國家安全委員會從事某種無趣的祕密職務。他母親是衛生部官員。他的祖母則是高等黨校（Higher Party School）的教務長。這個專門培養黨政官員（*apparatchik*）的製造廠占地數個街區，距離葉甫根妮婭和杜金同居的公寓只有幾分鐘路程。愛情並不是將他們結合起來的唯一情緒；對蘇聯政權的共同憎恨讓他們靠得更近。一九八五年，想像力所擔負的風險更大於與葉甫根妮婭交往的杜金說，蘇聯就要完了。那是戈巴契夫宣布「重建」之後。他們那年生下了一個兒子，取名為阿圖爾（Artur）以紀念詩人韓波（Arthur Rimbaud）。

葉甫根妮婭向杜金學會了英文和法文，他堅持讀書必須要讀原文。他們相遇時，杜金二十二歲，剛被一所科技大學退學，但他已經能讀法文、英文和德文了。這時，學會一種新的歐洲語言要花他兩週時間。他藉由閱讀而學習，葉甫根妮婭則藉著和他一起閱讀而學習，兩人輪流唸出字句。

只要她還愛著他，聽這些她不懂的字詞就從來不會令她厭倦。她和他一起讀的第一本英文書是《格雷的畫像》（*The Picture of Dorian Gray*）。

葉甫根妮婭繼續掙錢，但兩人都同意杜金才是工作的人。他早起，吃廚房裡能找到的任何東西，然後坐在桌前閱讀十八個小時。他經由閱讀想填補的空缺很巨大。他聚焦於哲學。他花了幾個月時間向葉甫根妮婭解釋尼采（Friedrich Nietzsche）的酒神（Dionysian）概念；她愛上了擁抱混亂的想法，這看來是對治兩人周遭沉悶且被嚴密管制的無聊中完美的解藥。接著，亞歷山大告訴她，他找到了一位沒人聽過的哲學家，一個將尼采發揚光大的人。那位哲學家名叫海德格（Martin Heidegger）。

第一部海德格著作的譯本——其中短短二十頁——直到一九八六年才以俄文刊行。[3] 由於不隸屬於蘇聯任何機構，除了最小的街坊圖書室之外無法使用任何圖書館的杜金，當然也找不到任何一本德文原版的海德格著作。他最後終於取得了一部貯存於微縮膠片上的《存在與時間》（*Being and Time*）。他沒有微縮膠片閱讀機，於是改裝一部反轉膠片（diafilm）投影機——這項蘇聯技術使用三十五釐米底片，讓人們得以在家操作手搖曲柄放映卡通或短片——將書投影於桌面上。當杜金讀完《存在與時間》後，他不得不戴眼鏡了；他也讀完了海德格的思想乃至後半生的基礎文本。

2　作者訪談葉甫根妮婭．德布里安斯卡亞，二〇一四年十二月。

3　M. Heidegger, "Ucheniye Platoa ob istine," *Istoriko-filosofsky ezhegodnik* (Moscow: Nauka, 1986), pp. 255-275.

阿魯圖尼揚

俄國知識人談論一九八〇年代初期時最常用的一句話，大概是「沒有空氣的空間」（*bezvozdushnoye prostranstvo*）。這個年代就像俄國的傳統木屋（*izba*）在冬季時將窗戶全部填塞起來那樣悶熱；它隔絕了寒冷，也隔絕了新鮮空氣。直到暮春時分，窗戶都不會打開一條縫，隨著時間過去，人、食物和衣物的氣味，混合成一股占去龐大空間、令心智麻木的無差別味道。類似的狀況也發生在蘇聯統治下的兩代俄國人心智裡。十月革命發生時，俄國知識菁英既是歐洲人關於上帝、權力與人類生活對話的一部分，也是對話的夥伴。經過五十年的清洗、逮捕，以及殺傷力最強的整肅，當俄國成為孤立的思想宇宙之後，政權仍繼續施壓毫不鬆手，留在俄國智識圖景裡的只剩昔日活潑思想被表述出來的一丁半點。就連共產主義意識型態都大不如前，成了一套循例覆誦、喪失所有意義的字詞。列寧早就揚棄了馬克思的大部分言論，只挑出一些馬克思理念奉為金科玉律。

「隨著時間流逝，馬克思的後繼者們流露出一種傾向，將他的學說當成最終且無所不包的概念，並用來詮釋世界。他們自認有責任將馬克思的全部著述延續下去，認為馬克思的著述實際上是完備的。」南斯拉夫馬克思主義異議人士米洛凡．吉拉斯（Milovan Djilas）寫道：「科學逐漸屈服於宣傳，結果，宣傳愈來愈傾向於自命為科學。」[4]

瑪莉娜．阿魯圖尼揚在一九七三年進入莫斯科國立大學心理學系就讀，那年她十七歲。這是新成立的科系，研究主題與宗旨並不完全清楚——畢竟，心理學家在蘇聯社會能做什麼，又會做什麼？——但它吸引了阿魯圖尼揚這樣的年輕人；理性與浪漫的程度相仿，努力要學習人類靈魂的祕密。阿魯圖尼揚知道「精神」（psyche）的意思就是「靈魂」。

阿魯圖尼揚在心理學系的頭兩年彷彿身處地獄。數不清的教學時數專門用在一門名為「馬列主義哲學」的科目上。這是宣傳假扮成學術的一個明顯事例，儘管年輕的阿魯圖尼揚未必會這樣表達，但她仍破解了宣傳密碼。她開發出一個矩陣，能將任何哲學置放於其上並輕易予以評價。這個矩陣由兩條相交的軸線構成。縱軸從唯物（好）延伸到唯心（壞），橫軸從辯證（好）到形上（壞），以此劃分出四個象限。當哲學家落在形上與唯心重合的左下象限裡都是壞的，康德（Immanuel Kant）即是一例。像黑格爾這樣結合了辯證與唯心的人好一點，但仍未盡善。哲學的至善在於右上象限，也就是辯證唯物主義（Dialectic Materialism）的頂點。阿魯圖尼揚和幾位同學分享了這個矩陣，如今他們也就搞懂了馬列主義哲學。

共產黨史則是更困難許多的科目。「看看你自己。」教授嘲諷地對她說。他用了一個俄文字「*taz*」——意思可以是「臀部」或「臉盆」。阿魯圖尼揚的「*taz*」顯然有問題。她四處張望，感到困惑，懷疑自己是不是在黨史課堂上弄髒了實驗室的盆子。結果教授是在說她的臀部，他覺得她的臀部太窄，無法為黨生出優良的後代。

除了各式各樣的宣傳科學外，心理學系學生也接受了自然科學的實作指導。他們解剖青蛙，預計接著要解剖大鼠，但阿魯圖尼揚抗拒解剖大鼠，她的小組因此幸運免去了殺害哺乳動物的必要。有一門科目叫「人類學」，但西方人理解的此一研究領域在蘇聯不被允許，因此這門課更準確的名稱應當是「演化論」。其中包含被禁止了數十年、但不久前重新恢復地位的基因研究，這很有趣。「高級神經功能生理學」（Physiology of Higher Nervous Functioning）這門課以浸泡在福馬林裡

4 Milovan Djilas, *The New Class: An Analysis of the Communist System* (London: Thames & Hudson, 1957), pp. 4-5.

的人腦為其特色，每一堂課都被帶來放在每一張桌子上。阿魯圖尼揚太害怕用手觸碰了——要是想戴手套去碰，全國各地可都缺貨買不到——於是用筆去戳它，惹得教授大怒。「你在損壞這個腦！」他咆哮。

為了將他們獨特的調查範圍合法化，心理學系學生也必須在數據及資料分析上接受細密且嚴格的訓練。至於精神本身，則因不存在而引人側目。要是阿魯圖尼揚在大學生活的頭兩年學到了什麼，那就只有「不存在」背後的基本邏輯。

蘇聯的馬克思主義歸根究柢是這麼一回事：對人（蘇聯公民）的理解完全是由他們的社會及其生活物質條件所形塑的。倘若形塑個人的工作正確進行——過去曾經如此，因為蘇聯社會這時自稱已藉由打造所謂「運行於現實的社會主義」，而大致實現了馬克思主義計畫——那麼，個人就必須隨著一整套目標而產生，而這套目標恰好完全呼應了創造他的社會之所需。反常是可能發生的，可被歸於兩種範疇：犯罪或精神病患。蘇聯社會自有機制處置這兩種人。除此之外，沒有哪一種不協調是可能的。內在衝突並非選項。實際上並沒有理由探究「精神」這一主題。

直到今天，莫斯科國立大學心理學系的官方網站，仍然負載著精神研究在俄國支離破碎的歷史軌跡。莫斯科國立大學的心理學會在一八八五年創立，網頁上自豪地宣稱：「它成為俄國哲學生活的中心。」[5] 一九一四年，學會發展為成熟的學院，兼具教學及研究功能。接著，網頁的敘事忽然失去了個性：「在建構馬克思主義心理學的意識型態並尖銳鬥爭的年代裡，學院的領導產生異動。」事實上，學院本身在一九二五年被廢除了。六年後，大學校方關閉了所有致力於人文學科及社會科學研究的科系。再過十年，人文學科相關系所重開，但心理學系此時被併入哲學系。直到一九六八年，將近五十年的斷裂過後，蘇聯政府才承認心理學是可以授予學位的學科——全國最頂尖的大學至少在書面上恢復了精神研究及教學。[6]新來的學生幾乎不可能知道，俄國思想家不到一百年前就讀過尼采並與他本人辯論，也不會知道推廣俄國偉大哲學家思想、同時讓尼采心碎的露・安德烈亞斯・莎樂美（Lou Andreas-Salomé）是聖彼得堡人。她後來成為佛洛伊德（Sigmund Freud）早年的學生之一，兩人關係密切，並以精神分析學家之身分在德國執業，幾乎到一九三七年以七十五歲高齡逝世為止。但她與俄國的聯繫，卻在死前將近二十年就被革命切斷了。[7]

布爾什維克國家著手創造「新人」。這個計畫的內容與尼采的「超人」（*Übermensch*）觀念遙相呼應，但它如今不再是哲學操練，而是實踐任務。在一段時間裡，佛洛伊德學說看來似乎有助於弭平理論與實務的差距。他的著作在革命前就已廣泛譯介，他和他的學生們也培育出多位俄國精神分析學家。[8]在布爾什維克黨人掌權前不久，精神分析在俄國立足的速度曾有一度較西歐來得快。[9]一九一七年之後，新政權著手將佛洛伊德理論轉化為教條，可供龐大機制作為基礎，一如它操作馬克思主義的方式。在政權的簡化形式裡，佛洛伊德主義（Freudism）——這個詞由馬克思主義類推而來——「被看作是對於人類基於自身意識真正而非虛構地實現轉化，在科學上得到有效的

---

5 http://www.psy.msu.ru/about/history/history2.html（二〇一五年十一月十日瀏覽）。

6 http://www.psy.msu.ru/about/history/history.html（二〇一五年十二月十日瀏覽）。

7 Aleksandr Etkind, *Eros nevozmozhnogo: Istoriya psikhoanaliza v Rossii* (Moscow: Gnozis-Progress-Komplex, 1994), pp. 15-40.

8 前引書，pp. 112-113。

9 前引書，pp. 115-116, 127。

應許。」研究俄國精神分析的歷史學家亞歷山大·艾特金（Alexander Etkind）寫道。[10]

新設立的國營出版社於一九二二年出版了三大卷佛洛伊德《精神分析入門》（*Introduction to Psychoanalysis*），印了兩萬本——考量時代與題材，這是很大的印量——一個月內就搶購一空。[11] 同年，俄國精神分析學會也在國家的主持下成立。[12] 從一九二二至一九二八年，國營出版機構發行了佛洛伊德、榮格（Carl Jung）及其他早期精神分析學家的基礎著作，成為整套譯本文庫。[13] 一所精神分析幼稚園也在莫斯科開辦，招收新近產生的布爾什維克菁英子女。這是一項試點計畫，是想像中製造未來新人類的工廠原型。

但它未能奏效。精神分析不僅特別不適合以工業化規模再生產，即使在一所菁英幼稚園裡，它也有辦法製造出不適和不滿。在面對孩童性早熟的含糊恐懼中，精神分析實驗幼稚園於一九二五年關門。[14] 往後五、六年間，俄國精神分析學會也停止運作。佛洛伊德著作不再出版，佛洛伊德的追隨者們也從此失寵，甚至更加不幸。佛洛伊德最重要的俄國學生莎賓娜·史碧爾埃（Sabina Spielrein），是榮格的病人、學生、同僚和情人，也是皮亞傑（Jean Piaget）的老師，以及反移情作用（countertransference）的共同發現者，她在一九二三年就從德國回到蘇俄（Soviet Russia），但似乎沒過多久就銷聲匿跡。一九四二年，她死於南俄城市羅斯托夫（Rostov），由於猶太人身分而被納粹占領軍槍殺。[15]

俄國精神分析的衰亡，意味著所有心理學研究近乎完全終結；部分是由於精神分析如此支配著心理學，部分則是因為新國家在這時開始拒斥任何未能兼具唯物及簡明的人類行為解釋。巴夫洛夫（Ivan Pavlov）直截了當的因果理論完全符合這種取徑；再來只剩下制約全國人口，讓他們變得聽話和可預測就好了。艾特金寫到敖德薩（Odessa）有位精神分析學家，在辦公室懸掛的佛洛伊德肖像背面加裝一幅巴夫洛夫像；白天可能有官員上門，由巴夫洛夫面對訪客，夜晚則由佛洛伊德迎接暗中來訪的精神分析病患。[16]

只有少數幾位早期蘇聯精神分析學家還留在俄國，並存活下來。其中一位長壽的倖存者是阿列克謝・尼古拉耶維奇・列昂捷夫（Alexei Nikolaevich Leontiev），他在一九三〇年代僥倖逃過官方譴責或更壞的下場，[17]其後享有漫長的學者生涯，晚年跨足心理語言學領域。但在蘇聯最黑暗的數十年間，讓列昂捷夫得以持續研究工作的原因，則是他的「活動理論」。這項理論專門透過行為視角看待人類，將任何的人類行動都看作是更大群體行動過程的一部分。[18]阿魯圖尼揚在莫斯科國立大學就讀的時候，列昂捷夫的課程代表了最初幾年心理學理論的總和。他的講課很無趣，令人厭煩

---

10 前引書，p. 177。

11 前引書，p. 179。

12 前引書，p. 183。

13 前引書，p. 208。

14 前引書，p. 205。

15 前引書，pp. 129-168。

16 前引書，p. 206。

17 A. A. Leontiev, "The Life and Creative Path of A. N. Leontiev," *Journal of Russian & East European Psychology* 43, no. 3 (May-June 2005), pp. 8-69.

18 Lisa Yamagata-Lynch, *Activity Systems Analysis Methods: Understanding Complex Learning Environments* (New York: Springer Science+Business Media, 2010), p. 20.

和惱火。列昂捷夫的理論只承認生而為人有意識的部分，完全不容許形上的空間，這更讓阿魯圖尼揚憤怒。列昂捷夫的教學方法是灌輸學生難以記誦的句子，藉以概括反直覺理論。其中一句口號是「將動機轉嫁為目的」。比方說，要是一位學生的目標是考試及格，而他開展出對學習主題的興趣，那麼他的動機就被轉嫁成了目的。這似乎不曾發生在阿魯圖尼揚身上。

大二過後她就身染重病，因病休學的時間又持續了兩年。她復學時年紀更大，或許也更聰明了。用一年時間通過考試之後，她獲准復學成為大四學生。大四是學生選擇專業、展開研究計畫的一年。阿魯圖尼揚選擇在社會心理學落腳，她的新生活也開始了。研究生要帶討論課，包括一堂關於吸引力的課。當年輕講師談論到男人認知中魅力強大的女人散發出閹割威脅時，學生聽了為之瘋狂。這可不是什麼活動理論，這是性與精神，是他們報考心理學系時夢寐以求的知識。漸漸地，阿魯圖尼揚和一些同學們發現，他們周遭的空間並不是完全沒有空氣。俄國建築是為了嚴寒氣候所設計的，其中包含一個獨特的發明，叫做氣窗（*fortochka*），那是在大片玻璃窗上鑿出的小窗。就算窗戶為了漫長的冬季而封住，氣窗仍能使用，並經常打開好讓空氣流通。結果證明，蘇聯的大學也有自己的氣窗，搜尋氣窗、得知它們在哪裡，然後把整張臉塞進去呼吸新鮮空氣，彷彿能將備用的新鮮空氣填滿肺部那樣。

其中一扇這樣的氣窗是思想家邁拉卜・馬馬達希維里（Merab Mamardashvili），他在哲學系授課。他說馬克思和佛洛伊德都是知識的革新者，這言論近乎異端，因為阿魯圖尼揚和她的朋友們都認為佛洛伊德宛如上帝，而馬克思更像魔鬼，但親眼見到有人說出自己的想法——真正在思考——而感到振奮。另一扇氣窗則是講授臨床心理學的亞歷山大・盧瑞亞（Alexander Luria）。盧瑞亞在一九二〇年代曾任俄國精神分析學會主席，[19] 隨後轉向研究神經科學而倖免於難，成了偉大的心智說書人。跨越一個世代、一片大洋以及鐵幕，他設法啟發了奧立佛・薩克斯（Oliver Sacks）。薩克斯認為，盧瑞亞在「神經科學小說」（neurological novel）這門藝術上是他的老師。[20]所有氣窗之中最重要的則是大學圖書館，其中包含了特藏圖書（*spetskhran*），這是限制閱覽的藏書，但機靈的學生或研究者仍有辦法接觸使用。特藏圖書包含佛洛伊德的個案研究。這是阿魯圖尼揚讀過最有說服力、最令人著迷，也最令人驚奇的讀物。韶光荏苒，當老一輩俄國精神分析學家的最後一人去世多年後，她才明白所有氣窗聚攏在一起所帶來的，並不只是那些跟充斥校園且麻木心智的教條形成鮮明對比的新知，更在於這些氣窗全都以她想要的理解方式觀看及敘述人類。

每個心理學派都有自己對於人類的概念。卡爾・羅傑斯（Carl Rogers）一派認為人類基本上是好的，但往往不幸：他們必須受到照料才能變得更好。認知行為學派則想像銘印（imprint）干擾了本該堪用的人類正常運作。精神分析中的人類是一種複雜的生物，有能力反思，但注定在反思過程中犯錯，是被賦予了巨大破壞能量的生物。它絕非清白無辜、生來善良的生物，只不過受到外在力量阻礙。這正是阿魯圖尼揚想要研究的生物。她還要再過許多年才能清楚表述這點，但眼下她正在撰寫論文探討認知失調，從而開闢出自己的小小氣窗。事實證明，這是做得到的——把蘇聯人民寫得像是可以含有矛盾或內在衝突——只要能用摘錄自某本受認可的教科書必備的無意義說法來表述整個故事即可。

19　Etkind, *Eros nevozmozhnogo*, p. 206.

20　Oliver Sacks, foreword to A. R. Luria, *The Man with a Shattered World: The History of a Brain Wound* (Cambridge, MA: Harvard University Press, 1987), pp. vii-xix.

古德科夫

阿魯圖尼揚囤積的這一切知識要做什麼用？在沒有空氣的空間裡，對不是火箭科學家的心理學家或社會學家而言，能夠將理論專長付諸實用是無法想像的奢侈。此時知識分子追求與重視的，是另一種不同階序的奢侈：在無毒的環境中從事不太繁重的工作、有多餘的時間思考，還可以打開氣窗呼吸一些空氣。這樣的索求非同小可，要得到它必須具備運氣、智力與關係。雙親都是社會學家的阿魯圖尼揚，在社會學研究所（Institute of Sociology）得到一份工作，這簡直是夢寐以求的安排。

那個時代的怪異特徵之一，就是人們往往得委身於跟自己首要興趣無關的領域工作。這極有可能是體制高度發展所產生的預期效果，用來壓抑那些專長精深或熱情過剩的人。在阿魯圖尼揚從心理學系畢業、前往社會學研究所工作的十年前，有一位只想當社會學家的男子正在撰寫學期論文，探討佛洛伊德的防衛機制概念。列夫．古德科夫起初想要和自己的父親一樣成為記者。他連續兩年都試圖考進莫斯科的專門學校——國際關係學院（Institute of Foreign Relations）。這是訓練外交官和海外特派記者的學校，其中有很高比例的學生未來都注定要為情報部門工作。古德科夫兩次都在入學考試的作文關卡被刷掉，這一關同時按照兩種標準評分：形式與內容。在這兩年，他的形式都拿到高分，但內容卻不及格；他對那些被認為應當思考的內容不夠精通。有一句評語始終困擾著他早年的職業生涯，他被說欠缺「批判性思考」——意思是說，他對任何偏離現行黨路線的事物批判得不夠強烈。

古德科夫放棄了，轉而註冊莫斯科國立大學新聞系，成為夜間部學生。這是全校要求最低的科系之一，夜間部學生尤其被放任自流。對許多人來說，這個學系提供了一條幾乎毫不費力的途徑，讓他們下班後聽幾堂課就能獲得大學文憑（時間上的安排較一般課程更久，因為課堂負擔較輕）。古德科夫明白，要是他不自己去尋找知識，知識就不可能來找他。他四處尋找，最終偶然選上社會學家尤里．列瓦達（Yuri Levada）開設的一堂選修講論課。

那是一九六八年，三十八歲的列瓦達自稱社會學家，稱他的科目為社會學，這件事本身幾乎就是革命性的。確切來說，社會學在蘇聯並未被禁止，但這個學科的名稱被貶低成近乎髒話。列寧本人就首創了這個詞做為蘇聯髒話的用法。社會學的問題與精神分析幾乎相同，這個研究領域拒絕成為一門能用來創造「新人類」組成「新社會」的科學。哲學家之船出航的前一年，列寧最親密的戰友之一尼古拉．布哈林（Nikolai Bukharin）出版了《歷史唯物主義理論》（*The Theory of Historical Materialism*），試圖做為某種詮釋萬物的馬克思主義教科書。他以平易近人的語言寫成，好讓無產階級讀懂。布哈林在這本教科書中做了三件事，後來證明對蘇聯社會學造成了致命後果：他收錄了自己確信的先進馬克思主義新觀念，將副標題命名為「馬克思主義社會學通俗教材」（A Popular Textbook of Marxist Sociology），還宣告社會學在社會科學中至高無上的重要性，因為它「考察的並不是社會生活的某個領域，而是整個錯綜複雜的社會生活」。[21]列寧憎恨這本書，「社會學」一詞尤

21 N. Bukharin, *Teoriya istoricheskogo materializma* (Moscow, Leningrad: Gosudarstvennoye izdatel' stvo, 1925), viewed at http://www.scribd.com, p. 11（二〇一五年十一月十五日瀏覽）。譯者按：此處參看布哈林著，李光漠等譯，《歷史唯物主義理論》（北京：人民出版社，一九八三年），頁六，https://www.marxists.org/chinese/pdf/russian_communists/buhalin/2.pdf（二〇一九年八月十五日瀏覽）。

其惹得他勃然大怒。他在整本書中把這個詞圈出來，在頁緣提出少少幾種評語，像是「哈哈！」、「和稀泥！」、「救命！」這樣。[22]又過了八年，當布哈林在黨內鬥爭中失勢，史達林回想起列寧的懷疑論——他形容布哈林的著作具有「半生不熟理論家那種肥大的裝腔作勢」。[23]最終，布哈林遭到處決。但在更早以前，社會學就已經不得不銷聲匿跡。

審慎的發掘始於第二次世界大戰後。蘇聯科學院哲學研究所獲准承認有個名為「社會學」的學科存在。這個詞最主要的出現脈絡是對西方社會學理論進行批判，因此給了學者研究這些理論的藉口。[24]蘇聯學者們小心翼翼不把自己的研究稱為「社會學」。一九六八年，科學院內的一個單位獲准晉升為研究所，但得命名為「實體社會研究所」（Institute for Concrete Social Studies），接受哲學家訓練的列瓦達則出任新機構理論部門的負責人。

蘇共政治局（*Politburo*）設立實體社會研究所的這項決議，被標記為「最高機密」，另一份概述新機構工作範圍的文件也是如此。[25]這樣的機密性，連同機構名稱使用「社會」而不用「社會學」，顯示政治局認為自己進入了一個敏感、甚至危險的領域，但潛在益處更大於風險。新機構不只奉命批判資產階級理論，也奉命研究蘇聯社會。蘇共中央委員會本身將批准研究計畫，並接收研究成果。那是一九六八年，布拉格之春那一年，當時捷克斯洛伐克共產黨試圖與蘇聯決裂，自行追求相對自由開放的社會主義。政治局擔心類似的想法也在蘇聯境內流傳。的確，那年夏天蘇聯坦克車開進布拉格之後，有八位勇氣非凡的人士在紅場舉行抗議活動；他們全部被捕。隔年，阿瑪爾里克寫下論文，質問蘇聯能否存活到一九八四年。政治局同樣想知道這個問題的答案，於是命令實體社會研究所在一九七一年之前將全部兩百五十名研究員招募滿額。當然，蘇聯缺乏受過訓練的社會學家，因此新研究所獲得特許，可以聘用不具高等學位的人員。列瓦達正是少數自修過社會學的蘇聯公民之一。他是莫斯科國立大學哲學學士，從特藏圖書中找到社會學理論加以研讀，而後前往中國從事研究；體制對於指向其他社會的探討總是更加寬容。這時，列瓦達幾乎合法地成了社會學家，也在新聞系授課。

列瓦達聰明得令人懼怕，熱情得毫不害臊，最重要的是，他精通如何在課堂上說出自己想法的藝術。他指出，蘇聯境內日常生活的特點可以被觀察、審視與理解。比方說，他在一堂課裡分析一則短篇故事：「集體農場的農工圍坐著等待黨組會議開始，一邊抱怨提出無理要求的上級和糟糕的工作環境。然後會議開始，工人們輪番讚頌集體農場的成就，吹噓自己對蘇聯事業的貢獻。當會議結束，他們回到家，又開始抱怨無意義的工作和微薄的薪資。」列瓦達藉此說明——所有聽課的人立刻就察覺到——公私行為的分歧，不只可以理解成虛偽，更能理解為一種社會與文化機制。[26]

大四的古德科夫著迷其中。現在他想成為社會學家，為列瓦達工作，不過還沒有職缺，他得等

22 G. Batygin, "Preyemstvennost rossiyskoy sotsiologicheskoy traditsii," in V. A. Yadov, ed., *Sotsiologiya v Rossii* (Moscow: Izdatel'stvo Instituta sotsiologii RAN, 1998).

23 Stephen F. Cohen, *Bukharin and the Bolshevik Revolution: A Political Biography, 1888-1938* (New York: Vintage Books, 1975), p. 310.

24 Batygin, "Preyemstvennost rossiyskoy sotsiologicheskoy traditsii."

25 "Postanovleniye Politburo TsK KPSS 'Ob Organizatsii Instituta Konkretnykh Sotsial' nykh Issledovaniy Akademii Nauk SSSR,'" May 22, 1968, and "Postanovleniye Sekretariata TsK KPSS 'Ob Osnovnykh Napravleniyakh Raboty Instituta Konkretnykh Sotsial' nykh Issledovaniy AN SSSR,'" December 10, 1968, http://cdclv.unlv.edu//archives/Documents/iksi_establish.html（二〇一五年十一月十七日瀏覽）。

26 D. N. Shalin, "Garvardskoye intervyu s Yuriyem Levadoy," *Sotsiologicheskiy zhurnal*, no. 1 (2008), pp. 126-153.

待。一九七〇年九月，終於有個助理工作開缺。誰知道這項工作可以這麼令人愉快？每個人都不停開玩笑、說故事，經由每個人對列瓦達本人的愛慕所產生的某種乘數效應，所有人似乎也都愛著彼此。[27]但最精彩的部分仍是一場場討論會。每一位員工都在持續閱讀西方社會學家的論著，並為其他成員準備報告及討論問題。古德科夫選中了韋伯（Max Weber）。他覺得自己像隻醜小鴨，不如其他新同事們聰明，但興奮感與特權意識遠遠大於不適感。

兩年過後，一切都結束了。列瓦達將他在大學的講課集結成兩本名為《社會學講座》（*Lectures on Sociology*）的小書，從此惹上麻煩。審查部門放行了這兩本書出版，允許一千冊問世，但在出版後隨即因為一切陳述皆未依循歷史唯物主義概念，以及最嚴重的「容許含混詮釋」而遭受譴責；換言之，是因為與教條恰好相反，迫使聽眾與讀者「思考」而入罪。[28]列瓦達公開承認錯誤，但仍被褫奪其中一個高等學位，最終不得不從研究所辭職。他所有的員工也全部失業。

列瓦達的前員工們辛苦地找工作。由於意識型態緣故被清洗了，又因曾是列瓦達下屬的關係，他們被標記成危險人物。然而在一年之內，所有人都安頓下來，但除了蘇聯學術機構非常擅長炮製的、空洞的「模仿活躍」（imitation of activity）之外，往往無事可做。最重要的是，列瓦達將他的小組集合起來，每隔兩週在晚間聚集開討論會。往後二十五年間，他們在列瓦達當時任職的任何地點聚會，即使遭到驅逐、不得不遷移至另一個機構、必須改變討論會的名稱（經歷特別嚴厲的驅逐之後），他們都不曾停止聚會，[29]工作模式與使命也維持不變。如同與會者們的說法，這是為了「吸收西方社會學」。他們閱讀二十世紀理論，談論、並撰寫不可能發表的報告。為了寫出一篇可供答辯的論文，古德科夫必須把自己對韋伯的閱讀重寫成對韋伯的批判，但他還是花了好多年才獲得博士學位。他又一次因為「批判思考」不足以及「資產階級客觀性」（bourgeois objectivity）——也就是未能認識資本主義必然滅亡這一思想罪——遭受批判。

*

來到蘇聯的西方訪客，要是有幸進入莫斯科孤立的知識分子圈，通常會被他們生存其中的那種奢侈的永恆感所吸引。既然職業生涯幾乎完全橫向發展，曾存在過的理想抱負通常也束之高閣。阿魯圖尼揚、古德科夫，甚至連杜金這樣的人，看來都完全是為了求知而學習，就連理論能否以任何方式付諸實用都不太考慮。但在一九八四年，阿魯圖尼揚得知政府正在開闢心理「諮詢」服務部門，提供的內容類似家族治療，它們被稱為家庭婚姻中心（Family and Marriage Center），任務是努力遏止離婚潮。各級黨委會顯然已經喪失了照顧及支持蘇聯家庭的能力。到了一九七〇年代，全國離婚數增加了將近兩倍，結婚數卻幾乎不見增長。[30]

倘若心理師擁有碩士及同等學歷，在這些新成立的中心裡諮詢一次就可收費三盧布；擁有博士

27 Aleksei Levinson, "Uroki Levady," *Neprikosnovenny Zapas* 6, no. 50 (2006), http://magazines.russ.ru/nz/2006/50/lev30.html（二〇一五年十一月十八日瀏覽）。

28 Shalin, "Garvardskoye intervyu s Yuriyem Levadoy."

29 D. N. Shalin, "Yuri Levada: Ya schital, shto bylo by neyestestvenno vesti sebya kak-to inache," *Sotsiologicheskiy zhurnal*, no. 1 (2008), pp. 155-174.

30 聯邦統計局過去會提供全國的離婚數字，但這些數字似乎已被刪除。殘存部分可參看：http://www.bad-good.ru/2013/december/marriage-divorce.html（二〇一五年十一月二十日瀏覽）。

學位的心理師，每小時則要價五盧布五十戈比。這點錢跟在黑市買一條牛仔褲的花費相比，不過是零頭，但已夠買幾十條麵包了。阿魯圖尼揚這時有了哲學博士學位，但她的第一個案主發現自己竟然只是跟一個瘦小的年輕女人會面就得付出高價，仍然大失所望。阿魯圖尼揚向他展示了學位證書，他還是要求退費，因為他是為了找人開導自己青春期的兒子而來，但那個男孩在前來赴約途中跑掉了。阿魯圖尼揚不為所動：概不退款。

他們每週見面一次，大約持續了六個月。兒子始終不曾出現，但從父親的回報判斷，他們的關係逐漸緩和了。至於父親自己，他在最後一次諮詢時對阿魯圖尼揚說：「一直以來，在我其實應該思考人生的時候，我就只是過日子而已。」

第三章　特權

謝廖沙

對謝廖沙來說，一九八五年是他們闔家團圓的一年。[1] 那年謝廖沙三歲，從他懂事以來，他的家族就分隔兩地：他有個姐姐，父母親都很想念她，所以謝廖沙也很想念她，儘管他不確定自己有沒有見過她。她和謝廖沙的祖父一起住在十分遙遠的加拿大。謝廖沙的父母決定把她送到加拿大，讓她有機會過更好的生活，但分離似乎造成了嚴重影響。現在她可以回家了，因為謝廖沙的祖父獲准返回蘇聯。他身為蘇聯大使而定居於加拿大。對謝廖沙祖父這樣的人而言，這是流放。他是這麼稱呼的：「政治流放。」

亞歷山大．尼古拉耶維奇．雅可夫列夫是共產主義者中的異類。在俄羅斯中部雅羅斯拉夫爾（Yaroslavl）城外的鄉村長大，他對黨的最初認知是懲罰窮人和挨餓者的萬能巨獸。和他住在同一

1　編按：事實上，亞歷山大．尼古拉耶維奇．雅可夫列夫似乎是一九八三年從加拿大歸國的，而謝廖沙不記得這個時間點。但他的回憶是全家團圓與重建時期的開端同時發生。

個村莊的婦女，因為從集體農場田地封凍的土壤裡挖出馬鈴薯而被捕入獄，事實上那些馬鈴薯因收成時控管無方而被棄置。他在一九四一年八月被徵召入伍，那時還未滿十八歲。他在前線看到共產黨員是最勇敢也是最堅定的士兵，於是入了黨。他受過重傷，但倖存下來。戰爭結束前，他得到就讀大學的機會。他和另外四名傷殘軍人同住一間宿舍。其中一人有幾本謝爾蓋・葉賽寧（Sergei Yesenin）的詩集，葉賽寧曾經寫過鄉野之美，而他所描繪的地點距離亞歷山大・尼古拉耶維奇生長的地方不遠。然後，葉賽寧過著迷人而放蕩的生活，娶了美國舞蹈家伊莎朵拉・鄧肯（Isadora Duncan），和她一起到美國旅行，最終在一九二五年於列寧格勒的旅館房間裡自殺。他的著作沒多久後就絕版了，往後二十五年內只能祕密流傳。他太抒情、太莽撞、太有人性，不屬於蘇維埃。

冰雪覆蓋平原，月色潔白
我的鄉野籠罩在裹屍布裡。
身披白衣的樺樹哭泣，如我所見。
我不知道，死者何人？真的是我嗎？[2]

這首詩寫於他死去的那年。

亞歷山大・尼古拉耶維奇以一種他仍未形諸於文字的方式，苦思何謂蘇維埃、誰屬於蘇維埃、哪些人事物又不屬於蘇維埃。葉賽寧如此生動地寫下自己對俄羅斯的愛，以及在俄羅斯美麗卻貧窮的鄉野度過的童年歲月，則因為某些緣故而不屬於蘇維埃。這時，蘇聯紅軍從納粹戰俘營解放了自己的公民；同時，這些公民卻又因為任由自己成為俘虜而被譴責為賣國賊。亞歷山大・尼古拉耶維奇來到火車站，觀看載運牲口的列車載著這些俘虜從納粹戰俘營前往蘇聯勞改營，他看到婦女們為了與失蹤的丈夫重逢而來，哪怕只看一眼也好；也看到一隻隻手將揉綯的紙團丟出車廂外，紙上寫著他們的名字和住址，希望有誰可以讓心愛的人知道自己還活著。

亞歷山大・尼古拉耶維奇不明白這種事怎麼可能是正確的。但黨待他不薄，讓他接受教育，並且開始快速提拔他。亞歷山大・尼古拉耶維奇將自己的疑惑擱在一邊。到了一九五三年史達林去世時，亞歷山大・尼古拉耶維奇已經是蘇共中央委員了。當史達林一駕崩，他最近的一些決定立即被推翻。一場計畫中的作秀公審取消了，某些黨內菁英的親戚也從古拉格勞改營獲釋。一九五六年，在蘇聯共產黨第二十次代表大會上，新任蘇共總書記赫魯雪夫（Nikita Khrushchev）譴責史達林不夠格做為列寧的接班人，並以馬克思主義的咒罵用語「個人崇拜」稱呼史達林的統治時期，同時否定大規模逮捕和處決。[3]亞歷山大・尼古拉耶維奇正是在此時失去了將自己長年擱置的質疑與黨的路線互相調和的能力。他請求退出中央委員會，好去研究馬克思和馬克思主義——首先在莫斯科，隨後前往紐約哥倫比亞大學攻讀一年。這個練習奏效了，既是因為他發現馬克思主義令他深深信服，也因為美國當時正值麥卡錫主義時期，相較於蘇維埃體制，冷戰實在不是吸引人的替代方案。他返回蘇聯，重新投入馬列主義事業。

但他仍是一位思想家，與多數黨內職官愈益相反。一九七二年，亞歷山大・尼古拉耶維奇發表

---

2 http://samlib.ru/w/wagapow_a/yesen.shtml#Im_tired_of_living, trans. Alec Vagapov（二〇一五年十一月二十五日瀏覽）。

3 "O kulte lichnosti i yego posledstviyakh,"Nikita S. Khrushchev's presentation at the Twentieth Congress of the Communist Party of the USSR, http://www.hrono.ru/dokum/195_dok/19560225hru.php（二〇一五年十一月二十九日瀏覽）。

了一篇題為〈反對非歷史主義〉（Against Ahistoricism）的論文。在那些能從它枯燥乏味的蘇維埃語言中奮力解讀出蛛絲馬跡的人來看，這篇文章傳達了激進的抗議訊息，反對在蘇聯日漸增強的民族保守主義——那是亞歷山大．尼古拉耶維奇所見，基於頌揚某些想像中的農民階級傳統價值觀所發展而來。[4]「政治流放」到加拿大則是他發表這篇文章所受的懲罰。[5]十多年後他返國，成為新任總書記戈巴契夫改革黨國計畫的謀士。一九八五年十二月，亞歷山大．尼古拉耶維奇起草一份文件，提倡激進改革：

> 重建政策的主要組成部分如下：
> 一、市場經濟體系，市場利率按勞力支付。
> 二、有產者做為自由行動者。
> 三、民主與開放，由此帶來資訊公開。
> 四、反饋機制。[6]

不可否認，他的民主概念是有限度的。他在寫給戈巴契夫的一封信裡，建議將共產黨一分為二，組成社會黨與人民民主黨，再由兩黨組成一個名為共產主義聯盟（Communist Union）的實體，好掌管國家。他提議設立總統一職，由共產主義聯盟提名人選，並交由人民投票，任期十年。他認為所有這些事都必須做到，因為蘇聯政府必須努力爭取先機。[7]亞歷山大．尼古拉耶維奇準確地預測了事態的大致走向。共產黨不曾一分為二，但蘇聯仍在數年之間舉行了一連串混合式選舉：提名由高層處理，選出的立法機構有著拐彎抹角的結構，用意在確保共產黨的優先地位。但蘇聯公民七十年來終於在投票時第一次有了不只一個選項；戈巴契夫確實也當選了蘇聯第一位總統。但他也是最後一位，因為搶得先機的計畫失敗了。

亞歷山大・尼古拉耶維奇與戈巴契夫必定是在一九八五或一九八六年夏天，一同在克里米亞的一處黨別墅避暑。謝廖沙認識了戈巴契夫的孫女克謝尼婭（Ksenia），再過一、兩年，兩人將在黑海專屬黨內職官的兒童夏令營共度夏日；但這個夏天，當兩個男人沒完沒了地討論治國大計，謝廖沙多半都得自求多福。他在被圍籬圍住的地盤上閒逛，這樣的區域看似漫無邊際。他在設計得看似城堡、還有地下隧道連結的建築物裡探索。他向下爬進隧道裡。謝廖沙直到後來才想到，那些地盤全都戒備森嚴，他隨時都處於監控之下。再到後來，他會懷疑、也會牽掛自己所記得的童年時光究竟有多少是真實的——他是否真的曾經獨自一人，是否真的被身邊圍繞的人們愛過。就像祖父別墅裡的那位廚師，他似乎很寵愛小謝廖沙，但謝廖沙的姊姊後來告訴他，那位廚師曾是國安會的上校，這讓謝廖沙疑惑，那份愛是不是他任務的一部分。

*

---

4 Alexander Yakovlev, "Protiv antiistoritsizma," 原刊於*Literaturnaya gazeta* in 1972，複製自http://left.ru/2005/15/yakovlev132.phtml（二〇一五年十一月二十九日瀏覽）。

5 A. N. Yakovlev, *Gorkaya chasha: Bolshevizm I reformatsiya v Rossii* (Yaroslavl: Verkhne-Volzhskoye knizhnoye isdatel'stvo, 1994), pp. 9-12.

6 前引書，p. 22。

7 前引書，pp. 211-212。

謝廖沙是一位黨內高官的孫子，而非兒子，因此他早年生命的某些部分，是在他當時及後來所認為的「一般」蘇聯狀況下度過的。他的家庭一如其他人家，也面臨食物短缺，從廁紙到牆面塗料等其他消費品也都短缺。小謝廖沙也輪流排隊，掌心上用原子筆寫著號碼——當需要排隊好幾個小時、甚至好幾天的時候，分配號碼成了一種額外措施，以維持自我組織和人們所認為的公平。但謝廖沙和雙親居住的地方，在地方話裡被稱做「沙皇村」（*tsarskoye selo*）。最初的沙皇村——一個被正式命名為沙皇村的真實地點——是十八世紀初彼得大帝夏宮的所在地。沙皇村在蘇聯時期被更名為普希金，因為這位詩人在當地接受教育；但「沙皇村」這個稱號開始與蘇聯菁英居住的街區和小社區產生聯繫。

這些地方的商店存貨較多，即使它們也會受到貨料短缺的影響。建築的規劃和建造品質更良好，[8]空氣也比城市裡其他地方更棒——莫斯科西部的社區比其他區域有較少的工廠和較多的公園。[9]在反對不平等的抗爭中所建立的這個國家，卻創造出舉世僅見最錯綜複雜、也最僵化的一套特權體系。它從第一批布爾什維克黨人搬進宮殿、或豪華旅館後開始的。布爾什維克俄國誕生的最初數年，特權的主要機制就被定義和創造出來。甚至在十月革命前幾個月，列寧就提及「共產主義的第一階段」不會帶來人人平等：「財富差異仍將維持不公正的差別。」就在革命後一週，列寧寫道，高素質的專業人士「就目前而言」有必要維持他們的特權地位。遊手好閒的富人必須被剝奪財產，但訓練有素的人才必須勸誘來為新政權效力。「各盡所能、各取所需」的馬克思主義原則被更為實用的措施取代，也就是盡國家所能去供養高級專業人士，好從他們身上取得最大的回報。往後數年間，勞力最受國家珍視的人員名單，以及對他們的補償機制全都建立起來。布爾什維克黨人對他們所謂的「創作知識分子」提供津貼，包括作家、藝術家，特別是電影導演，以及學者和科學家；軍官的層級則更高。但布爾什維克黨人最看重的還是自己：「政治工作者」的特權與利益勝過所有其他群體。

理由不只出於實用，也出於意識型態。「蘇聯共產黨的領導階層，從創立之初就抱持著強烈的菁英主義心態。」研究蘇聯社會的英國學者默文・馬修斯（Merwyn Matthews）在一九七〇年代寫道：「他們認為自己是得到啟蒙的一群，理解歷史進程，注定要帶領蘇聯人民——實際上更是全世界——走向共產主義。他們在日常生活中，總是為自己及其親友確保特權，好匹配那些了不起的理想。」[10]

蘇聯特權階級有權得到更高的薪資、一套額外的財務報酬、更大也更好的公寓、獲取消費品的優惠，還有教育及旅行的某些特權。[11]特權的價值及規模在史達林統治的三十年間增長，財富差距也隨之擴大。赫魯雪夫統治的十年間，由於國家推動大規模的住宅增建計畫，差距略有縮小，但在一九六四年布里茲涅夫（Leonid Brezhnev）掌權後，原先擴大的差異又捲土重來。[12]

---

8 Denis Romodin, "'Tsarskoye selo' v Kuntsevo—premium-klass epokhi SSSR," Proekt Sovetskaya Arkhitektura, http://sovarch.ru/273/（二〇一五年十一月二十九日瀏覽）。

9 莫斯科市內的工廠地圖，參看 http://www.subcontract.ru/Docum/DocumShow_DocumID_728.html；空氣品質地圖參看 http://www.moscowmap.ru/imap_eco.shtml（皆於二〇一五年十一月二十五日瀏覽）。

10 Mervyn Matthews, *Privilege in the Soviet Union: A Study of Elite Life-Styles Under Communism* (London: George Allen & Unwin, 1978), p. 20.

11 前引書，pp. 59-90。

12 前引書，pp. 91-92。

弔詭的是，蘇聯經濟體制的特點，造成被國家賦予不同價值的公民群體之間，界限變得更鮮明，也更難以穿越。賦稅是最小限度的，財富重新分配也不是經濟體制的目標。[13]由於特權階級獲得的額外補償多半並非貨幣，也由於全部的額外補償都由中央調控，某一特定「種姓」的成員在社會及地理上都群聚在一處。政治局成員與其他政治局成員住在同一棟樓，在同一個配銷中心取得消費品，送子女就讀同一間學校，在同一家診所看病，在同一個地區分得幾片土地興建週末或夏季使用的木造別墅，也在同一個療養所接受礦泉療養。科學院成員也是一樣，有自己特殊的基礎設施，任何「創作協會」的成員，像是作家、藝術家或電影攝影師，也都是這樣。

不同公寓的施工品質及舒適程度逐棟不同。每位政治局成員的家人平均能得到更多平方英呎的空間，還有更大的窗戶、更加挑高的天花板，樓板使用的木材也更堅實。學者較少，「創作者」又比學者更少，工程師則更次之。低階勞動者通常住在鋪著油布地板的宿舍房間裡，並且共用盥洗設施。

身在最高層的人們不論是出於羞恥感，或仍殘留著對堡壘安全感的嚮往，都築起高大堅固的圍牆保衛自己的生活。異議創作歌手亞歷山大．加利奇（Alexander Galich）寫過一首歌，名為〈在七道圍牆之外〉。歌詞的敘事者是一名普通蘇聯公民，他碰上了圍繞著共產黨領導人地產的圍牆，開始想像這些圍牆藏匿著什麼：不受踐踏的新鮮草地、潔淨的空氣、很難買到的巧克力薄荷糖、不同種類的鳥、知道有圍牆保護而安心享用的烤肉串，以及最厲害的，在夜裡「他們播放娼妓的電影」。敘事者再也受不了，動身返回城市，一路上都得收聽火車廣播系統放送著讚頌蘇聯平等主義的演講。他又想起了這些領導：「回到那裡，在七道圍牆之外／在七道門鎖之外／他們不必聽這種演講／他們只要吃烤肉串就好。」這樣的想像描繪出一幅蘇聯終極特權的圖像：養尊處優的生活，還可以觀賞好萊塢電影，而無須聆聽領導人自己的宣傳內容。[14]

謝廖沙的人生多半在圍牆裡頭度過。每逢週末，一輛黑色的伏爾加公務車——蘇聯製汽車的最高典範——裝著令它有權忽視交通規則的閃燈，載送謝廖沙一家人出城。他們走的是百萬富翁街（*Rublyovskoye Shosse*），這是一條專供蘇聯菁英使用的平坦狹窄道路。伏爾加公務車在充滿堅固圍牆的卡屈加村（Kalchuga）停下。其中一道圍牆的自動門會打開，汽車駛入一處專供亞歷山大・尼古拉耶維奇使用的政府別墅庭院。而在平日，另一輛類似的伏爾加公務車沿著同一條路，將謝廖沙載往另一處不同的圍牆。那是專供蘇聯最高層菁英子女就讀的幼兒園——比起瑪莎母親設法買通關節才進得去的中央委員會幼兒園更高一等。在城裡，亞歷山大・尼古拉耶維奇居住的建築物本身就構成了自身的圍牆：那是一整片街區，所有出入口都面向一座大廣場，穿制服的守衛看守著分隔建築物與外界的門。謝廖沙發現這些人很有趣，試著對他們說話以吸引他們。他知道自己很有魅力——人人都這麼說，人人都同意他非常可愛，白白胖胖、還有一頭金髮。但他頂多得到這些人的一抹微笑。

廖沙

廖沙與謝廖沙的生長環境不盡然是蘇聯階級光譜的兩端，但兩者之間確實大相逕庭，而且差距

13 前引書，p. 20。

14 Alexander Galich, "Za semyu zaborami," http://www.bards.ru/archives/part.php?id=4162（二〇一五年十一月二十六日瀏覽）。

無法彌合。他的家庭也享有特權，廖沙在成長過程裡意識到這種特權。他的祖父是集體農場的農民，一生都在地方黨組織服務，這意味著他在地方蘇維埃會議這樣的立法機構任職多年後，擁有一些追加薪資，以及日後一些可取得的非正式特權。他在一九七八年六十歲左右去世時，擁有的財產比其他村民多了一些：他留給家人一頭牛。他的遺孀，也就是廖沙的祖母，在兩年後把牛賣了，好讓五個子女能有一人到最鄰近的大城市彼爾姆（Perm）讀大學。蘇聯的高等教育是免費的，持續得到好成績的學生每月還能獲得助學金，但在食物短缺、乃至其他生活必需品也都短缺的時節，沒有一個年輕人可以理性地指望不靠家裡支援就能存活。

廖沙的母親加林娜是家裡第四個孩子，也是手足之中最聰明的一位，她幸運得到了援助。她的長兄服完義務兵役之後就讀軍校，但她母親的錢不夠送其他任何一個孩子上大學，甚至不夠幫助他們離開村莊。兩個姊姊先後嫁到外地去，即使她們過沒多久都成了寡婦。祖父留下了牛，這頭牛又被賣掉，加林娜才得以前往彼爾姆。大學畢業後，她成了歷史教師。她不須搬回村莊，因為她被派往索利卡姆斯克（Solikamsk）市鎮工作。身為教師，她在那裡有資格獲得一個房間，後來甚至有了自己的一間小公寓。

索利卡姆斯克是烏拉山區最古老的聚落之一；從十五世紀開始，鹽礦就在那裡開採。一九三〇和一九四〇年代，這個市鎮被勞改營填滿，數萬名囚徒從俄羅斯其他地方送來，後來又從被占領的波羅的海各國及戰敗的德國送來。[15]到了一九七〇年代晚期，加林娜前來時，勞改營早已不復存在，但這個市鎮一如大多數蘇聯市鎮，看起來臃腫不堪——約莫十萬位居民大多像短暫寄居者那樣，生活在臨時搭建的住處。

三十一歲時，加林娜成為城內一所職業學校的副校長，她正與另一所職業學校的校長交往，而對方已婚。她懷了身孕，想要墮胎。這可能並非她第一次墮胎，而這種情況很正常，在缺乏預防懷孕的措施下，避孕藥在蘇聯根本無法取得，而保險套的品質低劣又缺貨，於是墮胎成了常見的生育控制方法。就在加林娜懷孕的一九八四年，俄國的墮胎數量是出生嬰兒數的將近兩倍。[16]墮胎並非丟臉之事，因此計畫也無須保密：加林娜的家人聽說了，而她的妹夫說服她打消念頭。他指出了顯而易見的事實——她已年過三十，仍然未婚，要是這次墮了胎，往後恐怕再也無法懷孕。就統計數據來說，他是對的。超過百分之九十的俄國女性在三十歲前就結婚了，[17]三十歲過後極少有人生育兒女。[18]

加林娜同意了。她會留下孩子並獨力撫養。這也是一種尋常的做法。數十年來，蘇聯一直想盡辦法試圖彌補第二次世界大戰和古拉格勞改所造成的慘重人口損失，然而卻始終失敗。由赫魯雪夫首倡的人口政策，宗旨是盡可能讓最多的女性為相對稀少的倖存男性生育子女。政策規定，非婚生子女的男方不用負責撫養孩子，而是由國家在財務補助和兒童保育兩方面幫助單親媽媽，甚至可以

---

15 http://solikam-sk.narod.ru/index/0-3、http://www.memo.ru/history/NKVD/GULAG/r3/r3-175.htm（皆於二〇一五年十一月二十七日瀏覽）。

16 "15 novykh nezavismykh gosudarstv: Chislo abortov na 100 zhivorozhdeniy, 1960-2014," *Demoskop weekly*, no. 663-664 (November 16-29, 2015), http://demoscope.ru/weekly/ssp/sng_abo.php（二〇一五年十一月二十八日瀏覽）。

17 Sergei Zakharov, "Brachnost v Rossii. Istoriya I sovremennost'," *Demoskop weekly*, no. 261-262 (October 16-29, 2006), http://demoscope.ru/weekly/2006/0261/tema02.php（二〇一五年十一月二十八日瀏覽）。

18 D. Zhdanov, Ye. Andreev, and A. Yasilioniene, "Polveka izmeneniy rozhdaemosti v Rossii," *Demoskop weekly*, no. 447-448 (December 13-31, 2010), http://demoscope.ru/weekly/2010/0447/tema03.php（二〇一五年十一月二十八日瀏覽）。

依其需要，不限時間長短、不限次數將孩子留在育幼院裡，而不至於喪失親權。國家奮力消除單親媽媽及生下非婚生子女相關的任何汙名，並求助於育幼院。女性可以在子女的出生證明上編造一個男人的姓名做為父親——甚至可以直接填上真正的生父，而生父無須擔心自己得承擔責任。「新計畫旨在鼓勵男性與女性雙方建立非婚姻的性關係，以促成生殖。」歷史學者中地美枝（Mie Nakachi）寫道。[19]加林娜的兒子在一九八五年五月九日——勝利日[20]——誕生，她給兒子自己的姓氏米薩林娜（Misharina）和父名尤里耶維奇（Yurievich），藉此示意生父名叫尤里。廖沙的正式全名是阿列克謝·尤里耶維奇·米薩林（Alexei Yurievich Misharin）[21]。

加林娜在一間所謂的「矯正學校」當上了校長。這個名稱其實令人誤解。這所學校與其說是矯正機構，倒不如說是國家為了補償學生遭遇的任何嚴重錯待，額外做的努力。矯正學校提供了被認定沒有能力在主流學校出人頭地的學生來就讀。多數矯正學校在週間或一整年裡提供寄宿；有些學校為身心障礙兒童準備了特殊設施。

加林娜在一間「最常見」的矯正學校服務。這類矯正學校是為了那些不被父母照護的兒童所設立，原因通常是酗酒。她的學生來自廖沙兒時居住的街區與學校之間的小社區。雖然他和加林娜住在一棟常規的混凝土空心磚樓裡，這個小社區卻是索利卡姆斯克人口爆炸時，那些古拉格勞改營囚徒遺留下來的木造營房所構成。人們稱之為營房區（*barachnyi*）。像加林娜一週六天上下班那樣步行穿越營房區，在人們看來是危險的；她隨身攜帶一把刀防身。有時她得帶著廖沙一起穿越營房區，通常是為了尋找某個失蹤的學生。廖沙發現，營房區既厲害又可怕。天花板看來像是要倒塌下來，還有一股臭味，比他聞過的任何味道都更強烈刺鼻。大多數的居民都喝醉了，包括加林娜偶爾會進行長談的那些家長們。廖沙意識到，這在某種程度上是貧窮的一種作用。他也在心理上將貧窮與「自殺」一詞聯繫起來，加林娜談到自己的學生時，規律地用到這個詞。其他字詞包括「懷孕」、「酒精」，後來還有「毒品」。他們是酗酒、懷孕、自殺的孩子，她清楚表明。他們的年紀雖然比廖沙大，但仍是孩子。廖沙理解到，這些字詞不適用於他和加林娜的世界，其本身便是特權的一種作用。

其實人們無需走到營房區，就能看見赤貧；在廖沙和加林娜住的街區裡也看得到。住在隔壁棟的女人嚴重酗酒，她的子女們進了矯正學校。某些夜晚她喝得不省人事，孩子們就被鎖在門外。在這些夜晚，他們常常就睡在加林娜家的過道上——廖沙思量，他們選擇那裡，是因為知道她不會傷害他們。不幸的是，這也意味著加林娜在某些早晨開門、帶廖沙去幼兒園的時候，過道便會臭氣沖天：因為這些孩子就把過道當成廁所。最終，到了一九九〇年代，樓房的住戶在前門加裝了一道鎖，將他們及其他闖入者拒於門外。

廖沙的幼兒園時光很漫長。他在早上六點被帶到幼兒園，然後母親再步行半小時到她的學校上班，通常不到晚上十點不會來接他，那時幼兒園裡只剩下夜班警衛。這其實是理所當然的做法，因

---

19 Mie Nakachi, "Replacing the Dead: The Politics of Reproduction in the Soviet Union, 1944-1955," doctoral dissertation, University of Chicago, 2008, p. 191.

20 編按：一九四五年五月八日納粹德國對蘇聯正式簽訂投降書，宣布在第二次世界大戰無條件投降。投降書生效時歐洲中部時間為五月八日，而莫斯科時間為五月九日，因此俄國等東歐國家與西歐慶祝的時間相差一天。

21 編按：俄語文法有性別之分，女性姓名大多以母音「a」結尾。此例顯示雖然廖沙跟著加林娜同姓，但正式拼寫時還是略有差異。

為加林娜獨力撫養廖沙，工作繁重，廖沙的外祖母又住得太遠，不能每天來幫忙。加林娜對廖沙說，他的生父住在大城市彼爾姆，那也是她讀大學的地方。彼爾姆在一百二十公里外，但說到人們去那兒的頻率，恐怕跟數千里以外的地方沒什麼兩樣。有時會有一位友善的男人路過，和他們一同生活。加林娜要廖沙叫他尤拉叔叔。

廖沙大約三歲的時候，加林娜開始無時無刻開著電視。有時她坐在黑白電視機前，連看幾小時螢幕上灰色的男人們說話，其他事都不做；偶爾提高聲音。加林娜對廖沙說，這些男人——她似乎和他們有私交——在電視上講的事有著緊張感，還有認真和重要性，因此並不無趣。廖沙學會了一些人名，包括戈巴契夫，他是最重要的人，前額有塊大大的記號。年紀比廖沙大上許多的表哥對他說，那塊記號是蘇聯地圖，因為戈巴契夫是總統。當廖沙告訴加林娜這件事時，她大笑說那只是塊胎記。她說的必定沒錯，但表哥聽不進去。加林娜帶著廖沙去投票，向他解釋這是他們的「公民義務」。他們的公民義務究竟是什麼並不明確，但廖沙喜歡投票，因為投票所以紅布裝飾，還能買到薩拉米香腸三明治。

到了夏天，廖沙和祖母一起待在村裡。諸位堂表兄弟姊妹也被送去那裡，他們的父母來來去去，有時停留一、兩週，有時只度過週末。他五歲時，有一天阿姨說：「我們去領洗。」於是他們全都到了另一個村莊，站在一座嚴重毀損的教堂裡，最近幾次小規模的維修更只凸顯出整座教堂的破敗。一個身穿禮服的男人抓住廖沙的頭髮，把他的臉浸在一桶水裡，那一刻廖沙恨透了這個男人和他自己的阿姨。但過了幾分鐘，他又喜歡上這個男人放在他舌頭上的麵包與酒，也愛上了男人為他掛在頸上的小十字架。當他們回到自己的村莊，廖沙跑向母親，一面叫嚷「看看我拿到什麼」——他指的是小十字架。加林娜退後一步，表情看來像是要昏倒。她後來向他解釋自己是個無神論者，以及身為無神論者的意義。

廖沙很愛聽加林娜解釋事物，尤其是跟歷史相關的事物。家裡有很多歷史書，廖沙崇拜這些書，特別是關於偉大愛國戰爭的書籍。他讀了《榮耀的花環》（*The Wreath of Glory*）這套紅色人造皮面的厚重書籍。這部巨大的選集收錄了虛構和非虛構著作，每一卷都用來刻劃戰爭的某一面向：一冊關於莫斯科保衛戰，一冊關於列寧格勒圍城，另一冊關於勝利本身。[22]他也聽戰爭歌曲黑膠唱片，包含呼喚人們奮起的偉大進行曲，關於失去愛人、為愛人戰鬥的抒情歌謠，以及悼念陣亡袍澤、令人心碎的戰後歌曲。廖沙確信自己的生日絕非巧合，他不僅出生於勝利日，更出生於史上最偉大的戰爭四十周年紀念日上。當親戚朋友來訪為他慶生時，他總會追問他們對戰爭史的認識。當他長大了一些，他把儀式轉變成測驗，花幾天的時間準備偉大的史達林格勒之戰和庫斯克會戰等考題。他盡力在鋼琴上彈奏戰爭歌曲。他的一位表哥在某一年生日送他一套偉大愛國戰爭樂譜。廖沙學的是演奏手風琴而非鋼琴，但他能讀樂譜，也有強烈決心。他用一隻指頭在鋼琴上彈奏。

22 *Venok slavy*, 12 vols. (Moscow: Sovremennik, 1987).

第四章　蘇維埃人

乍看之下，「重建」是個不可能的概念。黨早已運用自己的指揮體系，讓國家和組織比較不被命令所驅動。因此，首要問題即在停滯與不知變通的體制下，著手改革自身。或許最嚴重、也無從解決的問題，在於這些窮盡一生鞏固權力及個人影響力的人，被期望構思出一套改革方案，來拆解權力的槓桿階序，而且有可能反把自己掃地出門。體制本能地抗拒改革，許多人有意識地密謀破壞改革。

身為被戈巴契夫指派思考「重建」，並對「重建」予以指導的人選，亞歷山大．尼古拉耶維奇每天都要面對這項任務的徒勞。黨內不少領導人由於懼怕喪失權力而抗拒改革。那些看似歡迎改革的人，其中以莫斯科市委書記鮑里斯．葉爾欽（Boris Yeltsin）最引人注目，但最終也受到權力欲驅使，使他們彼此成了不可靠的盟友。蘇聯多個加盟共和國領導人在監控及遏止民族主義勢力上，也變得懈怠：數十年來，蘇聯始終將地方民族主義運動者指控為國家公敵，但「重建」使得民族自決的言論在波羅的海三國、烏克蘭、喬治亞，乃至名義上屬於俄羅斯共和國的地區都得以鬆綁。它開始讓國家分崩離析，在蘇聯最無力負擔的時刻製造出緊張與不穩。如今獲得更大自由、甚至被鼓勵探討棘手議題的媒體（部分歸功於亞歷山大．尼古拉耶維奇的努力），卻時而被動、時而保守，甚至反動。至於大眾，就亞歷山大・尼古拉耶維奇所能追蹤到的大眾思維來說，似乎也在不適當的被動與同樣不適當的行動之間左右為難。開始發聲的人，似乎總是選擇極端的立場，無論是支持民主化，還是支持鎮壓以保衛蘇聯的秩序。亞歷山大・尼古拉耶維奇開始把這些人全都稱作「極端分子」。

身為一個辛苦自學、又必須教會自己思考的人，亞歷山大・尼古拉耶維奇能同情抗拒變革的大多數人，他們的抗拒就只是因為不曾接觸過黨教條之外的任何事物。一九八八年五月，他說服中央委員會批准一項齊心協力的工作，以便恢復國內的思想與知識。「如今到了這樣的地步，西方有些學者對本國的歷史比我們自己更為精通，」他在提交中央委員會的演說稿裡寫道：「二十世紀西方哲學包括很多在書籍中、研討會上，以及諸如此類的場合裡受到熱烈爭論的概念，其實有很多最初都由我國的思想家闡述。這並不令人意外，因為在醞釀革命的年代裡，俄國知識探問的渴求程度遠甚於任何一個歐洲國家。」亞歷山大・尼古拉耶維奇建議由五、六位編輯組成團隊，匯編一套俄國哲學家文庫，冊數約三十五到四十冊，其中包括早已停止出版的十九世紀思想家，以及那些坐上哲學家之船被放逐學者的著作。他自己編纂了一份名單，要將三十九位思想家回復到俄國思想全集之中。他寫道，要是能順利進行，歷史和經濟學（他仍稱之為「政治經濟學」）書籍就能比照辦理。中央委員會同意了。[1]

*

在計畫中的文集實現之前，期刊上開始刊載先前被噤聲的哲學家著作。就連海德格的論述都能印行。對杜金這樣的人來說，這是令他大惑不解的時期。一方面，他再也不需要花費時間索求禁書，或試圖閱讀投影在木桌上面的微縮片傷害視力；另一方面，他的整個人生正是建構在這一點上——拚搏學會困難的概念，成為全國極少數懂這些概念的人，並繼續他的自我學習過程。因為他知道，自己在這世界上——這個令他憎恨的靜止世界——有用不完的時間。倘若世界不再靜止，倘若知識不再被禁制，杜金又是何許人也？

葉甫根妮婭離開了他。她加入了一群聚集在一名古怪女人瓦萊利亞・諾夫德沃斯卡亞（Valeria Novodvorskaya）身邊的群眾。這古怪的女人年近四十，從青少年時代起就一再進出懲罰性精神病院。她是不合群的激進異議人士。此時，她身邊頭一次聚集了志同道合的人。他們從一場在莫斯科和列寧格勒舉行、約有八十人參加的討論會開始；這樣的人數，不過幾個月前仍無法想像。即便到了一九八七年四月，發起人還是很驚恐。他們從研讀蘇聯的歷史開始——諾夫德沃斯卡亞宛如一部活的百科全書，她主講的次數比任何其他人都來得多——過沒多久就開始對研讀的每一個主題發起抗議行動。他們舉行小規模的示威，紀念蘇聯公民不被允許知情的事件。葉甫根妮婭開始經常遭到拘留。她似乎樂在其中，也很享受隨著蘇聯報紙開始報導街上發生的事件所產生的知名度。她再也不住在與亞歷山大同居的公寓裡了。她設法被分配到一個自己的住所，有一個房間加上廚房，位於一座一九七〇年代建造的混凝土空心磚塔樓，距離市中心只要一段短短的地鐵再轉電車就好。如今，有數十人擠進這個空間，他們全都是叛逆的怪胎，每天都有多達十二輛國家安全委員會公務車

1 "Postanovleniye Politburo TsK KPSS i zapiska A. N. Yakovleva ob izdanii serii 'Iz istorii otechestvennoy filosofskoy mysli,'" in A. A. Yakovlev, ed., *Aleksandr Yakovlev, Perestroika: 1985-1991: Dokumenty* (Moscow: Mezhdunarodny fond "Demokratiya," 2008),

在前門徹夜戒備。[2]他們的兒子阿圖爾這時由亞歷山大的母親照顧，葉甫根妮婭則在週末帶他，只要她沒有忙著抗議或被拘留在某個警局的話。

諾夫德沃斯卡亞的團體開始自稱政黨——在一個七十年來只有一黨存在的國家——這個新政黨在一九八八年五月經由歷時三天的「代表大會」後創立，約有一百人出席。部分議程是在葉甫根妮婭的公寓舉行的。與會者遭受騷擾，有的被拘留、有的受到粗暴對待。原訂要舉行第三天會議的一處別墅遭到國安會特工查抄，被弄得亂七八糟無法使用。只有大約五十位與會者敢簽署新政黨的綱領。[3]這是一份駭人聽聞的文件，其中呼籲解除華沙公約，將波羅的海三國——拉脫維亞、立陶宛、愛沙尼亞——稱為「占領區」，並主張它們及其他有意獨立的加盟共和國應當獲准脫離蘇聯。它廢除了國家安全委員會、死刑及徵兵制。諾夫德沃斯卡亞和葉甫根妮婭還有可能走得更遠——她們的觀點結合了自由意志與無政府主義，這兩者在當時的她們看起來是西方思想的極致——但團體其他成員阻止了她們。實際上，有幾位曾因反蘇活動罪而入獄服刑的資深異議人士認為，這份文件太過針鋒相對。[4]這甚至算不上亞歷山大．尼古拉耶維奇用「極端分子」一詞所指的意思，只不過是他所指涉的極端分子諷刺畫版本。一名檢察官威脅以叛國罪起訴諾夫德沃斯卡亞，最重可求處死刑。但運動者們以一種完全非蘇維埃的方式回應。他們沒有因恐懼而停止，也沒有頂撞檢察官，就只是對他的威脅置之不理。所有活動發起人都收到傳喚通知，他們也全都不予理會。他們繼續召開代表大會，即使有幾個人在會議進行中遭拘留，監禁一週左右。共產黨之外的蘇聯第一個政黨，命名為「民主聯盟」（*Demokraticheskiy Soyuz*）。[5]

諾夫德沃斯卡亞後來寫道，葉甫根妮婭和她自己一樣，其實都沒有那麼反蘇維埃（anti-Soviet），而是「非」蘇維埃（un-Soviet）。[6]葉甫根妮婭正處在人生最美好的時光中，她投入、她展演、她受到仰慕、她也在戀愛。事實上，她過得實在太快樂，以至於民主聯盟都受不了她，最後以訐發陰私為由（通常在喝醉後）將她開除。到了一九八九年，當成立新政黨這件事本身也不再激進時，她與人共同創立了跨國激進黨（Transnational Radical Party）俄羅斯支部，這是一個倡議反戰且不參與選舉的政治團體，總部設在義大利。義大利人送了葉甫根妮婭人生中第一部電腦，但後來激進人士也把她開除了，因為她在前往羅馬尼亞大使館門口示威當天睡過頭。她認定自己對資本主義的興趣強過政治，於是創立了俄羅斯自由意志黨（Russian Libertarian Party）。她也出櫃成為同性戀者——那份驅動她政治生活的愛，是女性之愛——並發起了全國第一個酷兒團體：性少數協會（Association of Sexual Minorities）——「男同志」或「拉子」之類更具體的身分詞彙，當時還不是俄國人耳熟能詳的。[7]

＊

---

2 Valeria Novodvorskaya, *Nad propastyu vo lzhi* (Moscow: AST, 1998); Dmitry Volchek, "May 1988-go: Vospominaniya o pervom s'yezde DS," program aired by Russian Service of Radio Liberty, May 21, 2008; transcript: http://www.svoboda.org/content/transcript/448783.html（二〇一五年十二月十日瀏覽）。

3 Volchek, "May 1988-go."

4 Novodvorskaya, *Nad propastyu vo lzhi*, p. 22.

5 前引書。

6 前引書，p. 19。

7 Aleksei Alikin, "Vy slovno khodite po lezvuyu nozha," *Russkaya planeta*, May 28, 2014, http://rusplt.ru/society/debranskaya-10104.html（二〇一五年十二月十一日瀏覽）。

一九八〇年代晚期，有許多變得愈來愈令人困惑的事物，其中之一是左右對立。亞歷山大・尼古拉耶維奇使用「右派」一詞時，只不過是用來替代「保守派」一詞最基本的詞意：只想事物維持原狀的人。但這些人走的依舊是「左派」路線，可是共產黨本身就是最保守的勢力，因此幾乎沒有人想要自稱「左派」，這使得所有人都成了「右派」，或者相對保守派而言更趨近於「激進派」或「民主派」。葉甫根妮婭先後創立的激進黨（這在歐洲應屬極左派）和自由意志黨，兩者與共產黨的差別大約等距，這使得從一個黨跳向另一個黨看來像是挪動了一小步。事實上，她所有的觀點全都屬於同一個範疇，這比眾所周知（因此可疑）的政治區分更為重要：它們都是西方概念。在認識諾夫德沃斯卡亞之前，葉甫根妮婭曾短暫參與了一個名為東西方互信組織（Group for Trust Between East and West）的團體，其唯一議程就是應對蘇聯宣傳中最基本的前提：西方即是威脅。就連在亞歷山大・尼古拉耶維奇的修辭裡，這個前提似乎也不容侵犯，即使他未必真是如此思考。他每次寫信或演說談論蘇聯的現況，幾乎都會提到西方危害蘇聯的企圖，以及西方破壞重建本身的陰謀。因此，如果有人想要像葉甫根妮婭那樣成為非蘇維埃的人，首先最好從接納眾多的政治立場開始。從自由意志到反戰主義，一個比一個更西化；同性戀權利、藥物合法化、死刑廢除，以及取消一切國家管控，支持不受約束的自由市場主宰一切——所有主張都自然而然趨向一致。

至於杜金，失去了心愛的女人、兒子，乃至不預設後果的密集學習之後，他必定要去追尋並找到與一切事物相反的立場。他首先漂流到了一九八〇年代興起的祕密組織「記憶」（*Pamyat*）。該組織長年偷渡反猶太言論，從《錫安長老會紀要》（*The Protocols of the Elders of Zion*）到當代世界錫安主義陰謀；這時，它一方面與戈巴契夫的重建政策結盟，另一方面又與想像中的俄羅斯民族主義復興結盟。[8]這樣的結合簡直是出自直覺：蘇聯國族主義修辭只是貶值的空洞意識型態其中一個面向。儘管重建之前的蘇聯官方媒體定期放送反猶太主義，但一般而言，體制仍會壓制赤裸的俄羅斯民族主義。如今這個鍋蓋被掀開了，許多不同種類的仇恨湧現出來，「記憶」則是其中最顯眼的。蘇聯領導人也許是不知道該怎麼樣回應最好，也或許是不願意回應，但亞歷山大・尼古拉耶維奇無論在公開或私下場合都大動肝火。「我不是猶太人，」一九九〇年三月，他在高等黨校（Higher Party School）的演講中說道：「但我每天都收到『記憶』發來的傳單，說我是『蘇聯的猶太——共濟會客廳主人』。就我所知，會有這樣的說法只出自一個原因：我確實在著作和演講中，在每個地方和我能力所及的任何地方都公開發聲，反對所有民族主義的表現，包括反猶太主義。而我認為，誰支持這樣的種族仇恨意識型態，都是俄國知識界成員以及所有俄國人的恥辱。」[9]

在數十年沒有固定型態的地下活動之後，「記憶」組織得到了一位充滿魅力的領袖，他名叫季米特里・瓦西里耶夫（Dmitry Vasilyev），當過攝影師，而他立刻就開始譴責全世界：猶太人大屠殺是猶太人的陰謀（艾希曼〔Adolf Eichmann〕是猶太人）；搖滾樂是撒旦的詭計（慢速播放的黑膠唱片傳出了對撒旦的唱誦）；瑜珈是西方傳來的禍害（西方的一切所作所為都是要玷汙俄國文化）。[10]

在它向戈巴契夫宣誓效忠所展現的蘇聯保守主義，和它反對西方、反對一切外來事物的立場之間，「記憶」組織的確是民主聯盟的背反。一如葉甫根妮婭，杜金過沒多久也和他加入的第一個政

8 Walter Laqueur, *Black Hundred: The Rise of the Extreme Right in Russia* (New York: HarperCollins, 1993), pp. 204-209.

9 "Otvety A. N. Yakovleva na voprosy slushateley Vysshey partiynoy shkoly v Moskve," in Yakovlev, *Aleksandr Yakovlev, Perestroika*, p. 424.

10 Laqueur, *Black Hundred*, p. 208.

治組織分道揚鑣。但相較於葉甫根妮婭短暫地成為一連串激進團體的發起人，杜金則展開了一項新的知識計畫。

如今，他從勒內・蓋農（René Guénon）的著述中得到啟發，這位死去多時的法國人出版過十多本探討形上學的著作，其中兩部以印度教信仰為重心，但他也探討伊斯蘭教、宇宙主義，以及「但丁的隱微論」。杜金在這套兼容並蓄的文庫裡覺察到一套連貫的世界觀，或至少是一個連貫的探問：追尋傳統，或可說是單一傳統。他寫下自己的第一部著作《絕對之道》（*The Ways of the Absolute*）。這是一部濃稠的文本，有些部分除了杜金自己之外沒人能懂，但其中含有一個明確的命題：將一切既有的信仰體系、一切習得的事物全都放下，轉而信奉他所謂的「完全傳統主義」（total traditionalism）——一種涵蓋宇宙的後設意識型態。實際上，它是這麼無所不包，或許更適合以它明確拒斥的事物來定義之：「『現代世界』本身。」現代性是傳統的相反，因此杜金追求的本質傳統只能藉由剝離一切當代觀點及事物，朝過去回溯才能發現。另一個與「現代」同義的詞可能是「西方」。杜金藉由運用一位執迷於印度教與伊斯蘭教的法國哲學家之觀念，得出這種傳統觀。歷經這番周折，他回到了剛被遺忘不久、俄國思想家早年發展的概念：他們主張俄國應當背離歐洲，走向亞洲。[11]

杜金踏上了前往西歐的朝聖之旅。一九九〇年，他前往巴黎，在那裡見到了比利時的新右翼思想家羅伯・史托克斯（Robert Steuckers）。這是一位來自西方的知識分子，思想激進一如蓋農，但他活在此刻、正對著杜金說話。史托克斯向杜金介紹了地緣政治概念，更廣泛地說，他讓杜金對自己的想法可能在世局變遷中發生什麼實際影響有了概念。他也建議杜金將自己的想法與某種名為國家布爾什維克主義（National Bolshevism）的事物結合。杜金在一年之內會晤了歐洲其他許多新右翼知識分子，受邀出席在巴黎召開的族群民族主義智庫——歐洲文明研究與學習組織（Groupement de Recherche et d'Études pour la Civilisation Européenne）會議，並由義大利一家新右翼出版社發行著作。[12]

一九九〇年，杜金介紹蓋農觀點的著作在俄國出版，同時還有許多書籍問世，試圖找出一種形上、隱微、超自然，或恰好相反的超理性、數學論證方式，用以解釋突然變得如此複雜的生命與世界萬象——有幾本寫得不錯，但沒幾本出自擅長閱讀者之手。同時，杜金自己則在正教信仰裡找到他所想望的單一傳統——不是當代正教會，而是十七世紀分裂出去，從此力圖堅守信仰而不顧現代世界變化的舊禮儀派（Old Believers）。

*

這個年代的套語是「閘門」。任何領域的每個人都斷言「閘門」打開了。就阿魯圖尼揚看來，情況更像是氣窗開得更大了，然後再加大，接下來整扇窗戶都被推開。有位在莫斯科心臟病醫學中心（Moscow cardiology center）工作的朋友告訴阿魯圖尼揚，那裡有名醫師正在舉辦研討會，講授明尼蘇達多相人格測驗（Minnesota Multiphasic Personality Inventory）的施行方式。這項全世界最普

---

11 Alexander Dugin, *Puti absolyuta*, http://modernlib.ru/books/dugin_aleksandr/puti_absolyuta/read/（二〇一五年十二月十二日瀏覽）。

12 Anton Shekhovtsov, "Alexander Dugin and the West European New Right, 1989-1994," in Marlene Laruelle, ed., *Eurasianism and the European Far Right: Reshaping the Europe-Russia Relationship* (Lanham, MD: Lexington Books, 2015), pp. 35-54.

及的人格測驗，自一九三〇年代就在使用，一九七〇年代開始有些蘇聯精神科醫師和心理學家加以研究。[13]他們試圖將它改編為俄文版，而這項任務證明了極其困難。首先，俄文文法上的字詞性別區分得很徹底：大多數第一人稱陳述都有陰性和陽性形式，而明尼蘇達多相人格測驗包含了五百六十六個第一人稱陳述。因此，第一次的改編行動創造出兩個測驗版本——一個給女性，一個給男性。

更重要的是，測驗原版乃是奠基於美國的現實，歷經多年的實驗後才確定最終版本，並且廣泛投入使用。蘇聯精神科醫師和心理學家則幾乎沒有機會測試臨床實況。如今到了一九八〇年代晚期，他們之中才有人獲准在研究中納入圈外人，這使他們得兼具學者、協作者及施測者三種身分。他們要如何應用這套外來的測驗？俄語還是他們最容易解決的問題，包括區分陰陽性。測驗裡比較難的是像第五十八題這樣的陳述：「一切都變得如同聖經的先知所說的那樣。」但蘇聯人的現實裡沒有先知與聖經。這句陳述在最初的改編版成了：「人類的未來是被預先決定的。」[14]但測試結果顯示，這個替代很差勁。最後，更合適的版本是「天氣好的時候我更開心。」第二五五題「有時我會在選舉時投票給所知甚少的候選人」，這變成了「有時我會正面評價所知甚少的人。」而第五一三題「我認為林肯比華盛頓偉大」，則改寫為「我更喜歡與提供明確指示的上司共事，而非給予更大發揮空間的上司。」迴避了對歷史的可能歧見。

到了一九八九年，原版的明尼蘇達多相人格測驗在美國功成身退，取而代之的更新版順應了美國社會以及臨床醫師對社會理解的變遷。選舉問題裡的「男人」改成了「人們」，林肯和華盛頓也被刪去了。[15]在蘇聯，第一版測驗的改編版本，就在現實產生劇變之際投入使用。這個原本為了現實狀況而修改的版本，包括刪去一切指涉選舉的做法，如今可能顯得多餘、更適得其反。儘管如此，為數不少新近的心理學家，接受了明尼蘇達多相人格測驗的訓練，並規劃向一般大眾施測——不是精神病患或罪犯，而是以往未被病理化、未被治療也未被研究的普通蘇聯公民——仍是一項創舉。

無論它在蘇聯做為一種診斷工具有何局限，明尼蘇達多相人格測驗倒是成功激發了對心理學家的信賴：這套古怪把戲能以一系列看似不相干的問題作為基礎，對某人的人格取得令人信服的結論，不僅能夠指出興奮、憤世嫉俗等特徵，或是身體罹患了哪些不可解釋的病症，在魔法與科學之間取得了完美平衡。它顯示出即使心理學家少了醫師的白袍，他們還是知道一些受試主體所不知道的事。更棒的是，他們對受試主體的了解，比受試主體對自己的了解更多一些——就在這麼多蘇聯人民開始感受到他們對自己和世界的理解，並不像原先以為的那樣多的時候。

同時，心理學家也開始學習成為臨床醫師。莫斯科國立大學心理學系拋開了大半審慎，發起了一系列為實務心理學家舉辦、由實務心理學家主持的工作坊。自我標榜為心理醫生的人，從未經許

13 I. L. Solomin, “Lichnostnyi oprosnik MMP: Metodicheskoye rukovodstvo,” http://reftrend.ru/396397.html（二〇一五年十二月十七日瀏覽）。

14 L. N. Sobchik, SMIL-566-MMPI-test. Metodika Minnesotskij Mnogoaspektnyj Lichnostniy Oprosnik-Standartizirovanniy mnogofaktorniy metod issledovaniya lichnosti, http://psycabi.net/testy/472-smil-566-mmpi-test-metodika-minnesotskij-mnogoaspektnyj-lichnostnyj-oprosnik-standartizirovannyj-mnogofaktornyj-metod-issledovaniya-lichnosti-sobchik-l-n（二〇一五年十二月二十二日瀏覽）。

15 John M. Reisman, *A History of Clinical Psychology*, 2nd ed. (New York and London: Brunner-Routledge, 1991), p. 367.

可或無照看病的公寓裡，或在特藏圖書區閱讀佛洛伊德著作的圖書館中現身，開始互相幫助，將彼此的知識予以系統化。另外還開設了家族療法、完形療法及精神分析的工作坊。

隨著鐵幕開始出現裂縫——錯綜複雜的簽證系統仍在運行，來訪的外國人活動仍高度受限，但這時有些人已因某些緣故而受到歡迎——西方心理治療師開始前來教學。卡爾．羅傑斯在一九八七年來訪。羅傑斯身為人文主義式的個人中心治療創始者，也是非指導式諮商的先驅，他成為第一位在蘇聯授課的西方重要心理學家，這件事不僅異乎尋常，而且石破天驚。他的取徑首先將個人安放在事物的中心，其次則是不向當事人發號施令。邀請他來訪的一位活動發起人回憶，羅傑斯自己就指出了這一點，他說：「你們要我們在這裡做的事很危險……因為人們要是學會為自己賦權，他們可能就不會按照你的期望行事。這恐怕不適合這裡的文化。」[16]

羅傑斯接著開始帶領一些他生平僅見最怪異的團體。在莫斯科大學進行一場大規模演講後，他規劃用四天時間和一個頂多三十人的團體合作。結果擠在教室裡的大約有五十人，聚集在門外的另外有十二人，他們花了第一天時間彼此叫囂和爭鬥，只為了在團體裡得到一席之地。羅傑斯後來寫道，他「嚇壞了」——他特地把這個字斜體標示。「就算有過，我也難得聽到像這樣針對團體現有成員個人而發的凶惡敵意。」[17]到了第二天，他記載：「事情變得很明顯，他們多數的個人問題與頻繁的離婚有關。在這個受過教育、見多識廣的團體裡，狀況跟美國類似。有個女人說到她和丈夫逐漸努力達成了更良好也似乎更持久的關係。她絕對是例外。其他每個人幾乎都說到『當我離開第一任丈夫』；『我和再婚的子女們處不來』；『要是我離開第二任妻子』。有人談到與前任伴侶子女的不安全感與疏離感；子女遠在外地時維持關係的困難；前妻與前岳母的插手——各式各樣。」[18]即使教室內平靜下來之後，學生們仍沒有聽別人說話的能力，這繼續讓羅傑斯大吃一驚。但數日後的正式簡報卻讓羅傑斯確信，他的學生們做為治療師，深受他建議的「應當保留判斷甚至指導」原則所影響。實際上，他們試圖按照羅傑斯的方式組織一場本應正式且公式化的「學術委員會」會議，羅傑斯本人將這項成就稱為一種「奢侈」。但身為人，俄國參與者似乎讓這位偉大的治療師感到悲傷。他和這次訪學的共同主持人，都提到「某種『失落感』……一種到處瀰漫、認為生命意義應當不只如此的感覺，對於能否找到意義，深切絕望。」[19]

全世界最著名的家族治療師維琴妮亞・薩提爾（Virginia Satir）於隔年來訪。她從爆滿的禮堂逐一指名聽眾上臺，由此說明她取徑的最基本理念，也就是對每個人本性善良的信念：「我知道他是一個美好的人。我為什麼知道？因為他是擁有這個身分的人，他是整個世界唯一一個如其所是的人。」[20]維克多・法蘭可（Viktor Frankl）也來到蘇聯講授存在治療。莫斯科的心理學家們得以在最後一群偉大的參與者離去之前，一睹二十世紀心理學的專業對話。羅傑斯在一九八七年去世，薩提爾在一九八八年去世，法蘭可多活了十年，但他造訪莫斯科時已經年過八十。

---

16 Ruth Sanford (with additions by Irina Kuzmicheva), "The Other Part of the Soviet Story," http://ruthsanford.tripod.com/the_other_side_of_the_soviet_story.htm（二〇一五年十二月十七日瀏覽）。

17 Carl Rogers, *The Carl Rogers Reader*, ed. Howard Kirschenbaum and Valerie Land Henderson (New York: Houghton Miff lin, 1989), p. 484.

18 前引書，p. 486。

19 前引書，p. 492。

20 *Virginia Satir in the USSR 1988*, film produced by Dr. Bob Spitzer and L. B. Johnson, https://www.youtube.com/watch?v=I36XM6_vsf4（二〇一五年十二月十七日瀏覽）。

阿魯圖尼揚試著同時聆聽和學習這一切，而後她逐漸了解到，想要幫助一個人，就必須選擇一套框架來理解他。她就在這時做出結論：精神分析中提到的那些有缺陷的、複雜的、偶爾可怕的人類，才是她的選擇。她還要再過一段時間才知道，精神分析一樣有許多不同學派，每個學派也各自呈現出一套對個人不同的看法。

*

古德科夫第二次受邀與尤里·列瓦達一同工作，是二十年後的事了。經過二十年自家舉行的討論會之後，列瓦達將團隊重組為蘇聯官方機構的一部分。一九八七年七月，蘇共中央委員會發布命令：「為了研究及運用蘇聯人民對社會經濟最迫切問題的輿論，將在工會當局與勞動部主持下新設一個中心。」這份文件及後續文件明確指示，日後的全聯盟輿論研究中心（All-Union Public Opinion Research Center）事實上將不只是研究機構，它被期望積極構思並形塑輿論。[21]監督機構的選擇與策略合乎邏輯：黨中央控制的工會和勞動部負責掌控人力資源，也就是蘇聯全體人民——按照這個思路，他們如今將被適當地監控與引導。

新中心在混亂與混淆之中上路。工會提撥五十萬美元——美元是強勢貨幣——購買最新的電腦設備，社會學家卻立刻被一名冒充加拿大科技供應商的騙徒騙走全部金額。[22]但從好的一面來說，員額都補齊了；列瓦達清楚知道須研究的主題，手邊也有全副人力進行研究。

列瓦達的假說形成於三十多年的工作經驗，不只在蘇聯境內，也包含一九五〇年代在中共新政權工作的經驗：每個極權主義政體都會形成一種為了穩定政權而產生的人類型態。塑造「新人」是政權明確的計畫，但成果與其說是裝載政權意識型態的容器，倒不如說是裝備最齊全、最能在給定的社會中生存的個人。相對來說，政權的持續存活也愈來愈仰賴這種新塑造的人類型態。

列瓦達假定了一幅蘇維埃人（Homo Sovieticus）的詳盡圖像。體制在數十年間藉由獎勵服從、守紀及恭順而哺育之。[23]列瓦達指出，蘇聯社會的成功人物相信自我孤立、國家的大家長式管制，以及列瓦達所謂「等級制平等主義」（hierarchical egalitarianism），同時患有「帝國症候群」（imperial syndrome）。[24]自我孤立對國家與個人來說都是至關重要的策略：既然蘇聯以鐵幕將自己與外界隔離，蘇聯公民也同樣將自己與其他所有不可信賴的他者分開。意識型態藉由強調「階級仇恨」支持這種分離，特別在大規模恐怖的時代，將社交圈保持在最小也是一種明智的生存策略，因為過度信任可能帶來致命的後果。[25]對大家長式國家的信念與完全依賴，則由蘇維埃國家的本質哺育了蘇維埃人；列瓦達寫道，蘇聯與其說是一套如同現代國家的複合式機構，不如說是一個超機構。他將它描述成一個「前近代大家長式的普遍性機構，伸入人類存在的每個角落。」[26]蘇維埃國家是終極的家長：它包辦了公民的衣、食、住與教育；它給予公民工作，為他的人生賦予意義；它

---

21 Boris Grushin, "Na dal' nikh i blizhnikh podstupakh k sozdaniyu VTsIOMa," polit.ru, December 10, 2007, http://polit.ru/article/2007/12/10/vstiom/（二〇一五年十二月十八日瀏覽）。

22 Tatiana Zaslavskaya, "Kak rozhdalsya VTsIOM," in Boris Dubin, Lev Gudkov, and Yuri Levada, eds., *Obshchestvennyi razlom in rozhdeniye novoy sotsiologii* (Moscow: Novoye izdatel'stvo, 2008), pp. 8-14.

23 Yuri Levada, ed., *Sovetsky prostoy chelovek: Opyt sotsial 'nogo portreta na rubezhe 90-kh* (Moscow: publisher unknown, 1993), p. 11.

24 前引書，p. 23。

25 前引書，p. 14。

26 前引書，p. 16。

獎賞善行、懲罰惡行，不論過失有多微小。「究其本質，蘇維埃『社會主義』國家就是極權主義的，因為它絕不能留給個人任何獨立空間。」列瓦達寫道。[27]這段對極權主義的描述呼應了漢娜・鄂蘭（Hannah Arendt）對極權政體如何利用恐懼的解釋：「它在個人之間替界限和溝通管道換上了一條鐵鍊，將他們緊緊聯結在一起，似乎他們的多元現象已經消失在大規模的一個人（One Man）中一樣。」[28]她寫道，人類被剝奪個性，因此也被奪去了有意義地與他人互動的能力，接著變得極其孤獨，這使他成了極權國家的臣民與完美產物。[29]

由於國家掌控了所有事物和所有人，蘇聯社會也就具有一種簡單的垂直結構，這使得蘇聯公民的思考根本上都是階序式的。即使確切的等級與特權體系對外保密，國家分發物品與寶貴服務所憑藉的基本邏輯，仍操控著每個人的生活。在此同時，官方意識型態則頌揚平等，國家也會懲罰那些擁有太多或想要多得的人。對蘇維埃人而言，這就意味著群體內部的平等價值——受到嚴格執行的一種對個人身分的遵從。這正是列瓦達稱呼的「等級制平等主義」。[30]這個詞也是列瓦達所謂「悖論」的一例——悖論這個哲學概念，指的是看似合理的單一命題彼此之間有所矛盾。按照列瓦達的說法，蘇維埃人的世界是由一組組悖論形塑而成，其中最重要的或許是列瓦達所謂的「帝國症候群」。一方面，蘇聯一如其所繼承的俄國，無庸置疑是個帝國。它的國力、寬闊度和幅員全都是公民自豪的來源。每個小學生都知道，蘇聯占有的領土面積是全世界各國間最大的——地球陸地面積的六分之一。

我的祖國如此遼闊，
有許多森林、田園和河流。

> 我知道，沒有別的國家，
> 能讓人如此自由呼吸。

這首流行愛國歌曲明確做出了連結：蘇聯人民的美好生活，正是國土規模本身的其中一項功用。另一方面，每個蘇聯公民也都不斷被提醒自己的民族身分，這是不可更改的，記載在每一份提及自己的檔案裡。唯有最大一個民族的成員——俄羅斯人——能夠偶爾忘記自己是誰。「因此究其本質，蘇維埃人在基因上就受到挫折，面臨民族身分與超民族身分之間無法兩全的選擇。」列瓦達寫道。[31]

這些悖論使得蘇維埃人必須將自己的意識切成碎片，以調和兩種互相矛盾的立場。列瓦達借用了喬治·歐威爾的詞彙——「雙重思想」。蘇維埃人如同《一九八四》書中的角色們，能夠同時抱持兩種互相矛盾的信念。這些信念同步展開，只要它們確實不會有交集，就不至於產生衝突。蘇維埃人可以視情況運用一組悖論的其中一個或另一個命題，有時則迅速地兩者連用。

---

27 前引書。

28 Hannah Arendt, *The Origins of Totalitarianism* (New York: Harcourt Brace Jovanovich, 1976), pp. 465-466. 譯者按：本句參看鄂蘭著，林驤華譯，《極權主義的起源》（臺北：左岸，二〇〇九年），頁四六七。

29 前引書，頁四七五。譯者按：論證參看鄂蘭著，林驤華譯，《極權主義的起源》，頁四七六至四八二。

30 Levada, *Sovetsky prostoy chelovek*, pp. 18-19.

31 前引書，p. 22。

但列瓦達對蘇維埃人最重要的信念，卻是他認為蘇維埃人正在消亡。蘇維埃人是由革命與大恐怖時代左右開攻而產生的：前者帶來了它的理念與價值，後者則教會蘇維埃人順從以求生存。但在史達林死後三十年的此刻，被這樣塑造的人正在消亡。他們的子女和孫子女會變得不一樣。相對來說，這也意味著政權再也不能倚靠他們藉由自身行為確保政權的存續，也就意味著政權（現有的蘇聯體制）將要瓦解。這與工會當局、勞動部，以及蘇共中央委員會的想法大相逕庭，但它正是列瓦達如今要求他的團隊證明的理論：蘇維埃人符合他的描述、蘇維埃人現象僅限於老一輩。這意味著蘇維埃人很快就不再是蘇聯國內的主要社會型態，而蘇聯本身也將走向終結。

*

證明某種社會型態存在、現居於主導地位，而後很快就會消亡的這項任務，實在太過循環論證，簡直不可能辦到。但這還不是這項研究最大的問題。最大的問題在於，列瓦達麾下的社會學家們沒有一個做過這種研究。他們都忠實地參與討論會二十年之久。他們都讀過西方社會學家的論著。其中有些人夠幸運，能在官方工作中處理一些數據，像是古德科夫。但他們中間沒有人曾經做過調查、投票，或任何一種實地研究。

他們都是理論家，因此對問卷應當如何設計略知一二。他們當然精通於選擇樣本——這也是他們有生之年第一次被允許這麼做。但他們要拿這些資料怎麼辦？他們全都沒受過統計分析訓練：他們得自己訓練自己。缺乏電腦使計畫看來更像鬧劇，而非悲劇。他們花了兩年時間才能設計及實行研究。但仔細再看一次，他們知道該怎麼設計調查，這說法也很可疑。在他們研究過的西方社會學裡，調查必然建立在早先的調查之上，更重要的是，建立在長時間進行的大眾對話之上。問題近似於改編明尼蘇達多相人格測驗所面臨的挑戰，除了在社會學領域，沒有這種測驗可供改編。蘇聯一直都沒有大眾，原因正在於沒有對話：「大規模的一個人」必須以單一聲音說話，並且只在被要求說話時說話。

你要如何提出一個不曾被討論過的題目？你要如何從無權擁有意見的人們口中探問他們的意見？你要如何進行沒有語言的對話？古德科夫開始把自己的研究群想成是一支地理遠征隊，啟程確認一處磐石構造。他們首先必須從一次「試爆」，也就是足以暴露蘇聯社會本質的一次人為干擾開始。古德科夫發明了一種專供此類用途的工具，那就是去問人們「應當如何處置」某些異常群體。在蘇聯社會成為異常者並不難，許多人也被當成異常者——比方說，聽搖滾樂的人們（他們通常被稱為「搖滾客」），以及嬉皮（這個詞到了一九八〇年代晚期仍然通行，因為人們留長髮、彈奏木吉他唱歌的次文化仍然存在）。他們提供給應答者一系列選項，從「放任不管」到列寧主義式的「肅清」。古德科夫認為，這些問題可以探出寬容的限度，更切中要點的是，有助於衡量潛在的攻擊程度。

這部分問卷得到的結果令研究群大感意外。蘇維埃人顯然是向世界敞開的，他們甚至對最異常的群體都能通情達理地平靜看待，例如同性戀者：整整百分之十的人相信同性戀者應當「任其自生自滅」，另外百分之六認為他們應該接受「幫助」（問卷並未具體說明他們應當得到何種幫助），三分之一的人則認為同性戀者應被「肅清」。[32]考慮到同性戀行為仍屬犯罪，最重可判處入獄三年，古德科夫認為這是較低的攻擊程度。超過百分之二十的應答者想要「肅清」搖滾客，將近百分之八

32　前引書，p. 286。

想要「肅清」酗酒者。但有多達百分之二十七的人要求放任搖滾客不管，超過百分之五十的人則想看到酗酒者獲得幫助。在缺乏任何其他資料可供參考的情況下，研究者們做出結論：這些結果反映出蘇聯朝向更寬容發展的趨勢。想要「肅清」同性戀者的人，最高比例來自五十歲以上、二十歲以下的應答者；處在工作年齡的成年人則明顯較不具攻擊性。[33]

還有其他很多好消息。首先，列瓦達的蘇維埃人假說多半得到了證明。調查發現了列瓦達所描述的特徵，並且充分記錄了蘇聯式雙重思想在日常生活中運行的方式。歐威爾對雙重思想敘述如下：

> 既知道又不知道；既意識到完全的真實、又說出小心翼翼建構的謊言；同時抱持兩個彼此抵銷的意見，明知它們相互矛盾，卻還是兩個都相信；運用邏輯對抗邏輯；既否定道德又自命有道德；相信民主並無可能，然而黨就是民主的守護者；忘記任何必須忘記的，然後又在必要的時候把那些事情回收到記憶裡，旋即再度遺忘。最重要的是，把同樣的程序應用到這個程序本身之上。這是最極致的竅門：有意識地引出沒有意識的狀態，然後對你才剛做過的催眠行為再一次變得毫無意識。就連理解「雙重思想」這個字眼，都牽涉到運用雙重思想。[34]

研究顯示出雙重思想持續自我重複的過程。蘇聯人民需要信奉及宣揚的事物與實情恰好相反，而信奉及宣揚的要求，本身不過是一種控制機制，原因正在於它包含著對自身的否定。蘇維埃人過著一種不斷與全知全能的國家討價還價的生活，討價還價本身既是個人唯一的生存策略，也是一種控制工具。社會學家們辨識出幾個至關重要的協商區塊，他們稱之為「遊戲」。

有一場遊戲叫做「工作」，一個最常被人複誦的蘇聯笑話完美描述了它：「我們假裝工作，他們假裝付我們錢。」另一場遊戲叫做「照護」，「他們」（國家）在遊戲中假裝照顧公民，公民則假裝感恩。讓這聽來單純的遊戲瞬間複雜起來的，則是它完全不是鬧著玩的：國家確實掌控著公民的命運，公民能存活下來可說多虧了國家。在這樣的意義上，「共謀」遊戲也類似：蘇維埃人假裝參與國家事務，使他成為國家一切所作所為的共謀。另一方面，「協議」遊戲則是直截了當地討價還價：公民宣誓支持國家，藉此換得些許隱私（隱私通常是異議人士首先被迫犧牲的事物）。「共識」遊戲則是「協議」的必然結果：它容許蘇維埃人的私我（private self）對國家漠不關心甚至輕蔑——只要公眾的、集體的公民向國家表示忠誠及熱烈支持即可。[35]

研究群將它設計的一百題調查發放給來自蘇聯不同地區，年齡及背景各不相同的兩千七百人，以下是他們沒有得到的答案：相信共產主義光明未來的人、真正的馬克思主義者、思想追隨者。調查提供了大量機會讓真正的信徒宣示信念。但在回答「你認為一個人所關懷的問題可以從何處找到答案？」這一題時，只有百分之五點六的人選擇「馬克思與列寧的教導」，它在不同環境裡會是「正確」答案。將近一半的人選了「我自己的常識」。被問到是否情願由黨員同志管理，只有百分之十點三的人回答「是」，百分之二十一點五的人表示他們寧願向非黨員報告，其他人則說他們不在

33 前引書，p. 288。
34 George Orwell, *1984* (New York: Signet Classics, 1961). 譯者按：本段參看歐威爾著，吳妍儀譯，《一九八四》（臺北：木馬，二〇一四年），頁三七至三八。
35 Levada, *Sovetsky prostoy chelovek*, pp. 30-31.

乎。[36]

蘇維埃人並非被灌輸而成的。事實上，蘇維埃人似乎並沒有任何種類、特別強烈的意見。其內心世界由悖論構成，目標是求生，策略則是不斷討價還價——雙重思想遊戲的無盡循環。

但研究者們看到了希望。年輕人似乎不那麼「蘇維埃」了。比方說，應答者在被要求定義喜慶場合時，五十歲以上的人最常選擇官方節日，從宣揚軍威的節日開始（蘇聯建軍節和勝利日）；至於年輕人則會說「當你走運的時候」，或是「和朋友相聚喝酒的時候」。被要求敘述自己最懼怕的事，年長者會回答「戰爭」，年輕人則說是「羞辱」。被要求舉出二十世紀最重大的事件，年長的應答者最常回答「偉大衛國戰爭勝利」，年輕人則最常提到史達林主義下的恐怖時代。[37]

列瓦達得出結論：他的假說主張蘇維埃人正在消亡，其第二部分也是正確的，而且消亡必然發生。「與魔鬼的這些交易產生的後果之一，」他寫道：「交易在此指涉蘇維埃人不斷玩著的那些『遊戲』——就是人格結構本身的解體。」蘇維埃人被困在無邊無際的謊言螺旋之中：假裝是、假裝擁有、假裝相信、假裝不信。偽裝涉及了最基本的事實與最根本的價值，螺旋到底則是缺乏；「就連理解『雙重思想』這個字眼，都牽涉到運用雙重思想。」體制摧毀了個人及社會結構。當一切都缺乏之時，就沒有任何事是可能的。列瓦達認為由此導致了「教育、文化、道德標準的下降，導致整個社會墮落。」倘若蘇聯人最終只是缺乏，他就不可能繁衍。「因此，我們可以將蘇維埃人視為一項暫時的歷史事件。」列瓦達總結。蘇維埃人會絕種，因此蘇聯也會消亡。

36　前引書，pp. 292-293。
37　前引書，pp. 274-276。

第二部　革命

第五章 天鵝湖

一九九一年十二月下旬，瑪莎和母親搭上一列火車。她們正要到波蘭過新年。塔蒂亞娜這兩年都到波蘭去；由於莫斯科的商店完全沒有存貨，家教工作也無法再讓她們買到像樣的東西，她成了俄國第一批「梭客」（*chelnoki*），這些人靠著進口數量少到足以當成隨身行李攜帶的貨品謀生。塔蒂亞娜夾帶的是前一年仍然新奇、但如今已是尋常消費品的商品：衛生棉、情色雜誌，以及人人都需要、卻無人擁有的其他貼身物品。莫斯科到華沙的旅程歷時舒適的二十一小時，火車在中午啟程，隔天早上抵達。從莫斯科的白俄羅斯車站（Belorussky Station）出發數小時後，火車跨越了一道看不見的邊界。

「白俄羅斯。」塔蒂亞娜說：「就在這裡。昨天它還是我們的。今天就成了不同國家。」

那時小學二年級的瑪莎，不太懂這是什麼意思。

「波蘭還是我們的嗎？」她問。

「噓！」塔蒂亞娜制止了她，望向同一個臥鋪車廂裡另外兩個波蘭女人，確保她們沒有留意。討論到此結束。在那年的其他場合，塔蒂亞娜試著再向女兒說明，但通常都把瑪莎搞得更糊塗。一月，塔蒂亞娜對瑪莎說她們再也不能去立陶宛旅遊了，前一年八月她們才在那裡的波羅的海度假勝地帕蘭加（Palanga）度過，這時她卻說，「我們」在那兒做了壞事，立陶宛的人民會永遠憎恨俄羅斯人。瑪莎從來不覺得自己是「我們」俄羅斯人的一分子。在中央委員會幼兒園裡，老師說的「我們」是「蘇聯人民」。比方說，蘇聯人民在偉大衛國戰爭中打敗了德國法西斯。實際上，很難想出「蘇聯人民」還共同完成了哪一件事，但話說回來，偉大衛國戰爭也就夠用了——足以知道人民是誰，而瑪莎又是誰。

一年級時，瑪莎的老師也談到了偉大衛國戰爭和蘇聯人民，但在這個範疇加上了一個兒童的子集：一年級學生要加入蘇聯共產黨為七到十歲兒童設立的分支——兒童十月團（Little Octobrists）。數十年來，兒童十月團也跟隨著黨的擴張軌跡。這個團組織一開始是小規模且志願性的，吸收具有政治動機的學童；但到了一九六〇年代，所有小學生在一年級時就會集體入團。[1]入團儀式通常在秋天舉行，從那時起，每個孩子都會在制服翻領別上兒童十月團的別針。那是一顆金屬製的紅色五角星，中央的圓圈裡有一幅幼兒時期一頭捲髮的金色列寧像。一旦入團，兒童十月團員就會被編組成「小星星」五人小組，每組有一名組長向班長報告，班長再向校內少年先鋒隊（蘇共十到十四歲青少年的分支）中的領導報告。

瑪莎入學那年，入團儀式由於兒童十月團別針短缺而必須延後，因此她花了好幾個月時間期待。每一本寬格線、大方格的綠色小學筆記本，封底都印有兒童十月團規章，共有五條：

兒童十月團員是未來的少年先鋒隊員。
兒童十月團員是用功的孩子，認真讀書、愛護學校、尊敬師長。
兒童十月團員是誠實正直的孩子。

兒童十月團員是愛玩的孩子，他們讀書和畫畫、遊樂和歌唱，同在一起。
只有認真努力、堅持不懈的孩子，才有權利爭取兒童十月團員的稱號。[2]

在孩子們等待的同時，他們也學到了共黨領袖的童年神話。他們讀了米哈伊爾・左琴科（Mikhail Zoshchenko）一九四〇年寫成的《列寧的故事》（*Stories About Lenin*），數年後左琴科就被打成反蘇作家，寫給成人的短篇故事全遭查禁；但列寧故事仍然保留在學校課程裡，只是略去不提作者。這些故事將列寧描繪成傑出的學生和忠實的朋友，但瑪莎印象最深的故事則是〈花瓶〉。故事中的小瓦洛佳（Volodya）在姑媽家和兄弟姊妹們嬉戲時，不小心打破了花瓶。他對這件事撒了謊，接下來感到良心不安，兩、三個月後才哭著向母親說實話，母親想辦法讓姑媽原諒了他。這個故事聲稱來自列寧姊姊安娜的回憶，其中添加了明顯虛構的細節，說其他孩子們都忙著玩耍，沒人留意是誰打破了花瓶——藉以寬貸他們不向當局舉報弟弟的反蘇過失。[3]

1 V. V. Lebedinsky and N. P. Chesnokova, "Oktyabryata," *Bolshaya sovetskaya entsiklopediya*, 3rd ed. (Moscow, 1974), vol. 18, pp. 1080-1081; "Chto v SSSR delali pionery, kak prinimali v komsomol i kto takiye oktyabryata?" *Argumenty i fakty*, May 19, 2014, http://www.aif.ru/dontknows/eternal/1170643（二〇一五年十二月二十八日瀏覽）。

2 蘇聯小學筆記本的封底圖片，參看http://bigpicture.ru/wp-content/uploads/2014/01/sovietschool02.jpg（二〇一五年十二月二十八日瀏覽）。

3 Mikhail Zoshchenko, "Grafin," in *Rasskazy o Lenine*, http://lib.ru/RUSSLIT/ZOSHENKO/r_lenin.txt（二〇一五年十二月二十八日瀏覽）；A. I. Ulyanova, *Detskiye i shkolniye gody Ilyicha*, chap. 3, http://libelli.ru/works/chapter1.htm（二〇一五年十二月二十八日瀏覽）。（事實上，寫作的年代順序，以及破碎的花瓶圖像出現在安娜・烏里揚諾娃〔Anna Ulyanova〕更早之前一段完全不同的回憶之中，讓整個故事看來像是虛構的，但這在神話的用途上無關緊要。）

瑪莎也得知另一位布爾什維克領袖謝爾蓋・基洛夫（Sergei Kirov）很小就成了孤兒，在孤兒院度過一段童年。但她沒有學到基洛夫在一九三四年被暗殺了，而他的死被當作藉口，成了史達林時代殺人最多的一波恐怖行動。不過，她學到了另一套完全不同的死亡。布爾什維克黨人（列寧、基洛夫，以及她還不知道名字的其他人）殺死了沙皇。對沙皇的名字，或是和他一起死去的妻子兒女，都很少被提到。殺害沙皇以一種毫無戲劇色彩的中立方式，做為一次歷史規律決定的事件被呈現出來。

塔蒂亞娜說，這是錯的。列寧不是英雄。他是壞人。這意指沙皇是好人嗎？不對，也不是這樣說。

事實上，當瑪莎終於在一九九一年三月成為兒童十月團員時，全家沒有一個人和她分享喜悅。她的祖父母說，這沒什麼好光榮的。沒錯，他們斷言，列寧是壞人。他發動了他們所謂的「紅色恐怖」。切博塔列夫（Chebotarev）家族和共產黨不合。加林娜・瓦西里耶夫娜的父親曾是一位高階黨官，但他在一九四〇年代晚期史達林的反猶太清洗中，無法站出來保護自己的猶太裔妻子。他的經歷其實是相當典型的困境。最有名的例子，是史達林的外交部長維亞切斯拉夫・莫洛托夫（Vyacheslav Morotov）親眼看著他的猶太裔妻子被捕。瑪莎的祖父鮑里斯・米哈伊爾洛維奇自己也有厭惡黨的理由，儘管他不曾直接提及。他在一九四五年十八歲時被紅軍徵兵入伍，並直接送上前線，當時戰線已經推進到德國境內。隨後六年他都在柏林度過，在他一向稱之為「占領軍」的部隊裡服役。他用一句無比憤恨的陳述，轉移掉任何關於服役期間的問題：「我恨德國女人和猶太人。」要是被追問了，他只會再補上一句：他恨猶太人，因為他們發明了共產主義。

而在十二年前，當瑪莎還沒出生時，仍是學生的塔蒂亞娜被要求入黨。大學的一名代表告訴她，物理系奉命推薦一名最優秀的學生入黨，塔蒂亞娜正是人選。那時二十四歲的塔蒂亞娜是個閱讀地下書刊（*samizdat*）、對蘇聯憤世嫉俗的人，入黨在她看來是個投機的、道德冷漠的選擇。她的父母親則堅守原則、完全反對，這令她大感意外。「這種事不能做！」他們說。大學黨委會不接受拒絕這個答案：它得補足配額。加林娜．瓦西里耶夫娜和鮑里斯．米哈伊爾洛維奇開始在上班時間接到電話：「你的女兒為什麼不入黨？」這是毫不遮掩的威脅：鮑里斯．米哈伊爾洛維奇和加林娜．瓦西里耶夫娜都是為蘇聯祕密機構工作的非黨員。由於加林娜．瓦西里耶夫娜的父親在黨內的地位，以及鮑里斯．米哈伊爾洛維奇的六年兵役，他們成了由來已久、經過討論決定的例外，但他們的地位隨時可被撤銷。最後，塔蒂亞娜設法確保自己得以破例。她當時正為一名同學做家教，那位同學服完兵役後以終身黨員身分來到物理系，他憑藉自己的例外地位通過競爭激烈的入學考試。系上需要他，而他需要塔蒂亞娜才能繼續學業，她也需要他讓黨委會遠離她。

加林娜．瓦西里耶夫娜在一九九〇年從建造太空梭的工作退休。將她引進教會的知識分子神父亞歷山大．孟在一九九〇年遭人殺害，但加林娜．瓦西里耶夫娜的精神探索早已帶著她遠離宗教，來到電視機前，一位名叫阿納托里．卡什皮羅夫斯基（Anatoly Kashpirovsky）的催眠師經常登上螢幕。他有治癒能力，一如現場表演所展示的，讓加林娜．瓦西里耶夫娜也和千百萬蘇聯公民一樣，拿著裝滿自來水的廣口玻璃瓶靠在電視機上，好獲取治癒力量。瑪莎的祖父也在電視螢幕前花掉太多時間，即使他完全不需要卡什皮羅夫斯基。生平第一次，他對自己工作以及關於偉大衛國戰爭的憤恨感之外的事物產生了興趣：政治。他喜愛他所謂的「民主派」。這是一群相對少數的人，在定期召開的蘇聯人民代表大會兩千兩百四十九位代表中頂多只占三百人。其中最有名的異議者是物理學家沙卡洛夫，還有許多新近政治化的學者專家，以及一些非正統的共產黨官員。他們幾乎沒有什麼團結力量，除了所有人都支持沙卡洛夫反對共產黨在蘇聯政治及國家事務中居於首位的主張。沙卡洛夫在一九八九年十二月去世後，莫斯科市委第一書記鮑里斯・葉爾欽成為「民主派」的唯一領袖。鮑里斯・米哈伊爾洛維奇熱愛葉爾欽，彷彿過去從未愛過其他人。葉爾欽正與戈巴契夫殊死搏鬥，戈巴契夫的改革信念出現動搖，而且不願分割共產黨。一九九〇年，葉爾欽宣布退黨。一年之內，約有四百萬人也跟著退黨，超過共產黨黨員總數的五分之一。[4]

一九九一年三月，也就是瑪莎加入兒童十月團的那個月，戈巴契夫禁止莫斯科的街頭抗議，試圖將葉爾欽及其支持者消音。戰車在街道上部署，但抗議群眾還是上街了，鮑里斯・米哈伊爾洛維奇和數十萬人一同前進，呼喊著「葉！爾！欽！」。六月，鮑里斯・米哈伊爾洛維奇和千百萬人一同投票選舉葉爾欽為俄羅斯總統——考慮到俄羅斯當時仍是蘇聯的一部分，沒有人能確切知道這個舉動的意義，但這是鬥爭的重要一環。

＊

謝廖沙的祖父亞歷山大・尼古拉耶維奇不想離開共產黨。到頭來，這由不得他作主。兩年之內，他就從政治局裡（中央委員會四百位委員之中，有十二到十四人是政治局委員[5]）最有權勢的人之一，淪落為黨內賤民。

在戈巴契夫掌權之前超過一代的時間裡，政治局委員一般而言是終身職。當一位委員去世，照慣例會由一名長期候補的人選遞補，新任者通常不會比逝者年輕多少。戈巴契夫開始一年替換幾次中央委員會的領導班子，這是一場引進新血、同時也為他自己鞏固地位的苦戰。比方說，他在回憶錄裡提過，一位政治局委員開始在會議中打瞌睡之後，他選擇換掉這個人——這段描述的語氣表明了這是常見的徵狀。[6]亞歷山大・尼古拉耶維奇在一九八七年六月第一次做為正式委員加入政治局時，戈巴契夫任命他主管意識型態。隔年九月，戈巴契夫對官僚組織展開其中一次規模最大的改組。他引進了弗拉基米爾・克留奇科夫（Vladimir Kruychkov），這位高階國安官員受到亞歷山大・尼古拉耶維奇強烈推薦。克留奇科夫這時出任國家安全委員會主席。戈巴契夫也釋出了主管外交的政治局委員席次——他決定把亞歷山大・尼古拉耶維奇調到那個位子上。[7]這時，他在最敏感的職位上都安插了自己精挑細選的人員。

往後一年多的時間，亞歷山大・尼古拉耶維奇監督了東方集團的迅速解體。歷史學家史蒂芬・柯特金（Stephen Kotkin）將東方集團稱為蘇聯的「外帝國」（outer empire），一如歐威爾《一九八四》裡的「外黨」（outer party）。[8]倘若擁有十五個加盟共和國的蘇聯是內帝國，那麼華沙公約的其他會員國——保加利亞、捷克斯洛伐克、東德、匈牙利、波蘭和羅馬尼亞——則構成了外帝國。蘇聯在二戰後與盟國的談判中，對這六個國家取得了支配權。最初的安排還包含了南斯拉夫和阿爾

4 Serhii Plokhy, *The Last Empire: The Final Days of the Soviet Union* (New York: Basic Books, 2014), p. 31.

5 "Sostav rukovodyashchikh organov Tsentral' nogo komiteta Kommunisticheskoy partii—Politburo (Prezidiuma), Orgburo, Sekretariata TsK," *Izvestia TsK KPSS*, no. 7 (1990), http://vivovoco.astronet.ru/VV/PAPERS/HISTORY/KPSS/HISTORY.HTM（二〇一六年一月二日瀏覽）。

6 他提到的這名政治局委員是安德烈・葛羅米柯（Andrei Gromyko）。參看 Mikhail Gorbachev, *Zhizn' i reformy* (Moscow: Novosti, 1995), vol. 1, p. 408。

7 前引書，p. 409。

8 Stephen Kotkin, *Armageddon Averted: The Soviet Collapse, 1970-2000* (New York: Oxford University Press, 2008), p. 21.

巴尼亞，但這兩國分別在一九四〇年代及一九六〇年代掙脫了蘇聯的影響。它們各自追求著國家領袖的社會主義版本——南斯拉夫是較蘇聯社會更自由的版本，阿爾巴尼亞則堅守強硬的史達林主義。匈牙利、捷克斯洛伐克，以及某種程度上的波蘭，多年來都試圖分道揚鑣，但這些嘗試都被蘇聯鐵腕鎮壓——一九五六年在匈牙利、一九六八年在捷克斯洛伐克，蘇聯都派兵攻打；一九八一年則在波蘭近乎先發制人地實施戒嚴。這時，亞歷山大・尼古拉耶維奇的命令則是不作為。他沒完沒了地接待著來自他在報告中稱為「朋友」的人——各個衛星國家共產黨的訪客和代表，這些人是來試探風向、請求支援、指導和許可的。他們確定能得到的以許可最多。

東歐國家一個又一個允許示威抗議，抗議規模迅速擴大；它們也開放國界，嘗試某種程度的自由選舉，由迅速組成的非共政黨參與。在大多數地方，執政黨都在所謂的「圓桌」會議坐下來與反對黨談判，而後和平地、或不甚體面地退場，留下前異議人士、學者、學生運動者和工會組織將就組成的團體，設法解決燙手山芋，把實施統制經濟和一黨制的蘇聯式國家轉變為正常運作的民主政體。在共產黨不願退讓的羅馬尼亞，反抗軍則捉拿並處決了共黨獨裁者及其妻子。但其他地方的革命，則同時被當地媒體及西方媒體稱為「天鵝絨革命」。

這些變革內含的柔軟與舒適，由亞歷山大・尼古拉耶維奇監督下的被動消極所保障。在衛星國家的政權轉移之後，蘇聯開始從這些國家撤出軍隊、祕密警察和政工幹部。這一行動複雜、昂貴又準備不周，往往在這些事先未被告知巨變將至、卻在巨變中除役的人員身上，施與了道德傷害，更添加一層來自母國的侮辱。一位當時派駐在東德城市德勒斯登的國安會特工，日後形容這次經驗可怕又屈辱。[9]這位特工的名字是弗拉基米爾・普丁。

按照重建的邏輯，撤出東歐是必然的：「外帝國」帶給蘇聯的支出太大，繼續占領這些國家在開放的新意識型態下也不合理。但戈巴契夫和亞歷山大・尼古拉耶維奇都想像，這樣的連鎖反應總會停在蘇聯的邊界上，「內帝國」仍會完好無損。

*

亞歷山大・尼古拉耶維奇從來不認為蘇聯是個帝國。沒有人這樣認為，就連蘇聯的敵人都不這麼看——即使當美國總統雷根將這個國家稱為「邪惡帝國」，他的重點也全都放在「邪惡」上，而他的邪惡是不信神的意思。[10]沙皇俄國是一個帝國，而在一九一八至一九二二年的內戰中，紅軍對抗的是許多支不同的民族解放軍，與其說他們是反抗布爾什維克主義，不如說是反抗中央權力。沙俄帝國的大片疆域分裂出去，各自獨立建國：亞美尼亞、亞塞拜然、喬治亞、芬蘭、愛沙尼亞、拉脫維亞、立陶宛、波蘭，以及烏克蘭。這些國家之中，只有環繞波羅的海的芬蘭、愛沙尼亞、拉脫維亞、立陶宛和波蘭五國得以維持獨立，其他則被莫斯科重新征服。往後數年間，蘇聯政府發展出一套完全新穎的措施，治理可能惹出麻煩的地區。歷史學家泰瑞・馬丁（Terry Martin）將此體制稱作「優惠性平權帝國」（affirmative action empire）。

---

9 我在 *The Man Without a Face: The Unlikely Rise of Vladimir Putin* (New York: Riverhead Books, 2012) 一書中詳細敘述了這段經歷。

10 雷根在全國福音派協會（National Association of Evangelicals）年度大會上發表的評論，一九八三年三月八日於佛羅里達州奧蘭多（Orlando, Florida）。http://www.reaganfoundation.org/bw_detail.aspx?p=LMB4YGHF2&lm=berlinwall&args_a=cms&args_b=74&argsb=N&tx=1770（二〇一六年一月三日瀏覽）。

優惠性平權帝國的基礎建立在這一信念上：民族主義只是一種「假面意識型態」（masking ideology），當階級意識確立，更強大的社會主義認同發展出來，民族認同需求就會剝離，民族利益自然會被階級利益替代。但在這一天到來之前，民族認同與民族利益必須得到承認——但只在不至於威脅蘇聯國家統一的範圍內。布爾什維克黨人創造了一套錯綜複雜的民族共和國——起初有四個（俄羅斯、烏克蘭、白俄羅斯和外高加索共和國），然後再加以分割、征服新領土，將總數增加到十一個。在這些共和國內，以民族語言進行教育和文化生產都是受到鼓勵的。其中最大的俄羅斯則是例外：俄羅斯民族認同的表達與培養都被強烈壓制。但居住在俄羅斯共和國領土上的其他民族，則被敦促要主張自我。實際上，小族群被「發現」了，蘇聯的民族數量也在一段時間內持續增長。但到了一九三〇年代，政策反轉了，不論是來自俄羅斯人的憤恨、史達林的偏執（他懼怕自己的臣民可能與世界其他地方的同族人有所聯繫），或是政策與其理論基礎之間的矛盾變得太過醒目——或是因為所有這些理由，促進民族教育和文化的實踐被限縮了。俄羅斯民族獲得官方恢復，實際上，俄羅斯人的優先地位開始受到大多數宣傳強調。這種新取徑的官方表述是「民族友誼」。優惠性平權帝國結束了。所有民族都是平等的，但俄羅斯民族是「平等民族中的第一位」。這句話首先出現於《真理報》（Pravda）的一篇頭版社評：

（蘇聯的）一切民族都參與了這項偉大的社會主義建設計畫，他們可以對自己的工作成果感到自豪。從最小到最大的所有民族，都一樣是蘇聯的愛國者。但俄羅斯民族是平等民族中的第一位，俄羅斯工人、俄羅斯勞動者，他們在整個偉大的無產階級革命之中，從第一場勝利到今日革命開展的光輝時期，扮演了獨一無二的重要角色。[11]

這時是一九三六年——在歐威爾的《動物農莊》揭示「某些動物比其他動物更加平等」這條原則的前十年左右。

竭力宣傳俄羅斯語言、文化、藝術及人民的運動隨之展開。俄羅斯語被指定為蘇聯所有語言之中最重要的一種。一九三七年的一篇社論宣告：「在蘇聯各民族的偉大家庭中央，矗立著偉大的俄羅斯民族，受到蘇聯全部民族的熱愛，是所有平等民族中的第一位。」[12] 一九三六年通過的憲法宣布，蘇維埃社會主義共和國聯盟是「由下列各個平等的蘇維埃社會主義共和國在自願聯合的基礎上組成的聯盟國家」，每個加盟共和國都有權自由退出。[13]

一九三九至一九四〇年間，依照史達林與希特勒簽訂的條約，蘇聯併吞了前沙俄帝國的部分領土，包括波蘭的一部分（併入烏克蘭與白俄羅斯）、羅馬尼亞的一大塊（成為摩達維亞）、芬蘭的一部分（最終成為俄羅斯共和國的一部分），以及波羅的海三國愛沙尼亞、拉脫維亞、立陶宛，它們成了蘇聯的加盟共和國——理論上有權退出。由亞歷山大．尼古拉耶維奇協助起草的一九七七年憲法，補上了蘇聯是「多民族」的聯盟國家這句話。同時，這部憲法又給予中央政府控制政策的全

---

11 Peredovaia, "RSFSR," *Pravda* 31 (February 1, 1936)，轉引自 Terry Martin, *The Affirmative Action Empire: Nations and Nationalism in the Soviet Union, 1923-1939* (Ithaca, NY, and London: Cornell University Press, 2001), p. 452。

12 Peredovaia, "Privet izbrannikam velikogo naroda!" *Literaturnaya gazeta*, no. 3 (January 15, 1937)，轉引自Martin, *The Affirmative Action Empire*, p. 455。

13 一九三六年《蘇維埃社會主義共和國聯盟憲法》，http://www.hist.msu.ru/ER/Etext/cnst1936.htm（二〇一六年一月三日瀏覽）。

權，包括統制經濟，且不保障加盟共和國代表進入中央政府。[14]每個加盟共和國也都各有一部千篇一律的憲法，可連在名義上都幾乎不讓它控制法律、政策或預算；但每個共和國在名義上又是「主權國家」。俄羅斯共和國本身就是一個包含十六個同樣屬於「國家」的「自治共和國」，加上另外數十個自治體組成的聯盟。但這些自治共和國和自治體都沒有退出俄羅斯蘇維埃聯邦社會主義共和國的權利。[15]

在蘇聯人民的日常經驗裡，生活在這個或那個加盟共和國沒有多大意義。生活品質取決於個人特權，其次則取決於鄰近中央的程度。對於來自其他共和國的訪客，波羅的海國家的生活看起來明顯不同——多半是因為這些共和國較晚被併吞，還保留一些之前的基礎建設與文化；那裡說俄語的人更少，反觀其他共和國數十年來都不得不學一切語言中最重要的一種。然而，所有蘇聯公民也都意識到自己的民族身分，那從來不是「中立」的資訊——它可能在優惠性平權殘存之處帶來裨益，也可能在某人的族群遭受猜疑之際，令他成為官方歧視或迫害的對象。因應蘇聯不同民族而制定的政策及實務經常任意改變，人們必須提高警覺，才能平安穿越「民族友誼」地帶。

換言之，治理各共和國及其內部眾多族群的蘇聯體制，本身就具有矛盾性。蘇俄一度自稱為世界第一個多民族的反帝國主義國家，但它的實踐方法卻是帝國式的。這是蘇聯國家玩弄的另一場遊戲，很像「我們假裝工作，他們假裝付我們錢」的遊戲。

個人通信

米哈伊爾．謝爾蓋耶維奇：

有些數學問題就是無解。它們無法被解開。數學有方法能夠證明一個問題無法被解答。

> 卡拉巴赫（Karabakh）就是這種問題。它無法被解決。沒有一個最佳解。想得到的任何解決方案，都有一方無法接受。[16]

亞歷山大・尼古拉耶維奇在一九八八年一月寫了這張字條給戈巴契夫。數月以來，高加索山區的亞美尼亞和亞塞拜然為了納戈爾諾—卡拉巴赫（Nagorno-Karabakh）地區變得愈來愈劍拔弩張；這個地區是亞塞拜然的一部分，族群上卻是亞美尼亞人的飛地。這是蘇聯第一個對民族主義／國際主義遊戲發出抗議的地區。這個問題很明顯是不可能解決的：亞塞拜然不可能把這片土地割讓給亞美尼亞，而亞美尼亞也絕不可能甘願讓亞美尼亞人生活在歷史上屬於亞美尼亞的土地，卻由亞塞拜然統治。當然，人們可以說蘇聯公民住在哪裡都無關緊要，因為加盟共和國沒有實質權力，但象徵與實際生活經驗、認同與認知之間的脆弱平衡卻被打破了。

亞美尼亞人向莫斯科申訴，請求幫助。亞歷山大・尼古拉耶維奇對衝突的深度感到震驚。他一直認為民族主義是退步的意識型態，信奉民族主義的人已先站在錯誤的一方，因此其對手總是正確

14　一九七七年《蘇維埃社會主義共和國聯盟憲法》：http://www.hist.msu.ru/ER/Etext/cnst1977.htm#iii（二〇一六年一月三日瀏覽）。

15　一九七八年《俄羅斯蘇維埃聯邦社會主義共和國憲法》：http://constitution.garant.ru/history/ussr-rsfsr/1978/red_1978/5478721/（二〇一六年一月三日瀏覽）。

16　A. A. Yakovlev, ed., *Aleksandr Yakovlev, Perestroika: 1985-1991: Dokumenty* (Moscow: Mezhdunarodny fond "Demokratiya," 2008), p. 165.

的。這時他看到了全世界族群衝突的全貌：沒有哪一方是正確的。「該是停止浪費時間精力尋找解決方案的時候了，反倒要為我們所處的窘境找一條出路。」他寫信給戈巴契夫。亞歷山大·尼古拉耶維奇提議由莫斯科對該地區施行直接統治，同時為了減輕緊張情勢，對亞美尼亞和亞塞拜然兩國重新實施全面的書報檢查制度。他提議：「除了事先核准的正向性質材料之外，完全避免使用任何視覺資訊（電視畫面、照片、紀錄片片段等等）。」[17]

這麼做沒用。亞歷山大·尼古拉耶維奇寫下這封信約一個月後，直到那時為止都只是儀式性機構的納戈爾諾—卡拉巴赫地區議會，決議脫離亞塞拜然，加入亞美尼亞。兩天後戰鬥就爆發了。政治局試圖藉由撤換納戈爾諾—卡拉巴赫黨委書記進行干預。亞塞拜然發生了針對亞美尼亞人的屠殺。莫斯科又將亞美尼亞和亞塞拜然的共黨總書記撤換。兩個共和國都投票認定納戈爾諾—卡拉巴赫是領土的一部分。莫斯科站在亞塞拜然一方。更多對亞美尼亞人的屠殺隨之發生。亞美尼亞開始驅逐亞塞拜然人。戈巴契夫下令逮捕納戈爾諾—卡拉巴赫分離運動領袖（他們六個月後獲釋）。亞塞拜然最高蘇維埃表決通過退出蘇聯。反亞美尼亞人的屠殺在亞塞拜然首都巴庫爆發，這是個繁華的大城市，也是全世界最早的石油之都之一，亞塞拜然人、亞美尼亞人、猶太人及其他各民族在這裡繁衍了一百多年。如今卻有九十個亞美尼亞人遇害，巴庫的其他亞美尼亞人也都成了難民。世界西洋棋冠軍加里·卡斯帕洛夫（Garry Kasparov）是出生於巴庫的亞美尼亞人與猶太人後裔，他雇用了一架包機，將自己的家族以及盡可能多的亞美尼亞人予以撤離。蘇聯軍隊在屠殺爆發後一星期進駐巴庫，殺了將近一百三十人。亞美尼亞投票決定退出蘇聯。[18]這時是一九九〇年八月——亞歷山大·尼古拉耶維奇寫信勸說戈巴契夫尋找出路、而非解決方案的兩年半之後。

蘇聯開始沿著邊界四分五裂。或許戈巴契夫沒有確切地聽從亞歷山大·尼古拉耶維奇的建議，但他除了尋找出路之外，什麼也沒做。自稱「人民陣線」的組織——納戈爾諾—卡拉巴赫首創這個詞——開始在立陶宛、拉脫維亞、愛沙尼亞，以及烏克蘭和白俄羅斯接連出現。它們全都宣稱以支持重建為目標，但不久後便真相大白，他們的目標與戈巴契夫並不相符。[19]對蘇聯時代之前的生活仍有鮮明意識的波羅的海共和國們，想要把自己的獨立爭取回來。一九八九年十月二十三日，多達兩百萬人牽手組成人鏈，將三個共和國的首都維爾紐斯、里加、塔林連接起來。要是人數正確的話，那麼這個地區每四個居民就有一個參加了這場稱為波羅的海之路（Baltic Way）的和平抗爭。這一天正是希特勒與史達林將波羅的海三國劃入蘇聯的密約，簽訂五十周年。這些人要的不是脫離蘇聯：他們要的是結束占領。

就在五天之前，亞歷山大・尼古拉耶維奇才接受了他一生中或許最困難的一次專訪：他告訴《真理報》，這份名為莫洛托夫—里賓特洛甫條約（Molotov-Ribbentrop Pact）的密約，以及其他瓜分歐洲的祕密協議全都存在。五十年來，蘇聯始終不承認這些協議存在。就在密約簽訂五十周年的十星期前，亞歷山大・尼古拉耶維奇才匆忙召集一個委員會，構思一個符合開放政策的新姿態來看待這份密約。他缺乏準備，一開始甚至不能完全確定這份密約存在：蘇聯並未保存密約的正本。但他還是認為莫斯科官方有必要表態，一方面拉開戈巴契夫與史達林的距離，另一方面也能緩和波羅

17 前引書，p. 166。

18 Thomas de Waal, *Black Garden: Armenia and Azerbaijan Through Peace and War* (New York and London: New York University Press, 2003).

19 Kotkin, *Armageddon Averted*.

的海的緊張情勢。[20]他在《真理報》專訪裡採取的做法是承認密約，但不承認占領：莫斯科仍然宣稱波羅的海三國是自願加入的。這個避險做法失敗了。亞歷山大・尼古拉耶維奇打擊了蘇聯在二戰期間所作所為正確無誤的這個至關重要的神話，但在波羅的海各國看來，他的揭露卻惱人地不盡不實。數月之內，立陶宛就向獨立跨出了宣告性的一步：立陶宛共產黨決定與蘇聯共產黨組織斷絕關係。這對蘇聯和蘇聯共產黨造成了雙重打擊。

*

蘇聯憲法第六條規定：「蘇聯共產黨是蘇聯社會的領導力量和指導力量，是蘇聯社會政治制度以及國家和社會組織的核心。」換言之，共產黨壟斷一切。黨和國家兩套官僚機構同時存在，但同一條生涯路徑就足以供應兩者，蘇聯領導人於黨和國家的職位之間往返移動，通常將兩者結合。

一九八九年六月，第一屆蘇聯人民代表大會期間，全國人民目不轉睛地盯著電視，看著新近當選的沙卡洛夫呼籲廢除憲法第六條。他警告，要是國家無法分權，重建就會失敗。[21]他提出的意見就連代表大會上的盟友們聽起來都覺得不可能。但在區區六個月內，當支持民主的派系組成了他們稱為民主俄羅斯（Democratic Russia）的運動後，他們宣示的最重要目標就是對抗共產黨的壟斷。[22]沙卡洛夫在一星期前逝世。葉爾欽成了民主俄羅斯的唯一領袖。他是從黨的統治階層一步步升上來的，但他的觀點轉變得比任何其他共產黨高層更快。

一九九〇年春天，愛沙尼亞和拉脫維亞宣布，讓它們成為蘇聯一部分的所有文件全部喪失法律效力。六月，如今已有自己的國會、由葉爾欽擔任議長的俄羅斯共和國，表決通過維護「國家主權」，儘管當時還沒有人知道這是什麼意思。次月，葉爾欽退出蘇聯共產黨，這意味著蘇聯最大的共和國，所有平等民族中的第一位，這時有了個非黨員的領袖。

亞歷山大．尼古拉耶維奇討厭葉爾欽，討厭他赤裸裸的民粹和毫不遮掩的野心。亞歷山大．尼古拉耶維奇決心要的是體制被改革，而非摧毀它，但隨著重建進行，改革與摧毀的區別變得愈來愈模糊。有時，相對於摧毀的改革看來就是辦不到。到了一九八九下半年，亞歷山大．尼古拉耶維奇得出結論：蘇聯必須轉型成聯邦，每個成員國都會有實質的司法獨立與經濟責任。[23]但他期望每個共和國要有耐心與信任。一九八九年十月，波蘭出生的前美國國家安全顧問與極權主義研究學者、為接連幾任美國總統提供建言的茲比格涅夫．布里辛斯基（Zbigniew Brzezinski）造訪莫斯科，在許多問題之中，他特地問了亞歷山大．尼古拉耶維奇：要是波羅的海各國加強了他們對獨立的訴求，情況會變成怎樣。亞歷山大．尼古拉耶維奇回答，重建會到此為止，因為戈巴契夫需要所有人作為一個聯盟共同度過難關。[24]布里辛斯基不為所動。他把自己的下一本著作命名為《大失敗》（*The Grand Failure*），在書中不只宣判了蘇聯的實驗失敗、也宣判了戈巴契夫的改革失敗。他預言只有波蘭和匈牙利有可能和平轉型，邁向後共產時代的未來。至於蘇聯，他則列出了五種悲觀的設

---

20 Yakovlev, *Aleksandr Yakovlev, Perestroika*, pp. 321-351.

21 “Vystupleniye na pervom syezde narodnykh deputatov SSSR,” in Andrei Sakharov, *Mir, progress, prava cheloveka* (Leningrad: Sovetskiy pisatel, 1990), pp. 111-116.

22 M. R. Zezina et al., *Chelovek peremen: Issledovaniye politicheskoy biografii B. N. Yeltsina* (Moscow: Novy khronograf, 2011).

23 Yakovlev, *Aleksandr Yakovlev, Perestroika*, pp. 361-362.

24 前引書，p. 381。

想，其中兩種是軍方或國安會發動政變，另一種則是體制完全瓦解。[25]

亞歷山大・尼古拉耶維奇害怕重建失敗的心情，或許多過其他事物。他持續抨擊黨內保守派阻礙重建過程，有時似乎連戈巴契夫都完全不再聽他說話了。他所能做的就只是在任何時刻尋求一個權宜措施、一種方式，好在絕境邊緣穩住搖搖欲墜的聯盟。一九九〇年夏天，俄羅斯發表主權宣言之後（無論意義為何），黨內保守勢力向戈巴契夫施壓，要求實施緊急狀態。他只做了半套：廢除了蘇聯政府的最高決策機構，以總統直接控制的內閣和國家安全會議代之，但他拒絕宣布緊急狀態。不過，在一九九一年一月，他未經任何正式宣告，就同意國防部長、內務部長以及國安會主席試圖奪回波羅的海三國的行動。這發生在巴庫血案整整兩年之後，位於帝國不同的邊陲上；而這次行動造成了十九人死亡：維爾紐斯十五人，里加四人。[26]因此瑪莎的母親才會對她說，立陶宛再也不會歡迎她們了。

亞歷山大・尼古拉耶維奇對計畫中的干預一無所知，也不知道該如何回答記者對維爾紐斯殺戮事件的看法。他好多天沒和戈巴契夫說到話了。他甚至無法確定自己還有沒有工作。不過他這時倒是確定一件事，他對蘇聯本質的想法改變了：他確定「民族友誼」頂多只是錯覺。[27]

維爾紐斯事件過後數日，有些蘇聯公民推測、其他人則懼怕保守派接管了國家，總之重建結束了，剩下的唯一問題就是改革會以多快速度在多大程度上被推翻。但戈巴契夫在面臨日益加深的絕境下，仍在繼續進行他的平衡措施：這時雙方都確定了，他隨時都在過分偏袒另一方。戈巴契夫安排了一次公民投票決定國家的前途。只有一個問題要求蘇聯人民思考：「你是否認為保留蘇維埃社會主義共和國聯盟，並將其轉變為一個各國人民權利和自由得到充分尊重、平等的主權共和國聯邦是必要的？」這個問題的法律和實務後果並不清楚，就連它的意義都不明確，因為除了「轉變為聯邦」這幾個字之外，它的敘述和現行蘇聯憲法完全相同。說真的，這與其說是公民投票，倒不如說是民意調查，而且只提了一個設計不良、負擔過重的問題。

蘇聯中央公民投票委員會回報，將近一億五千萬人，也就是八成的合格選民參加了公投，並壓倒性地投票支持保留蘇聯：贊成票占百分之七十六點四。問題在於，所有這些選民只來自十五個加盟共和國中的九個。波羅的海諸國和亞美尼亞拒不參加。喬治亞和摩達維亞只有幾處邊陲地區進行了投票。哈薩克則提出了修改版的公投問題，刪去了「聯邦」一詞或任何提及保障人權的內容。[28]中央再也無法施展充分的權力，迫使不同的共和國合作以相同的問題進行公投。幾乎沒有法源基礎來確定大多數蘇聯公民下了有志一同的結論，但戈巴契夫仍將這樣的結果解讀成起草新聯盟條約的授權來源。葉爾欽則加緊進行俄羅斯建國工作。三月下旬，就在公投後十天，戈巴契夫禁止莫斯科示威遊行，藉以阻止支持葉爾欽的集會。戰車封鎖了市中心的某些街道。示威者仍然上街了，結果並未流血。再一次，沒有一方獲得勝利；葉爾欽和戈巴契夫之間、保守派與民主派之間、聯盟主義者與支持獨立勢力之間的鬥爭，仍步履蹣跚地持續著。六月十二日，葉爾欽以壓倒性的票數當選俄

---

25 Zbigniew Brzezinski, *The Grand Failure: The Birth and Death of Communism in the Twentieth Century* (New York: Collier Books, 1990).

26 Plokhy, *The Last Empire*, p. 38.

27 Yakovlev, *Aleksandr Yakovlev, Perestroika*, pp. 602-605.

28 Soobsheniye Tsentral’ noy komissii referenduma SSSR Ob itogakh referenduma SSSR, sostoyavshegosya 17 marta 1991 goda, http://www.gorby.ru/userfiles/file/referendum_rezultat.pdf（二〇一六年一月六日瀏覽）。

羅斯共和國總統。新聯盟條約則預定在八月二十日簽署。

亞歷山大．尼古拉耶維奇的感受由驚駭轉為沮喪，最後是憤怒。四月下旬，他致函戈巴契夫，警告保守勢力正在占上風。唯一的前進之道是停止戈巴契夫在政治上無止盡的拐彎抹角。要是戈巴契夫不打算領導決定性的政治及經濟改革，那麼亞歷山大．尼古拉耶維奇就會試著自己來。「我必須，我絕對必須在我的祖國、我的人民、我自己面前誠實！」他寫道：「我會找到堂堂正正的方式，和冒出頭的法西斯主義及黨內反動勢力戰鬥，為我國社會的民主轉型而戰鬥。我沒有多少時間了。」[29]亞歷山大．尼古拉耶維奇倒不是在說他個人剩下多少日子——這時他六十八歲，只比戈巴契夫和葉爾欽兩人年長八歲——而是他覺得，對國家來說，改變的機會之窗幾乎要被關上了。

亞歷山大．尼古拉耶維奇決心協助組織一場新政治運動——民主改革運動（Movement for Democratic Reform）。這個運動有三項基本綱領：一、政治上放棄蘇聯做為統一國家的遠景，轉而建立一個在中央與會員國之間明確區分權責的聯邦。二、經濟上開啟向市場體系轉型的明確程序，國家在過渡時期只保留三分之一的國有財產。最重要的是三、它會建立一套保障機制，照顧受到經濟改革衝擊最大的人們。[30]「運動」與「政黨」的區別，在蘇聯一如其他層面，實在令人困惑。運動是為了創造改變而存在，政黨則努力爭取治國。但在蘇聯的新現實中，運動可以包含好幾個政黨。但這時，一個大黨——唯一的大黨——正開始涵蓋不同的運動。對亞歷山大．尼古拉耶維奇來說，他不必脫離共產黨就能成為新運動的領袖之一，這點至關重要。他仍然盼望共產黨的龐大重量能倒向有利改革的一方。一九九一年七月二十日，他在新運動的成立大會上發表了一場精彩的演說，談到自己痛苦的發現，其中大多都發生在重建展開的這六年之間：

我們落後全世界整整兩個紀元。我們錯過了後工業時代和資訊時代。結果，我們的社會身染重病，我們的靈魂恆久空虛。我們長大成人之後隨時都在預設每個人有罪，於是創造出數十萬衛兵，審查我們的道德、良心、世界觀純淨程度、是否順從當局願望。我們把真理變成了犯罪。我們把自然掠奪到奄奄一息。我們創造出罪行、隊列、粗俗和腐敗，從商店的卸貨員到政府部長無一倖免。我們放逐了理智主義，培養出無知的體制……

今天，我們彷彿同時生活在兩個世界裡。舊的史達林主義世界不願離去，把持著仍足以支撐它的一切事物。新世界則在舊結構裡掙扎求生，往往開始遵照舊規則行事……

過去七十年來，蘇聯共產黨並非政黨，而是一套行政指揮組織，整合進入國家架構之中，成為國家最主要的立法者、分配者、掌控者，以及真理的獨占者……以上這些話都不是為了指責。它們是教訓。馬克思意想不到，他對早期資本主義的分析會在權力鬥爭中轉變成意識型態武器。也不該責怪我們偉大的人民追隨著自己輕信他人的本性，以及對更好生活的熱情信仰，而使自己易受操弄。將批判指向千百萬普通共產黨員也不對，因為他們受到一個黨霸種姓所支配。[31]

29 Yakovlev, *Aleksandr Yakovlev, Perestroika*, pp. 620-634.

30 A. A. Yakovlev, ed., *Aleksandr Yakovlev, Izbranniye interyu: 1992-2005* (Moscow: Mezhdunarodny fond "Demokratiya," 2009), p. 382.

31 Yakovlev, *Aleksandr Yakovlev, Perestroika*, pp. 659-681.

這是宣戰。共產黨領導層開始討論要把亞歷山大．尼古拉耶維奇開除黨籍。從史達林時代到現在，還沒有一位最高層黨員被開除黨籍；這種命運似乎比死更慘。死亡是另一個選擇：亞歷山大．尼古拉耶維奇聽說自己有可能被暗殺。他起草了一封信，當他遭遇不測時就公開發表，然後在克里姆林宮走廊上找到了國家安全委員會主席——他過去提拔的後輩克留奇科夫。「告訴你的手下，他們判斷錯誤了，」他說：「我起草了一封信，要是我出事的話，就會有三個不同管道同時發表。」[32]八月十五日，蘇共中央監察委員會——該委員會的職責一如其名，是為了控制共產黨員、懲罰違反黨紀的人所設立——經過表決，提案將亞歷山大．尼古拉耶維奇開除黨籍。[33]亞歷山大．尼古拉耶維奇從廣播裡得知這個消息。八月十六日，他寫了兩封信。較短的一封註明黨證號碼「00000051」，宣布自請退黨。[34]較長的一封則題為〈告共產黨員書，論復仇主義之危害〉（An open letter to Communists on the danger of revanchism）。亞歷山大．尼古拉耶維奇寫這封信寫了三個月，結果正好在共產黨開除他的當天寫完。兩天後的八月十八日，他向民主改革運動的另一位發起人，列寧格勒市長阿納托里．索布恰克（Anatoly Sobchak）出示了信件草稿。亞歷山大．尼古拉耶維奇想要在寄出之前確保內容清楚明白又有充分論據。「悲劇有可能發生，」信中警告：「因為改變業已影響了統治菁英的利益。」但這封信未曾寄出。[35]

*

八月十八日，瑪莎的母親到她祖父母的別墅接她。她說得帶女兒去莫斯科一趟，申辦新的外國旅行護照。三個月前，戈巴契夫簽署了一部關於蘇聯人入出境的新法律。鐵幕正在逐步撤除。起初只有極少數人獲准離開蘇聯到外國旅行，而且只在具備正當理由，還有工作單位、居住單位，以及最好由黨組織開具大量無可非議的品行證明書之後才能放行。外國旅行護照受到嚴密保管，只獲准在出國期間發放，任何人都不能把護照放在家裡。一九八〇年代中期開始，審核過程逐漸放寬。如今這項新法讓普通蘇聯公民也能取得有效期限五年的外國旅行護照，甚至在法律一字不差獲得遵守的情況下，免除他們每次出國旅行都必須申請出境簽證的義務。[36]經常到波蘭做生意的塔蒂亞娜，長久以來一直運用自己的人脈取得加蓋長期出境簽證的外國旅行護照，但有了新法律，她想她也可以為女兒取得一本護照。

八月十九日，塔蒂亞娜和瑪莎搭乘通勤列車進入莫斯科市中心，然後轉搭地下鐵，再轉乘路面電車到她們居住的街區。當電車穿越沃洛科拉姆斯科耶公路（Volokolamskoye Roadway）一處隧道時，瑪莎看見兩輛戰車從反方向開來。

「哇，酷喔！」瑪莎說。

「媽的！」塔蒂亞娜說。

---

32 Yakovlev, *Aleksandr Yakovlev, Izbranniye intervyu*, p. 37.

33 Yakovlev, *Aleksandr Yakovlev, Perestroika*, p. 823.

34 前引書，p. 689。

35 前引書，pp. 690-695, 824。

36 Zakon SSSR ot 20.05.91 no. 2177-1, http://www.lawrussia.ru/texts/legal_178/doc17a990x543.htm. 實際上，出境簽證規定直到一九九三年才完全取消："Vyyekhat' za rubezh poka ne legche, chem ran' she," *Kommersant*, January 11, 1993, http://www.kommersant.ru/doc/7029（二〇一六年一月八日瀏覽）。

她想了一會兒。

「我們得離開這個國家。」她說：「我們下車。」她計畫直接前往護照辦事處，但不為瑪莎辦新的護照，而是將瑪莎的名字加註在塔蒂亞娜的護照上。然後她們就直接到美國大使館去，根據傳聞，任何人只要出現在那裡便可以獲得簽證。再來她們就可以出國了。

護照辦事處的女人拒絕加註的請求，也不收紅包。她的上司說：「一星期後再來。」一切都結束了，就算再幫瑪莎申請護照也沒有意義。於是母女倆走了。

她們不能回家。塔蒂亞娜設法擺脫自己的室友已經將近兩年，因此她們的公寓不再有人共同居住；兩個房間和一個廚房全都由塔蒂亞娜和瑪莎享有，但這時塔蒂亞娜卻受到敲詐者（*reketiry*，新發明的俄文字）騷擾，這是正在成形的黑手黨，試圖依附著同樣在成形的私人事業牟利。這些人大多經營簡陋的收取保護費生意，他們承諾「罩」（*krysha*）你，庇護你不受其他同類組織騷擾。最近他們在塔蒂亞娜的公寓門口建立了永久據點。她不想帶孩子到那裡去，於是她們去了塔蒂亞娜父母的公寓。

在空蕩蕩的公寓裡，塔蒂亞娜打開電視。電視上播放芭蕾舞劇《天鵝湖》。她轉台，看到的還是《天鵝湖》。太無聊了。瑪莎到門外的庭院，和名叫維塔利克（Vitalik）的男孩玩耍。

*

當天早上六點鐘和八點鐘，廣播電台和電視台在夜間收播過後又恢復播出，一個熟悉的男聲開始播送：「蘇聯副總統令。米哈伊爾．謝爾蓋耶維奇．戈巴契夫由於健康狀況不佳，無法履行蘇聯總統職責……蘇聯副總統根納季．亞納耶夫（Gennady Yanaev）自一九九一年八月十九日起代行總統職權。」接著，這位主播宣讀了兩份由這些自稱「蘇聯領袖」的人向蘇聯人民發表的文告。首先是枯燥乏味的一份，宣布緊急狀態自當天下午四點起生效。然後是激情的一份：

同胞們！蘇聯公民們！

在這個祖國與我國人民危急存亡的時刻，我們向你們發言！致命危機正籠罩著偉大祖國！戈巴契夫開展的改革……陷入了僵局。熱忱與希望已經被不信任、無感和絕望取代。

它責怪改革挑起民族之間的衝突，殺害數百人，讓五十萬人淪為難民。

每位公民對於明天愈來愈感到不確定，對子女的未來深深擔憂。

它責怪改革造成了國家的經濟危機。

向人民說實話的時機早已錯過。少了急迫而決定性的穩定經濟步驟，不久的將來必定要發生饑荒，以及新的貧困浪潮。

它責怪改革造成犯罪率升高。

國家深陷於暴力和無法無天的泥淖。

它承諾要恢復蘇聯的驕傲、安全與完整——也就是說，在新聯盟條約預定簽署前夕，要將帝國恢復舊觀。這份在廣播和電視上宣讀、並刊登在早報上的文告，由蘇聯國家緊急狀態委員會署名，成員共有八人，包括戈巴契夫的副總統亞納耶夫、國安會主席克留奇科夫，以及總理、國防部長和內務部長——近期圍繞著戈巴契夫的所有保守派幹部。[37]讀完這三份文件費時十分鐘。之後，繼續上演《天鵝湖》。

冉娜當時正在高爾基城外的鄉下陪伴祖母。她的父母親前一天就去了莫斯科——他們預計只在前往黑海度假的途中路過。在這則新聞播報全被《天鵝湖》取代之時，冉娜的祖母確信自己的兒子必定捲入了莫斯科發生的任何事態，因此擔心得要死。冉娜也一樣。

她們擔心得沒錯。冉娜的母親雷莎正在白宮前，這座巨大的白色混凝土高樓是俄羅斯最高蘇維埃所在地。葉爾欽宣布以白宮做為抵抗政變的總部，數百人聚集在白宮周圍。經過一番斟酌，他們開始構築路障。冉娜的父親鮑里斯則在白宮裡。

*

在索利卡姆斯克，廖沙的母親加林娜已從電視上觀看政治動態兩年之久。現在，每個人都在收看電視播的芭蕾舞劇。成年人看起來悶悶不樂。就在《天鵝湖》播出前幾天，加林娜的同事們才到公寓來討論課程計畫；新學年再過不到兩個星期就要開始，歷史似乎又改變了，因此歷史課教法也得跟著改變。同樣的事前一年夏天也發生過，再前一年夏天也是。這時他們都沉默了。到了某個時刻，芭蕾舞停止了，六個老男人身穿不同灰階的西裝，一幅灰色的畫面出現在電視上。其中一人介紹其他人，每個人聽到自己的名字就欠身致意。廖沙記得中間一個男人的名字：亞納耶夫。他說戈巴契夫不能再執行總統職務，由他亞納耶夫代理。廖沙也記得「福羅斯」（Foros）這個詞——亞納耶夫說這是戈巴契夫正在養病的地方名。[38]

接著，出現一名站在戰車上的男人，這位大個子男人被許多小個子男人圍繞著。他手裡拿著一張紙，說某些事情是違法的。[39]廖沙問母親這人是誰。「這是我們的總統。」加林娜說。

然後電視上又出現一架飛機，在漆黑的夜空中引擎聲漸弱，戈巴契夫身穿淺色休閒外套走下梯級，面帶微笑。他的孫女跟在後面，身披毛毯，戈巴契夫的妻子雷莎摟著小女孩。戈巴契夫和幾個人握手，然後他的整張臉孔出現在畫面上，有個聲音說道：「米哈伊爾．謝爾蓋耶維奇，過去三天來，全國都在可怕的緊張氣氛中度過，極度擔憂自己的總統、自己的未來，以及民主的命運……」[40]廖沙哭了。他太愛戈巴契夫了，自從聽說戈巴契夫生病以來，他就真的如此擔憂、如此緊張。

所有這一切在廖沙看來就像是全部發生在一天之內一樣——芭蕾舞劇、三個總統在電視上輪流出現，然後是戈巴契夫的孫女裹著毛毯，還有眼淚。事實上，前後歷經了三天。八月十八日，由政

37　GKChP, "Obrashcheniye k sovetskomu narodu," http://dok.histrf.ru/20/zayavlenie-gkchp/（二〇一六年一月八日瀏覽）。

38　國家緊急狀態委員會記者會，一九九一年八月十九日：https://www.youtube.com/watch?v=TVxH4e3Rfes（二〇一六年一月十日瀏覽）。

39　葉爾欽對群眾發表演說，一九九一年八月十九日：https://www.youtube.com/watch?v=JpoOkFZsPT8（二〇一六年一月十日瀏覽）。

40　戈巴契夫返回莫斯科的新聞片段，一九九一年八月二十二日：https://www.youtube.com/watch?v=1cnkbL6KV6o（二〇一六年一月十日瀏覽）。

變首腦派遣的四個人飛往戈巴契夫位於克里米亞半島福羅斯的別墅，成功將他脅持起來；隔天早上，電視台轉播緊急狀態公告，然後切換成《天鵝湖》。葉爾欽和他最親近的支持者們在白宮內堅守崗位，較疏遠的支持者們開始聚集在白宮周圍，同時間軍隊開進市區。正午時分，葉爾欽爬上一輛停在白宮外的戰車，宣布緊急狀態違法——但當天或隔天的電視都不會播放這個畫面。反倒是灰衣男人們舉行的記者會，並透過電視轉播。白宮外的群眾這時已多達數千人，他們開始構築擋不住戰車的路障，並發放防毒面具，但數量遠遠不夠分配給所有人。隔天，白宮外面和內部的談判都在焦急的期盼下度過；奉命率軍攻打白宮的將軍不願在接獲命令時執行，但他也不願倒戈。八月二十一日清晨，三位青年在試圖阻止裝甲運兵車隊開往白宮的路上喪生，但軍隊距離白宮仍有一英哩遠。下午三點左右，包括國防部長及國安會主席克留奇科夫在內的六人飛往克里米亞。兩小時後，反對政變的一方也有三人飛往克里米亞。隔天凌晨約兩點，戈巴契夫的專機降落在莫斯科，乘坐同一班飛機的克留奇科夫立刻被監禁：俄羅斯檢察總長已下令逮捕全體政變的策劃者。八月二十二日中午，一面白藍紅三色條紋的俄羅斯國旗首次在白宮升起。那天下午，戈巴契夫舉行記者會，表示：「我回到了一個不一樣的國家。」他說，有人企圖將國家回復成極權主義國度，但失敗了。在某個時刻，戈巴契夫開始用「極權」一詞，形容這個如今終於看來要垮臺的政權。他說，排除這個阻礙之後，他現在要開始全力推動新聯盟條約。他已經任命新的部長，取代政變者在蘇聯政府中的位置。41

*

對於曾在戈巴契夫被脅持的城堡別墅裡度過夏天的謝廖沙來說，這次流產政變帶來的景象平淡無奇。他認識那個在全國人民面前裹著毛毯走下飛機的女孩。他很習慣在電視上看到親近的人。讓他印象更深的是父親和他的短暫對話。阿納托里說，他在白宮前待了三天。他憎惡地說著這件事：他痛恨面對戰車時手無寸鐵的無助感。

謝廖沙的祖父亞歷山大·尼古拉耶維奇則在莫斯科市議會大樓裡，地方政府在那裡組織著自己的抵抗行動。他也對群眾講話。「可能發生的一件最可怕的事，如今發生了。」他說：「我們的國家不曾有過這麼悲慘的日子。」[42]戈巴契夫雖然感謝了葉爾欽及其盟友協助對抗政變，但對亞歷山大·尼古拉耶維奇卻沒有一句感謝。他回到莫斯科時也不見自己這位老盟友，在記者會上被問到時，他斥責亞歷山大·尼古拉耶維奇向強硬派屈服的退黨之舉。看來在戈巴契夫自稱返回的這個新國家領導層中，不會有亞歷山大·尼古拉耶維奇的一席之地。

但這個國家又是什麼？「蘇聯還在嗎？」成了那一天、那個星期、那個秋天人們見面的第一句話。蘇聯似乎還健在，但它的型態卻捉摸不定。葉爾欽的俄羅斯共和國立即吸收了蘇聯的一部分決策機制。葉爾欽顯然也強迫戈巴契夫取消了政變後某些最初的人事任命。更重要的是，葉爾欽讓戈巴契夫任命了一個由他挑選的局外人執掌蘇聯國安會，然後在描述這個人的職責時加上了「解散國

41　戈巴契夫記者會，一九九一年八月二十二日：http://rutube.ru/video/985c0f40c9416286f1a91d20b6bd8961/?bmstart=4133；戈巴契夫向全國人民進行電視講話，一九九一年八月二十二日：https://www.youtube.com/watch?v=0qB16clLmN4（皆於二〇一六年一月十一日瀏覽）。

42　Yakovlev, *Aleksandr Yakovlev, Perestroika*, p. 695.

安會」。[43]八月二十三日和二十五日兩天，葉爾欽先後簽署命令，終止蘇聯共產黨與俄羅斯共和國共產黨的活動。

八月二十七日，政變五天後，葉爾欽任命冉娜的父親鮑里斯．涅姆佐夫出任下諾夫哥羅德（Nizhny Novgorod）地區首長。俄羅斯八十九個行政區中，只有三個行政區首長由選舉產生，這些職位都是在重建時期新設的：莫斯科和列寧格勒市長，以及韃靼斯坦自治共和國總統。其他行政區仍由黨組織掌管，但共產黨如今在名義上與實質上都被廢除了。葉爾欽開始向這些地區任命總統「代表」，一天之內就簽下數十個名字；大多數人他並不認識，是由他的幕僚倉促找來的。涅姆佐夫則是例外。葉爾欽認識他，也喜歡他，在白宮共度被包圍的三天之後，他們只要有時間就會一起打網球。涅姆佐夫那時三十一歲，他如今要負責治理俄羅斯第三大城及周邊地區。這是葉爾欽較為深思熟慮的一項人事任命。[44]

同時，聯盟條約正在崩潰。戈巴契夫持續進行協商，但葉爾欽也在協商。俄羅斯總統最後向蘇聯總統施壓，要他承認波羅的海諸國獨立。就連政變前看起來支持蘇聯的加盟共和國，此時也逐一宣布獨立。然而戈巴契夫仍持續召開會議，爭取簽訂條約。但蘇聯第二大加盟共和國——烏克蘭——這時抵制會議。最終在十二月七日，俄羅斯、烏克蘭、白俄羅斯領袖召開會議，策劃將蘇聯正式解體，同時發明出安慰獎——一個名為獨立國家國協（Commonwealth of Independent States）的空洞實體。戈巴契夫沒有受邀出席，甚至不是第一個知道的人；他是在葉爾欽致電美國總統老布希之後，才被白俄羅斯領袖通知此事。數日後，戈巴契夫向記者們發怒：「我認為我國人民還不理解他們正在失去自己的國家。這個國家不存在了！」[45]

不到兩星期後，十二月二十五日，戈巴契夫最後一次以總統身分向同胞發表談話：「鑑於獨立國家國協成立後形成的局勢，我在此辭去蘇聯總統職務。」[46]蘇聯不復存在。

這時，瑪莎和母親正在開往波蘭的火車上，一個不存在國家的有效護照，收在塔蒂亞娜的提袋裡。

43 Vadim Bakatin, *Izbavleniye ot KGB* (Moscow: Novotni, 1992).

44 Petr Akopov, "Sud'ba komissarov," *Izvestia*, August 23, 2001, http://izvestia.ru/news/250769（二〇一六年一月十一日瀏覽）。

45 戈巴契夫答記者問，一九九一年十二月十二日：https://www.youtube.com/watch?v=mCWzf1Ze2tk（二〇一六年一月十一日瀏覽）。

46 戈巴契夫辭職講話，一九九一年十二月二十五日：https://www.youtube.com/watch?v=lHjrmckJiMk（二〇一六年一月十一日瀏覽）。

第六章　白宮處決

謝廖沙記得這件事。他正從學校返家，在地鐵列車上，當列車駛出隧道、開上跨越莫斯科河的大橋時，謝廖沙看到了戰車。他在下一站下車，搭上反方向的列車，好再次跨越大橋看戰車。然後他重複一遍、又一遍、再一遍，直到天黑。

成年之後，他開始懷疑這段記憶是一九九一年還是一九九三年。他查過維基百科，但忘記了。他又查了一遍，還找出幫助記憶的訣竅，卻再次遺忘。最後他只好認了，每隔六個多月就查一次。

＊

謝廖沙始終無法確認他所生長的國家究竟發生過什麼事，這是情有可原的；更年長的人們、博學的觀察家，以及熱烈參與事件的人們，都有這樣的困難。最後還出現了多種敘事。哈佛大學歷史學者沙希利．浦洛基（Serhii Plokhy）認為，蘇聯之所以瓦解，是因為這個帝國置身於歐陸帝國數百年來的終結過程之中。或許因為蘇聯國家建構及意識型態的獨特性，蘇聯瓦解的過程歷時更久，衰亡的樣貌也不同於其他帝國，但裂解蘇聯的力量仍舊勢不可擋。[1]預言了蘇聯解體和一九九一年政變的茲比格涅夫・布里辛斯基寫道，一個根本的悖論會把這個國家拖垮；它的經濟陷入絕境，經濟要存活就得進行政治改革，政治改革則必定摧毀國家的全套體制。但他設想，國家若要保存政治體制，經濟就必定失敗。[2]

十多年後，普林斯頓大學歷史學者史蒂芬・柯特金則寫道，蘇聯瓦解的過程是戈巴契夫自己促成的，因為他對追求改革的立場搖擺不定，也不能持續試著抵抗由自己啟動的進程。[3]而在其他學科中，柏克萊加州大學人類學者阿列克謝・尤爾查克（Alexei Yurchak）也曾論及，蘇聯是被自身的悖論給拖垮的，陷入統治意識型態與生活現實之間的落差——這道鴻溝在任何社會都存在，而且都會引發危機。[4]當然，列瓦達和他的社會學家團隊也預言蘇聯會滅亡，因為支撐著蘇聯一切機制的蘇維埃人將絕種。

除了極權主義學者理論家布里辛斯基，以及提出蘇維埃人模型的列瓦達之外，所有這些解釋都試圖從不同社會移植大不相同的術語來理解蘇聯的衰亡。社會科學在蘇聯的喪失，讓這種做法不可避免——蘇聯社會被禁止理解自身，也沒有土生土長的語言敘事來定義所發生的事。偶然開啟自我檢視契機的「氣窗」通常太小，讓學者們無法調整或改編進口的理論基礎模型，或自己創造模型。在蘇聯長大，但一九九〇年代在美國讀研究所的尤爾查克，或許正是不適應外國模型的最明顯例子。他缺乏工具去探索意識型態與生活現實之間的落差，以及在蘇聯和在西方國家中有何差異，況且他使用的模型是為了西方國家而設計的。在正常運行的民主政體中，公開宣稱的理念與現實之間，其矛盾可以被指出、也經常被指出，並導致社會與政治的變革。這並不會消除內在固有的落差，但能以某種方式間歇地讓社會變得更民主、消除多一些不平等。極權主義意識型態卻不容許這樣的修正機制。漢娜・鄂蘭斷言，任何意識型態都有可能變得極權，但要變得極權，它得先被化約成一個簡單概念，然後再被轉變成假託而來的「歷史法則」，並以恐怖手段強制實施。[5]極權意識型態的與眾不同之處，在於它完全對外封閉。它自我標榜能解釋全世界和世間萬物。極權意識型態與現實之間不存在落差，因為極權意識型態將所有真實都包含在內。

蘇聯意識型態的那種性質，也是浦洛基「蘇聯因為是帝國而滅亡」這一論點的問題所在。蘇聯國家不但不認為自己是帝國，更自稱是帝國的相反。這樣的自我概念在蘇聯解體過程中不曾改變，當俄羅斯變成了由不同領土、文化及族群組成的聯邦之後也不曾改變。當然，人們可以說帝國並不因為自己的否認就不算是帝國——狗不會只因為牠和朋友們自認自己是貓就不再是狗——但帝國無疑是一套社會政治構造，它對自己的認知也就變得重要。要像二十世紀其他帝國那樣進入後帝國的未來，俄羅斯就必須對自身認同做出相應的變革。但就連葉爾欽這個或許對解體蘇聯發揮了最重要作用的人物，都沒想到要這麼做，他也不認為蘇聯是帝國。

---

1 Serhii Plokhy, *The Last Empire: The Final Days of the Soviet Union* (New York: Basic Books, 2014).

2 Zbigniew Brzezinski, *Grand Failure: The Birth and Death of Communism in the Twentieth Century* (New York: Collier Books, 1990), pp. 41-102.

3 Stephen Kotkin, *Armageddon Averted: The Soviet Collapse, 1970-2000* (New York: Oxford University Press, 2008).

4 Alexei Yurchak, *Everything Was Forever, Until It Was No More: The Last Soviet Generation* (Princeton, NJ: Princeton University Press, 2005).

5 Hannah Arendt, *The Origins of Totalitarianism* (New York: Harcourt Brace Jovanovich, 1976), p. 465.

柯特金對蘇聯國家解體的解釋，本質上就是歸因於管理不善：戈巴契夫亂搞一通，直到藥石罔效。柯特金是由上而下觀看體制崩潰的過程，列瓦達則是由下而上預測這個過程。但兩人都未能聚焦於個人與機制之間的連結，而這樣的連結才是凝聚社會的力量。

當西方人在非正式談話中使用「極權主義」一詞，它召喚出的形象是一個隨時隨地向每個人施加強制力的駭人社會。當然，這樣的形象異乎尋常地缺乏效力，尤其不適用於像蘇聯這樣極其低效的國家。極權社會的武力節約（economy of force）是經由恐怖而達成的。極權主義自行建立一套社會契約，其中多數人在多數時候都不會受到暴力危害，只要他們停留在特定邊界之內，承擔並確保其他公民同樣不逾越界限的責任。邊界則是不斷變動的——鄂蘭形容，極權社會創造出一種經常變化和不穩定的狀態[6]——人們需要隨時警惕才能隨時跟上變動。對於訊號的高敏感度（hypersensitivity）是必備的生存技能。

*

蘇聯公民如何學會對訊號高度敏感？練習的場域其實是對私生活的控管。在蘇聯歷史上，黨對於家庭的路線不斷變化。就在一九一七年革命過後，婚姻被廢除了，家庭被驅使走向衰亡。不到二十年後，家庭又被官方挽救回來，更被封聖成「蘇聯社會的核心」。[7]革命過後數年間，同性戀行為受到寬容（但與人們的迷思恰好相反，它並未被頌揚，甚至不曾被真正接受），但在一九三四年再次被法律明定為犯罪。[8]隨著鐘擺往回擺盪，離婚的難度變得令人望而生畏，一九二〇年代既合法又常見的墮胎也成了違法。[9]面對第二次世界大戰後人口驟減的危機，蘇聯先是讓離婚變得更加困難，接著又逆轉政策走向，改採實際上將多重伴侶合法化的措施，鼓勵單親媽媽自立。[10]但在一九五〇年代中期，墮胎又再次合法。[11]

因法律變遷而要求蘇聯公民隨之改變的不只是行為，還有他們對生命的展望——這套社會契約規定，當國家釋出尚稱明確的訊號時，大眾得隨之反應。訊號經由報刊、電影、書籍上的宣傳，接著修訂法律，再經由執行而釋出，藉著懲罰極少數人示眾，確保了大多數人循規蹈矩（懲罰人數相對於守法人數的比例，在史達林死後也發生改變，由此鞏固了運用令人懼怕的榜樣實施教化的原則）。在一九九一年崩潰的，正是這套示意與回應系統。

崩潰的轉捩點有大有小。一九八八年，戈巴契夫釋放了所有政治犯。同年，諾夫德沃斯卡亞和她的盟友們舉辦了那次駭人聽聞的大會，創立全國第一個替代政黨「民主聯盟」，無視國安會的恐嚇與傳喚（國安會正是這個政黨倡議要廢除的組織）。按照戈巴契夫的迂迴作風，釋放全體政治犯

6 前引書，p. 391。

7 Wendy Z. Goldman, *Women, State and Revolution: Soviet Family Policy and Social Life, 1917-1936* (Cambridge, England, and New York: Cambridge University Press, 1994).

8 Dan Healey, *Homosexual Desire in Revolutionary Russia: The Regulation of Sexual and Gender Dissent* (Chicago: University of Chicago Press, 2001).

9 Viktoriya Sakevich, "Chto bylo posle zapreta aborta v 1936 godu," *Demoskop Weekly*, no. 221-222 (November 7-20, 2005), http://demoscope.ru/weekly/2005/0221/reprod01.php（二〇一六年二月七日瀏覽）。

10 Mie Nakachi, "Replacing the Dead: The Politics of Reproduction in the Soviet Union, 1944-1955," doctoral dissertation, University of Chicago, 2008.

11 Sakevich, "Chto bylo posle zapreta aborta v 1936 godu."

並不表示異議人士今後不會再被捕入獄——這正是民主聯盟對國安會訊號的拒斥，使得祕密警察對他們無計可施。一九九一年三月，戈巴契夫把戰車開上莫斯科街頭，釋放出自己決心終結支持葉爾欽示威的訊號，但數十萬莫斯科人無視這個訊號。也是在那個月，全國準備聯盟公投之際，中央委員會官員緊張忙亂地想盡辦法控制國家局面。他們禁止了一場原定在莫斯科城外兩小時路程的原子科學城杜布納（Dubna）舉行的婦女論壇，因為他們看到了報紙上披露的與會人員，除了此刻正對性別理論求知若渴的年輕學者、持續發行地下女性主義期刊的老異議人士、專攻婦女權益的勞工運動者、十多位外國名流，還有兩位出櫃的美國女同性戀者要來參加。但其中一位外國來賓——來自紐約的記者暨學者、長期以來與蘇聯菁英關係深厚的柯蕾特．舒爾曼（Colette Schulman）——出面干預，即便報社及兩位女同性戀者拒絕了政府希望他們不來參與的請求，主辦單位的安排最終還是得以恢復。[12]

俄國政治家葉戈爾．蓋達爾（Yegor Gaidar）在回憶錄中敘述了類似事件。一九八〇年代晚期，他是中央委員會機關刊物《共產黨員》（Kommunist）的經濟版編輯。

> 《共產黨員》的內容這時也包含了各種無法想像能適用於社會主義經濟的詞彙：通貨膨脹、失業、貧困、社會不平等、預算赤字。我們刊登了第一份對國防預算的務實估計……每隔一段時間，就會有一通電話從中央委員會總部打來。
>
> 「你們在幹嘛？這個問題什麼時候可以公開討論了？」
>
> 這種電話一般來說很容易應付。我會反問：「你不知道嗎？」打電話來的這個無法確定黨的最新路線的官僚，就會退縮不再來煩我。[13]

黨的示意系統停止運作了，相對來說，這使得意識型態不再密不透風——實際上是不再極權。婦女論壇過後四個月，兩位美國女同性戀運動者和她們的蘇聯伴侶舉辦了一次男女同性戀電影節，以及一系列工作坊，首先在列寧格勒、隨後在莫斯科舉行。她們謹記女性主義者的遭遇，預先擬定了備案以防失去場地。電影節在列寧格勒市中心「文化宮」及莫斯科一家同樣位於市中心的電影院順利舉行。這兩個場地都是國家所有，但這時只要數百美元租金即可租用。主辦者們也能將同性戀主題的電影膠卷攜帶入境，即使書報檢查制度或同性戀行為的刑事處罰都還沒廢除。電影節結束時，她們甚至租用了莫斯科市中心的一家餐廳，舉辦全國第一次公開的同性戀派對。這時的莫斯科有幾家「合營」餐廳——重建時期對新近合法化的私營事業所做的折衷——但這家餐廳並非合營，同性戀派對是在中央藝術工作者之家（Central House of the Workers of the Arts）舉行，此地六十年來接待的一直都是為意識型態服務的菁英。

而在婦女論壇與同性戀電影節之間的四個月，政府對同性戀或是更廣泛的人民私生活都不曾改變態度，但在政治的急速變化與新的經濟急需之間——每一處設施都需要強勢貨幣——蘇聯社會的社會契約，也就是這套示意與回應系統，化為烏有。電影節來到莫斯科舉行的某個時刻，警方怯生生地從街上拿工地旗幟圍住電影院，試圖將它封閉。同性戀者們用剪刀將這些旗幟剪斷，繼續照常

12 其實我就是《莫斯科共青團報》（Moskovsky Komsomolets）那篇報導提到的兩位女同性戀者之一；另一位是來自舊金山的社運人士茱莉．朵夫（Julie Dorf）。同時，因為柯蕾特．舒爾曼從蘇共中央委員會打電話給我，所以我也見證了其中一部分談判過程。二〇一六年一月二十五日，她在紐約市向我講述了整個事件經過。

13 Yegor Gaidar, *Dni porazheniy i pobed* (Moscow: Alpina, 2014), pp. 58-59.

放映。再過三星期，參加過同性戀電影節的許多人都聚集到莫斯科白宮前，準備抵擋戰車進攻。美國社運人士送給莫斯科同性戀團體一部影印機，如今它派上用場，向人民印發葉爾欽的演說。

戰車在白宮前布陣，但並未朝抗議群眾逼近。日後，蓋達爾記述了接下來發生的事：

> 至於一九九一年八月十九日那天，無論是俄羅斯或蘇聯歷史，都無法帶給人們即便抵抗也不被殘酷鎮壓的期待。畢竟，政變領袖們顯然就準備好要殘酷鎮壓。只需要一個願意為大規模流血和大肆鎮壓承擔直接責任的人，一個組織及命令軍隊行動的人，一個能找出最可靠、最值得信賴、最有決斷力的將領，讓他登上前導的戰車，親自粉碎示威的人。換句話說，必須有這麼一個人物，能夠克服軍方固有的惰性及不願承受罵名的壓力。結果，政變策劃者之中沒有這樣的人。因此產生了你來我往、行動不協調、推諉責任於他人的意志，以及軍方的原地打轉。[14]

換言之，政變策劃者們僅藉由發布幾道命令，以及將一國總統軟禁起來——這在訊號階序中必須是數一數二重要的——就試圖讓示意系統重新運行；但社會契約卻無法因此復活。軍方並未回應強硬派的訊號，也沒有理會葉爾欽從白宮發出的訊號、站到抵抗運動這一邊。它只是一動也不動。

*

對於後蘇聯知識界、西方記者以及政治人物來說，一九九一年八月最重要的一刻發生在政變失敗之後，蘇聯祕密警察締造者費力克斯·捷爾任斯基（Felix Dzerzhinsky）的一尊巨大銅像，從盧比揚卡廣場（Lubyanka Square）中央的基座上被拉了下來；這裡距離克里姆林宮只要走一小段路，距離中央委員會一個街區，且就在對角線上遙遙相望著國家安全委員會總部，以及兒童世界百貨公司正前方。這次推倒銅像的行動是由莫斯科市議會授權的，他們出於安全考量，在歡欣鼓舞的群眾聚集之前拆卸完畢，這象徵著極權主義兩大支柱被同時拆除：意識型態與恐怖。當銅像被吊車舉起，這個巨大的紀念物露出了空洞的內裡。

發生政變的決定性時刻，瑪莎、廖沙、冉娜、謝廖沙都不記得電視上轉播過拆除捷爾任斯基銅像的過程。他們記得街道上的戰車、電視上的芭蕾舞劇、登上戰車的葉爾欽，以及飛機上的戈巴契夫。廖沙也認為自己記得戈巴契夫被軟禁的畫面，但這或許不是真正的記憶，而是日後習得的記憶。總體而言，他們記得政變並非一個時代的結束（或開始），沒有一個強烈的象徵性結尾，而是一連串令人困惑、興奮、時而驚恐的事件，這些都與他們往後的生命緊緊結合。廖沙還有這一樁遭遇：留著鬍子、高唱扣人心弦的流行歌曲、頌揚（俄羅斯的，而非蘇聯的）全新愛國精神的青年歌手伊戈．塔爾可夫（Igor Tarkov），在一九九一年下半年遭到殺害。廖沙的母親這時有了男友謝爾蓋——這一年結束前，兩人會結婚——他熱情追逐新興流行文化。如同其他所有俄羅斯人，謝爾蓋熱愛塔爾可夫。他正在收看電視轉播的年度歌謠大賽，這時主播說：「塔爾可夫中彈了。」在沙發上排排坐的謝爾蓋和廖沙，看著歌手被擔架抬了出來；他身上只穿內褲。謝爾蓋哭了，廖沙也哭了。那是他所看過最可怕的一件事。

最起碼從另一種觀點來看，八月政變似乎只是一連串重大事件之一——以葉爾欽的觀點來說。他那一整年都在為了俄羅斯發動戰爭。他至少同時在兩條戰線上作戰，對抗反對一切改革的共產黨

14 前引書，p. 93。

保守派，也對抗仍想約束俄羅斯和葉爾欽個人政治野心的戈巴契夫。葉爾欽在那年贏得了好幾場戰役：三月，他在莫斯科街頭的戰役打敗了戈巴契夫；六月，當俄羅斯發布主權宣言，他同時戰勝了這兩個對手——這是爭取俄羅斯人心的戰役。當葉爾欽戰勝了八月政變，他也清除了其中一條戰線。強硬派潰不成軍，此後只剩下他對決戈巴契夫。而在這條戰線上，勝利幾成定局。

在知識界的神話裡，一九九一年是俄羅斯不流血革命的一年。但它並非不流血：受害者包括八月在莫斯科喪生的三名男子，一月在維爾紐斯和里加被殺害的十九人，一九八八年以來在亞塞拜然喪生的數百人，以及一九八九年喬治亞首都提比里斯暴力鎮壓示威遊行所造成的傷亡。[15]它也不是革命。一九九一年剩下的時間裡，葉爾欽不僅集中心力摧毀蘇聯國家機制，也集中心力取而代之。他為自己新獨立的俄羅斯取得了軍隊、中央銀行，以及聯合國的蘇聯代表席位。西方的常識以為這是好事一樁，畢竟蘇聯大多數的核子武器會集中在一處，俄羅斯也不會像一九一七年的布爾什維克黨人那樣拒不承認前政權的外債。

在一個十分樂觀、十分反蘇聯的人來看，葉爾欽似乎是對付極權主義體制的支柱，摧毀其意識型態與恐怖機器。他禁止共產黨活動，並將廢除國安會的工作交給新任國安會主席執行（名義上仍是戈巴契夫的國安會）。但仔細觀察，禁止共產黨運作攸關經濟活動——葉爾欽有充分理由懼怕共產黨機構會把剩下的黨產全都侵吞。而廢除國安會一事，實際上是依蘇聯十五個加盟共和國將它切割成十五等分，這就確保俄羅斯也繼承了一組正常運行的蘇聯式祕密警察。[16]

到了一九九一年底，葉爾欽有了一整個國家要經營。但即使蘇聯國家的原有機制完全由他掌控，他在治理手段乃至於運用治理手段的人員方面，仍面臨嚴重短缺。他任命俄羅斯聯邦各個主體領導人——某些情況下，都已經是在地方崛起的領袖，不論他們自稱「州長」、「市長」還是「總統」。其中只有少數人像鮑里斯・涅姆佐夫那樣對葉爾欽個人效忠，決心實踐他的政治議程，集中力量即刻引進市場經濟。涅姆佐夫著手將下諾夫哥羅德地區的商店及其他財產民營化。湧進城市裡和他談話的外國人——潛在投資人、西方顧問、記者、名流——多得一望無際。因為葉爾欽沒有別的地區領導人能向他們展示。

在幾個地區裡，尤其在車臣和韃靼斯坦，當地領袖是因民族獨立運動被擁護上台的。而在其他地區，例如俄國金剛石礦業基地，位於極北地區的雅庫特（Yakutia），分離運動則以經濟自利的說法表述。就連聖彼得堡的一個團體，都以宣布獨立作為地區目標，不過是半開玩笑的性質。俄羅斯共和國憲法與蘇聯憲法不同，並不保障退出聯邦的權利，但這時看來似乎無關緊要。

這時拉動俄羅斯的力量，竟怪異地近似於早先裂解蘇聯的力量。還有其他令人迷惑的新問題。俄羅斯是一個瀕臨經濟崩潰的國家，周邊圍繞著其他瀕臨經濟崩潰的國家。它和這些國家共用貨幣、邊界鬆散，但俄羅斯對它們幾乎沒有政治影響力。其中，喬治亞正陷入內戰，而俄羅斯鄰近喬治亞的北奧塞梯（North Ossetia）及車臣地區也已經捲入戰事。喬治亞境內的南奧塞梯，則為了脫離喬治亞、加入俄羅斯而戰鬥。在西部，摩爾多瓦境內名為聶斯特河沿岸（Transdniester）的小片地區也為了加入俄羅斯而戰鬥，它與俄羅斯如今被國土狹長、獨立的烏克蘭隔開。俄軍也捲入了當地的衝突。俄羅斯這時也得到了一塊飛地：加里寧格勒（Kaliningrad）原先是東普魯士城市柯尼斯

---

15 Zaklyucheniye Komissii S'yezla narodnykh deputatou SSSR po rassledovaniyu sobytiy, imeushykh mesto v g. Tblisi a aprelya 1989 gola, http://sobchak.org/rus/docs/zakluchenie.htm（二〇一七年五月三日瀏覽）。

16 Vadim Bakatin, *Izbavleniye ot KGB* (Moscow: Novotni, 1992), pp. 75-82.

堡（Königsburg），第二次世界大戰結束後被蘇聯併吞並且俄羅斯化，如今與俄羅斯大陸之間被獨立的立陶宛隔開。

新國家的法治及政治基礎並不完全明確。它有某種像國會一樣的機構，這是一九八九年經選舉產生的人民代表大會，時間點在俄羅斯宣告主權之前。一九八九年五月的第一屆人民代表大會上，一千零六十八位代表之中有九百二十人是蘇聯共產黨員。[17] 一年後，只有七百六十七人仍是共產黨員。即使在葉爾欽禁止共產黨活動之後，多數代表（六百七十五人）仍保有黨籍。人民代表大會可以通過立法，包括憲法修正案。總統對人民代表大會通過的法律案有否決權，不過人民代表大會仍能以簡單多數決推翻總統的否決。[18]

也有法律。如同其他每一個前蘇聯共和國，俄羅斯繼受了同樣的刑法與民法，其中禁止任何形式的私營事業、禁止操作強勢貨幣、禁止無業及其他事項。俄羅斯也繼受了一套憲法，其中幾乎不包含關於國家構造、政治主義及身分認同的任何訊息。這幾乎是所有前東方集團國家共同具備的問題。東德除外：對於自己，他們最先知道的就是他們不再是從前的自己。和平革命敘事（拿來形容東方集團其他國家更為準確）迫使他們必須在舊法律基礎上打造新國家，成功與否則多半決定於其中默示的政治理解。各國都修正原有的共產主義憲法，令其能派上用場，多年來也將就於隨之產生的拼裝事物。但在這方面，俄羅斯的問題根源更深，因為它所繼受的憲法宗旨甚至不在於創造國家的某種幻影。

一九九一年晚秋，葉爾欽倉促組成了一個可運作的內閣。他最迫切需要找個人來負責經濟事務——政變之後，經濟從不景氣走向完全停擺。對統制經濟當局的信任與恐懼全都消散了，集體農場不再輸送穀糧給中央的配銷中心，不再交易毫無價值的盧布好履行社會主義義務，反而就地拿穀糧以物易物。經濟上由軍工複合體支配的俄羅斯大城市受害最重，因為它們沒有物產可供交換。「全國處於高度焦慮狀態，」經濟學家蓋達爾在回憶錄寫道：「一九九一年秋天充斥著對災難的預期、飢餓，還有運輸及暖氣系統癱瘓。可攜式煤爐供不應求。日常對話的最主要話題是求生。」[19]配給證在全國各地早已行之有年，但地方政府就連最低限額的配給都再也無法確保供應。

葉爾欽要求蓋達爾想辦法讓國家活下去。那年三十五歲的蓋達爾是蘇聯權貴家庭的後裔，他是蘇聯最受尊崇的兩位作家的孫兒，也是一位大作家的女婿。[20]除了短暫擔任過編輯之外，他只在研究機構工作過。他找來志同道合的經濟學家組成團隊，起初有六人，後來又加入幾位。這些人全都年歲相當，出身學界。他們沒有任何政府或行政管理經驗，除了最近幾次到西方短期旅行之外，並不曾看過教科書之外的市場經濟。他們遭逢的窘境，與列瓦達的社會學家試圖設計出第一份真正的問卷調查時不無相似，但這群理論家如今既被要求阻止饑荒、避免全面崩潰的基礎建設，同時又要重振全國經濟。

---

17 編按：兩處原文記為一九九〇年，譯文更正。

18 "S'yezd narodnykh deputatov i Verkhovny soviet RSFSR/Rossiyskoy Federatsii (16 maya 1990-4 oktyabrya 1993)," http://www.politika.su/gos/ndrs.html（二〇一六年二月十日瀏覽）。

19 Gaidar, *Dni porazheniy i pobed*, pp. 97-98.

20 編按：葉戈爾・蓋達爾的祖父是共產黨兒童文學作家阿爾卡季・蓋達爾（Arkady Gaidar），外祖父則是童話採集與轉述者帕維爾・巴若夫（Pavel Bazhov）。他的遺孀瑪莉亞・斯特魯加茨卡婭（Maria Strugatskaya）則是科幻小說作家阿爾卡季・斯特魯加茨基（Arkady Strugatsky）之女。

整個一九九一年秋天，這個團隊都藏身於莫斯科郊外的一處政府別墅。最初幾個星期，他們得知情勢比自己原先設想的更嚴峻。國家沒有貨幣或黃金儲備——大多被花掉了，剩下的則似乎被劫走了。由於消費品多年來供不應求，也因為一切貨品價格都由政府決定，從不顧成本或需求，人們手上積累了大量未曾花用的盧布；沒人說得準究竟有多少。在這種情況下，俄羅斯政府又無能控制經濟活動中的盧布供給（就連鄰近國家也能印製盧布），就算消費品可供購買、解除價格管制，想要遏制通貨膨脹也近乎無望。但消費品可供購買的唯一方法，看來就只剩解除價格管制一途。「事情變得很清楚，局勢無情地決定了唯一一種選擇：引發最多衝突、風險也最大的改革設想。」蓋達爾寫道。[21]

一九九一年十一月，葉爾欽任命蓋達爾以副總理一職兼任經濟與財政部長。葉爾欽決定不任命總理，自行主導內閣運作——很大一部分也是因為沒有人想接受自殺任務——這意味著蓋達爾實際上要掌管政府。為確保改革得以進行，葉爾欽取得了頒布牴觸現行法律之命令，只需國會追認，即可生效。

*

一九九二年一月二日，政府解除了對消費品價格的管制，只有麵包、牛奶和酒類除外。兩星期之內，商品就開始在貨架上出現。不到一個月，價格就飆漲三點五二倍。俄國人看作是儲蓄、蓋達爾則認為是危險現金結餘的那些錢，全被花個精光。[22]政府努力要避免持久的惡性通貨膨脹，因而實行緊縮的貨幣政策。對大多數俄國公民來說，這意味著他們支付大把鈔票的同時，卻又買不起如今到處向他們招手的大多數商品。一九九二年一月，葉爾欽簽署命令將私人經商合法化，普通公民開始進行交易。他們手持物品站在人行道上販賣，有時就是不加包裝的一塊生牛排或炸雞，因為那既是虧損、也是奢侈。許多人都把葉爾欽的命令從報紙上剪下來，釘在外套上，以免警察找麻煩。蘇聯城市裡整齊的灰色街道活了過來，躍動著各種不同物品的景象、人們叫賣的聲音，以及壓倒一切的不確定感。蓋達爾的改革或許避免了饑荒和基礎建設全面崩壞，但改革帶來的焦慮，遠遠超過先前發生過的一切。冬季結束時，葉爾欽和國會的蜜月期也隨之告終。

多數人民代表採取的立場，近似於重建時期，當時國會以挑戰中央權威為主要任務。國會要求停止甚至逆轉改革，並要求蓋達爾下台。葉爾欽不肯退讓，他的內閣也繼續照原定計畫施政。在地方政府配合的地區，商店和服務都被民營化了。到了夏天，政府停止補助一切消費品，包括麵包、牛奶和酒類。通貨膨脹遠低於惡性通貨膨脹的穩定水平。在蓋達爾和他的團隊看來，這是一大成就；但在大多數俄國人看來，這就是失業，而且不再像舊政權那樣可以用假裝工作、假裝付薪水來掩飾。失業不但明擺在眼前，更因生產下降、薪資水準荒唐可笑而變本加厲。國會開始撤銷總統命令——例如一道援用破產作為選項及程序的命令。蓋達爾寫道：

當我們繼續前進，就遇到愈來愈多阻礙。我們的進展顯得怪異。它不像是爬山：無論山有多麼險峻危險，其結果都只決定於你自己，你的力量和你的不屈不撓。它更像是涉渡瀝青湖：你腳下的路徑不穩定，莎草戳刺你的皮膚，蚊子叮咬你的雙眼，踏錯一步就會讓你栽進液態的

21　前引書，p. 123。
22　前引書，p. 156。

黑暗之中。[23]

而在其他領域，葉爾欽也走著同樣不確定的路。三月，幾乎就在戈巴契夫對蘇聯全國進行民意調查整整一年後，葉爾欽組織了聯邦條約（Federation Treaty）的簽署。這是締造新俄羅斯聯邦的文件。但這個國家的起步實在不令人看好：文件內容空泛，簽署過程不順遂。聯邦包括三種不同的成員資格——獨立於中央的程度各不相同。韃靼斯坦和車臣兩個共和國拒絕簽署，它們都自認為是獨立國家。此外，距離莫斯科兩小時遠、無足輕重的卡盧加（Kaluga）地區，在另加一條但書後簽署了。聖彼得堡則加了三條——其中一條是，拒不承認莫斯科當局有權在聖彼得堡地區宣布進入緊急狀態。[24]結果國家隨即實施了緊急狀態，但不是在聖彼得堡，而是北奧塞梯和印古什（Ingushetia），這兩個地區在一九九二年因領土糾紛而爆發衝突。[25]

到了一九九二年秋天，就連經濟改革的代表人物涅姆佐夫都在請求內閣放慢腳步，[26]但內閣反倒更加急迫地推進。內閣在年底批准了一項全俄羅斯皆可民營化的方案，依照這個方案，全國一億四千八百萬公民人人都能獲得一份憑證，這份憑證可以兌換成任何剛從國營事業民營化的股份。國會普遍厭惡這個構想，但同意讓它實施。過沒多久，人民代表們就要求葉爾欽撤換蓋達爾——若不撤換，他們就會將總統的一切提案全部駁回。

俄羅斯新任總理維克多・切諾梅爾金（Viktor Chernomyrdin）看來更適合扮演俄國官員，或者不如說蘇聯官員這個角色。他那年五十四歲，出身南俄草原一個小城裡的工人家庭，在共產黨內從基層逐步晉升，而且未曾退黨。他曾是蘇共中央委員會的一員，加入內閣前的最後職務是全國天然氣獨占事業的首腦。[27]他向國會承諾遏阻生產下跌，不讓人民變得更窮。「市場經濟體系未必非得是個市集。」他說。[28]

切諾梅爾金失敗了。他試著逆轉蓋達爾的某些政策，但得不到內閣多數成員的合作。俄國政治又回到了政變前的狀態：總統和他的內閣絕非統一戰線，但他們對國會全面開戰。倉促修補又再修補的舊蘇聯憲法讓情況更加惡化，因為它並未界定政府各部門的權責。隨著大型工廠開始民營化，貪腐再次成為一股強大力量，官員們爭相瓜分財產，不管自己是否有權如此。[29]既然總統與國會處於戰爭狀態，也就不可能頒行新憲法。國會轉而開始喋喋不休地討論彈劾葉爾欽。一九九三年三月二十日，葉爾欽在電視演說中宣告，國家的政治危機源於「人民與舊布爾什維克反人民體制的深刻

23 前引書，p. 209。

24 “Federativniy dogovor” (Moscow, March 31, 1992), http://constitution.garant.ru/act/federative/170280/#100（二〇一六年二月十三日瀏覽）。

25 Nikolay Andreev, “Voyna na territorii Rossii—real’nost’: Yeltsin vvodit chrezvychaynoye polozheniye srokom odin mesyats po Severnoy Osetii i Ingushetii,” *Izvestia*, November 2, 1992 (Moscow evening edition), p. 1, http://yeltsin.ru/uploads/upload/newspaper/1992/izv12_15_92/index.html（二〇一六年二月十三日瀏覽）。

26 Gaidar, *Dni porazheniy i pobed*, p. 212.

27 “Chernomyrdin, Viktor, premier-ministr Rossii v 1992-1996 godakh” (biographical article), lenta.ru, https://lenta.ru/lib/14161208/（二〇一六年二月十三日瀏覽）。

28 Mikhail Berger, “Glava rossiyskogo pravitel’stva obeshchayet strane rynok bez bazara,” *Izvestia*, December 15, 1992 (Moscow evening edition), p. 1, http://yeltsin.ru/uploads/upload/newspaper/1992/izv12_15_92/index.html（二〇一六年二月十三日瀏覽）。

29 Gaidar, *Dni porazheniy i pobed*, p. 281.

矛盾，到現在都還沒倒下，如今還要收復失去的權力。」[30]葉爾欽表示，他要撤銷國會駁回總統命令的權力，並預定在四月二十五日舉行公民投票。俄國公民將被要求確認他們對總統的信心，並對新憲法草案投票。

這麼做沒用。葉爾欽的舉動本身就不符憲法規定，被憲法法院判定無效。葉爾欽可以舉行公投，但只能問以下四個問題：

一、你是否信任俄羅斯聯邦總統B．N．葉爾欽？
二、你是否認同俄羅斯聯邦總統與內閣自一九九二年以來實行的社會及政治政策？
三、你是否認為有必要提早改選俄羅斯聯邦總統？
四、你是否認為有必要提早改選俄羅斯聯邦人民代表？[31]

直到投票為止，葉爾欽的支持者在廣播電視中鋪天蓋地播送著這句口號：「是—是—不—是」（*Da-Da-Nyet-Da*）。同樣韻腳排序的傳單則在每個街角發送。本質上，這是後蘇聯俄國的第一場選戰。葉爾欽幾乎得到了每一張他想要的票：俄國人對四個問題全都答「是」，但第三題的差距很小。憲法法院裁決，提前選舉需要取得全體合格選民的多數同意，而不只是參與公投的選民，第四題也沒達到這個條件，即使投「是」的人數兩倍於「否」。葉爾欽宣布獲勝，但他並不具備安排議會改選的法律基礎。

就在公投過後數日，葉爾欽將他的副總統亞歷山大．魯茲科伊將軍（Gen. Alexander Rutskoi）免職，因為副總統支持國會一方，同時開始推動內閣認定的重要措施。其中之一是對俄國刑法與訴訟法進行一連串更改，讓它們符合歐洲最低標準，包括使用或不當使用生化武器的刑罰、綁架入罪化，以及同性合意性行為除罪化。[32]所有這些變更都是俄國成為歐洲理事會會員的必要條件。但這項立法未被大多數人注意，就連監獄當局都沒注意到，它們疏於指示典獄長釋放被控雞姦的男性。因為當天還有更重大的新聞：葉爾欽公布了新憲法草案，並邀請聯邦各加盟共和國開始提交修正案。[33]

一星期之內，俄羅斯的政治格局就又退回到公投前的狀態：持續且緩慢惡化的危機。人民代表自行提出了憲法草案，至少有兩部。但這些文件全都沒有機會取得政府所有部門的充分支持，以開啟為這片國土制定根本大法的程序。

*

30 "Iz obrashcheniya k grazhdanam Rossii prezidenta Borisa Yeltsina," *Moskovskiye novosti*, March 28, 1993, p. A2, http://yeltsin.ru/uploads/upload/newspaper/1993/mn03_28_93/FLASH/index.html（二〇一六年二月十三日瀏覽）。

31 "Vserossiyskiy referendum 1993 goda. Spravka," RIA, April 25, 2011, http://ria.ru/history_spravki/20110425/367914805.html（二〇一六年二月十三日瀏覽）。

32 "Zakon no. 4901-1, O vnesenii izmeneniy I dopolneniy v Ugolovnyi kodeks RSFSR, Ugolovnoprotsessual'nyi kodeks RSFSR i Ispravitel'notrodovoy kodeks RSFSR," http://base.consultant.ru/cons/cgi/online.cgi?req=doc;base=LAW;n=3934;fld=134;dst=100070;rnd=0.1744973356835544（二〇一六年二月十三日瀏覽）。

33 Vasily Kononenko, "Prezident Rossii nachal obeshchaniye peremeny oglasheniyem proekta novoy Konstitutsii," *Izvestia*, April 30, 1993, p. 1, http://yeltsin.ru/uploads/upload/newspaper/1993/izv04_30_93/FLASH/index.html（二〇一六年二月十三日瀏覽）。

一九九三年九月二十一日，葉爾欽頒布命令解散國會，並預定在十二月十二日重新選舉。國會拒不承認這項命令，轉而指定魯茲科伊將軍為新任總統。就在八月政變終結蘇聯僅僅兩年後，歷史重演成了一齣B級片。這時架設路障固守白宮的是反對葉爾欽的一方——數百名男子和一些婦女，他們的支持者則在外面聚集。這個國家又一次同時有兩人自稱為總統。再一次，自認為擁護民主的人們支持葉爾欽，他們認為葉爾欽對政敵拖延了太久才採取行動。要是他們有任何恐懼的話，他們怕的是葉爾欽無法貫徹到底。服務於全國首屈一指、站在新興企業家階級立場的大報《工商日報》（Kommersant）之年輕記者維若妮卡・庫茨羅（Veronika Kutsyllo），當時正與另一群記者一起待在白宮裡：

午夜的鐘聲敲響前，我們得到機會在餐廳拿些咖啡，並且討論情勢。我們的結論是：所有人長久以來都在熱烈期望的事情終於發生了。總統終於違反了憲法（「他把憲法踩在腳下」我做了這點補充說明），這意味著依照憲法第六修正案第一百二十一條，總統已被自動免職。魯茲科伊因而成為總統，國會也滿意了。但顯然葉爾欽不會退讓。這就產生了僵局。他需要採取下一步行動，必須是決定性的行動，但會是什麼？我們愛好和平的領袖肯定不會想要動用武力把代表趕出白宮。[34]

一九九一年政變暴露了蘇聯社會契約的瓦解，而這個空缺還沒被填補上。俄國公民仍然攜帶著封面印有鐮刀與鎚子的蘇聯護照，支付繪有列寧側面像及蘇聯國璽的蘇聯盧布購買食物，甚至無法確定自己的國名。它叫俄羅斯嗎？俄羅斯聯邦？憲法仍然稱這個國家為俄羅斯蘇維埃聯邦社會主義共和國，但憲法是要被踩在腳下的，而葉爾欽最重要的支持者——新生代的新聞記者們認為，他做這件事的魄力還不夠。

即使葉爾欽用了幾個月時間斟酌解散國會這一步，他的準備仍不比兩年前的政變策劃者充分多少。要是人民代表完全遵循憲法規定而拒絕解散，葉爾欽也缺乏行動方案。更糟的是，反對他的一方與軍方、警察、國安會的關係顯然更密切。而且不同於一九九一年的葉爾欽，此刻架起路障守在白宮裡的男人們（還有一些婦女）持有武器。他們開始將武器發給街頭的支持者。同一時間，國會表決通過法案可對葉爾欽的重要支持者判處死刑。內閣的回應則是切斷聯繫白宮的電話線。[35]

雙方僵持了將近兩週，期間不時被愈發惡毒的公開聲明打斷。憲法法院院長和俄羅斯正教會居間安排談判，但談判破裂。十月三日，國會的武裝支持者們衝入莫斯科市長辦公室和聯邦電視中心。電視畫面一度變黑——或者應該說變灰——並附上白色字體的公告：「第一頻道和第四頻道的播送，由於武裝暴徒強行闖入大樓而中斷。」將近一百人在進攻電視中心期間喪生。魯茲科伊將軍指揮的這些武裝暴徒接著又衝入通訊部、海關局及其他聯邦辦公大樓。此時重返內閣擔任經濟部長的蓋達爾發表廣播演說，再次呼籲公民們像兩年前一樣，站出來保衛葉爾欽。十月三日晚間，莫斯科人開始走上街頭。內閣之所以動員公民，是因為無法確信軍方會站在自己這邊：沒有法律或勢力能驅使軍方這麼做。

然而這次，軍方選邊站了，選擇支持葉爾欽。十月四日早晨，戰車在白宮前停下。早上七點，

34 Veronika Kutsyllo, *Zapiski iz Belogo doma: 21 sentyabrya-4 oktyabrya 1993 g.* (Moscow: Kommersant, 1993), p. 19.

35 Gaidar, *Dni porazheniy i pobed*, p. 304.

戰車瞄準較高樓層開火射擊，顯然是為了給予人民代表及其支持者撤離建築物的選項。儘管如此，當軍隊終於強行破門而入，他們還是尋獲大約四十具屍體。二十名軍人在進攻中喪生。白宮一直延燒到入夜時分，方圓數英哩外都能看見火光，遠遠高過鄰近地區的所有建築物。天亮時，它看上去就像顆巨大的蛀牙。總計一百四十六人死亡，一千多人受傷，還有至少兩千人被捕。[36]

葉爾欽在十二月安排了國會選舉。同一天也要對他的俄國新憲法草案舉行公民投票。法案內容將不會交付國會討論，因為國會在選舉完成之前並不存在。這一年半，幾乎可說是自蘇聯終結以來，葉爾欽第一次牢牢掌握權力。他掌握權力的基礎不是法律，而是武力。但葉爾欽能夠訴諸武力這件事，源自對俄國社會的一種全新理解，即使在這次被稱為「白宮處決」（The Execution of the White House）的事件剛發生過後，任何人一時都還看不清這種理解的本質。

*

阿魯圖尼揚注意到，白宮處決事件發生後沒多久，人們就開始把一九九一年和一九九三年的事件混為一談。兩套路障、兩群藏身白宮的政治人物、兩次電視畫面變灰，以及兩套死亡與逮捕全都合而為一。這一切都做為「政治」而安頓在記憶裡，白宮燒焦的廢墟則凸出於莫斯科地景，每天提醒人們任何事都有可能發生在政治之中。人們看到它，就會想要離政治愈遠愈好。

瑪莎的祖父一度是葉爾欽的狂熱支持者，這時在政治上變了心。如今他把時間都用來閱讀新興的極端民族主義報刊，這在政治光譜上近來以「紅褐派」聞名，結合了共產主義與褐衫隊（納粹衝鋒隊）的狂熱。鮑里斯・米哈伊爾洛維奇開始高聲朗讀反猶太的文章段落。塔蒂亞娜將這種行為診斷成衰老，對女兒說，這就是上了年紀的悲劇：一生都條理分明，即使一向安靜地反對共產黨，鮑里斯．米哈伊爾洛維奇如今卻自己去跟那些不只是棕色、而且還是紅色的人們站在同一陣線。不過更重要的是，在對政治的短暫熱戀過後，鮑里斯．米哈伊爾洛維奇如今既憤怒又幻滅，而「紅褐派」媒體正是他對政治表達憎惡最直接可用的載體。

葉甫根妮婭不再參與任何政黨。在葉爾欽廢除刑法的雞姦罪條文、理由卻與俄國真正的男女同性戀無關之後，同性戀運動也突然失去方向。她決心抵制一九九三年十二月的選舉。選舉這個主意顯然是為了創造一個聽話的國會，強行通過閉門起草的憲法，而她不願與其中哪一件事扯上關係。但如果要決定投票給誰的話，她會選擇弗拉基米爾．季里諾夫斯基（Vladimir Zhirinovsky）及其所屬的自由民主黨。[37] 該黨的政綱乃至季里諾夫斯基的公開聲明，既不自由、更不民主。西方媒體稱他為極端民族主義者。俄國人則更傾向將他看作小丑或說真話的人。

> 除非我們能收復俄國的歷史疆界，至少是一九一七年革命前存在的疆界，或是符合一九七七年蘇聯憲法的疆界，否則我們就會逐漸墮落和滅亡。……這就是西方想要的。西方害怕我們，這種形勢必須在俄羅斯復興之中充分運用。我說這些話的時候被指控為「法西斯分子」、「恐嚇其他民族的希特勒」。我們被人懼怕了一千年。這正是我們的資本。[38]

36 前引書，pp. 300-313；Kutsyllo, *Zapiski iz Belogo doma*, pp. 111-155。
37 作者訪問葉甫根妮婭．德布里安斯卡亞，二〇一三年十一月在莫斯科。
38 Vladimir Zhirinovsky, *The Destinies of Russia* (Moscow: RAIT, 1997), p. 144.

一九九三年一場演講中的這段話，還有其他許多類似言論——季里諾夫斯基是一名多產的演說家——聽來當然像是極端民族主義。但他的演說既不盡然如此，也不僅只是如此。歷經重建時期要求的多年靈魂探索，以及葉爾欽時代枯燥乏味的經濟與法條辯論之後，它們承諾要將一切回歸簡單明瞭。它們洋洋得意地反政治。

倘若葉甫根妮婭和鮑里斯．米哈伊爾洛維奇只是在聆聽那些逗弄極端民族主義與法西斯言詞的人，那麼，杜金則是直溯本源。他對希特勒的哲學及治理體系愈來愈著迷。他製作了一套名為《世紀之謎：第三帝國神祕主義》（The Mysteries of the Century: The Mysticism of the Third Reich）的紀錄片，並親自配音，這是一部混合了檔案研究與傳聞的細緻探討。第一集提問，希特勒是否有可能取得「古代知識」，由此促成原子彈發明。杜金也公開質疑：納粹撒旦崇拜行為的證據，是否有可能從紐倫堡大審的文字紀錄中被刪略了。這部影片暗示西方陰謀隱匿希特勒力量的真實性質，同時大概也承諾要揭示出一個幻滅的社會如何能被帶領團結起來。「滿街都是失望的德國人，隨機進行著布朗運動（Brownian motion），」一九三〇年代前期柏林片段的旁白解釋：「但某種魔幻的催化劑已在這群大眾中間落下一滴，混亂很快就會變為秩序。在這個趨利決策與過時宗教教義的荒廢世界中失敗的任何人，都會得到轉化。他會跟從聖杯，聖杯將賦予他支配全世界的力量。」畫面隨即切換成德國人列隊行進，舉臂行希特勒式敬禮的片段。[39]這套三集的迷你劇一九九三年秋天在俄國兩個最重要的聯邦頻道播放，而在螢幕上每次出現幾分鐘、瀏覽著貌似檔案文獻之物、述說神祕主義與支配世界故事的杜金，從此成為知名人物。

選舉當夜，全國最重要的電視頻道都在現場轉播投票結果。百分之六十選民支持新憲法——恰好足夠按照葉爾欽在九月命令所設定的極低門檻，令它成為全國根本大法。而在這場極其短促的選戰裡能夠贏得選票的十三個政黨之中，八個政黨的得票數足以取得國會席次。季里諾夫斯基的自由民主黨以百分之二十三穩居領先。蓋達爾領導的執政黨——俄羅斯選擇黨，得票率百分之十五點五。共產黨則以百分之十二點四得票率名列第三。「俄羅斯，你們瘋了！」受邀上節目擔任客座評論員的著名作家尤里・卡利亞金（Yuri Karyakin）不禁咆哮，然後起身衝出攝影棚。[40]

---

39 Alexander Dugin and Yuriy Vorobyevsky, author-producers, *Tayny veka: Mistika Reikha: 1. Ahnenerbe*. https://www.youtube.com/watch?v=hFHKwKNmYoY（二〇一六年二月十四日瀏覽）。

40 Andrei Sidorchik, "Odurevshaya Rossiya: Kak Vladimir Zhirinovsky pobedil na vyborakh,"*Argumenty i fakty*, December 12, 2013, http://www.aif.ru/politics/russia/odurevshaya_rossiya_kak_vladimir_zhirinovskiy_pobedil_na_vyborah（二〇一六年二月十四日瀏覽）。

第七章　人人都想當百萬富翁

對冉娜來說，政治結束於一九九一年。直到那個秋天為止，電視上發生的一切也同樣發生在涅姆佐夫家的廚房——首先是在高爾基市中心那間怪異的木屋，然後是在距離市鎮中心幾個巴士站之外、派發給他們的那個兩房一廚的家。當談話不是選舉與改革時，就以食物和物資短缺為題，由此又立刻導回改革與選舉。

當鮑里斯在一九九一年被任命為州長時，他們搬到了城外一處專為共產黨菁英設立的村莊中一棟別墅裡——令冉娜大感寬慰的是，這座城市不再叫做高爾基或「苦人」了，而是恢復了蘇聯時代之前的舊名——下諾夫哥羅德。這座村莊的設計，是為了讓人感覺到人間天堂處處皆有，因此涅姆佐夫一家人看起來彷彿同時離開了熟悉的時間與空間。冉娜大多數時候都騎著單車環遊村莊，在四周蔥鬱的樹林裡採野莓，並和她的貓兒安德烈．季米特里耶維奇．沙卡洛夫玩耍。糧食再也不是重大議題了，因為他們有大量的食物。曾經是廚房餐桌上熱烈討論的政治話題，成了鮑里斯宛如咒語般掛在嘴邊的一套難懂字眼：「民營化」、「投資」、「基礎建設」。這些魔幻的字眼似乎讓冉娜的父親搖身一變成了名人。湧進城市的外國顧問在下諾夫哥羅德克里姆林宮（Nizhny Novgorod Kremlin）住了下來，這座中世紀城堡如今是鮑里斯的辦公室；世界銀行的經濟學家與和平工作團顧問在那兒比鄰而居。[1]新聞記者與外國官員前來觀看莫斯科所標榜的「下諾夫哥羅德奇蹟」。「那麼，在這座古老的商人城市裡，在這個毫不掩飾自詡為對商業開放的地方，地方官員經由快過全國其他地方的實際經濟改革而推動真正的創業區，究竟處於什麼樣的形勢？」《芝加哥論壇報》一位特派員在一九九二年九月提問。他的報導褒貶參半。下諾夫哥羅德就在五個月前首次舉行了雜貨店的公開標售，從那時起，也將全市三千家小型企業的百分之二十二民營化。涅姆佐夫為了解決事業民營化最惱人的問題，而構思出一個別出心裁的計畫——商店與餐廳出售時將勾銷債務，新業主也不需承擔留用舊員工的義務；但每一筆標售的部分收入將存入一筆基金，用於照顧因此失業的人們。同時，民營化也是暫時的——多數情況下，新店主只能確保五年租約，因為他們的事業坐落於次年才會進行民營化的大型公寓樓中。更糟的是，店主的經營能力分別受到新舊基礎建設的干擾——蘇聯時代的獨占貨運事業控制了供貨，稅率則逐月變動，一度飆漲到利潤的百分之八十五左右。

還有，一個美國人開了一家餐廳，卻不得使用城市的自來水；有間旅館的經理，「以欺詐外國顧客為樂，不許他們在餐廳用餐，還往往逕自拒絕出租房間給他們。」這偏偏是全市唯一一間得到合理修繕的旅館，因此多數外國訪客想盡辦法留下來，令自己承受百般羞辱。[2]儘管如此，這位記者還是找到了一個驚人的正面範例：原先的市立第十一乳酪店，在全市第一次標售中由員工買下，經過清潔和重新進貨，更名為德米特里耶夫斯基（Dmitrievsky），甚至正午時間也不再關店吃午餐了。

退休的前英國首相瑪格麗特．柴契爾（Margaret Thatcher）在一九九三年來訪。如同她後來在回憶錄裡提到的，涅姆佐夫全力投入「一套某些人稱作柴契爾主義的激進計畫」，傳聞傳到了倫敦被她聽到：

> 我發現，下諾夫哥羅德的救星年輕得驚人（三十五、六歲），出奇俊美，還兼具天賦的智慧與機靈（兩者未必能同時兼具）……
>
> 州長和我沿著波克羅夫斯卡亞大街（Bolshaya Pokrovskaya Street）散步。每家商店都是私人所有的。我們每走幾碼就停下來和店主談話，看他們販售的商品。我想不出還有什麼能與莫斯科單調乏味的整齊劃一對比更大的了。有一家商店帶給我的記憶尤其鮮明。它出售乳製品，可供選擇的不同乳酪是我在一家店裡看過最多的。我試吃了幾種，都很好吃。我也發現它們全都是俄國生產，比英國的同類商品便宜很多。我熱切地表達謝意。或許因為我父親是開雜貨店的，我對這些事總是懷抱著信念，當我的話被譯成俄語，立即爆出一陣歡呼，有人高喊：「柴契爾選總統！」[3]

1 Alessandra Stanley, "Nizhny Novgorod Journal: Camelot on the Volga, with 2 Bold Antagonists," *The New York Times*, April 29, 1994, http://www.nytimes.com/1994/04/29/world/nizhny-novgorod-journal-camelot-on-the-volga-with-2-bold-antagonists.html（二〇一六年二月二十日瀏覽）。

2 Howard Witt, "Capitalism Is a Pain in Russian Market," *Chicago Tribune*, September 10, 1992, http://articles.chicagotribune.com/1992-09-10/news/9203220563_1_reforms-heart-attacks-infarction（二〇一六年二月二十日瀏覽）。

3 Margaret Thatcher, *Statecraft: Strategies for a Changing World* (New York: HarperCollins, 2003), pp. 65-68.

從那時候起，德米特里耶夫斯基的店主就在櫃檯擺放三幅畫像：耶穌基督、聖母瑪利亞和柴契爾夫人。[4]

來訪的外國人還包括一位美國年輕人，他似乎跟隨涅姆佐夫到處走，冉娜喜歡這個人，因為他總是在開玩笑。但整體而言，她憎恨父親的新工作，因為他總是晚回家，沒時間陪她做功課。他請求一位經常待在別墅的物理學家友人幫冉娜做功課，但她覺得他的解釋令人困惑、無法理解。她開始懇求鮑里斯帶她一起去上班，但很快就明白她痛恨這件事：她父親的工作日似乎都在開車——一個城鎮接另一個城鎮或一個集體農場再接下一個。每當他開到城鎮間的邊界時，就停下車來，在引擎蓋上鋪開桌巾舉行盛宴。既然伏特加是每場宴會最重要的元素，冉娜父親每過一小時，說話內容就變得愈來愈無精打采，到了下午三點就完全無話可說了。

涅姆佐夫多年之後寫的回憶錄裡，說明了這種怪異的飲宴習俗從何而來。最初上任的時候，他的副手是一位更老、也更有經驗的政治家；他對涅姆佐夫說，想被認真看待的話，就得跟自己轄區裡的每一位地方頭人喝酒，包括大約五百家工廠的廠長，以及大約七百五十個集體農場的負責人。涅姆佐夫將名單減少到四百人，然後開始進行這個和他們每個人共飲一瓶伏特加的計畫。大約過了一年，他就明白自己的健康惡化了，他的身體變得永久浮腫，而且大多時候都表現出多數俄國人熟悉的酒精中毒症狀。他也留意到自己吸收了蘇聯政治建制的典型心態，那就是懷疑任何不喝酒的人。[5]

在某種意義上，涅姆佐夫證明了自己比小女兒適應得更好。她雖然很快就習慣了別墅，但她就是無法跟如今早上載她去上學、長久以來的共黨職官用車——黑色伏爾加轎車——共處。她請求在校門口外大約五百碼的地方放她下車，即使人人都知道她是州長的女兒，也期望她有專人接送。即使冉娜很高興自己的母親再也不必花時間奮力取得食物，可是別墅裡食材應有盡有的模樣卻讓她不安。而在假日——新年、勝利日，還有每年十一月的偉大十月革命紀念日——門前臺階上還會出現某些奢侈得可怕的東西，像是一整頭烤乳豬，彷彿有雙蘇聯特權機器看不見又斬不斷的手拿到那兒似的。

*

在冉娜遲遲難以接受汽車和烤乳豬的同時，謝廖沙某天一覺醒來就失去了它們。他的祖父仍然領導著一個政黨、仍在委員會任職，但在一九九一年，他和整個戈巴契夫官僚一樣，在此時的國家機制中變得無足輕重。謝廖沙的父母在那年離異，他的父親搬走了。如今一切都大不相同了。

謝廖沙轉了學。他原先讀的學校就在社區裡，那兒的同學是其他出身沙皇村的孩子，白白胖胖、滿頭金髮。每天早上都有好幾輛伏爾加轎車停在大樓旁——在一個打從一開始就讓謝廖沙想起電影監獄場景的地方——放他們下車。課間休息時，學童們在學校穿堂繞圈子走路，男女配對牽著小手。要是有孩子在上課時間要求上廁所，他也同樣要跟另一位異性同學一組，那位同學得在廁所外面看守。這樣的異性配對是一種同儕控制制度：孩子們實際上不能一起進廁所，由此確保兩人無法串通曠課。讓孩子們和異性一起繞圈子走路——在那樣的年紀，異性不可能成為朋友——會讓他們厭煩到聽話。

---

4 Stanley, "Nizhny Novgorod Journal."

5 Boris Nemtsov, *Ispoved' buntarya* (Moscow: Partizan, 2007), pp. 38-39.

謝廖沙的新學校位在混亂的莫斯科市中心一棟破敗的大樓裡。學生不穿制服，不列隊行進，其他方面也都不像謝廖沙以前的同學。第五十七中學長久以來一直是莫斯科的自由思想綠洲——這所學校在舊政權時期是一所數理高中，為了鼓勵培育出有助於蘇聯軍工複合體的聰明學生，意識型態的控制在這裡稍有放鬆。到了重建時期，這所中學獲准開辦小學教育。謝廖沙這時加入了首批入學的一年級新生。他們的家長有語言學家、作家，還有一位精神分析學者。他們對於一位黨內職官子女要來跟自己的孩子成為同學感到焦慮，但後來逐漸接受了他，因為時代應當轉變了。

對於謝廖沙來說，進入第五十七中學多少有點像是他祖父酷愛前往的俄式澡堂：一連串不和諧的溫暖舒適、過度刺激的高熱、再浸入冰冷池水。他喜歡學校的課程——其中大多數的主旨，是希望透過實驗，將世界上一切現象分類成「包裹」或「連鎖」，意思是集合與順序，十分清楚易懂。但學校的社交世界卻嚴酷而晦澀。班上區分成不同「種姓」，金字塔頂端是四個出奇聰明又富有魅力的男孩組成。他們設計遊戲，這些遊戲對他們來說就是世界，由規則與情節支配，唯有設計者及其親自挑選的玩伴才能參與。謝廖沙幾乎沒被邀請過。當他被允許可以偷窺一眼時，卻看見鬼魂、幽靈和宇宙殭屍。第二層是由父母親與最頂層男孩的家長們同屬一圈子的男孩和女孩——這個圈子是如今感到自信與自由的莫斯科知識分子。謝廖沙大致上是被第二層種姓所接納的，但他感覺到自己與他們有些不同，或許是因為他的語言與習慣來自另一個世界，也或許因為他們的家長對他懷抱猜忌。在謝廖沙心目中，他屬於第三種姓，或許只有他自己而已。儘管如此，他仍然不屬於底層的孩子——被其他階級稱為「不可接觸者」的畸零人——要是沒被冠上其他更羞辱名稱的話，例如流浪漢（*bomzh*）。這個詞是首字母的縮寫，用來指稱一種新社會現象：無家可歸的人。[6]

這些十歲孩子所創造的區分是如此僵化而殘酷，以至於他們的老師有一天為了教他們《蒼蠅王》（*Lord of the Flies*）的故事情節，而刪除了原定的生物課。每個人都印象深刻，但班級動力的運作方式毫無改變。謝廖沙覺得，班上發生的事正是成年人新生活方式的寫照。他出生在一個所有人立足點相等，只因自身存在、而不是特地做了什麼事就能獲得肯定與賞識的小世界。成年人這時對這回事談論了很多，他們使用的詞彙——「勢利」與「不平等」——也同樣描述了他的體驗。

或許正是因為其他孩子不曾在高聳的圍牆後面度過童年，謝廖沙覺得自己比其他所有人更像個大孩子——或更準確地說，其實比其他所有人更渺小。就在他終於和班上的兩個男同學成為哥兒們後不久，這兩個朋友竟愛上了同一個女孩並爭風吃醋，謝廖沙為了他的朋友彼此覺得痛苦又帶給彼此痛苦，而他卻無法減輕甚至理解他們的痛苦，最後在回家後哭著入睡。

謝廖沙的母親在莫斯科國立大學任教，光靠她的薪資無法維持生計（這在過去多半無關緊要，因為黨內職官的分配體系提供了社會安全網）。但她與其他教授不同，她還有在沙皇村的大公寓，此時，她收留了一位比利時男人寄宿。他有一輛車，他付一美元請謝廖沙幫忙洗車。這筆錢足夠在紅場的一個新攤位買兩罐可口可樂，從第五十七中學走路十分鐘就到。儀隊仍然踢著正步走向他們在列寧陵墓前的崗位，並且紋風不動地肅立於崗位上，但人們不再大排長龍等待瞻仰躺在水晶棺裡的布爾什維克革命領袖。白宮處決事件之後，葉爾欽命令儀隊撤離，一九九三年十月六日，最後兩名值勤士兵在離開時漫不經心地揮手道別。[7]一九九〇年時，謝廖沙和前一間學校的同學們，在紅

6 編按：*Bomzh*是「無明確居所」（*bez opredelyonnogo mesta zhitel'stva*）這句話的縮略——在戶籍登記制度開始瓦解之際，由蘇聯法律與秩序發明出來的。

7 John-Thor Dahlburg, "Yeltsin Withdraws Honor Guard from Lenin's Mausoleum: Moscow: The Soldiers' Ritual Was a Red Square

場入口處的歷史博物館加入了兒童十月團。如今他在這裡請新同學喝可口可樂。那感覺就像自由。

謝廖沙的祖父看來也經歷了類似的事。亞歷山大·尼古拉耶維奇不再擁有高聳圍牆後的中央委員會別墅，但他在科學院村被核發了一棟別墅，只在特權階序上稍低一階。這間房屋按照蘇聯標準，乃至大半個世界的標準來說都算是豪華的，但謝廖沙從未見過比這更小的房子。儘管如此，它仍坐落在一片充滿百年松樹的土地上，這些樹木加上庭院的規模，讓它看來就像是方圓數英哩之內唯一的房屋。亞歷山大·尼古拉耶維奇一直都想要一片擁有池塘、池中有魚的庭院，這時他的兒孫們正不眠不休地將裝滿手推車的泥土推到外面去，而有朝一日要成為池塘的地方則愈挖愈深。在過去，挖土和推車的工作會有義務役軍人代勞，但如今，謝廖沙理解到，雅可夫列夫一家的生活跟一般人沒有兩樣，這正是祖父一向更喜愛的生活方式。

謝廖沙八年級的時候，他父親和一些朋友決定為子女開辦一所家庭學校。謝廖沙和第五十七中學的孩子們斷了聯絡。往後四年，他只在家庭學校裡和自己的家人及另外兩名青少年說話。他們並沒有成為朋友。除了祖父之外，在這世上沒有朋友或別人能理解他。

*

在廖沙看來，經濟改革是從肥皂開始的。廖沙的母親大量積聚了當時所謂的「家用肥皂」——堅硬、邊緣尖銳的塊狀物，看似綠棕色的磚塊。買不到味道更好聞、外型更好看的進口替代品之前，這些高鹼性肥皂可以用來洗濯衣物、碗盤、皮膚和頭髮，甚至可以做成洗鼻劑，據說能治感冒。青少年說它能消滅粉刺。有些人說它能燒掉疣。它大概有辦法殺掉它所接觸的一切——使用「家用肥皂」洗過頭髮之後，人們還要用醋再洗一次，才能防止頭髮失去生命而掉落。「家用肥皂」

是加林娜在一九九一年使用配給證所能取得的唯一物品，因此她大量囤積。這些塊狀物在他們家的浴室裡堆砌成第五道牆。

同一年，廖沙看到前所未見的事物：一隻只有雞腿的雞肉。直到那時為止，「買隻雞」的意思都是把一個看似橡膠的泛藍物體帶回家，加林娜將它放在瓦斯爐火上煮，烹調前先將大量殘留的羽毛烤焦。如今她帶回家的是全雞腿，每一條幾乎都跟一整隻雞一樣大。她說這些是「布希腿」（Legs of Bush），接著解釋，布希是美國總統的名字，他和戈巴契夫達成協議，把雞的暗色肉部分送給俄國，那剛好是美國人不愛吃的。這就是大多數人說的「布希腿」故事，跟事實也只有些微出入。一九九〇年，在談判多年苦無進展之後，老布希與戈巴契夫終於簽署了貿易協議。協議使美國製造商能向蘇聯出售穀糧和雞的暗色肉，這確實是俄國人更喜歡、而美國消費者特別避忌的。可蘇聯並沒有現金購買這些穀糧與雞腿，因此布希總統在一九九〇年十二月向蘇聯提供貸款，這就使得雞的暗色肉在俄國以他為名，一直持續到他卸任總統多年以後。[8]

Fixture," *Los Angeles Times*, October 7, 1993, http://articles.latimes.com/1993-10-07/news/mn-43289_1_honor-guard（二〇一六年二月二十六日瀏覽）。

8 Charles J. Abbott, "Bush, Gorbachev Agree on U.S.-Soviet Grain Pact," UPI, June 2, 1990, http://www.upi.com/Archives/1990/06/02/Bush-Gorbachev-agree-on-US-Soviet-grain-pact/9662644299200/; Andrew Rosenthal, "The Trade Decision: Bush, Lifting 15-Year-Old Ban, Approves Loans for Kremlin to Help Ease Food Shortages," *The New York Times*, December 13, 1990, http://www.nytimes.com/1990/12/13/world/trade-decision-bush-lifting-15-year-old-ban-approves-loans-for-kremlin-help-ease.html; Nadia Arumugam, "The Dark Side of the Bird," *Slate*, January 26, 2011, http://www.slate.com/articles/life/food/2011/01/the_dark_side_of_the_bird.html（二〇一六年二月二十三日瀏覽）。

「布希腿」標示著更好時代的開端。在它們出現之前，索利卡姆斯克一度能買到的唯一食物，就只有甘藍菜罐頭，排隊購買的人潮延伸到幾個街區之外。在「布希腿」之後，其他食物品項開始出現，廖沙的母親也買得起其中幾種。當加林娜服務的學校不再發薪資給教職員，她就在另一所學校找到工作。這時，她和男友謝爾蓋結婚了，他的薪資幫助一家人度過難關。謝爾蓋是一名礦工。許多礦工也領不到薪資，因為他們和教師一樣由國家僱用，而國家遵行蓋達爾的貨幣緊縮政策，發不出現金。謝爾蓋工作的礦場早已民營化，這就意味著他能領到薪資——只要他能在上工前保持清醒夠久。

跟廖沙住在同一棟樓裡的酗酒家庭，看起來落入了極度絕望的境地。有些人開始捕殺流浪狗為食。以前睡在廖沙家過道上的那些孩子們開始自己想辦法賺錢。年紀大約五歲和六歲的兩兄弟為當地十來歲的男孩們服務，那些人一次付一盧布，後來一次十盧布，要兩兄弟幫他們口交。這點錢幾乎買不到東西。

豐衣足食的祕訣在民營事業之中，這點事實倒是很清楚。當加林娜服務的學校現金用完後，校方就不再支付薪資，但繼父的礦場資金缺乏之時，公司仍設法以實物支付薪資。謝爾蓋帶著味道怪異的瑞士糖果——想必是甘草糖——還有泡在鹽水裡的小香腸金屬罐頭回家。加林娜的一位朋友也是歷史教師，他辭去教職，成為索利卡姆斯克紙廠的經理，這是俄國第一批民營化公司。[9]在這個報刊復興的時代，這家公司是全國最大的新聞紙製造商之一。它的辦公大樓很快就翻修得美輪美奐，十分醒目。加林娜的前同事成了有錢人。加林娜一家人每次到他家晚餐，都會看到有別於其他地方的食物與用品——鋼筆、筆記本、碗盤，還有廖沙通常以為是紀念品的其他東西。

和所有俄國人一樣，廖沙一家在一九九二年也得到了民營化憑證，這是一張大約五英吋乘以三英吋大小、有浮水印的證書，中央的橢圓框裡是莫斯科白宮的圖像。他們有一年多一點的時間，可以決定要出售、投資或忽視這張憑證。他們用全家的三張憑證交換了多卡披薩店（Doka Pizza）的股份，這家新餐廳的廣告張貼在全城各個廣告看板上。但他們從未獲得任何分紅。加林娜的一些朋友對她說，她其實應該跟他們一樣，買下其中一家新近民營化的石油公司股份，那些股份再過幾年一定值錢。

在這個充斥憑證、民營公司和投資的新世界裡，有個故事引起廖沙的注意。一家名為ＭＭＭ的公司用三十二支廣告滲透了廣播電視播送時段，內容都在介紹一個叫作廖尼亞·戈魯布科夫（Lyonya Golubkov）的土氣中年男子的理財生涯。一開始，廖尼亞也不知道該怎麼處理手上急速喪失購買力的盧布，然後他突然想到，他可以將一文不值的現金轉換成ＭＭＭ的股份，靠著紅利生活。這使得他能買一雙黑色皮革牛仔靴、一件毛皮大衣送給太太，還送她車子和房子。這位在一開始的廣告裡相較於廖尼亞顯得太高又太年輕的妻子，如今身穿粉紅色家居服坐在椅子上吃著軟糖，樣貌不再嫵媚，而是成了完美的家庭主婦，廖尼亞則渾身散發著新得到的理財自信。廖尼亞的哥哥是一位礦工，他批評廖尼亞無所事事，但廖尼亞自有一套說詞，主張自己絕非懶惰蟲，而是用血汗錢賺錢的精明投資人。當廖尼亞買到機票去美國觀賞俄國和巴西國家隊的足球賽時，和他並肩坐在觀眾席的哥哥，終於淚流滿面承認廖尼亞說得對。[10]

9 Solikamskbumprom website, http://www.solbum.ru/eng/company/（二〇一六年二月二十三日瀏覽）。

10 "Lyonya Golubkov: vse reklamniye roliki," https://www.youtube.com/watch?v=VzFi-bNXHMo&ebc=ANyPxKrdpUczITDhf4SwmrGHlzXMlbGCbnLsG1fiu5jLmt4to4D2F2Xuzxj07BEt3srIoSipg3fjcL5whgQzm2JBQJJsyuksQ（二〇一六年二月二十三日瀏覽）。

一如任何金字塔騙局，MMM終究也倒閉了，事情發生在一九九四年夏天。將畢生積蓄交給這家公司的人多達千百萬。當MMM的創辦人因為逃漏稅而被逮捕，數百位投資人在莫斯科的公司總部前紮營露宿要求放人，也要求讓他們持續信任的公司復業。而在索利卡姆斯克，九歲的廖沙大受打擊：他意識到自己愛上了廖尼亞・戈魯布科夫，但這個人如今從電視上消失了。

*

金字塔騙局到處充斥著。一家名為希望者投資（Hoper-Invest）的公司主打一支片長五十二秒的廣告，一名興高采烈的軍官走進一間外觀時髦的辦公室，那兒有兩位身穿商務洋裝、長相幾乎一樣的女性倒茶給他喝，同時將分紅付給他。[11]千百萬人在全國各地二十四個分公司認購了希望者的股份。[12]另一個自稱查拉銀行（Chara Bank）的龐式騙局則捨棄電視廣告，改用口耳相傳，都市裡受過教育的階層將自己的積蓄交付給它，換取金額可觀的每月分紅，因為他們覺得自己熟知內情。這些公司發出有浮水印的證書，外觀不多不少就跟國家的民營化憑證一樣正式，MMM承諾靴子、轎車和美國之旅；希望者投資則以想像中走出來的西化辦公室、員工的外貌與禮儀當作願景來勸誘；查拉銀行擔保能在一個不確定的世界裡享有無憂無慮的未來；政府則說，所有人都能富裕起來。一九九二年八月，民營化工作總負責人阿納托里・丘拜斯（Anatoly Chubais）宣告，假以時日，每張憑證都會與兩輛伏爾加轎車等值。[13]所有這些承諾聽來同樣新穎又怪誕。

一九九〇年代初期，列夫・古德科夫試圖理解俄羅斯人與財富之間產生的新關係。他發現，調整期望是一種創傷過程，這個過程在世代之間拉開了差距。在戰後蘇聯，每一個接續的世代都生活得比上一代人稍微富裕一些。同樣一些志向從父母傳給子女，中間只略經調整。多數蘇聯公民都希望，他們自己或成年子女能從共居公寓裡的一間房，晉升到一間自己的一房一廚公寓，再到兩房一廚。幸運的話，他們最終還能再多擁有一棟別墅，和一輛國產的拉達轎車。除了菁英階層之外，沒有人夢想擁有一座宮殿或伏爾加轎車——菁英們安穩地藏身於七道圍牆和七道門鎖之後，不為人所見。現在，俄羅斯人在電視上看到的大多數內容——廣告、政府公告，甚至似乎是人人必看的拉丁美洲肥皂劇——都在對他們說，要渴求更多。唯有電視上仍在播放的蘇聯電影，能讓疲憊的雙眼和心靈，在往昔令人寬慰的樸素裝飾中得到安歇。

古德科夫和他的團隊開始不只向調查的應答者詢問他們的收入，也詢問他們的生活所需得花費多少錢、寬裕生活的所需又是多少。一項極其龐大的研究——共有將近七萬五千位應答者——顯示，真實所得穩定成長，但每個人對富足生活所需花費的認知也隨之提高。後來，有兩位美國經濟學家在發掘俄國統計資料之後得出同一個結論：在整個一九九〇年代，平均生活空間擴充了（從每人十六平方英呎增加到十九平方英呎），以觀光客身分出國旅遊的人數增加了三倍多，擁有電視、吸塵器、冰箱和洗衣機的家庭增加了，私人擁有的車輛也增加兩倍。[14]相較於一九八〇年代蘇聯的

11 "Hoper Invest 1994 god, reklama," https://www.youtube.com/watch?v=SKcljMncME0（二〇一六年二月二十四日瀏覽）。

12 Vasily Fedorov and Aleksei Ivanov, "Anatoly Chubais: Nu vot ya i v Khopre!" *Kommersant-Dengi*, December 14, 1994, http://www.kommersant.ru/doc/18410（二〇一六年二月二十四日瀏覽）。

13 Dmitry Butrin, "Itogi kapitalisticheskoy desyatiletki," *Kommersant-Vlast'*, March 3, 2002, http://www.kommersant.ru/doc/312965（二〇一六年二月二十四日瀏覽）。

14 Andrei Shleifer and Daniel Treisman, "A Normal Country: Russia After Communism," *Journal of Economic Perspectives* 19, no. 1

生活，俄國人其實更富足了——但他們覺得自己貧窮。

一般常識以為某些人變得極為富有、其他人則淪入赤貧，但古德科夫的研究資料無法證明這點：資料看來像是貧富差距仍維持穩定，甚至略有縮小。的確，某些遮蔽了蘇聯社會結構不平等的屏風被撤除了，讓人們得以看到其他富人——如果只是因為原有的祕密分配中心多半關閉之後，而富人如今更有可能在眾目睽睽之下上街購物的話。但這種揭露無法解釋古德科夫所看到的結果。他聚焦於如今得以出國旅遊的千百萬人：到了一九九五年，將近百分之十七的成年人曾離開俄羅斯去過外國。這些人都覺得自己不只是窮人，還是來自貧窮國家的人。隨著這種自我認知鞏固，古德科夫的某幾項調查結果：「你賺多少錢？」和「你維持生計需要多少錢？」這兩題答案之間的差距也縮小了。這並不表示人們覺得自己賺得夠多，而是覺得情況不可能更壞了。他們對自己需要多少錢才能活得寬裕的想法，則持續遙不可及。

即使國家似乎正處於跟私營事業熱戀的動盪時期，古德科夫的常用問題之一——「誰在俄羅斯活得富裕又快樂？」——仍然引來了老一套的蘇聯時代答案：無賴、騙子、官僚、罪犯和企業家。幸福與財富都屬於他者。被問到覺得自己賺的錢比其他技能和經驗相當的人更多還是更少，三分之二的應答者說「更少」——這個統計上的不可能（statistical impossibility），使得俄羅斯人注定陷入妒忌。[15]

一九九四年下半年，在MMM公司倒閉之時，希望者投資也停止支付紅利，盧布幾乎在一夜之間就貶值了四分之一。這三件事在一定程度上都與這年稍早發生的另一件事有關：政府放鬆了貨幣政策，開始印行盧布——這對金字塔騙局是一大助益，同時也讓盧布價格注定下跌。[16]多數俄羅斯人的核心信念就這樣得到確認：政府並不比自封的投資王更值得信任，經濟困難與社會不正義是人生唯一確定的事。

*

阿魯圖尼揚這時開始出國參加培訓研習：西方精神分析學家仍然慷慨提供時間與專長，幫助他們缺乏經驗的同仁。在其中一場以英文進行的研習上，她注意到自己如今能分別「嫉羨」（envy）與「妒忌」（jealousy）這兩個詞的意義了。前者是一種「渴望他人已擁有而自己卻缺乏」的情緒；後者則是「某人將屬於自己的事物占為己有而憎恨對方」。當某人擁有的金錢比你更多，你的感受會是嫉羨；當你覺得他的這些錢曾經是你的或應當屬於你，你的感受會是妒忌。這兩種情緒的任何一種都有可能是壞的體驗，但嫉羨也有可能產生建設性——它可以鞭策你行動——甚至會是仁慈的，例如你嫉羨某人擁有慷慨待人或創造成效的能力。當代俄國並不具備這種區分，這是有理由的——三代以來，一切事物都被說成是人人共有的，擁有更多則被說成是可恥的。妒忌是唯一合宜的情緒。

或許人類生來就是妒忌的——這種情緒源自一種基本生存本能。如今的情況彷彿阿魯圖尼揚的

(Winter 2005), pp. 151-174.

15 L. D. Gudkov and M. V. Pchelina, "Bednost i zavist: Negativny fon perekhodnogo obshchestva," *Informatsionny bulleten' monitoringa*, November-December 1995, pp. 31-42.

16 Yegor Gaidar, "Ot chernogo vtornika k kommunisticheskomu subbotniku," *Otkrytaya politika*, January 1995, pp. 25-31, http://gaidar-arc.com/file/bulletin-1/DEFAULT/org.stretto.plugins.bulletin.core.Article/file/4346（二〇一六年二月二十四日瀏覽）。

案主全都脫卸到只剩最純粹的自我，只能感受到最基本、最痛苦、最強烈的情緒。每個人都覺得自己被搶了。財富的視覺象徵是某人必定在外國私立學校看過的覆盆子色運動外套——搭配胸口袋上的金色刺繡標誌，成了新興炫富階級的制服。另一個象徵則是賓士車。這兩種極端富裕的符號，一如極端財富本身都極其罕見，簡直像是幽靈一般，但只要看見區區幻影就能引發激烈的妒忌。炫富在過去始終是不可接受的行為。阿魯圖尼揚的母親記得自己在莫斯科國立大學曾和史達林的女兒同班。她說，史達林的長女是全年級穿著最難看的學生，她的駕駛也總在距離學校兩個街區外放她下車。這就是蘇聯對外彰顯的禁欲精神，冉娜幼兒時——當特權發生在她身上以前——必定也吸收了這樣的精神。引人注目的新財富是雙重羞辱，不僅因為它在審美上違背社會常規，還因為這些新興富人不同於過去的共黨職官，不具備擁有權利所需的資格：他們是誰？憑什麼富有？

巨富少得幾乎難以覺察這點，更讓問題火上加油。只有一件事比感覺像是個失敗者更糟，那就是感覺像是個身為一整個社會的失敗者其中之一。妒忌幾乎不會表現成妒忌。浮上檯面之前，它通常都轉化為另一種不同情感——覺得被利用、覺得憤怒、覺得恐懼。

有些人具備充分理由覺得恐懼。據說，新興事業家們無論左派右派都在互相殘殺。對大多數人來說，暴力和巨大財富是同等抽象的事物，但害怕在火拼時遭殃的恐懼，卻並非全無根據。阿魯圖尼揚的一個朋友，有一回大白天裡就在莫斯科街頭闖進槍戰現場。和阿魯圖尼揚共享同一間辦公室的，是一位認知行為治療師，他們一起租用一間小公寓，輪流在那裡與案主見面；他花了好幾個月時間才終於鼓起勇氣，請求其中一位身為企業家的案主，前來晤談時先把槍放在玄關衣櫃裡。

阿魯圖尼揚第一個來自企業家新世界的案主並沒有帶槍。他和刻板印象恰好相反，是個出身教授家庭、有教養的年輕人，背景與阿魯圖尼揚自己並無二致。他不願透露自己從事的確切行業，但阿魯圖尼揚推測與石油相關。他前來求助是因為他開始突然暴怒。只需要幾次晤談——但阿魯圖尼揚後來才意識到，次數太少了——就可以得出結論：憤怒來自潛抑性焦慮（repressed anxiety）。過沒多久，這個男人決定停止治療。碰觸自己的情感是一個風險過大的提議。「我是個走鋼索的人，」他解釋：「想想看，要是我停下來思考，會有什麼事發生在我身上？」他可能會顯得軟弱。他甚至可能會哭。勃然大怒並（舉例）把某人打成肉醬，肯定是安全許多的選項。阿魯圖尼揚和這位案主都不曾提起他可以改行，從事其他危險性顯然較低的工作。在新的現實裡，每個人都被預設成想要當事業家。

*

瑪莎的母親已經很久不再從波蘭進口貼身必需品了。她現在經常旅行到中國，購買漆皮手提包。它們看起來與眾不同，瑪莎覺得很難看，但某種時尚機遇的乖僻，卻讓它們成了一九九三至一九九四年間俄羅斯女性「必須擁有的」包包。塔蒂亞娜如今在加里寧大街（Kalininsky Prospect）有了自己的攤位，那是一條寬敞的市中心大道，兩旁各有一列高樓，在一九六〇年代一度顯得時髦。她在攤位販賣手提包，也供貨給其他攤商。

有一天，瑪莎走進地下鐵車廂，注意到車廂裡的每個女人都有一個她母親——此外沒有別人——進口的手提包。那班地鐵列車上的每一個女人都有。「我們一定很有錢。」瑪莎想著。但富有的印象一點都不符合她和塔蒂亞娜的生活方式。她們還是住在兩房一廚的屋宅裡，而不是宮殿。她們在浴缸裡親手洗衣服。瑪莎在學校還是被霸凌。因為年紀比所有其他同學都小、因為她穿的衣服，但最重要的是，因為在某種程度上不同於別人。要是她們真的有錢了，這種事就不會發生，不是嗎？

第三部　崩解

第八章　被壓抑的悲傷

一九九〇年代中葉，不時造訪後蘇聯國家的西方精神分析學家，為這些在精神分析傳統一度斷絕的國家中工作的同仁舉辦了正式訓練課程。阿魯圖尼揚參加了在波蘭舉行的一系列訓練課程。她從事精神分析工作差不多有十年了，頂多只差漫無目標的一、兩年。如今，她已經有很多年能夠自由接觸心理學文獻了。她也在瑞典治療師於俄國開辦的一所學校裡學習心理劇。她是個教養良好、面面俱到的精神分析學家，不再是初學者了，因此她有個能稱呼自己的詞彙，說明她在新課程開始時遭遇到的狀況：自戀衝擊（narcissistic blow）。她觀察大師們的實務工作，同時意識到自己連人家的一半都不到——並非這些講師們天生就更能幹或聰明多少，而是因為他們站在前輩的肩膀上，前輩又站在前輩的肩膀上，前輩的前輩則站在巨人的肩膀上。反之，阿魯圖尼揚卻站在一片空無之中，覺得自己空虛。她的觀念說好聽點是過時的，說難聽點則是幼稚的。她感受到灼熱的毀滅性妒忌：這樣的嫻熟、流利與深度，本來都應該屬於她。

後蘇聯的精神分析學家缺乏這門專業最重要的資格：他們自己不曾被分析過。德國、捷克共和國與荷蘭的許多精神分析學家，開始為俄國人扮演分析師與導師的角色，俄國人會前往導師們所在的城市接受數週的分析，他們自己的案主則暫時等候，直到他們回國繼續執業。即便人在俄國，仍經由電子郵件接受指導。有些同仁指出這不是正確的方法，但參與者們記得，早年佛洛伊德的門徒也是像這樣穿梭往返的。阿魯圖尼揚開始固定前往德國三星期，每日接受分析。她的晤談以英語進行，對分析師和案主雙方來說都不是母語。使用一種對這些情緒陌生的外語來表達情緒，有時似乎就是不可能。其他時候，阿魯圖尼揚則從被迫使用扼要英語予以陳述中獲益：不容易發生混淆。隨著她分析研究鑽研得愈深，她留意到語言的無意識把戲——像是她的夢中出現了她認為自己無法理解的德文詞彙——但她能夠記住這些字，經由翻譯之後，它們正確無誤地揭示了意義。

排程固定、間隔時間長的穿梭往返，幾乎不適合如此精細又不可預測的工作。阿魯圖尼揚往往在莫斯科案主的分析過程中最不巧的時刻離開，回來時又處於被改變且易受傷的狀態，使得問題更形惡化。每星期與導師之間的電子郵件則要求她整理自己。「那該從何說起？」導師在信中會這麼說，挑戰她對某個出奇困難時刻的詮釋。「會不會是因為，從你自己的分析被剝離開來讓你感到沮喪，而你在報復造成分離的那個人？」那個人會是她的案主，而案主在這種局面全然無力自衛。阿魯圖尼揚感到無力自衛。整個俄羅斯似乎也都感到無力自衛。繼續努力進行自己的分析，以及對案主的分析，是一種讓她勉強堅持住自己是誰的方式。

＊

廖沙的母親鼓勵他報名參加全市歷史論文大賽。這是她所從事的那種工作——她畢竟是個歷史教師，而她指望自己的獨生子表現得比她更好，一如她的成就遠高於自己不識字的母親。論文題目是「我的家族在二十世紀歷史裡的故事」。廖沙覺得這個題目很時髦——媒體公開揭露史達林和古拉格勞改營惡劣作為的那些熱血沸騰的日子已經過去，往後很久都被經濟改革與政治衝突所掩蓋，但最近，廖沙和加林娜身邊的每個人似乎都在談論家族故事。學校裡的老師也都建議，探究自己的根源是贏得學生競賽的康莊大道。但廖沙幾乎沒有別的家人，當然也沒有什麼歷史。他甚至不再冠上家族姓氏：當他母親在一九九一年十二月與謝爾蓋結婚，她就把廖沙的姓氏從米薩林改成戈什可夫（Gorshkov），父名也從尤里耶維奇改為謝爾蓋耶維奇（Sergeevich），彷彿廖沙一直都是繼父的兒子。那是場亂七八糟的婚禮，廖沙在婚禮上被告誡不要妨礙成年人的慶祝，那時他就下定決心，他憎恨婚姻，只要還活著就絕不結婚。他的繼父在婚前看來是這麼有趣的人，會跟廖沙一起連看幾小時電視上的流行音樂表演，如今看來卻是個沉默、懶惰的酒鬼，就只是茫茫然地坐在電視機前。廖沙決心要憎恨關於繼父的一切，尤其他的吃相——彷彿再也沒得吃似的。廖沙也憎恨他的新父名和新姓氏。

加林娜說，她可以告訴他一些家族史。她說，廖沙的曾祖父母是十八世紀晚期落腳於伏爾加河沿岸一個龐大德語社群的一分子。[1]按照革命的標準，這家人被定為富農（*kulak*）——擁有土地和家畜的農民——因而成為階級敵人。廖沙的曾祖父被剝奪一切財物，從此下落不明。他的曾祖母及其子女則成了新建立的集體農場社員，生活赤貧。在丈夫／父親失蹤兩年後，廖沙的曾祖母和子女被安排上一輛載運牲口的列車，和其他德國裔人士一起載往烏拉山區，在索利卡姆斯克郊外一處偏遠鄉間落腳。他們在那兒和廖沙的曾祖父團聚，在新的集體農場裡靠先前未開墾的土地另起爐灶。廖沙的祖母那年十歲。全家人被趕上火車時，有個士兵搶走了她唯一的玩具，一個木頭娃娃。到了

---

1 Fred S. Koch, *The Volga Germans: In Russia and the Americas, 1763 to the Present* (University Park: Pennsylvania State University Press, 1977).

烏拉山區，當局把她的名字從艾瑪（Emma）改成了謝拉菲瑪。她在遣送之後未曾受過教育，因此成了功能性文盲。在這場災難來臨前，這家人只說德語，小女孩則運用德文聖經學會閱讀。

這個新村莊裡的每個居民都是日耳曼人。廖沙聽到這段覺得很耳熟——索利卡姆斯克有一個區域以前叫德國村，即使住在那裡的德裔人士在重建時期全都搬走了。他們留下親手打造的鄉村式房屋，小巧又整潔，還有令廖沙著迷的那種有秩序的生活記憶。謝拉菲瑪十八歲時，有個來自鄰村的青年男子決心娶她為妻。按照加林娜的說法，他的決心是單方面的，而且最後才定論。他是俄羅斯人。他帶著謝拉菲瑪搬到自己的村莊，她在那兒由於身為德國人和天主教徒而被村民憎恨。她的新丈夫是無神論者和共產黨員，但丈夫的母親是俄羅斯正教徒，沒在教堂舉行過婚禮就不願承認謝拉菲瑪是自己的媳婦。事實上根本沒有婚禮——那是一九三〇年代早期，婚姻仍然被當成是布爾喬亞的時代謬誤。

謝拉菲瑪的新丈夫酗酒，有過很多戀情和性關係——至少還有另一個女人認為自己是他太太——同時在黨內和集體農場裡建立起自己的事業。他最後當上了集體農場主席，也是最高蘇維埃的一員。一九三五年，一輛黑色囚車（*voronok*）在家門前停下：有人指控謝拉菲瑪的丈夫偷竊磚塊蓋自己家的房子。幸好謝拉菲瑪習慣把所有事物整理得井井有條，包括購買磚塊的收據，她的丈夫因此躲過牢獄之災。

一九四一年，謝拉菲瑪的丈夫離家去跟德國人打仗，獨自和一個小嬰兒留在家中的謝拉菲瑪則從社會棄兒淪為敵人。她自己的小叔會在半夜喝得醉醺醺地上門來砸破她的窗戶，同時叫罵著：「德國人！」

一九四〇年代晚期，在蘇聯政權重新認可婚姻很多年後，隨著廖沙的祖父在黨內步步高升，他終於登記了自己與廖沙祖母的婚姻關係。謝拉菲瑪沿用了丈夫的俄文姓氏米薩林娜（Misharina）。承載著德國姓氏克勞瑟（Klauser）的最後一人，也就是廖沙的曾祖父母，在他出生很久之前就去世了。廖沙看過他們喪禮的照片，也問過他們棺木上裝飾著的、在他看來十分怪異的基督教十字架，但沒人回答他的問題。這時加林娜解釋，她的祖父母都是天主教徒，她的妹妹也記得，謝拉菲瑪的兩個女兒和三個兒子，小時候都會在說德語的村莊度過暑假，他們的祖父會用糖果逗他們，讓他們願意開口說幾句德語，或朗讀德文聖經。謝拉菲瑪的父母親去世之後，就沒有人說德語了——她的孩子們現在都不記得怎麼說——與克勞瑟家族成員的聯繫也斷了。他們曾經給廖沙的祖父寫過信，有些信從家人的另一處流放地哈薩克寫來，其他則從他們在大戰期間設法逃去的德國和紐約寫來。

謝拉菲瑪為廖沙確認了整個故事，並且補充了關於五個子女的個人細節。其中兩個女兒——廖沙的姨媽們——如今都帶著子女獨自生活，因為她們也和謝拉菲瑪一樣嫁給酒鬼。其中一個丈夫酒醉後淹死，另一個死於酒精中毒。至於加林娜，廖沙的祖母說，她說廖沙的生父住在彼爾姆，其實是在騙他。廖沙的生父就在索利卡姆斯克——他就是「尤里叔叔」，在廖沙的繼父出現後便不再來訪。和繼父不同，尤里是受過教育的人，在新經濟裡如魚得水，晉升到一家製造公司的經理職位。他來自同樣被放逐到這一帶的波蘭籍猶太人家庭。他已婚，育有一女，比廖沙大十歲左右，任職當地的兒童圖書館。廖沙開始更頻繁地前往那間圖書館。他幻想著在還書時夾進一張字條給自己同父異母的姊姊。「你不認識我，但我們有些重要的相同之處。」或是：「我每星期都會見到你好幾次，我想知道你有沒有留意過我們很像。」這個計畫的安排很不明確——要是有別人找到那張字條呢？——後果也不可預測，因此廖沙始終不曾這麼做。

他所思考的若不是身為生父的兒子，就是身為德國人。如今一切都說得通了：他守時、對整潔的執迷、他對所有合理事物的愛好，以及他無法容忍謝爾蓋吃喝的聲音。廖沙不是阿列克謝・謝爾蓋耶維奇・戈什可夫，甚至也不是阿列克謝・尤里耶維奇・米薩林：他是阿列克謝・克勞瑟（Alexei Klauser）。他贏得了歷史論文大賽首獎。

同時，加林娜向薩拉托夫（Saratov）的國家檔案館請求查詢，她知道自己的家族是從這座伏爾加區的大城市被放逐的。現在可以這麼做了——查詢曾被史達林的國家宣告為叛徒、罪犯或人民公敵的家族資訊。檔案確認了廖沙的曾祖父曾經「被鎮壓」——按照當局說法。至於廖沙的曾祖母，她的檔案則被放錯地方，因而無法提供任何資訊。

＊

「得知關於自己的事，是學習過程中最為艱難的挑戰。」研究後蘇聯文化經驗最具洞見的學者之一亞歷山大・艾特金寫道。他這段話寫的是蘇聯遺產特有的恐怖之處：

> 受害者與加害者混雜在同一個家族、族群，以及同一條血緣裡……如果說納粹的大屠殺消滅了他者，蘇聯的恐怖時期則是自殺。蘇聯恐怖施加於自身的性質，使得構築後災難世界所需的三種能量流動起來更形複雜：力圖了解災難的認知，哀悼受害者的情緒欲望，以及追尋正義、向加害者報復的主動欲望……蘇聯暴行的自殺本質使得報復幾乎全無可能，就連得知都極為困難。[2]

重建時期之前，異議歷史學者試圖在資訊幾乎完全缺乏的情況下，進行「知曉」這項工作。即使大恐怖隨著史達林的死亡而結束、即使赫魯雪夫選擇公開恐怖，但赫魯雪夫仍先竄改資訊，再將刪節過的故事列為機密。當米哈伊爾・戈巴契夫成為共黨總書記，在一九八〇年代首次查看其中一部分祕密檔案時，他感到震驚、作嘔，無法相信——不只是為了發生過的事，也因為這些事是奉黨之名，由他的黨所幹下的。[3]

一九八九年，戈巴契夫任命亞歷山大・尼古拉耶維奇為新設立的回復名譽委員會（Rehabilitation Commission）主席，負責審查檔案文獻，為史達林時代遭受不公正懲罰的人們洗刷汙名。亞歷山大・尼古拉耶維奇帶著比戈巴契夫更充分的心理準備開始得知恐怖，既是因為他年紀夠大，在黨代表大會上聽過赫魯雪夫發表祕密報告，也因為他在偉大衛國戰爭過後，親眼看見載運牲口的列車將蘇聯戰俘載往古拉格勞改營。但當他在重建時期研讀相關文獻時，眼前所見仍令他反胃。亞歷山大・尼古拉耶維奇看到史達林親自簽署了四萬四千人的死刑執行令。這些人史達林根本不認識，要是真有案卷存在的話，他也沒讀過這些人的案卷——他就只是簽署了這漫長的名單，顯然是因為他享受這個過程。[4]他看見祕密警察彼此競爭的證據，有正式的競爭——像是內務人民委員

2 Alexander Etkind, *Warped Mourning: Stories of the Undead in the Land of the Unburied* (Stanford, CA: Stanford University Press, 2013), pp. 8-9.

3 作者按：戈巴契夫在二〇〇八年二月與我和其他一小群人聚會，討論為古拉格勞改營設立博物館的計畫時，講述了這段經歷。

4 A. Lipsky, "Vlast' opyat' sporit s istoriyey," *Novaya gazeta*, May 5-11, 2005, in A. A. Yakovlev, ed., *Aleksandr Yakovlev, Izbranniye interyu: 1992-2005* (Moscow: Mezhdunarodny fond "Demokratiya," 2009), pp. 372-374.

部（NKVD，國家安全委員會〔KGB〕前身）下屬的不同部門，爭先恐後地衝高政治調查的業績——也有非正式的，像是內務人民委員部三名高官帶著三千份案卷乘坐火車旅行，喝醉之後展開競速比賽：誰能最快看完一疊案卷，然後在每個案卷上全都標上字母P。他們完全沒細讀這些案卷。字母P在俄語的發音為英語的R，意指「處決」（*rasstrel*）。他也看見數千人的命運在特定日期裡被決定的證據。一九三七年十一月二十二日，史達林和他兩名最親近的顧問——莫洛托夫和安德烈・日丹諾夫（Andrei Zhdanov），批准了內務人民委員部提交的十二份名單，其中包含一千三百五十二個即將被處決的人。十二月七日，他們簽署了十三份名單，內有兩千三百九十七人，其中兩千一百二十四人被處死。一九三八年一月三日，另外兩名布爾什維克高層克利緬特・伏羅希洛夫（Kliment Voroshilov）和拉札爾・卡岡諾維奇（Lazar Kaganovich）也加入他們，合計簽署二十二份名單，內有兩千五百四十七人，其中兩千兩百七十人被處死。

一九三八年六月十日：二十九份名單，兩千七百五十人中，兩千三百七十一人被處死。

一九三八年九月十二日：三十八份名單，六千零一十三人中，四千八百二十五人被處死。

這樣的日期和人數實在太多，使得它們難以紀念或歸納出意義。有些名單由特定人士組成。一九三八年八月二十日，史達林和莫洛托夫共同簽署了一份十五名女性的名單，她們被歸類為「人民公敵之妻」。其中十人是家庭主婦，兩人是學生。她們全部被處決。她們的丈夫比她們早被逮捕，在她們之後也被處死。[5]其他名單看來完全是隨機的，儘管人們每次都為了弄清楚它們而費盡心思。

作家利季婭・楚科夫斯卡婭（Lidiya Chukovskaya）的丈夫是一位物理學家，在一九三八年被處死，得年三十一歲。她強烈撻伐這種試圖理解荒謬的習慣：

> 真相太原始、太血腥。政權為任何想像得到的理由攻擊自己的公民，毒打、凌虐和處決他們。我們要如何理解這般異想天開的理由？要是你逐漸接受這是沒有理由的，他們這麼做「沒有別的理由」，殺手殺人就只因為這是他們的工作，那麼你的心臟就算沒被子彈打穿，也會被撕裂，你的心智即使還在完整無缺的頭殼中，也會岌岌可危。正視事實真相會變得像是逼視槍桿子，因此人們都想要悄悄避開。[6]

亞歷山大・尼古拉耶維奇沒有讀到這些話；楚科夫斯卡婭用了數十年時間起草、又重寫了這本書。或許她仍希望寫成一套完整論述。直到作者去世五年後，該書才在二〇〇一年由楚科夫斯卡婭的女兒出版。書名叫《節略》（*Elision*）。

亞歷山大・尼古拉耶維奇最後得到了結論，恐怖是無法理解的。他的同事和眾多歷史學家提出的解釋——史達林有精神疾病，受困於偏執妄想——什麼都解釋不了。這個暴君把他的許多親戚，以及妻子的許多親戚都給處死了。亞歷山大・尼古拉耶維奇發現，有一回，史達林邀請他在喬治亞的一位老友到莫斯科相聚。他們一起吃飯喝酒，史達林對自己的好客，以及他親手擬訂的菜單都引以為傲。[7]就在這一夜稍晚，這位朋友在旅館房間內被逮捕。他在黎明前就被處死了。這完全無法

---

5 N. Rostova, “Vozhdi ochen’ toropilis’, kogda rech shla o rasstrelakh,” *Nezavisimaya gazeta*, October 26, 2001, in Yakovlev, *Aleksandr Yakovlev, Izbranniye intervyu*, pp. 311-314.

6 Lidiya Chukovskaya, *Procherk* (Moscow: Vremya, 2013), p. 259.

7 Anya von Bremzen, *Mastering the Art of Soviet Cooking: A Memoir of Food and Longing* (New York: Crown, 2013), p. 126.

用任何人類所能想到的語言或觀念解釋。[8]

亞歷山大·尼古拉耶維奇無法理解，但他可以盡力描述：蘇聯國家奠定在懲罰的基礎上。從進入少年先鋒隊開始，青年就被教導在團體情境中互相批評及自我批評，沉湎於缺陷的細節、罪咎的紛雜、悔改的狂喜，以及預想中的精確懲罰。共青團與黨組織本身同樣是執行機構，「勞動集體」（labor collective）——蘇聯術語中的「工作場所」——也是，定期召開會議「揭發」過錯並「採取措施」。[9]

一九八九年，回復名譽委員會在成立第一年內就審查了二十八萬件法庭案卷，為三十六萬七千六百九十人回復名譽。[10]按照亞歷山大·尼古拉耶維奇的估計，這是工作量的將近百分之二。從他這時能夠完整取得的現存檔案來看，大恐怖的傷亡人數約有兩千萬人。這還只是史達林的部分；更多人死於史達林掌權之前的集體化運動時期，而懲罰機器在史達林死後仍持續運行，即使速度大減。[11]就算這個委員會繼續維持第一年那樣的審查速度，它仍然無法在亞歷山大·尼古拉耶維奇有生之年完成平反工作。

回復名譽委員會是在蘇共中央委員會主持下成立的，這意味著一九九一年葉爾欽停止共產黨一切經濟活動後，委員會變成了沒有資金的非政府組織，亞歷山大·尼古拉耶維奇則成了不支薪的召集人。他決心要確保自己取得的文件至少獲得出版。他規劃將祕密警察和史達林首要幫兇的相關文件編成幾冊，然後是關於共黨對外活動的一系列書冊，其中一本專門處理一九六八年布拉格之春的鎮壓。要是所有人都能看到白紙黑字上的事實，想對歷史說謊就更難了，他如此推斷。這些文件或許也讓真相有可能述說出來——要是有人找到方法、開始理解過去的話。他組織了一個十人小組（要是把行政助理、會計和打字員都算進去），開始進行分類、驗證與交叉比對的工作。[12]關於一九二一年失敗的反布爾什維克軍人叛變，在一九九七年發行了第一卷。謝廖沙也開始幫忙，首先是打字，而後從事些更複雜的任務。他的祖父總是著急——他說他必須在他和國家再也拿不到這些文件之前，盡可能將它們出版。

依照法律，關於大恐怖的資訊必須向大眾開放：葉爾欽為此在一九九二年六月頒布了命令。[13]起初，就連一些異議歷史學者都贊同更審慎的做法。他們認為，他們在檔案中瞥見的某些資訊，未經深入分析不能公諸於眾。舉例來說，有個名不見經傳的作家打了一份報告，內容涉及她名聲更響亮的朋友。報告作者寫到，那位大作家用了最高級的形容詞讚頌史達林。看來這位不為人知的作家有可能純粹是為了保護朋友不受猜忌和迫害，而做出這種宣稱——實際上也因此同意成為線民。但

8 Rostova, "Vozhdi ochen' toropilis', kogda rech shla o rasstrelakh."

9 Lipsky, "Vlast' opyat' sporit s istoriyey."

10 "O khode raboty po rassmotreniyu voprosov, svyazannykh s reabilitatsiyey grazhdan, neobosnovanno repressirovannykh v period 30-40-kh i nachala 50-kh godov," memo from A. N. Yakovlev to the Central Committee of the Communist Party of the USSR, December 12, 1989, http://www.alexanderyakovlev.org/almanah/inside/almanah-doc/76205（二〇一六年二月十九日瀏覽）。

11 N. Zheleznova, "Osvobozhdeniye pravdy," *Literaturniye vesti*, July-August 1998, in Yakovlev, *Aleksandr Yakovlev, Izbranniye interyu*, pp. 256-262.

12 前引書。

13 "O snyatii ogranichitel'nykh grifov s zakonodatel'nykh i inykh aktov, sluzhivshikh osnovaniyem dlya massovykh repressiy I posyagatel'stv na prava cheloveka," presidential decree no. 658, June 23, 1992, http://www.bestpravo.ru/rossijskoje/rf-instrukcii/c2v.htm（二〇一六年二月十九日瀏覽）。

如果文件不加評判就予以公開，有可能敗壞那位偉大作家的名聲。再舉一個例子：國安會的一名低階特工報告，他和一位被判處國內流放的異議人士會面，對方同意停止一切反蘇行為。但眾所周知，此人在流放期滿之後仍持續積極參與異議運動，那麼這份報告該做何解釋？那位國安會官員在說謊？異議人士為了結束對話而對他說了他想聽的話？還是有理由相信這位異議人士在流放過後成了奸細？波蘭發生過類似的事，祕密警察檔案裡突然發現了關於團結工聯發起人、諾貝爾和平獎得主、波蘭後共產時代首任總統萊赫．華勒沙（Lech Wałęsa）的卷宗。要是這些卷宗可信的話，華勒沙曾是支薪的祕密警察線民。華勒沙的聲望和人氣勝過了這些卷宗可能造成的損害，但這些活動紀錄仍糾纏了他許多年。[14]

俄羅斯並未立即開放全部的祕密警察檔案，還有個更深層的理由。採行這個做法的東方集團國家——其中包括波蘭、德國和捷克共和國——將這些文件當成是占領勢力遺留下來的。但蘇聯機構在一九九一年之後成了俄羅斯機構，很快地，俄國官僚就開始像捍衛自身機密那樣捍衛了許多蘇聯機密。按照這些機構的邏輯、而非法律規定，政府組成了委員會逐一審查檔案文件，決定它們能否解密。隨著時間過去，能公開的文件愈來愈少。從國安會到外交部，甚至到製圖部門，所有這些過去是「全蘇聯」而今變成「全俄」的機構，都不再向理論上有權予以解密的政府當局釋出任何一部分檔案。蘇聯的機密就此固定下來。[15]

亞歷山大．尼古拉耶維奇集中心力印行的那些他已經確定取得的文件——光是這些就足夠用一輩子甚至更久的時間來處理。對悲劇的無能理解持續困擾著他：不只是發生過的事件找不出一個理由來解釋，受害者與劊子手之間也沒有明確的界線。他很早就決定要以個案為基礎聚焦受害者，不論這個受害者先前的經歷。但如果某人受害是因為他當上了劊子手呢？就以史達林的最後一波恐怖為例，它被委婉地稱為「反世界主義運動」（anti-cosmopolitan campaign）。這場運動，表面上圍繞在全國最傑出的醫師身上，但因為他們多數是猶太人，所以本質上是反猶太的。他們被控藉診療之機毒害黨內菁英。當這場抹黑運動在一九五三年一月展開，全國都得知一位俄羅斯醫師揭發了這些猶太混蛋。她的名字是利季婭．季馬舒克（Lidia Timashuk），隨即因其警覺而被大張旗鼓地頒授列寧勳章。這場運動在蘇聯及東方集團國家造成數千人受害，直到一九五三年三月隨著史達林死亡戛然而止。醫師們不久就被宣判無罪，這枚列寧勳章也被悄悄撤銷了——但撤銷得太安靜，使得季馬舒克仍與陷害猶太人的陰謀永遠聯繫在一起。[16]

直到一九六六年，也就是史達林死後十三年，季馬舒克才上書黨領導，要求恢復她的名譽。她寫道，她從來不曾宣稱醫師們是人民公敵，更沒說過他們是兇手。多年以前，她就只是不同意一位資深同事為一名政治局高階委員選定的療法。結果顯示，她的不同意有理——那位資深醫師將心臟病發作誤診為慢性病——但她在人們記憶中卻成了對蘇聯猶太人發起醜惡運動的女人，而不是做出

---

14 Camila Domonoske, "Polish Institute: Files Show Lech Walesa Worked with Communist-Era Secret Police," npr.org, February 18, 2016, http://www.npr.org/sections/thetwo-way/2016/02/18/467209160/polish-institute-files-show-lech-walesa-worked-with-communist-era-secret-police（二〇一六年三月二十日瀏覽）。

15 Nadezhda Nekrasova, "Mekhanizm rassekrechivaniya, slozhivshiysya v seredine 1990-kh godov . . . dolzhen byt' otmenen," polit.ru, June 3, 2008, http://polit.ru/article/2008/06/03/memorial/（二〇一六年三月七日瀏覽）。

16 Joshua Rubenstein, *The Last Days of Stalin* (New Haven: Yale University Press, 2016), pp. 61-140.

正確診斷的醫師。[17]季馬舒克寫到，她從來不曾誹謗猶太醫師，就連被祕密警察訊問時也沒有，這有可能是實話，也有可能不是。但她受的苦當然比其他醫師更少，他們都被囚禁和拷打，其中一人更死於審判前的羈押。季馬舒克抱怨自己在醫師陰謀案過了十年後被迫提前退休，因為那些曾被運動鎖定的醫師都拒絕與她共事。當然，就劊子手來說，她不是最重要的，但她也絕非毫無爭議的受害者。她在一九六六年寫下這封信時，後史達林時期的解凍已經結束，她的申訴也石沉大海。等到亞歷山大·尼古拉耶維奇讀到這封信時，季馬舒克已經去世了。他決定發表這封信。

其他更明確的劊子手個案，則是法律上的難題，而非道德上的。史達林的恐怖機器每固定一段時間就會處決掉劊子手。光是一九三八年，就有四萬兩千名曾參與過工業化規模大清洗的調查員遭到處決，祕密警察首腦尼古拉·葉若夫（Nikolai Yezhov）也無法倖免。最後一名高階殺手拉夫連季·貝利亞（Lavrentiy Beria）則在史達林死後處決——但他被指控的罪名不是謀殺、酷刑和濫權，而是為十四個不同國家充當間諜。其他劊子手也因為虛構的罪名受到懲罰。在法律上，這是恢復名譽的基礎所在。但在道德上，亞歷山大·尼古拉耶維奇決定，只要他還領導回復名譽委員會一天，他就絕不為任何一個劊子手恢復名譽。他也決定只要他還健在、還有能力，他就要繼續掌管這個委員會。在葉爾欽統治下，這個委員會再次被納入國家管轄，所有聯邦執法部門的首長都加入成為委員，儘管亞歷山大·尼古拉耶維奇仍繼續不支薪服務。為數千萬蘇聯公民恢復名譽，是他的志願。[18]

*

有個女人為了十一歲的女兒向阿魯圖尼揚求助，這是個可愛的女孩，除了不斷發生奇怪的意外，讓她的母親開始懷疑這是否不盡然是意外。例如有一次，她不小心點了火燒掉窗簾。還有一次，她則是不小心鎖上陽臺的門，那時她祖母（女人的母親）人在外面，身上沒穿外套困在嚴寒之中。家族動力夠清楚了：三代女人住在一起，形成一個孤立的家庭單位——相當典型的組成。祖母如同暴君一般統治全家。母親執行祖母的一切命令，不論多麼無理；也容忍祖母的一切干預，不論多麼刻薄。例如有一次，母親翻修了整間公寓——這項工作昂貴又艱鉅。全部完工之後，祖母又要求換掉壁紙，母親也照做。還有一次，老太太跑到孫女的學校，痛罵孫女不認真做功課。

很顯然，女孩的「意外」是母親極力壓抑的攻擊行為外顯出來了。阿魯圖尼揚和她的案主開始處理這個問題。女人承受了巨大的痛苦——她面臨一個擺在眼前的事實：身為一個有愛心的女兒，她暗中盼望自己的母親死去；然而糟糕的是，她這個有愛心的母親，卻讓自己的女兒承擔了無法掌控的情緒。最後母親發現了一件事：祖母曾在古拉格勞改營裡當過守衛。

如今這個家被改造成勞改營，包括毫無前途、純屬窮忙的工作。紀律至上，個人界線完全廢除。由此看來，陽臺事件尤其怪異，它複製了一種慣用的酷刑手法，強迫囚犯站立在營房外的酷寒之中。阿魯圖尼揚記得讀過這樣的理論——那時她還只能取得佛洛伊德的部分著作——人類會扮演自己根本不記得的事物。

有個男人，為了明顯存在於他與父親之間的矛盾而前來求助。這個男人的人生看來就像是一幅

---

17 Letter from L. F. Timashuk to the presidium of the Twenty-third Party Congress, March 31, 1966, http://www.alexanderyakovlev.org/fond/issues-doc/69205（二〇一六年三月二十日瀏覽）。

18 Rostova, "Vozhdi ochen' toropilis', kogda rech shla o rasstrelakh."

無趣的蘇聯文化諷刺畫。他生長在一個牆上全都貼滿口號的房間裡。他就寢和起床時，都要看到「人！這個字的音調令人自豪。」（作家高爾基的名句）、「勇氣不在於缺乏恐懼，而在於壓抑恐懼的能力」（教育家安東・馬卡連柯〔Anton Makarenko〕的名句）諸如此類的話。沒有留下任何一吋空白，這一切宣言所傳遞的訊息總合起來，就是在說小男孩的靈魂或身體不該有一絲空閒。當弄斷雙臂，他不敢告訴父親，因為他害怕承認自己胡亂嬉戲。他也不能承認自己覺得痛，牆上的口號教導他這是軟弱的表現，因此他從來不哭。男孩的父親也沒有在心智中騰出思考和認知的空間，因此完全沒注意到兒子受傷。來找阿魯圖尼揚的男人如今雙臂活動能力都受限，因為在痊癒期間沒上石膏固定。

阿魯圖尼揚和這個男人一起重建了家族故事。傷害他如此之深的事物，顯然也對他父親造成創傷。按照男人的描述，父親是個完全沒有內心世界的人。他唯一最害怕的似乎就是有一絲自己的想法。最終真相大白，先前這一代人非常懼怕被捕，於是設計出一套極端擬態的策略：他們要表現得比那些有可能指控他們不夠蘇維埃而逮捕他們的人更加蘇維埃。這套策略或許奏效了——或者，這個男人的親戚可能剛好是那些沒被捕的數千萬人之一——但在阿魯圖尼揚的案主出生時，蘇維埃的面具在臉上已經戴得太緊也太久，使得面具下的人們被凍結於固定狀態之中。

儘管這個案例是如此極端，前進的方法卻也相當清楚。當案主最大的恐懼僅是動腦反思，只要一個不加批判的他者現身，就能幫助他明白他的思考不會毀滅世界。這段路程痛苦至極，但自由就在路的盡頭。

＊

整個一九九〇年代，以研究創傷和極權意識型態創傷效應而聞名的美國精神病學家羅伯・傑伊・利夫頓（Robert Jay Lifton），召集了一群東歐心理治療師，試著理解他們和他們的案主所遭遇的特定問題。必定出現的故事主題，總是圍繞著人們從家族祕密中發現自己的歷史。「通常，父母會為了不想危害子女而隱藏事實。」由此產生的論文集中，俄國撰稿人費奧多爾・康可夫（Fyodor Konkov）寫道：

> 他們推斷，遭受過清洗或排斥的家長所表現的無知，將會保護子女不跟政權惹上麻煩。但就我所理解，從孩子的觀點看來，發生在這種情境裡的是一片空白，一個在身分認同中擴大的空洞。[19]

這種策略有雙重保護性目的——實用的與心理的：

> 家長以為，要是我否認壞事曾在我們身上發生過，否認並防止自己對這樣的創傷流露個人情緒，我就能拯救孩子免於這些情緒的痛苦。但倖存的家長同時也阻止了自己有可能因為分擔痛苦而與孩子更形親密。藉由這種行為表現，家長訓練兒女去否認他已經覺察到的蛛絲馬跡……不難理解，如此養育成人的孩子會在情緒生活中經歷斷裂，從而影響他們創造及維持親

---

19 Jacob D. Lindy and Robert Jay Lifton, eds., *Beyond Invisible Walls: The Psychological Legacy of Soviet Trauma* (New York and London: Routledge, 2013), p. 131.

密關係的能力。許多理解層次都喪失了。[20]

「康可夫博士描述了一種具體的情感狀態，一種孩子在悲傷受到壓抑時會經歷的內在空虛狀態，當他們覺得關於父母或祖父母的生與死，自己都被蒙在鼓裡。」利夫頓和合編論文集的精神分析學家雅各．林迪（Jacob D. Lindy）在評注中補充道。[21]或許這正是卡爾．羅傑斯訪問蘇聯時，令他感受到如此強烈的那份空虛的本質——他當時也觀察到，和他對話的人似乎全都沒有能力維持親密關係。

利夫頓和林迪也提到這些治療師遭遇的一個特定問題，他們在其他曾治療過創傷症候群的心理學家身上也過：某種反移情作用。「每個案例中，這種強烈反應都是一條線索，指向案主的傷害（共產時代的遺產）與治療師在同一段創傷歷史中所受的傷害產生聯繫的各種方式。」[22]

*

阿魯圖尼揚確信，傷害會在某些事物消失不見、刻意不被記得之時形成。她自己的家族非比尋常地選擇將故事說下去，這為她帶來了有利條件。她是按部就班得知整個故事的。阿魯圖尼揚必定是在四年級或五年級的時候，向母親問起為何家族相簿中沒有一張她祖父的照片。祖父的缺席十分醒目：全家人的生活除此之外都在視覺上得到確實紀錄，或在阿魯圖尼揚眼中是這樣。有一張她的母親瑪雅嬰兒時的照片，攝於一九二五年。瑪雅的母親安娜．米哈伊爾洛夫娜（Anna Mikhailovna）也有很多照片，隨著她逐步攀升到蘇聯職業生涯的頂峰，成為科學院院士和中央委員會委員，一路累積了榮譽和獎賞，每張照片都看起來既嚴厲又鼓舞。沒有任何一張照片是安娜的丈夫、瑪雅的父親格里高利・雅可夫列維奇・雅克文（Grigory Yakovlevich Yakovin）的。阿魯圖尼揚知道他很久以前就死了，在二戰之前，甚至知道他是被處決的。但總該有照片吧？

「他們怕連累我，」瑪雅說：「所以把照片都毀了。」

「他們」是指瑪雅的母親和祖母。但這話是什麼意思？

「你知道，有一段時間無辜的人會被判有罪。要是他們的家人不跟他們劃清界線，兒女就會有危險。」瑪雅抽出一冊《蘇聯大百科全書》（*Great Soviet Encyclopedia*），這是本藍黑布裝幀的巨著。那本是第五冊，開頭和結尾都是完全無法理解的詞彙：別列茲納（Berezna，烏克蘭地名）和窩囊廢（*Botokudy*）。瑪雅將書本翻開到一張全頁肖像，是個頭頂禿去大半的中年男人，有張圓臉和完美的薄唇，戴著一副圓形無框的夾鼻眼鏡。他是拉夫連季・貝利亞，底下長達四頁的文章形容他是「全聯盟共產黨（布爾什維克）和蘇維埃國家最傑出的領導人之一，J・V・史達林的忠實學生與同志。」如此這般。這人不是阿魯圖尼揚的祖父——他是史達林的頭號劊子手。在他被處決之後，《蘇聯大百科全書》的訂戶收到了一封信，也就是瑪雅這時向她出示的這封：

> 《蘇聯大百科全書》國家學術出版社建議，二一、二二、二三、二四等頁，以及裝訂於二二和二三頁之間的肖像，應予撤除，換上隨信寄贈的新頁。

---

20 前引書，pp. 132-136。
21 前引書，p. 139。
22 前引書，p. 11。

> 使用剪刀或剃刀將上述頁面割下，注意保留內側頁緣，以利黏貼新頁。

替換頁面的內容是一篇討論白令海峽的文章。[23]

「你看，會發生的事就像這樣。」瑪雅解釋：「近親出事的話，你就一定要非常小心。」

這個答案很有趣，有一絲冒險故事的味道。格里高利．雅可夫列維奇．雅克文在形體與肖像上的失蹤被記載成了謎團，而非悲劇。

其後，到了中學時代，阿魯圖尼揚讀到了《陡峭之路》（*Steep Road*），[24]這是一位女性歷史學者、忠貞黨員的回憶錄，她被錯誤指控為托洛茨基分子（托派），在古拉格勞改營裡度過十年，隨後又被國內流放十年。這本書是一位明眼人對人類苦難的記錄：

> 當我年輕時，我喜歡複誦這句話：「我思，故我在。」如今我會說：「我傷，故我在。」回到一九三七年，我第一次承認自己對所有發生過的事應負責任時，我夢想著歷經痛苦而得到救贖。到了一九四九年，我明白痛苦只有一時的功效。當它延伸到了數十年後，成為日常的一部分，它就再也沒有救贖的能力。它就只是把你變成一塊木頭。
>
> 肉體的痛苦淹沒了內心折磨的痛苦。
>
> 這是一齣恐怖劇場，某些演員被指派扮演受害者，其他人扮演劊子手。後者的境況更慘。[25]

這本書是在西方出版，再被偷運進入蘇聯的，阿魯圖尼揚就只是發現它橫躺在父親或母親的書桌上。這時，她一翻開就再也無法放下。她睡不著。她無法停止哭泣。她從學校把最親近的朋友找來家裡。她們花了一整夜邊讀邊哭——這本書不能被帶出公寓。

「你們為什麼不告訴我？」阿魯圖尼揚追問父母親。

「我們跟你說過。」他們說。

「不是這樣說的！」

她在這次對話之後再次回頭追問他們，想知道關於祖父的細節。幾番詢問過後，瑪雅遞給她一首詩，它以地下書刊風格印在「香菸紙」上——這種紙跟捲菸紙一樣薄，頂多能用碳紙和手寫抄錄翻印四次。

「喏，讀讀這個。」瑪雅說：「事實不完全符合，但這就是你奶奶的故事。」

這是流亡詩人納烏姆・柯爾扎文（Naum Korzhavin）創作的一首長詩。以第二人稱書寫，向一位女性說話，如果這首詩可信的話，這名女性全心全意且盲從地對黨付出：

你以理想之名說謊，
但說謊的傳統，
被那些更適合，
堅決說謊的人延續下去。

23 *Bolshaya sovetskaya entsiklopediya*, 2nd ed. (Moscow, 1950), vol. 5, pp. 21-24，以及致訂戶函，未署日期。

24 編按：這本書的英文書名通常譯為《走入旋風》（*Into the Whirlwind*）。

25 Yevgeniya Ginzburg, *Krutoy marshrut: Khronika vremyon kul'ta lichnosti* (Moscow: Sovetskiy pisatel, 1990).

我們都是血肉之軀。
我們的熱情表現出我們是誰……
你以更高欲求之名，
拒絕所愛，
但你愛過嗎，
哪怕一生中只愛過一次？

這首詩說，沒有，這個女人從來不曾愛過。它又自我反駁，其實是有的，她愛過一回，愛過一個和她一樣的黨員知識分子，一個瘦巴巴、戴眼鏡的猶太人。他的觀點落在主角的右邊——意思是說，被黨的路線劃為右派——他們爭辯著這些問題，直到他被捕。她被要求作證，而她毫不遲疑。

黨的事業神聖，
毫無溫情餘地。
堅持本質，
拋棄其他。

她「向他們全盤托出」。這是理所當為，但當她得知他死去，她哭了一整夜。按照這首詩的記載，這時她自己也進了古拉格勞改營。詩寫到結尾，女主角顯然倖存下來——即使經歷過這一切，她仍是黨的真誠信徒。對於和她講道理，作者完全絕望了：

你為了鬥爭付出一切，
包括不能放棄的事物。
所有的一切：
愛的能力，
思想、感受的能力。
全部的你，毫無保留——
但，
少了自我，你怎麼活？[26]

倘若這就是她祖母的故事——阿魯圖尼揚出於本能懷疑這個說法——那麼，她的祖父又被省略了一次。這首詩描寫的是背叛，而不是被背叛的那個男人。瑪雅終於對女兒說了自己知道的情況。她的父母親都是革命家，沙俄時代的地下工作者，內戰時期的戰士，後來成為學者。他們相識時都是紅色教授學院（Institute for Red Professors）的學生，這所學校是為了培養一批大學講師幹部、取代被放逐或逮捕的師資而設立的。時間大約在列寧逝世、史達林掌權前後。瑪雅剛出生的時候，她的父母親奉派到德國進修一年。他們回國之後，經黨的安排到列寧格勒教歷史。過沒多久，瑪雅的母親安娜·米哈伊爾洛夫娜公開譴責丈夫的托派思想。阿魯圖尼揚不知道托派是什麼意思，瑪雅解釋：托洛茨基是害怕史達林建立恐怖統治而反對史達林的人。隨後安娜·米哈伊爾洛夫娜帶著小瑪

26 Naum Korzhavin, "Tan'ka," in Naum Korzhavin, *Vremya dano* (Moscow: Khudozhestvennaya literatura, 1992), pp. 189-197.

雅前往莫斯科。瑪雅從此沒再見過父親，即使他在此後又活了十二年。他被逮捕、流放、再逮捕，最後被處死，從頭到尾他都不曾牽連他人、不曾在假口供上簽字，信念也從未動搖。

這一切聽起來全都疑似阿魯圖尼揚在學校裡讀布爾什維克準聖徒們的生平時，會學到的那套故事：充滿英雄氣派，卻毫無人情味。瑪雅也用同樣的史詩語言談論她的母親。她很純粹。她愛黨也愛丈夫，後來當她成了有權有勢的女人，她總是為失勢的人挺身而出，總是捍衛他們的列寧主義資歷。瑪雅說，回到一九二〇年代，她的母親曾獲准探望入獄的丈夫。瑪雅不確定這是她母親的念頭還是黨的，但她知道，探監的目的是要讓格里高利・雅可夫列維奇斷絕錯誤的信念，重回史達林黨的懷抱。他很高興能見到妻子，但他一得知她真正的目的，就把她趕走。

就這樣，安娜・米哈伊爾洛夫娜失去了她唯一真愛的男人。從那時候起，她全副身心都只屬於黨。但在一九三〇年代中期，瑪雅十歲前後，安娜・米哈伊爾洛夫娜也因為一位導生的論文被認定含有牴觸當前「後反帝」（post-anti-imperial）主旋律的民族主義口吻，而被開除黨籍。她和同時失勢的最好朋友相約自殺，並留下一封遺書：「黨可以沒有我，但我沒有黨活不下去。」女傭破門而入撞見她，將她救了下來；她最好的朋友則已經死去。隨後一名資深學者介入，將安娜・米哈伊爾洛夫娜安插到一所偏省小學教歷史。此後多年，瑪雅都由祖母負責撫養。但在戰後，史達林決定要在中央委員會安插一名女性，安娜・米哈伊爾洛夫娜不但得以恢復黨籍，更一舉登上職涯頂峰。

阿魯圖尼揚發現，這套敘事無法令她滿足。這在她聽來不只是一齣、而是兩齣爛戲：一齣關於不幸的戀人，另一齣則是關於一個英勇到無法想像的男人。這時她閱讀的已夠多，知道拷問、羞辱和威脅的體系足以讓最傑出的菁英屈服，當今這一代人沒有立場去論斷他們。

這時是一九七〇年代初期，在阿魯圖尼揚成為專業心理學家之前，但她無須接受特殊訓練就能看穿家族神話。這一切都是補償作用。瑪雅愛自己的母親，她需要一個夠壯麗的故事來彌補母親的背叛。安娜．米哈伊爾洛夫娜奪走了瑪雅的父親——而且是兩次：先是譴責他，然後又抹滅他留下的一切痕跡。她也一再拋棄瑪雅，首先是在嬰兒時——一九二五年那張美麗的照片拍攝於柏林的兒童之家，當父母親出外團結全世界無產階級挺身抗爭，小女孩就被安置在那兒。照片背後字跡完美的文字說明寫著「親愛的母親，親愛的女兒」（*Liebe Mutter, liebe tochter*），讓阿魯圖尼揚看了心碎。當安娜．米哈伊爾洛夫娜前往遠方的城市教書，她甚至沒說再見——她就這樣消失不見。沒寄過一封信，只有一則匿名訊息提到瑪雅的母親「一切安好，在不同城市生活。」如此巨大的創傷需要同樣巨大的神話，因此瑪雅非得召喚出如此英勇的父親、如此長期受苦的母親，他們唯有在她的想像中才可能存在。這也說明了瑪雅為何相信柯爾扎文悲劇而浪漫的詩篇和自己的母親有關，即使故事細節不符。倘若詩人對主角懷抱著這般同情，那她必定配得上。阿魯圖尼揚也是個有愛心的女兒，所以她從不對別人說起自己的疑慮。

＊

這段對話過了二十年後，偏偏就是在慕尼黑一位朋友家的廚房裡，阿魯圖尼揚見到了一位研究地下書刊的歷史學家，他是當今擁有最多自行出版俄文著作的收藏者。她甚至不知道自己為何非得提起那個關於柯爾扎文的詩作〈譚卡〉（Tan'ka）是為她祖母而寫、關於她生平的家族傳說。這位檔案工作者感到好奇。過了一天，他回到那個廚房，告訴阿魯圖尼揚，他查到了那首詩的一份早期手抄本，其中的題贈獻給Ａ．Ｍ．潘克拉托娃，也就是她的祖母。他提到這句題贈在後來的傳抄過程都被略去了，以免危害安娜．米哈伊爾洛夫娜的家人——阿魯圖尼揚和她的父母親。

瑪雅不是多愁善感的人，可是當阿魯圖尼揚告訴她確認了這首詩的傳說，她雙眼含淚——或許因為這麼多年前她對女兒說的話女兒都還記得，也或許因為女兒終於相信了她。

瑪雅在一九九九年去世。阿魯圖尼揚在她的文件中找到了安娜．米哈伊爾洛夫娜的日記。瑪雅向女兒引述過日記裡的句子，但從不讓女兒看，她說日記太私密了。的確如此。

一九二三年十一月一日（夜）

我們才剛分開，我像隻鳥一樣飛回房間裡，這麼難以置信、瘋狂、不合情理的快樂。

「為何我這麼愛你？」他問：「為什麼見到你讓我這麼快樂？」

「真的嗎？」我問。我還不能相信，但我感覺得到愛火席捲了我。

我們正站在樓梯上，討論黨的事業。

安娜．米哈伊爾洛夫娜終其一生都懷抱著這份愛，如同瑪雅所言。她後來的筆記包含了一連串按照時間順序無疾而終的風流韻事。「格里絕不會做這種事，」她會寫下這些話，斥責某個可能的追求者，將對方和已故的丈夫相提並論。「不，他不是格里。」她也寫下這些話，排除另一個人。

阿魯圖尼揚請求一位精通史達林時代檔案的密友，為她查閱祖父案件的卷宗。她給予他為了這一目的聘請律師的權力——直到此時，查閱檔案的權限仍僅止於家族成員。

一切全都查證屬實。格里高利．雅可夫列維奇完全是瑪雅故事裡的那名英雄。他不曾牽連他人、不曾喪失尊嚴、從未向拷問者退讓一小步。他的審問紀錄千篇一律：

「我認為提到別人名字是不適當的。」

「我否認。」

「檢察官和調查員會關注行為，而不是意見及動機。……我不認為有必要為了意見而作證。」

「我不記得了。」

「我不會說出任何人的名字。」

「這是謊話。我不知道有這種團體。」

安娜·米哈伊爾洛夫娜探監搶救失敗，這個令人難以置信的故事也證明屬實。她受黨指派，試圖勸誘意識型態不受約束的分居丈夫回到黨的懷抱。他暫時獲釋，由她監護。兩人在一間旅館裡共度三、四個晚上，直到不可調和的意識型態歧異將他們永遠分離。阿魯圖尼揚的朋友甚至得以複製照片——兩次逮捕時拍攝的臉部特寫。格里高利·雅可夫列維奇容貌英俊，有著鮮明的五官和滿頭的黑色捲髮。他長得完全不像柯爾扎文詩中那個「瘦巴巴、戴眼鏡的猶太人」。關於他還有些稀少卻更精準的描述，包括流亡革命家維克多·塞爾日（Victor Serge）回憶錄裡的這段話：

> 格里高利·雅可夫列維奇·雅克文，年方三十，從德國回來，剛寫成一本關於該國的精彩著作。他是一位體育熱衷者，智能總是保持敏銳，長相俊美，魅力自然洋溢……[27]

智利作家羅伯托·博拉紐（Roberto Bolaño）也在他的史詩小說《二六六六》裡，讓格里高

27 Victor Serge, *Memoirs of a Revolutionary*, ed. Richard Greenman, trans. Peter Sedgwick with George Paizis (New York: The New York Review of Books, 2012), p. 243.

利・雅可夫列維奇客串了三行：「格里高利・雅克文——當代德國史大專家。」[28]曾經見過在世時的格里高利・雅可夫列維奇的最後一人——瑪雅——去世後數年，阿魯圖尼揚終於得以看清楚祖父的面目——從她的歷史學家朋友研究過案卷後寫下的一篇學術論文。[29]

*

阿魯圖尼揚發現，自己為了母親沒能活著讀到她父親的法庭案卷而感到遺憾。然後她開始疑惑，瑪雅為何沒有運用一九九〇年代初期短暫的開放之窗，親自去查明父親的案件（身為歷史教授的她從事這類研究，應當很有把握才對）。瑪雅自己心裡也有疑惑嗎？她的資訊畢竟完全來自母親，母親將死去的丈夫當成偶像，即使在母親死後數十年，瑪雅還是會害怕損及母親的權威。

安娜・米哈伊爾洛夫娜和格里高利・雅可夫列維奇這一代人承載自身信念的方式，多少有些不切實際的老派。「在後史達林主義的幻滅世界裡，持守革命年代的價值被看作是個人虛榮。」文化史家艾特金寫道。[30]在後史達林時代，從普世到小資產階級規模不一的欲望與野心被視為一種美德，一種人性逐漸恢復的跡象。這使得景仰格里高利・雅可夫列維奇、並同理安娜・米哈伊爾洛夫娜變得費解，為他們哀悼就更加困難。史詩與深邃的事物是哀悼的工具，但在史達林之後，人們只信任小我情緒和軟性範疇。「如今，莎士比亞看來太過認真、嚴峻、僵硬了；他的莊重則顯得可笑。」艾特金寫道。[31]

至少在阿魯圖尼揚這一代人之中，最明確反對蘇聯政權的人，是那些最懷疑華麗姿態與宏大宣言的人。或許這正是人們在一九九一年八月政變後數日之內就停止拆除蘇聯紀念碑的理由之一。被推倒的捷爾任斯基，以及一座史達林像、一座赫魯雪夫頭像，還有一對非常巨大的老布爾什維克黨人像，都被運到莫斯科市中心一處新近落成的藝術家之家後方的巨大空地，但即使不到成千也有上百的列寧、布爾什維克黨人、少年先鋒隊無名英雄，以及不再具有實質意義的鐮刀、錘子和五角星，仍舊點綴著莫斯科的公園、公共廣場和大樓正面。亞歷山大・尼古拉耶維奇提議將十月廣場（Oktyabrskaya Square）上全市最大的列寧紀念碑拆除，替換成蘇聯恐怖時期全體受難者的紀念碑——但沿用廣場名稱，「做為對後世子孫的教訓。」[32]然而列寧依舊聳立，大約三層樓高，廣場卻改名了。

一九九六年十一月，葉爾欽在偉大十月革命七十九周年紀念日當天，將這個始終在十一月七日慶祝的國定假日更名。從今以後，這一天名為「和諧與和解日」（Day of Agreement and

28 Roberto Bolano, *2666*, trans. Natasha Wimmer (New York: Farrar, Straus and Giroux, 2008), p. 716. 譯者按：本句參看Roberto Bolaño著，趙德明譯，《2666》（上海：世紀文藝，二〇一二年），頁六八四，略有改動。

29 B. I. Belenkin, "Repressirovanniye trotskisty—organizovannaya politicheskaya gruppa levogo soprotivleniya stalinskomu rezhimu (1927-1938): Bor'ba kak norma zhizni. Na materialakh sledstvennykh del G. Ya. Yakovina," in *Problemy istorii massovykh politicheskikh repressiy v SSSR* (Krasnodar: Ekoinvest, 2010), pp. 352-367; Boris Belenkin, "'Tan'ka! Tanechka! Tanya! . . .' Zametki na polyakh poemy Nauma Korzhavina i biografii Anny Mikhailovny Pankratovoy," in *Pravo na imya: Biografika XX veka: Sed'miye chteniya pamyati Veniamina Iofe* (St. Petersburg: Memorial, 2010), pp. 14-32.

30 Etkind, *Warped Mourning*, p. 137.

31 前引書，p. 158。

32 A. Gubanov, "Plokhoy chinovnik vsegda sovetskoy shineli," *Rossiyskiye vesti*, January 20, 1998, in Yakovlev, *Aleksandr Yakovlev, Izbranniye interyu*, p. 240.

Reconciliation）。隔年是十月革命八十周年，也是大恐怖六十周年，則將是為期一年的「和諧與和解之年」。[33]就在這一年，後種族隔離的南非成立了真相與和解委員會，它近似於阿根廷、智利、尼泊爾等國家內部運行的許多「真相調查委員會」。不過葉爾欽卻忽略了過程中的事實查明，僅只聚焦於和解或至少達成和諧。實際上，葉爾欽打算完全拋開艾特金描述災後復原所需的三種「能量」——認知、悲傷和正義——直接進展到某個將清算拋到九霄雲外的空想未來。

葉爾欽再也沒有和共產黨繼續搏鬥的力量，或者該說是民意支持。倘若他繼續按照原定計畫審判共產黨，就有全盤皆輸的風險——即使沒在憲法法院敗訴，也會輸掉大眾輿論。既然主宰全國的情緒是憤恨，葉爾欽承擔不起讓大眾對抗過去的歷史。案卷多達八十冊的控告共產黨訴訟，以及永久禁止共產黨活動的主張，如今全被擱置了。一九九一年政變的策劃者和一九九三年武裝反抗的領導者——共有三十六人——在一九九四年二月俄羅斯國會首次通過大赦時就得到赦免，不是因為兩次衝突在俄國國會議員心中被合而為一，而是因為這兩次衝突都必須消退與遺忘。[34]就連亞歷山大·尼古拉耶維奇在回復名譽委員會裡沉默的埋頭苦幹，也似乎愈來愈像在尋釁生事。一九九七年，亞歷山大·尼古拉耶維奇提交了兩份恢復名譽令——一份關於在古拉格勞改營被監禁的兒童，另一份關於恐怖時期被處決的非布爾什維克社會主義政黨黨員——但葉爾欽不予理會。[35]

對大眾情緒的感知從不出錯的葉爾欽，愈來愈疏遠年輕一輩的激進改革者，轉而親近許多保守派。他看來很樂意遺忘和原諒一切，包括人身侮辱和叛國行徑。「他讓自己在共產黨員裡成了笑柄！」亞歷山大·尼古拉耶維奇說。一九九七年四月，葉爾欽本著和解精神，向俄羅斯共產黨的年會發送賀電。當臺上宣讀祝詞時，整個會議廳充滿了噓聲和口哨聲，然後他們大笑。[36]

33 Ukaz Prezidenta Rossiyskoy Federatsii ot 07.11.1996 g. no. 1537, "O Dne soglasiya i primireniya," http://www.kremlin.ru/acts/bank/10231（二〇一六年三月十八日瀏覽）。

34 "Obyavleniye amnistiy v Rossii: Dosye," TASS, http://tass.ru/info/841359（二〇一六年三月十八日瀏覽）。

35 A. Gubanov, "Yesli by gosudarstvo moglo priznat' svoye ugolovnoye proshloye," *Rossiyskiye vesti*, October 30, 1997, in Yakovlev, *Aleksandr Yakovlev, Izbranniye interyu*, p. 233.

36 Gubanov, "Plokhoy chinovnik vsegda sovetskoy shineli," pp. 239, 435.

第九章　老歌

一九九四年的除夕令人沮喪。列夫・古德科夫和他認識的多數人一樣，覺得被嚇呆了——或者就只是震驚而已。俄國對自己領土的一部分開戰了。歷經數月的傳聞、威脅，以及幾次拙劣的祕密行動，葉爾欽決定要終結鄰接土耳其和喬治亞的北高加索小共和國——車臣——強大的分離運動。他動用軍隊想將當地政府拉下台。但車臣抵抗運動不但武器精良，決心更強過俄軍十倍，而且熟悉地形、得到當地人民支持。原計畫實質上是一次警察展開的閃電攻擊，結果轉變成大軍竭盡全力的進攻。十二月三十一日，作戰開始後第十二天，莫斯科發動一連串空襲，將格羅茲尼（Grozny）這個同屬俄國的城市被炸成冒煙的廢墟。幾位已過中年、坐過監牢卻沒經歷過武裝戰鬥的資深異議人士這時來到了車臣，記錄當地的戰爭暴行，並試圖用自己的身體吸引全世界關注。整個莫斯科記者團似乎也都在車臣。從車臣流出的資訊，宛如從破裂的動脈流出的鮮血。過剩的恐怖細節產生的效應，是古德科夫未曾體驗過的驚駭與沮喪。

這種效應更因為民意調查中心剛完成的調查結果而變本加厲。從最初的「蘇維埃人研究」過後五年，列瓦達的團隊決定進行複查。這又是一項難以設計的調查；國家的疆界、國名及政府體制在第一次研究之後都改變了。有些問題必須捨棄，其他一些問題也得修改，還有一些新問題必須另行設計。

調查裡還是有好消息：當人們被問到古德科夫「爆炸性」的問題——應當如何處置各種異常群體——他們的回應整體上表現出比五年前更多的寬容。支持「肅清」異常人士的整體比例從百分之三十一下降到百分之二十三，支持「任其自生自滅」的人數比例則從百分之十二提升到百分之二十九。「肅清」身心障礙者的人數比例從百分之二十五下降到百分之十八，「幫助」身心障礙者則從百分之五十增加到百分之五十六。按照西方標準，這種數據駭人聽聞，但在此並不適用西方標準：社會學家只是想知道心態改變有多大，又是往哪個方向改變。可是就連這種取徑所產生的一丁點樂觀，也被其他問題得到的回應潑了冷水。對宗教派別成員「放任不管」的人數比例從百分之五十七下降到百分之五十一，支持「孤立」或「肅清」的比例則顯著上升。「搖滾客」也發生了同樣的狀況：想要「肅清」他們的人從百分之二十上升到百分之二十六。這個問題其實有點像是羅夏克墨跡測驗（Rorschach test）：沒有人能確知「搖滾客」一詞的含義。它一度指涉那些演奏或聆聽西方音樂的人，但國家禁止搖滾樂的年代早已結束。倘若並沒有一個受到排斥、甚至可資識別的群體叫做「搖滾客」，這些應答者想要「肅清」的人是誰？又是為什麼？社會學家們得出結論，這個詞成了「他者」或「異類」的借代，之所以引來攻擊性的反應，正是因為所謂「搖滾客」不同於同性戀者或身心障礙者，不論他們是誰，都不屬於任何公共討論的話題。

調查的其他部分也沒有太多懷抱希望的餘地。說自己不幸的人數是五年前的兩倍多——從百分之十四上升到百分之三十四（儘管說自己幸福的比例穩定維持在百分之四十六）。讓這麼多人如此不幸的原因，在另一個問題的答案中露出了線索：應答者被要求排比國內各項轉變的重要程度。僅僅一半的應答者列出了可被稱作成就的事物，諸如政治自由，得以出國旅遊、工作及求學，自行創業的權利，以及社會學家所說的「無須顧慮國家而生活的選項」。壓倒性多數將國家的失敗列為最重大的轉變：失業率上升、「人民陷入貧困」及「俄羅斯的團結被削弱」。當人們被要求指出國家自古至今最重要的事件，他們仍訴諸蘇聯歷史書寫，舉出偉大的十月革命和偉大衛國戰爭；即使從史達林與希特勒的軍事同盟開始，新公開的資訊極為豐富，後者的象徵意義光彩似乎仍未減損分毫。整體而言，人們似乎不再有興趣知道更多關於史達林、他的統治和他的恐怖。百分之二十五的應答者如今認為，史達林在歷史上發揮了正面作用（這個回應不具備比較基準，因為在五年前，當史達林恐怖統治的公眾對話處於高潮期間，這個問題本身就不可思議）。他的排名落後戈巴契夫和葉爾欽不遠，這兩人的「正面」評價比例分別是百分之三十三和百分之三十。這些結果反映了對重建時期新產生的晦暗觀點，壓倒性多數的人們表示，重建導致了蘇聯的可悲解體。一九九一年的民主革命——也就是極權主義的失敗——這個事件存在於社會學家心中，卻不存在於應答者心中。

古德科夫回想起自己在一九九一年八月政變失敗之後，參加一場慶祝集會。一位德國友人也陪同前往。群眾高呼「偉大俄羅斯萬歲！」這時古德科夫察覺友人緊張了起來。古德科夫注意到德國人對民族主義的表達極其敏感，但他自己並不關注群眾的情感。如今他開始疑惑，自己當初是否應該更加留意那樣的語調，以及口號裡的語言戲法。一開始喊的口號是「民主俄羅斯萬歲」，可是在幾小時內，「民主」就被去掉而替換成「偉大」。民主和自由的理念，當真在明顯獲勝之時就被遺忘了嗎？

俄國人在一九九四年被問到過去五年來哪一項重大轉變對國家弊大於利時，他們對於自由的反應冷淡：只有百分之五十三認為言論自由是正向轉變，其他新的自由權利排名則更低。只有百分之八認為蘇聯解體是正向發展，百分之七十五認為它帶來的傷害更大，這也是整個調查中最高的單一數據，俄國人對這件事的看法比其他任何事物更加一致。

就古德科夫所能判讀到的，應答者倒也未必真想重返蘇聯時代：食物短缺、貧窮和氣氛凝滯的記憶，此時仍然鮮明。俄國人想要的是確定性，對於自己是誰、以及國家是什麼的明確認知。

社會學家試圖梳理出國族認同概念的樣貌。所有個人和社會在一定程度上，都藉由「與他人相反的程度」定義自我，對一九九四年的俄國人來說，做為出發點的形象則是一種對歐洲人的概括刻版印象。這個想像出來的人是理性的、有教養的、積極的——而且是他者。俄羅斯這時剛走出一段極力自我貶抑的時期，那時社會在親眼看見了過去被教導的「腐敗西方」之後，正在設法處理自己所受的震撼。事實證明西方是閃耀的、幸福的，也是尋常且遵守法律的。許多年來，報章上都用「文明社會」這句話指稱俄羅斯不屬於的那個世界。這時俄國人顯然厭倦了再把自己和自己的國家當成低人一等。那麼在他們看來，俄羅斯人內在的正向品質是什麼？這個開放性問題以兩千九百五十七份問卷為基礎，收集到三種最重要的品質：「開放」、「單純」、「忍耐」。看來，理想的俄羅斯人是個沒有特性的人。就古德科夫看來很明顯，這是俄羅斯人長期在敵對且暴力的政權統治下映照出的空白鏡像。

漢娜．鄂蘭曾經論述過極權主義對人們形成意見的能力，乃至將自我定義成不同於社會其他成員、不同於政權本身的能力予以剝奪的方式。[1]如今，這個被掏空的人將空虛標舉為自己最重要的德行。倘若「開放」和「單純」描述的是俄羅斯人不做區別的本質，那麼，按照古德科夫對這些回應的解讀，「忍耐」就是指俄羅斯人對暴力的忍受。相對於想像中的歐洲人一切品質都描繪出能動性，這些應答者將自己看作一個憑藉武力施行統治的政權之臣民。這也使得在古德科夫交友圈裡多數人看來是一次悲劇異常的車臣戰爭，實際上卻似乎成了民之所欲的合理表現。

不過，這項調查的最壞消息，是它與列瓦達最早提出的蘇維埃人概念互相牴觸：回到一九八九年，他曾預測隨著極權主義的臣民滅絕，蘇聯體制也要跟著崩潰。但這項調查卻顯示，蘇維埃人仍然維持原狀。並沒有明確證據顯示，這個社會學類型在年輕人之間的普遍程度低於父母親的世代。蘇維埃人的核心特徵——雙重思想，不分年齡層完全展露無遺。應答者們繼續運用悖論思考。其中一個最重要的悖論如下。多數應答者同意以下這句陳述：「蘇聯統治七十五年來，我國人民已經變得不同於西方人民，如今想改變已經太遲了。」稍微再多一點應答者則同意這句：「俄國遲早要走上一切文明國家共同經歷過的發展途徑。」大多數人同時同意這兩句陳述，以及他們看來確實是在肯定前者、且讓後者看似不可能成真。[2]

要是列瓦達最初的假說有錯，那麼社會學家對蘇聯解體的詮釋就須要修改。列瓦達很久以前提示過，蘇聯社會如同鐘擺一般，在極端壓迫時期與赫魯雪夫時代、戈巴契夫統治初期的相對自由化之間擺盪，這些循環遵循的是一套實用邏輯。自由化時期允許被壓抑的不滿——以及更重要的，表達這些不滿的人——浮上檯面。隨著潛在的麻煩製造者來到明處且積極活動，鎮壓必然隨之發生，將他們消滅。長遠看來，這些循環確保了政權穩定。社會學家將這樣的鎮壓稱為「周期性閹割」（periodic castration）。

重建時期看似開始了另一段暫時放鬆控制的時期，但隨後鐘擺似乎擺過頭了，把整個體系都給

---

1 Hannah Arendt, *The Origins of Totalitarianism* (New York: Harcourt Brace Jovanovich, 1976), pp. 466-468.

2 Yuri Levada, "'Chelovek sovetskiy' pyat' let spustya: 1989-1994 (predvaritel'niye itogi sravnitel'nogo issledovaniya)," *Monitoring obshchestvennogo mneniya*, no. 1 (1995), pp. 9-14.

拉倒。但要是發生的事並非如此呢？要是它其實就只擺動到所需最遠的距離，讓循環得以持續下去呢？要是疆界、國家架構和法律的變動，其實並未反映或導致社會結構的重大變化呢？

*

一九九五年十二月三十一日，國家的主要電視頻道第一頻道，播放了一套全新的節目。新年除夕的傳統自重建時期以來就一直變動不定。一九八六年，戈巴契夫在蘇共第二十七次代表大會上譴責蘇聯電視太過枯燥。廣電領導階層急忙做出回應，重新改定節目編排，其中包括將已經播送了一整個世代的新年綜藝節目《藍色火焰》（The Blue Flame）作廢。這時，將近百分之九十三的俄國家庭都會收看的第一頻道，開始播送一部聽來不可思議、像是舊時代節目的影片。[3]這部影片名為《主旋律老歌》（Old Songs About the Most Important Things），編排得如同音樂劇。其中的人物角色類似一九三〇年代和一九五〇年代的宣傳音樂劇，通常呈現集體農場工人的生活、朋友間的競爭，以及純真的戀愛角色激勵伴侶關係中較不完美一方的自我成長為主要內容。往往也會出現階級衝突，為和緩的意識型態批判提供契機，結局總是共產主義戰勝邪惡。

《老歌》的登場人物包括集體農場工人、一名卡車駕駛、一名剛復原的軍人、一名教師、一名布爾喬亞、一名剛獲釋的罪犯、一名「搖滾客」（因為他蓄長髮、穿時髦的城市服裝，所以看得出來），還有一名「適婚處女」（這個角色在演職人員名單上如此登載）及其他角色。故事情節雖說不太多，但提供了這群演員演唱二十一首蘇聯歌曲的機會，其中大多是抒情歌，有多首曲子都提到了偉大衛國戰爭。不過這部影片並非蘇聯電影的改編。片中各階級全都和睦相處，實際上任何種類的衝突都未曾發生。有許多求愛過程，不時點綴女性如何堅持拒絕婚前性行為，但始終不曾達到高潮——沒人結婚、沒人發生性關係，沒有任何跌宕起伏。片中唯一清楚標明為他者的人（「搖滾客」）用烏克蘭語唱了一首歌，這種語言尚未被認定為外語，而是一種很難聽懂的俄語方言。事實上，片中什麼事都沒發生，看來這正是它所傳達的懷舊訊息之宗旨：在後蘇聯的俄國——車臣戰爭進入第二年——報上沒完沒了地報導犯罪、衝突和持續不斷的經濟問題，而該片直接從蘇聯報紙當中想像出一個過去，任何事在此都不會發生，只會發生在西方。人們在《老歌》裡愉快地消費蘇聯製品，像是空心濾嘴的白海—波羅的海運河（Belomorkanal）香菸（得名於古拉格勞改營最大規模的工程計畫），以及一種嚼不爛、名為友誼（Druzhba）的人造乳酪，但他們自願購買，而且無須排隊，就能在一間存貨充足的商店裡買到，男顧客將受到臀部肥滿、身穿晚禮服的女服務員熱情招呼。蘇聯時代被改編成浪漫的太平之世，蘇聯政權則是仁慈的。片中最怪誕的一幕，是一男一女依偎在小小的划槳船上。

「你知道你的腳為什麼這麼可愛嗎？」男人問女人。

「我知道，」她回答：「因為我們的蘇聯政權是這麼美好。」

「就是這樣。」他說，接著先是吻她的腳，又起身吻她的臉（或者想當然耳是這樣，因為鏡頭羞怯地從他們身上移開）。這一幕參照了蘇聯時代對蘇聯宣傳的戲仿，那些宣傳將無限的力量和無盡的寬大都歸於政權。若說這些經由地下書刊、或純粹被當成笑話流傳的蘇聯時代戲仿是尖銳的，

---

3 Richard Stites, *Russian Popular Culture: Entertainment and Society Since 1900* (Cambridge, England, and New York: Cambridge University Press, 1992), p. 189; Yulia Larina, "Krasno-belo-goluboy ogonyok," *Kommersant*, December 26, 2005, http://kommersant.ru/doc/2296344（二〇一六年三月二十五日瀏覽）。

那麼這段戲仿則是柔軟圓滑的。影片來到結尾，包括「搖滾客」、布爾喬亞和罪犯在內的全體演員團聚在一張大桌旁，橫躺在桌面中央的是蘇聯特權最獨特的可食用象徵之一——一頭烤乳豬——就像冉娜的父親當上州長之後，每年除夕就開始收到的那些烤乳豬一樣。在這段重新想像的蘇聯過往當中，每個人都分到了豬肉。[4]

《老歌》由即將在俄羅斯電視界取得最大影響力的兩個人創作，[5]並立刻大獲成功。這些老歌的全新翻唱，在隔年及其後響徹全國各個街角，攤販們迅速開始銷售雙卡帶專輯。續集也接連上映：《主旋律老歌》第二集、第三集和第四集。隔年，聯邦另一個最重要的廣播頻道重新製播了蘇聯的新年除夕節目《藍色火焰》，這樣的競爭如今顯現出這般巨量的一群懷舊閱聽人。當有線電視及衛星電視在數年後站穩腳步，就有一個完整頻道開播，每天二十四小時都在播送蘇聯電視節目。這個頻道名叫「懷舊」，頻道標誌顯現在畫面的邊角，包含了一組紅色的鎚子與鐮刀。

電視製作人正在運用古德科夫和他的同事記載於調查中的這些情緒。在一九八九年和一九九四年兩次研究之間，俄羅斯人已經厭倦了思考未來。他們正從過去汲取認同感，並額外為這段過去注入一股有益健康的保守主義氣息。

＊

「開放」、「單純」而不具特性的俄羅斯人，將自身能動性外包給了更強大的事物或人物。到了一九九五年底變得清晰可見的懷舊要素之一，是對一位強人領袖的嚮往，這樣的領袖有能力行使蘇維埃人始終準備好承受的那種強制力。葉爾欽看來再也不適合這個角色：他被動、通常不在場，總是身陷與國會又一次的衝突之中，即使這些衝突看來已經很久不再具有重大意義。他的軍隊正在與車臣的俄國公民打一場無望的持久戰，而一度看來很了不起的葉爾欽，連這個展示決心的機會也搞砸。車臣反抗者兩度在鄰近車臣的地區挾持大批人質，試圖逼使俄國談判。葉爾欽第一次不見人影，總理不得不代行交涉；到了第二次，葉爾欽則發表了語無倫次的電視演說。[6]這場戰爭使他喪失了資深異議人士，以及為他的政府工作的新自由主義經濟學家的支持，但這只不過是加強了近幾年來愈益顯著的一種傾向：葉爾欽在身邊任用了愈來愈多前蘇聯老手。就全國人口整體而言，這場戰爭不得人心，但還不足以引發任何有規模的抗議活動。幾番嘗試之後，組織示威的努力轉變為每週一次微型集會，更大程度上是幾位運動人士在莫斯科市中心包下一張桌子進行資訊說明。戰爭並未挑起激情，可是葉爾欽的支持度在一九九五年暴跌到只剩個位數。[7]到了一九九六年，在他第一任總統任期屆滿前夕，他的政治生命似乎要終結了。

儘管葉爾欽是民主派，他對挑選接班人卻有一種顯著的君王式執迷。一九九四年八月，他乘坐一艘內河遊輪，順著伏爾加河航行到下諾夫哥羅德，登岸時向群眾發表演說，宣告自己確立了接班

---

4 *Stariye pesni o glavnom 1* aired on ORT on December 31, 1995, http://www.1tv.ru/cinema/fi=8630（二〇一六年三月二十五日瀏覽）。

5 編按：該片的製作人是後來成為第一頻道執行長的康斯坦丁．恩斯特（Konstantin Ernst），以及日後成為堪稱後蘇聯時代最知名也最受喜愛的電視主持人和導演列昂尼德．帕菲諾夫（Leonid Parfenov）。

6 Oleg Orlov and Alexander Cherkasov, eds., *Rossiya-Chechnya: Tsep' oshibok i prestupleniy* (Moscow: Memorial, 1998).

7 Kirill Rodionov, "Byli li chistymi prezidentskiye vybory—1996?" Gaidar Center, July 30, 2015, http://gaidar.center/articles/transparent-election-1996.htm（二〇一六年三月二十七日瀏覽）。

人：鮑里斯・涅姆佐夫。「我只是要說，他已經成長了這麼多，我們現在可以放眼他當上總統了。」葉爾欽說。如此笨拙的措辭說明了這是葉爾欽的決定，而非年輕人自身的決定。[8]涅姆佐夫一直是接班的不二人選，直到他開始出聲反對車臣戰爭。一九九六年，下諾夫哥羅德人民募集了一百萬人的簽名連署反對戰爭——當地有三百七十萬人口，這意味著地區內幾乎全部成年人都簽了名。涅姆佐夫乘坐一輛下諾夫哥羅德製造的貨車，將連署送往克里姆林宮。他讓駕駛在城堡外停車，然後大步走進葉爾欽辦公室，手裡拿著其中一個附有連署的厚重紙板活頁夾。

「你認為呢？」葉爾欽問道，用一種人們可能用來應付小孩的親暱語氣對他說話：「這些簽名是支持我還反對我？」

「你停止戰爭的話，他們就會支持你；你不停止戰爭，他們就會反對你。」

涅姆佐夫離開的時候，認為自己再也不是葉爾欽選定的接班人了。他接連幾個月沒聽到總統的消息。[9]

一九九六年三月，前總理葉戈爾・蓋達爾來到下諾夫哥羅德，請求涅姆佐夫參選總統。他和涅姆佐夫一同參訪一處集體農場，而他的見聞更確認了他的決心。在這四年半的鬥爭與極其複雜的改革期間擔任州長的涅姆佐夫，在這個地區受到真切的愛戴。不同於蓋達爾的名字和俄羅斯政府每一項不得人心的措施全都脫不了關係，他的舉止與相貌也看似高高在上、紆尊降貴；涅姆佐夫則是天生的政治人物，以一種平易近人的方式展現個人魅力和吸引力。蓋達爾論證，涅姆佐夫有能力成為真正的民主派候選人，在大選中同時擊敗葉爾欽和捲土重來的共產黨。涅姆佐夫則說，自己不能背叛葉爾欽。蓋達爾力主原則應當優先於個人忠誠，但他未能如願。[10]

最終，大選看來會是葉爾欽單挑共產黨，而且他會輸。但國家的新富階級和總統團結一心，他眷顧過的政治人物也是如此——最後也包括多數反戰的官僚在內——新興的自由媒體也是。不過最重要的是，葉爾欽自己也拚了。歷經看似在抑鬱和狂飲之間擺盪的幾年，總統終於動起來打選戰了。「人民突然看見一個完全不同的總統，一個被他們遺忘的總統：那是一九九一年的葉爾欽，以他獨有的能力對人民說話，經由他的能量和幹勁爭取支持。」蓋達爾後來寫道。[11]

列瓦達中心舉行的調查顯示，俄羅斯人在這次選舉期間想要三件事：終結經濟動盪、終結車臣戰爭、恢復國家的光榮。社會學家們自己也開始討論蘇聯解體所帶來的創傷。他們寫了一份又一份備忘錄給克里姆林宮。古德科夫寫了其中一份，斷言葉爾欽要是找不到方法結束車臣戰爭，就會敗選。葉爾欽打電話給涅姆佐夫，召喚他前往莫斯科一處政府機場；他們要一同前往車臣，發出戰爭開始收尾的信號。[12]葉爾欽派遣一個代表團前往車臣，授權他們不計任何代價促成和平。古德科夫看著電視上談判從停火迅速進展到締約的報導，對社會學襄助真實生活的結果大感驚嘆。

---

8 葉爾欽一九九四年八月訪問下諾夫哥羅德的影片，參看 Alexander Gorski, "On mog byt' prezidentom!" https://www.youtube.com/watch?v=IjtIQJZ9Kbk（二〇一六年三月二十七日瀏覽）。

9 Boris Nemtsov, *Ispoved' buntarya* (Moscow; Partizan, 2007); Ludmila Telen', "Soprotivleniye materiala: Boris Nemtsov pytayetsya sovmestit' zhizn' s politikoy: Obe soprotivlyayutsya," *Moskovskiye novosti*, June 18, 2002, http://nemtsov-most.org/2016/03/29/the-resistance-of-the-material-interview-part-i/（二〇一六年四月二日瀏覽）。

10 Viktor Yaroshenko, "Yegor i Boris: Kommentariy k zabytomu telereportazhu," Fond Yegora Gaidara, February 26, 2016, http://gaidarfund.ru/articles/2541（二〇一六年三月二十七日瀏覽）。

11 Yegor Gaidar, *Dni porazheniy i pobed* (Moscow: Alpina, 2014), pp. 383-384.

12 Boris Nemtsov, *Provintsial*，手稿撰寫於一九九六年，出版資訊不詳，PDF檔取自網路，p. 78。

倘若車臣和平這個目標是困難的，那麼另外兩個目標——終結經濟困難、恢復俄國榮耀——則是辦不到的。葉爾欽選擇直接對抗高漲的懷舊浪潮。他的陣營設法運用排山倒海的訊息淹沒《主旋律老歌》，其中大多數訊息內容都很駭人。卡通片設想共產黨統治的未來，冰箱裡空無一物，電視只播送一個節目。一位搖滾樂明星懇求歌迷們投票給葉爾欽，因為「我不要我的國家再次淪為共黨集中營。」一段由一九一八至一九二二年的內戰黑白片段構成的影片呼籲：「阻止內戰和饑荒還不嫌晚。」[13]一九九六年七月，葉爾欽贏得大選。

＊

葉爾欽顯然心裡明白，他勝選靠的是鼓動情緒，而非提出方案。選舉過後十天，他就設立一個委員會，尋求俄羅斯的新國家觀念。他指派特助喬治．薩塔羅夫（Georgy Satarov）主持這個委員會，限期一年產生結果。政府機關報《俄羅斯日報》（Rossiyskaya gazeta）宣告舉行一場徵文比賽，能在七頁之內陳述最精彩的國家觀念，就能贏得巨額首獎——一千萬盧布，相當於約兩千美元。身為自由派知識分子的薩塔羅夫連忙向大眾保證，委員會絕不會製作出一套蘇聯式意識型態，並強加於全體國民。它的目標反而是協助表述國民都能認同、或許早已達成共識的理念。薩塔羅夫自己則向委員會提議，西德在後納粹時期的行動方案可供效法，其中將一套經濟療癒方案與他所謂的「全國悔罪」（national penitence）結合起來。這項提案失敗了。徵文比賽無疾而終，首獎也未曾頒發。[14]

「根據傳聞，莫斯科郊外的政府別墅，被幾十個俄國『最聰明的人』擠滿了，」最重要的民族主義刊物《我們這一代》（Nash sovremennik）在一九九七年五月寫道：「他們浪費了數以噸計的紙張想要表述觀念。但看來有些事就是行不通。」[15]

克里姆林宮記者團在一九九七年秋天得到傳聞，則是說葉爾欽會在訪問下諾夫哥羅德期間揭櫫俄羅斯的國家觀念，那兒仍是後共產轉型的成功典範。據傳，葉爾欽會說俄國如今是資本主義國家，正朝著「人民資本主義」（People's capitalism）的光明未來邁進。這個說法的構造近似前蘇聯的宣傳範式，當時蘇聯說自己是個邁向共產主義光明未來的「社會主義」國家。有句流行語顯然是為了表達新國家觀念的本質而創造出來：「機會平等資本主義」（equal-opportunity capitalism），與多數人民認知中人脈優越者才能致富的俄國現狀恰好相反。

傳聞有可能部分或全部錯誤，或者葉爾欽有可能改變了主意。他造訪下諾夫哥羅德時，的確隨口提到了「機會平等資本主義」這個說法，但並未將它呈現為俄國的新觀念。記者團得出結論：克里姆林宮裡的保守派阻撓了這個提案，又一次在宮廷密謀中取勝。[16]

*

13 葉爾欽一九九六年的競選影片，可見於 https://www.youtube.com/watch?v=kAnpikvpZSI&index=24&list=PLsyd8Y6Pb3j3IuKcRm_dYfOVYUHBUNbgS，以及 https://www.youtube.com/watch?v=XYddyATMuTM&index=33&list=PLsyd8Y6Pb3j3IuKcRm_dYfOVYUHBUNbgS（二〇一六年三月二十七日瀏覽）。

14 Timothy J. Colton, *Yeltsin: A Life* (New York: Basic Books, 2008), pp. 389-390.

15 "Boris Yeltsin ishchet natsional'nuyu ideyu," *Nash sovremennik*, no. 5 (1997), p. 248.

16 Yelena Tregubova, *Bayki kremlyovskogo diggera* (Moscow: Ad Marginem, 2003), p. 69.

古德科夫和同事們的研究顯示，關於現在和未來的訊息全都無法吸引俄國人的心智，他們如今牢牢盯視著過去。對未來提不出新方向的一年後，葉爾欽開始應對過去，他終於提出了全國悔罪這個概念。一九九八年七月十七日，他顯然出於衝動，在預定行程之外前往聖彼得堡，來到俄國最後一位沙皇及其家人重新安葬的典禮上發表演說。這天是末代沙皇尼古拉二世和皇后亞歷山德拉、五位子女，以及另外四人，在他們被關押數月的葉卡捷琳堡（Yekaterinburg）一間房屋的地下室遭到處決的八十周年紀念日。

這間房屋在執行處決之後成為革命博物館，隨後又用作地方次級行政機構的辦公樓。沙皇尼古拉一家人的下場，其細節從未公諸於世。沒有人知道他們被埋在何處。蘇聯小學生只會學到俄國的末代沙皇被廢黜，十月革命勝利。為確保處決沙皇的一切記憶全部湮滅，黨中央在一九七〇年代下令拆除這間房屋，那時在當地擔任黨委書記的葉爾欽切實執行命令。但處決沙皇仍在當地傳說中留下了不甚確切的記憶，到了一九九一年，被認為是沙皇及其家人的遺骸出土。基因分析歷時七年——檢測遺骸的科技那時才剛誕生——最後，遺骸確認是沙皇、皇后，以及五名子女的其中三人。如今他們要遵循俄國正教的禮儀下葬。

葉爾欽在當地州長，以及政府遺骸辨識委員會最後一任主席涅姆佐夫的簇擁下，步入聖彼得堡的一座大教堂。「尊敬的同胞們，」葉爾欽說道：

> 今天是俄國歷史性的一天。自從俄國最後一位皇帝和他的家人遭到殺害，已經過了八十年。多年來，我們隱瞞了這樁恐怖的罪行，不過說出真相的時候到了。葉卡捷琳堡屠殺是我國歷史最可恥的其中一頁。當我們安葬這些無辜受害者的遺骸，我們也為祖先的罪惡尋求救贖。

罪責歸於犯下這一暴行的人，以及數十年來為這種行徑辯護的人。罪責歸於我們所有人。我們無權欺騙自己，無權使用政治形容詞替無謂的殘暴辯解。處決羅曼諾夫（Romanov）[17]家族肇因於俄國社會不可補救地分裂成「我們」和「他們」。我們至今仍被這種分裂的後果折磨。藉由安葬葉卡捷琳堡慘劇受害者的遺骸，我們首先採行了人類正義之舉。它象徵著民族的團結與共同罪咎的救贖。我們全都有責任保存我們人民的歷史記憶。因此我今天必須來到這裡。這是我生而為人、作為總統的責任。我向這些遭無情殺戮的受害者鞠躬。

葉爾欽低下頭來，默哀片刻之後，教堂唱詩班開始齊唱。確切說來，這是國家電視頻道上播送的過程。[18]實際上，葉爾欽又多說了兩分鐘：

當我們建立新俄國，我們必須在歷史之中找到立足點。羅曼諾夫之名記載於祖國歷史的某些光榮篇章裡，但這個名字也和人類歷史上最慘痛的教訓之一聯繫起來：運用暴力改變我們生活的任何企圖都注定要失敗。不論我們的政治觀點、宗教信仰和民族身分，我們有責任經由悔罪與和解為這個世紀畫下句點，它對俄國來說成了流血和無法無天的一世紀。歷史給了我們一個機會。當我們進入第三個千年，我們必須做到這件事，為了今日健在的人們，也為了後世。

17 編按：沙皇最後的王朝名。

18 "Tsarskiye pokhorony: Rech Yeltsina," RTR report, July 17, 1998, https://www.youtube.com/watch?v=LQJDMp_OrlA（二〇一六年三月二十八日瀏覽）。

讓我們紀念仇恨與暴力的無辜受害者。願他們安息。[19]

無論是刪節版還是完整版，這都是一篇絕佳的演說，更驚人之處在於：葉爾欽雖然充滿個人魅力，卻向來不是個特別鼓舞人心的演說者。

沙皇和他的家人重新安葬那年，廖沙十三歲。他在四年前讀過一本關於沙皇一家人遭處決的書，決心要痛恨殺害兒童的布爾什維克黨人。他母親幾年前就把書桌上的列寧半身像藏起來，同時開始把這一類書籍帶回家。當學校在一九九八年九月開學時，廖沙全班都在討論葉爾欽的演說。他們得出結論：如今在這場葬禮之後，蘇聯時代終於結束了。

但這意味著什麼？索利卡姆斯克開始重建一座被布爾什維克黨摧毀的大教堂。蘇聯時代被改成監獄的一所男子修院，也重新開設為修院。某種意義上，這些事件在廖沙看來全都與葉爾欽在聖彼得堡那座華麗大教堂裡的演說直接相關，就在葉爾欽鞠躬之後，鏡頭轉而拍攝那片精美穹頂與壯麗的吊燈。

葉爾欽的簡短演說包含兩個關鍵訊息：全國團結的需要，以及全國悔罪的需要。但只有團結的部分獲得注意，或許是因為這種話之前就聽過，當時搭配著「和諧與和解」。但救贖與承受蘇聯時代罪行責任的觀念，卻只在面向全國的講臺上響起這麼一次，就在那一天的聖彼得堡，而它們仍在彩繪華美的穹頂下某處飄盪著。涅姆佐夫對自己一九九〇年代的政治生涯寫下了詳盡的回憶錄，卻隻字不提自己身為遺骸辨識委員會主席的角色。至於葉爾欽，他把整個「國家觀念」主題從回憶錄中完全捨去。就在葬禮僅僅兩年後，葉爾欽於二〇〇〇年出版的一本書中，將自己在重新安葬典禮上的演說「引述」如下：

> 多年來，我們隱瞞了這樁恐怖的罪行，但說出真相的時候到了。葉卡捷琳堡屠殺是我國歷史最可恥的其中一頁。當我們安葬這些無辜受害者的遺骸，我們也為祖先的罪惡尋求救贖。罪責歸於犯下這一暴行的人，以及數十年來為這種行徑辯護的人。……我向這些遭無情殺戮的受害者鞠躬。……運用暴力改變我們生活的任何企圖都注定要失敗。[20]

在這個演說版本裡，罪責完全外部化了。共同承擔責任的主題以及這一刻歷史意義的概念，全都被略去。涅姆佐夫和葉爾欽這兩人的遺漏，顯現的是對這兩個政治人物而言，象徵領域在多大程度上退居於實質之後。葉爾欽的省略同時意味著，他在代表自己的國民承擔「流血和無法無天的一世紀」沉重責任的唯一一次嘗試過後，再度變卦。

*

廖沙成為青少年的時候，他對蘇聯的全部電影作品已經如數家珍——蘇聯製作的電影數量之少，又在電視上反覆播放，他才有辦法全都看過。他喜歡和母親一起觀賞一九三〇年代和一九五〇年代的宣傳音樂劇，以及一九七〇年代略帶苦澀的喜劇——眨眼微笑、心照不宣地諷刺布里茲涅夫統治——但他的最愛仍是刻劃偉大衛國戰爭的電影。他每一部都喜歡：一九五〇年代的通俗劇、一

19 "Prezident Rossii Boris Yeltsin na tseremonii zakhoroneniya ostankov chlenov semyi imperatora Nikolaya II v Sankt-Peterburge," http://yeltsin.ru/archive/video/51553/（二〇一六年四月三日瀏覽）。

20 Boris Yeltsin, *Prezidentskiy marafon* (Moscow: AST, 2000).

九七〇年代過分煽情的英雄電影，以及唯一一部承載著沉重而複雜弦外之音的一九七〇年代電影（片名是《二十日無戰事》〔Twenty Days Without War〕）。基本上，他熱愛偉大衛國戰爭。

多數俄國人也是如此。一九九四年的調查顯示，歷經一九八〇年代和一九九〇年代的這一切動盪之後，他們比以往更加依戀這次在國家歷史中占有明確地位的事件。古德科夫閱讀著問卷回應，將這場戰爭想像成一輛理想的車。這輛車的頭燈照亮了蘇聯躋身世界強權的未來，尾燈則將賜福的光芒投射在戰爭前蘇聯政權的罪行上；它的重量便利地掩蓋了蘇聯軍人的慘重傷亡，以及讓蘇聯得以用犧牲換取勝利這種對人類生命的漠視。古德科夫還想像不到的是，像廖沙這樣出生於重建時期開端的人，卻完全認同一場早在他出生前四十年就已經結束的戰爭。

瑪莎也愛這場戰爭。隨著她進入前青春期，她和母親展開了一場不對稱的爭執。塔蒂亞娜對於她們何以繼續在剝落的灰泥裡過日子，表述得愈來愈露骨。她說，俄羅斯的生活什麼都不是，也算不上任何一種生活。她當然不是在說她們過得不好——這時已經很清楚，她們多少稱得上有錢人家——但她的意思是，非得包紅包才能辦成任何事的生活，是每天受人羞辱的生活，為了表示抗議，她持續故意不重新粉刷、重貼壁紙，也不買洗衣機；她們反倒將洗衣工作交付給一家新開的、名叫黛安娜（Diana）的洗衣摺衣店，它在全市各地都有收貨點和交貨點。這個舉動的含意在於她們總有一天要到別處過值得過的生活，這樣的生活出了俄國才有。

為了反抗母親的抗議行動，瑪莎加入了青年水兵俱樂部（Young Seaman Club），雖然他們接受一個女孩的姿態多少有些屈尊。俱樂部提供射擊練習、無止盡地談論俄軍的強大，以及電腦程式設計課程——最後一項才是塔蒂亞娜允許瑪莎加入的理由。距離塔蒂亞娜和瑪莎同住的破敗公寓一小段電車車程的希姆基水庫（Khimki Reservoir）一解凍，青年水兵就會開始訓練，划著小小的划槳船繞行水庫一圈。他們航行到聖彼得堡參觀真正的海軍船塢，但瑪莎不能同行，因為那艘船無法為女性提供住宿空間。

但身為唯一的女青年水兵，瑪莎獲得了參加一九九五年五月九日偉大衛國戰爭勝利五十周年紀念活動的門票。世界各國的領袖都會前來，即使要安排他們前來絕非易事。葉爾欽正因車臣戰爭而遭受國際批判，美國總統柯林頓（Bill Clinton）直到三月都還在猶豫。做為讓步或勸誘，葉爾欽承諾取消有戰車和飛彈參加的紅場閱兵遊行。這樣的遊行從第二次世界大戰之前就開始舉行，首先是為了震懾潛在敵人，二戰之後則是為了慶祝勝利，但一九九〇年之後就不再舉行。一座小教堂甚至在紅場入口處重新建造起來，一九三一年之前它就坐落在這個位置，其後由於閱兵日的武器裝備需要進出，又被拆除。為了紀念勝利五十周年，官僚再次策劃舉辦閱兵典禮，但葉爾欽主動提議改到他處進行，讓外國領袖得以檢閱紅場上的二戰老兵分列式，但避開軍隊遊行。

柯林頓來了，英國首相梅傑（John Major）、法國總統密特朗（François Mitterand）、德國總理柯爾（Helmut Kohl）及其他許多外國元首也來了——這是同盟國在一九四五年之後首度齊聚俄國領土上，也是莫斯科有史以來最大的世界名流盛會之一。[21]來自世界各國的軍樂隊在紅場旁的歷史

21 Igor Sulimov, "Istoriya voyennykh paradov na Krasnoy ploshchadi," *Voyennoye obozreniye*, May 9, 2013, http://topwar.ru/27770-istoriya-voennyh-paradov-na-krasnoy-ploschadi.html；Bernard Gwertzman, "Yeltsin to Alter Parade on V-E Day to Draw Clinton," *The New York Times*, March 17, 1995, http://www.nytimes.com/1995/03/17/world/yeltsinto-alter-parade-on-v-e-day-to-draw-clinton.html?pagewanted=all；Mark Matthews, "Clinton Agrees to Meet with Yeltsin in Moscow," *The Baltimore Sun*, March 21, 1995, http://articles.baltimoresun.com/1995-03-21/news/1995080017_1_clinton-moscow-50th-anniversary；"Victory Day: The World to

博物館前遊行，瑪莎得以參加的正是這一部分紀念活動。她覺得非常精彩。就連塔蒂亞娜也不得不承認，她看得出這些活動的吸引力。瑪莎得意洋洋地緊緊攢著一位美軍銅管樂隊隊員送給她的熨燙補丁貼。

*

歷史博物館仍舊呈現了自石器時代起一路延續到蘇聯的故事，不少兒童十月團員留下的印象是史前人類竟然直接演化成了列寧；在沒有勝利日閱兵的日子裡，它成了吸引各式各樣俄羅斯民族主義者的磁石。男人在它的走廊上閒晃，偶爾女人也加入，對著每日排隊入館的數千人發表演說、即興組織小組討論、發送傳單，以及最重要的，販售書籍和期刊。人們來到這兒購買《我們這一代》雜誌，以及其他自我標榜的「愛國」出版品。俄國和俄國人主題的書籍重到把摺疊桌壓得變形，這些書籍從乘坐哲學家之船離境的學者論著到《錫安長老會紀要》，不一而足。

遠比其他書籍更顯眼、數量也更多的，則是列夫·古米廖夫（Lev Gumilev）的著作，這位多產的民族誌學者，其著述在蘇聯時期無法被一般大眾讀到。古米廖夫是俄國歷史上最偉大詩人之一安娜·阿赫瑪托娃（Anna Akhmatova）與身為沙俄軍官的詩人、最後被布爾什維克黨處死的尼古拉·古米廖夫（Nikolai Gumilev）兩人的兒子。列夫·古米廖夫在一九三三年首次被捕，但為時不久，當時他才二十一歲，兩年後又再度被捕。這次他被關押數月，獲釋後也遭大學退學。他在一九三八年又一次被捕，往後五年都在古拉格勞改營度過，獲釋之後幾乎立刻被徵兵入伍。第二次世界大戰結束後，他終於得以重返學術研究，在三十六歲那年通過博士論文口試。然後他再次被捕，判刑十年、服刑七年之後，由於赫魯雪夫譴責史達林的政治迫害而獲釋，在四十四歲時終於得到自己的第一份研究職位。不過他說自己最重要的概念，是在勞改營裡構思出來的。[22]

古米廖夫的思想核心是族群溯源（ethnogenesis）概念，按照他的理論，不同族群經由這個過程而形成，並取得代代相傳且與眾不同的特色。一個族群，或古米廖夫所謂的民族（ethnos），由兩股最強大的力量塑造：他們生活的地理條件，以及來自外太空的輻射。古米廖夫在他討論族群溯源的著述中，詳細說明了他對輻射及其導致基因變異的概念，而他的歷史著述則跟隨地理決定論，汲取歐亞主義（Eurasianist）理念——這個思想學派大約與布爾什維克革命同時誕生，顯然是對革命的回應——主張橫跨歐亞兩大陸的困境決定了俄國獨特的發展過程。[23]

古米廖夫獲釋並恢復名譽之後，只勉強見容於蘇聯學術建制，其思想大多受到避忌。但在一九九二年去世前夕，他仍得以享有一、兩年的人氣，甚至名聲：他錄製了一系列演講，經由電視播送而讓千百萬人得以收看；原先寫給學界讀者的書籍，印刷次數隨後更打破了可以想像得到的一切紀錄。他是後蘇聯時代完美的知識界英雄，雖然受害於政權，心智看來卻戰勝了傷天害理的逆境。他

Celebrate in Moscow," *The Moscow Times*, April 15, 1995, http://www.themoscowtimes.com/news/article/victory-day-the-world-to-celebrate-in-moscow/340359.html（皆於二〇一六年三月三十日瀏覽）。

22 Sergei Lavrov, *Lev Gumilev: Sud'ba i idei* (Moscow: Airis-Press, 2007).

23 Mark Bassin, "Nurture Is Nature: Lev Gumilev and the Ecology of Ethnicity," *Slavic Review* 68, no. 4 (Winter 2009), pp. 872-897; Mark Bassin, "Lev Gumilev and Russian National Identity During and After the Soviet Era," in Athena Leoussi and Steven Grosby, eds., *Nationalism and Ethnosymbolism: History, Culture and Ethnicity in the Formation of Nations* (Edinburgh: Edinburgh University Press, 2006), pp. 143-160; Alexander S. Titov, "Lev Gumilev, Ethnogenesis and Eurasianism," doctoral dissertation, University College of London, School of Slavonic and Eastern European Studies, 2005.

鼎鼎大名的母親最著名的詩作是一首令人心碎的組詩，名為《安魂曲》，在蘇聯祕密流傳，說的正是他被捕入獄的故事。

> 拂曉時他們把你帶走，
> 我像是送殯似地跟在你身後，
> 孩子們躲在小屋裡哭泣，
> 蠟燭在神龕前融流。
> 你嘴唇上還留有小聖像的冷氣，
> 額角上滲出冰冷的汗滴……這豈能忘掉！
> 我要像古代射擊手的妻子們那樣，
> 在克里姆林宮的塔樓下哭號。[24]

古米廖夫的知識探問，可以被看成是社會科學在蘇聯命運的本質（或諷刺畫）：花了數十年在敵對環境下工作，與他人的思想隔絕，奮力在一片黑暗中發明輪子。單打獨鬥的古米廖夫必須創造出自己的宇宙論，其中包括外太空輻射。他的全套理論及其科學光環，必然吸引那些後蘇聯心靈，他們才剛喪失對世界的一套通盤解釋。民族成了俄國人日常對話的內容，古米廖夫發明的其他概念也是，像是熱力值（*passionarnost'*），這是一個民族最初吸收輻射、終至擁有民族特有能力的程度計量值。

其他提供整體性及科學語言的思想學派，也正在俄國站穩腳跟。比方說，社會學特別受到小企業主和小城市官僚的歡迎。但有兩種屬性，使得古米廖夫的思想完全符合這個歷史時刻的需求。他對族群根本性質的堅持，有助於解釋帝國所承受的痛苦；他的地理決定論則非常適合俄羅斯命運獨一無二的觀念，列瓦達的調查已經揭示出這種觀念對俄國人來說何其重要。

瑪莎的祖母被古米廖夫的理論吸引了。瑪莎的母親反對這套說法。她選擇了數學家阿納托里・福緬科（Anatoli Fomenko）發明的一套完全不同、但仍包羅萬象的修正主義理論，他宣稱自己的計算改寫了全部的世界歷史。歷史在他的故事裡更短、也更淺顯易懂：中世紀的世界是一個巨大的帝國，俄羅斯位於世界中心；在這之前幾乎一無所有。傳統的歷史純屬虛構，由統治世界的俄國人編造出來以自娛自樂。福緬科是典型的陰謀論者：他藉由以隨機數學假設為基礎的堅定邏輯來證明自己的論斷，並將所有相反事證一概斥為敵人的捏造。福緬科在精密科學群體裡尤其受到歡迎，就連世界西洋棋冠軍卡斯帕洛夫有一陣子也是大力宣揚的擁護者。[25]莫斯科國立大學的校長也是一位數學家，他崇拜福緬科，到了一九九〇年代中期，更將福緬科拔擢到校內數學層級的最高位置，為其理論添加更多可信度。[26]這成了家庭內部爭吵的又一個理由：瑪莎的祖母滔滔不絕地高談族群溯源

---

24 Poem no. 1, *Requiem*, from Anna Akhmatova, *Selected Poems Including "Requiem,"* trans. A. S. Kline, http://www.24grammata.com/wp-content/uploads/2014/08/Akhmatova-selected-poem-24grammata.compdf.pdf, p. 141. 譯者按：本詩中譯參看阿赫瑪托娃著，烏蘭汗（高莽）譯，《安魂曲》（臺北：人間，二〇一一年），頁四七。

25 作者訪談加里・卡斯帕洛夫，二〇〇五年七月在莫斯科。

26 Sergei Novikov, "Matematiki—gerostraty istorii? (Ne pogibnet li rossiyskaya matematika?)," http://hbar.phys.msu.ru/gorm/fomenko/novikov1.htm（二〇一六年四月二十日瀏覽）。

論；瑪莎的母親向她咆哮道，數學證明了萬事萬物其實都是另一回事；瑪莎的祖父則用最高聲量吼叫著說，一切全都是猶太人的陰謀。有時他也會扯到同性戀者，不過瑪莎的母親這時總會指出：柴可夫斯基是同性戀者，卻是偉大的俄國作曲家。她還會對瑪莎補充道：皇后合唱團的佛萊迪・墨裘瑞（Freddie Mercury）也是同志。

*

杜金吸收了古米廖夫的整套學說，做為自己的科學基礎。古米廖夫的語言成了他的語言，他也運用古米廖夫的前提推導出自己的新見解。他寫作的速度幾乎跟閱讀一樣快，先是為愛國媒體發表文章，再將這些文章以每年大約一、兩本的速度集結成書。既然可以讀到的出版品近乎無限量，他信手拈來都能找到可用的觀念。德國理論家卡爾・施密特（Carl Schmitt）是希特勒最喜歡的法學家，他成了杜金的靈感來源，但創造出「開放社會」概念的奧地利裔英國哲學家卡爾・波普爾（Karl Popper）同樣也是他的靈感來源。出生於匈牙利的美國億萬富豪喬治・索羅斯（George Soros）在解體的東方集團各國設立許多基金會和教學機構，數十年來他一直景仰波普爾，他所設立的大多數機構名稱裡都包含「開放社會」一詞。波普爾的理念代表了俄羅斯如今自稱想要成為的一切，而他本人曾經提出一個二元對立：開放社會及其敵人。杜金想要成為開放社會的敵人。

一九九四年，杜金發行了《保守革命》（*The Conservative Revolution*）一書。他在這本書中展望一場運動，對抗他所謂的「極端人文主義」（extermist humanism）——認為世界各地所有人類都享有權利的理念——及社會依法建立的概念。他解釋，這些從西方輸入的觀念之所以錯誤，正因它們與俄羅斯人根本是異質的，俄羅斯民族按照自身命運而發展，地理位置則讓俄羅斯天生就以美國和英國為敵。[27]

杜金和兩位比他年長、也比他有名的人物搭檔：一位名叫葉戈爾．列托夫（Yegor Letov）的搖滾樂明星，和一位名叫愛德華．利莫諾夫（Eduard Limonov）的作家。兩人都是身穿皮夾克的波希米亞人，用盡一生對抗他們所遭遇的任何體制。利莫諾夫是蘇聯時代的地下詩人，於一九七〇年代待在紐約，自認為是同志暨流浪漢，一九八〇年代又在巴黎成為前衛作家，後來借道南斯拉夫返回俄國，途中與波士尼亞塞族領袖拉多萬．卡拉季奇（Radovan Karadži）同行，槍殺波士尼亞穆斯林取樂。這時的利莫諾夫正在想方設法，要讓自己的聲音在後蘇聯俄國的眾聲喧嘩中被聽見。他們三人一同接受了比利時人羅伯．史托伊克斯在三年前向杜金提倡的理念，成立了民族布爾什維克黨（National Bolshevik Party）。對於利莫諾夫、列托夫，以及另一位立刻加入這個大名如雷貫耳團體的前衛音樂家來說，民族布爾什維克黨主要是一項藝術實踐。杜金則更認真地將它當作一項長程計畫，既是政治的、也是哲學的。在往返穿梭歐洲各地，參與新右翼集會將近四年之後，杜金不再出國，集中心力處理俄國事務。他起草了創黨宣言，以下是部分內文：

> 民族布爾什維克主義最精準也最完備的定義如下：「民族布爾什維克主義是開放社會的一切敵人普遍擁有的超意識型態。」它不只是與開放社會為敵的其中一種意識型態，更具體地說，它是完全有意識地與開放社會全部且在本質上相反。民族布爾什維克主義是一種世界觀，

27 Alexander Dugin, *Konservativnaya revolutsiya* (Moscow: Arktogeya, 1994).

建立在完全且激烈地否定個人及其中心地位之上。[28]

不管是布爾什維克黨人還是納粹黨人，都不曾宣示得這麼露骨。

28 Alexander Dugin, "Metafizika natsionalbol'shevizma," in *Tampliery proletariata* (Moscow: Arktogeya, 1997).

第十章　一切再度從頭來過

贏得選戰之後，葉爾欽又開始到處尋找接班人了。如今這項任務的象徵性雖不那麼強，卻更加急迫了。一九九三年的憲法規定他的第二任期就是最後一任。儘管他可以在法律上論證自己第一次競選時，是在一個完全不同的國家，但這麼做有悖他自己的原則。而且在一九九六年秋天，葉爾欽接受了心臟多重繞道手術，加上他為了連任，進行了非打不可的艱辛戰鬥，這些事想必都讓他意識到自己的脆弱。同時，一九九六年的總統選舉（後蘇聯俄國舉行的第一次總統選舉）也並未傳達出國家今後將由大眾選賢與能、產生人才的這層意義。它帶來的是反效果，揭示俄羅斯的權力鬥爭是氏族之戰，戰爭的勝利取決於哪一方更能有效動員。

古德科夫花了很多時間試圖理解這種效果，以及這段敘述肯定也適用於某些西方民主政體的運行（其中最有名的就是美國）這回事。差異存在歷史脈絡之中。俄羅斯的氏族是蘇聯職官名錄體系的直系後裔。蘇聯解體後的五年之內，沒有產生培養領袖、公共政治人物，乃至政府官僚的任何新機制。真要說的話，情況恰好相反。從蘇共的附隨或非直屬機構進入政府的年輕一輩都被排擠出政府之外，像是蓋達爾和他的內閣成員，他們多半轉而投身私營事業。[1] 前蘇聯政府、共產黨和國安會的人馬，填補了官僚體系每一層級的許多空缺，並且重新開始沿著權力階層向上攀升，彷彿蘇聯的終結只是讓他們暫時休假。在這些老面孔當中只有少數例外——幾位民選州長，還有幾名投身政界的高階將領——而葉爾欽恰好不喜歡這些例外之中的多數人。

但鮑里斯．涅姆佐夫不在此限。涅姆佐夫的指定接班人地位在抗議車臣戰爭之後被中止了，但戰爭既已結束，他又可以再次受寵。葉爾欽對晚輩鮑里斯的態度始終是家長式的——既關愛又紆尊降貴——這讓涅姆佐夫更容易重新得到寵愛。三十七歲的涅姆佐夫被任命為兩名第一副總理的其中一位，成為內閣第三號人物。他被帶到了莫斯科，所有媒體都把這項人事任命報導成指定儲君。

在冉娜看來，這項調動是父親在政治上自戀的又一步。他當上州長之後，就開發出欣賞自己在電視上模樣的這種品味。當他上了新聞——他常有上新聞的機會，因為他是個活躍又極受愛戴的州長——全家人都得收看。他取笑冉娜愛看一部名為《聖塔芭芭拉》（Santa Barbara）的肥皂劇，他開玩笑說，要是他奄奄一息，而《聖塔芭芭拉》正在播放，她就不會注意到自己。這讓他聽來彷彿在妒忌一齣電視劇，但冉娜更加荒誕，她妒忌父親對自己在電視上形象的癡迷。每年年底，地方電視臺通常都會準備兩小時的年度回顧特別節目，事實上這是以鮑里斯．涅姆佐夫為主角的節目，而他會黏在電視機前整整兩小時。對冉娜來說，政治現在就是這個意思：父親對螢幕上的自己有著貪得無厭的品味。如今這份努力，帶領全家人離開冉娜所愛的別墅、離開森林和她的單車，來到了莫斯科。

鮑里斯允諾，他們到了莫斯科也會住進森林裡的別墅。他沒有說謊，但也不完全是事實。那確實是一棟別墅，位於昔日的共黨權貴村莊裡，配備布滿灰塵、毫無人味的家具。冉娜的學校位於莫斯科的正中央，就算內閣閣員享有行車特權，前往學校的車程也好像沒完沒了。這所學校過去專供蘇聯菁英就讀，如今則由新富階級子女棲息，他們被學校英語教學優秀的名聲吸引而來。這些學生包括鋁業大王的女兒、遊戲節目主持人的女兒和媒體巨頭的女兒。冉娜那年十三歲，侷促不安再加上她來自外省的身分。她的衣著平凡，對奢華品牌一無所知，也對昂貴的名車聞所未聞。她不出國度假，也沒想過未來要到哪一間昂貴的西方學校就讀。她不屬於這裡。

在學校過了一季之後，冉娜宣布她要回到下諾夫哥羅德。父母親知道不要跟她爭辯。她的老師說：「你犯下了一生中最大的錯誤。」無論她放棄的未來是否如老師所暗示般那麼光明，冉娜一點也不想要。她回到下諾夫哥羅德和祖母同住，回到以前的學校讀書。

回到莫斯科，她的父親也正在經歷與她近似的沮喪和羞辱。約莫在抵達莫斯科之時，涅姆佐夫出版了自己前一年撰寫的書。這本小書名叫《外省》（*Provincial*），即使書名諷刺地想保持一定距離，但內容卻貼近莫斯科當下。它顯露出一個過於自信的年輕人被自己對世界的理解所眩惑。全書最有聲有色的內容，是涅姆佐夫對他有幸遇見的所有男性名人——以及一位女性，瑪格麗特·柴契爾——的一系列簡要介紹，從葉爾欽到李察·吉爾（Richard Gere），其中包括涅姆佐夫對某些他如今要在莫斯科共事的人所做的簡短側寫，以及對他們至今為止的進展毫無恭維之意的描述：

> 我們生活在無形的時間裡。有何改革可言？真正的改革未曾發生！消費品價格解除了管

---

1 Lev Gudkov, Boris Dubin, and Yuri Levada, *Problema "elity" v segodnyashney Rossii: Razmyshleniya nad rezul'tatami sotsiologicheskogo issledovaniya* (Moscow: Fond Liberal'naya Missya, 2007), p. 27.

制、所有人的自由權利得到宣告，這些算什麼改革？改革包含了逐漸放鬆韁繩，過程中穩定掌控壓力水平。你必須有能力辨別自由和完全缺乏監督兩者間的差異！[2]

涅姆佐夫寫道，政府不僅忽視了自身的監督功能，更任由自己被新富階級操弄。他將這些人的影響力，與神祕主義者格里高利．拉斯普丁（Grigory Rasputin）在一九一〇年代對俄國末代沙皇施加的影響力相提並論：

> 俄國始終受擁有職銜和身分的官方當權者掌控，也受非官方的當權者控制。比方說，我們有過格里什卡．拉斯普丁。如今我們有了某種拉斯普丁集團。人數很多，但全是無名小卒。格里什卡是個非凡之人，有自己的天賦。但對於今天圍繞在沙皇身邊的這些人，你實在沒辦法這麼形容。[3]

涅姆佐夫發明了兩個詞：「寡頭」和「強盜貴族資本主義」（robber-baron capitalism）。這兩個用法都延續下來。[4]他一到莫斯科，就想出一個讓有錢人循規蹈矩的計畫。有了在下諾夫哥羅德有效施展權力的五年經驗，他確信就任新職之後，把聯邦政府整頓得井然有序就純粹只是意志問題。[5]他寫了一份備忘錄給葉爾欽，概述他稱為「克里姆林宮收歸國有」的這個計畫。備忘錄解釋，克里姆林宮（涅姆佐夫和其他所有俄國人以此借代「國家的政治權威」）就像商店和石油公司那樣被民營化了，如今必須由民選產生的合法主人收回。涅姆佐夫的「收歸國有」包含了小規模和大規模的措施。克里姆林宮核發給寡頭們、讓他們得以進出城堡不受限制的身分證必須收回；由克里姆林宮核發、令他們不受交通規則約束的牌照和藍色閃光燈也是一樣。進一步的民營化必須公開透明，為所有潛在投資人創造出公平競爭的環境。股票擔保融資（loans-for-shares）的標售行為必須停止。這些標售藉由將多數股票擔保的信用貸款借予大公司，讓投資人得以掌控公司，因為他們知道公司還不起貸款；標售本身通常就是由潛在的貸方所組織。

葉爾欽喜歡這個計畫——涅姆佐夫日後寫道，關於寡頭出入特權的那部分想必特別令總統感興趣，因為這讓總統想起了昔日共黨分配及控管額外待遇的體系，那正是葉爾欽曾經強力撻伐的對象。但政府一旦開始試圖實施民營化競爭環境的均等方案，寡頭們立刻對政府開戰。涅姆佐夫嚴重誤判了形勢：他以為自己在地方上磨練出來、用以對付權力衰退的舊蘇聯式頭人那套工具，同樣能夠對付扶搖直上的寡頭們。他也倚靠自己身為政府官員的威信，卻沒有意識到權力在莫斯科從來不是固定的，而是取決於某人與葉爾欽的親近程度，以及葉爾欽是否予以眷顧。總統在理論上仍繼續支持涅姆佐夫的計畫，但他對輿論戰以及涅姆佐夫缺乏的應戰技巧卻是愈來愈惱火。[6]

---

2 Boris Nemtsov, *Provintsial*，手稿撰寫於一九九六年，出版資訊不詳，PDF 檔取自網路，p. 33。

3 前引書，p. 60。

4 Ludmila Telen’, “Soprotivleniye materiala: Boris Nemtsov pytayetsya sovmestit’ zhizn’ s politikoy: Obe soprotivlyayutsya,” *Moskovskiye novosti*, June 18, 2002, archived at https://nemtsov-most.org/2016/03/29/the-resistance-of-the-material-interview-part-i/（二〇一六年四月二十四日瀏覽）。

5 Boris Nemtsov, *Ispoved’ buntarya* (Moscow: Partizan, 1997), p. 28.

6 前引書，p. 24。

涅姆佐夫公開質疑寡頭們的正當性和能耐已經侮辱了他們，現在他還要奪走他們的政治影響力和潛在財富。然而他們擁有媒體。他們通常運用媒體彼此交戰，但如今他們聯手來對付他。莫斯科的記者們嘲笑他的理由，和冉娜在學校裡被有錢同學霸凌時完全一樣：他對衣著和車款一竅不通。他在夏季的大熱天穿白長褲，在機場迎接前來進行國事訪問的亞塞拜然總統。如此丟人現眼地違背外交禮節，在電視上被反覆播出。[7]至於車款，涅姆佐夫當時正在遊說，要求明文規定政府部門只能使用俄國國產車接送各級官員。此時的莫斯科官員已經在使用賓士S-Class了，涅姆佐夫被描繪成不只對車款無知、更有貪腐嫌疑，因為他要求使用的伏爾加轎車，是在下諾夫哥羅德生產的。全國最受歡迎的電視主播之一謝爾蓋．多倫科（Sergei Dorenko）指稱涅姆佐夫參加了性愛派對，僱用脫衣舞孃表演，卻沒付錢給她們。[8]涅姆佐夫後來寫道，多倫科幾年後對他說，是他自己僱用了那些性工作者在螢光幕前詆毀涅姆佐夫。[9]

涅姆佐夫的全國支持度在他來到莫斯科時將近五成，這時卻跌落到低於檢測水平。[10]他再也不是葉爾欽的指定接班人了。

＊

一九九五年，瑪莎的母親放棄了零售生意。她不再往返穿梭進口難看的韓國手提包。她用掙來的錢在莫斯科西北的伊斯特拉河（Istra River）買下一間別墅，並且重回大學讀書。她想要再次活用自己的智能，但物理學顯然不可能讓她賺到錢。有人告訴塔蒂亞娜一個新領域，名為精算學（actuarial science）——這在俄國是新鮮事。也就是說，市場需求催生了它，但夠格研究這個領域的人極少。塔蒂亞娜思忖，靠她的統計物理學背景，她能學得成，而且很快。然後她在修課時認識一個來自軍人保險公司（Military Insurance Company）的男人，他給了她一份工作。

一如許多新事業，軍人保險公司也是新需求結合舊有資源及管道所孕育的產物。塔蒂亞娜的新老闆是退役軍方高層，他們運用專長和人脈創立了公司；一開始的事業成就多半利用了法律漏洞，讓客戶得以運用保險政策中看似保費的部分逃稅。但他們的某些業務確實是保險，而塔蒂亞娜證明了她新近習得的精算技術十分寶貴。退役上校們喜歡她。這是她未曾接觸過的陌生環境，但他們善待她和瑪莎，有時瑪莎會在塔蒂亞娜似乎不曾離開過的辦公室待上一會兒。

塔蒂亞娜並沒有完全改變她對俄國未來這一課題的看法——她僅僅是把自己的期望調整了一個世代。她自己大概不可能去別處生活，但她的女兒可以。為了這個目的，她不但確保了一份體面且穩定的收入，還把大部分的錢用來為瑪莎請家教，如今瑪莎的任務是考取莫斯科國立大學，日後再把學位增值為一張出國讀研究所的門票。

接著，在一九九八年八月某日，塔蒂亞娜的銀行提款卡失效。她們在世上所有的財產全在那個戶頭裡。這個詞叫做「違約」（default）。俄羅斯不再償還國債，這意味著盧布重貶、物價飛漲、恐慌大作、人們奔向銀行擠兌現金，銀行則切斷客戶使用戶頭的管道。在幾個案例中，這種作法仍不

---

7 前引書，p. 23。

8 "Nemtsov s prostitukami,"一九九八年多倫科節目片段，時間不詳，https://www.youtube.com/watch?v=l1e-i3e80EA（二〇一六年四月二十四日瀏覽）。

9 Nemtsov, *Ispoved' buntarya*, p. 23.

10 Telen', "Soprotivleniye materiala."

足以避免銀行倒閉。

瑪莎必須停聘家教，也不能再拿衣物去送洗。但真正令瑪莎驚恐的，是不用衛生棉將就過日子的可能性。她最近月經來潮了，塔蒂亞娜對她說，她們在蘇聯時代得用棉花度過經期（她省略了一件事：不見得能順利獲取棉花）。要是瑪莎下次經期來臨前塔蒂亞娜還沒取得現金，她是不是就得用棉花呢？要是「違約」的意思是衛生棉會從商店完全消失呢？這些想法嚴重到令她無法承受。她們認識在寶鹼公司（Proctor & Gamble）工作的某人，才剛領到牙膏、棉墊等產品代替薪水，瑪莎說服母親設法用任何物品換回一大盒量販用衛生棉。

這份恐慌並未持續很久。數月之內，塔蒂亞娜就定期領到薪水，她們又開始將衣物送洗。她們家的迅速復甦得歸功於軍人保險公司時來運轉，公司剛確定和聯邦安全局（Federal Security Bureau, FSB）簽訂一份大手筆的新合同，就在葉爾欽任命一位新局長之後。他是一名來自聖彼得堡的上校軍官，名叫弗拉基米爾．普丁。

*

對一位生活在索利卡姆斯克的教師來說，復甦則歷時更久。廖沙的母親和她認識的其他教師一樣，在整個一九九八到一九九九學年裡都無薪工作。她的丈夫仍然從礦場獲得一份薪水，但讓他們得以維生的是廖沙母親的馬鈴薯園。他們沒吃馬鈴薯的時候，就吃義大利麵拌糖——從加林娜兒時流傳下來、製造飽足感的一道菜。他們接連數月不知肉味。

*

一九九八年夏天，冉娜同意回到莫斯科，但有個條件：她要去讀一所普通人念的學校。第三一二小學普通到連不抽菸、不喝酒的學生，在那兒都顯眼地尷尬。但還沒等到九月學校開學，冉娜就經歷了永生難忘的一天。

他們當時住在花園環路（Garden Ring）上，這是圍繞莫斯科市中心的一條環形大道。葉爾欽在那兒分配給涅姆佐夫一間公寓——此時這種做法簡直成了各級政府的常規：法官會從市長那兒獲贈一間公寓，地方議員得到州長贈予的公寓，涅姆佐夫這樣的內閣閣員則由總統親自撥給。這套報償體系與前蘇聯特權分配體系的差異，在於新的做法更為個人化而非系統化——每間公寓都依照上級的意願，由上級決定贈予。此外，不同於蘇聯的公寓名義上為國有財產，這些新公寓成了受贈者的財產，無論他在職幾年或是幾個月。

花園環路上的一間公寓是特權與聲望的標誌。它同時是個非常便利也非常不舒適的居住場所。你從那兒前往市區任何地方都很快，但花園環路本身卻時時刻刻都有大量車流，使得人們甚至不能打開面向道路的窗戶，因為有太多噪音和髒東西會湧進屋內。他們緊閉窗戶，看著薄薄一層黑在窗外愈變愈厚，覆蓋住他們。

但在八月那一天，冉娜走到窗邊卻什麼也看不見。本應擁擠不堪的道路上只看得到幾輛車——它們彷彿大逃亡行列的掉隊者。一定有壞事發生。她父親幾個月來一直在談論經濟危機迫在眉睫。那必定就像現在這副模樣。

涅姆佐夫一直在對俄國日益積累的國債發出警告。涅姆佐夫確信，充滿誤導又假扮成自由的政府放任心態，完全無法為走向內爆的經濟承擔責任。亞歷山大・尼古拉耶維奇・雅可夫列夫透過自己身為蘇聯領導階層一員親身經驗的視角觀看這個問題，看到的是他在重建時期最難對付的那個集團獲得勝利。他們是蘇聯工業的首腦，在計畫經濟體系裡進入政府擔任部長職務，但亞歷山大・尼古拉耶維奇就只稱他們為「黑手黨」（Mafia）。[11]他確信這群人又一次合謀獲取（並掠奪）大筆金錢。華盛頓布魯金斯研究院（Brookings Institute）經濟學者克利福德・蓋迪（Clifford Gaddy）提出了激烈的斷言：一九九〇年代前期俄國的一切改革措施，全都無法動搖統制經濟的巨獸們，使它們繼續以一切不合邏輯和極其無利可圖的方式支配俄國經濟。按照蓋迪的說法，新經濟的一切表象——理應由市場主導的物價、具競爭力的薪資、課稅——純屬錯覺，別無其他。他稱之為「虛擬經濟」（virtual economy），早在這個形容詞產生不一樣且更迷人意義的很久之前就發明了它。他的意思是，這個國家假裝自己進入了新經濟時代，但實際上交易仍靠以物易物，且從未完全履行任何金錢給付義務。他同樣歸咎於那些未經改革且政治勢力強大的統制經濟核心——令亞歷山大・尼古拉耶維奇擔心的那幫黑手黨——所經營的那些低效能卻龐大的公司。涅姆佐夫所憂慮的那些「強盜貴族」是「虛擬經濟」之王。[12]

不論這些批判者——包括內閣第三號人物——聚焦於債務、蘇聯經濟遊說集團猶在的影響力，或是俄國新經濟的想像本質，他們對局面無以為繼、政府矢口否認倒是所見相同。涅姆佐夫一直在提倡貨幣改革，包括將盧布貶值——或許能藉此讓整個貨幣體系少一些「虛擬」——但這些提案都被駁回了。俄國反倒變本加厲地舉債，好支撐通貨。國債堆疊成了金字塔，終於在一九九八年八月崩塌。這就是「違約」——涅姆佐夫從新聞電訊裡讀到這個詞，冉娜則從廣播中聽到。俄國不再清償國債，人們陷入恐慌，銀行不再發出現金，車輛不再奔馳於花園環路上。

涅姆佐夫想要辭去內閣職務，但雷莎說：「違約的人又不是你，也輪不到你辭職。」葉爾欽說了本質相同的話：他開除了多數內閣閣員，但留任涅姆佐夫。但葉爾欽的政治力量因經濟崩盤而大為衰弱，再也不能指望促使國會通過他親自指定的總理人選。七十歲的對外情報部門資深官僚葉夫根尼・普里馬可夫（Yevgeniy Primakov）最終獲得國會確認執掌政府，他體現的是蘇聯官僚縐巴巴灰西裝的精神特質。涅姆佐夫辭職了：他無法在普里馬可夫的內閣施展拳腳。

時間馬上就走慢了。新年過後，涅姆佐夫一家人飛往美國。他們在哈佛停留一個月。涅姆佐夫以俄國經濟為題舉行講座，他主張俄國經濟亟需巨大重組及深層清洗。[13]這家人在大學宿舍分得一個房間，天花板的灰泥剝落、上下鋪床嘎吱作響，後來還發現了床蝨。鮑里斯提出申訴，於是一位教授將他們安頓在自己沒在使用的公寓。冉娜獲准在劍橋一所鄰近的私立學校上課。她很開心。他們的日子過得比許多年來更好。他們在哈佛之後又到了紐約，持續著緩慢而親密的暫時流放生活。

*

回望俄羅斯，政治卻在加速。一九九九年三月二十四日，北大西洋公約組織（NATO）開始轟炸塞爾維亞，以回應南斯拉夫出兵攻打科索沃一事。空襲開始時，普里馬可夫總理恰好正在前往

---

11 B. Generalov, "Ya s temi, kto chesten do kontsa," *Otkrytaya politika* 7, no. 9 (November 1995), http://www.alexanderyakovlev.org/fond/issues-doc/1009799（二〇一六年四月二十六日瀏覽）。

12 Clifford G. Gaddy and Brian W. Ickes, *Russia's Virtual Economy* (Washington, DC: Brookings Institution Press, 2002).

13 Tiffany C. Bloomfeld, "Former Russian Official Advocates Tax Reform: Nemtsov Gives First of Three Presentations," *The Harvard Crimson*, February 9, 1999, http://www.thecrimson.com/article/1999/2/9/former-russian-official-advocates-tax-reform/（二〇一六年四月二十七日瀏覽）。

聯合國途中。這次行動的侮辱與傷害完全一覽無遺。俄羅斯長久以來都認為信仰正教的塞爾維亞是他們與生俱來的盟友。科索沃在法律上則是塞爾維亞的一部分——穆斯林占多數、意圖分離的一部分——與車臣近似之處十分明顯。普里馬可夫才剛抵達美國幾小時，而美國總統柯林頓至少也該口頭上先問過他一聲，連這麼做都沒有就是存心侮辱。普里馬可夫下令掉頭，原機折返俄國。

隔天，瑪莎的班級前往列夫．托爾斯泰大街上的托爾斯泰圖書館校外教學。他們最近剛讀過托爾斯泰的小說《安娜．卡列尼娜》，安娜的情人——令人無限渴望的渥倫斯基（Vronsky）在故事尾聲志願參戰，為塞爾維亞人對抗土耳其帝國。這些十年級生沿著托爾斯泰大街散步，一邊討論著北約空襲塞爾維亞一事。他們一致認為這是暴行、背叛，實際上是美國攻擊俄國。對瑪莎來說，她腦海中最具權威和最熱情的兩種聲音——前者來自練兵備戰的水兵俱樂部，後者來自愛看電影的母親——此時終於匯聚成了一種熱情。美國人正在大導演埃米爾．庫斯杜力卡（Emir Kusturica）的國土上，轟炸瑪莎的塞爾維亞兄弟。

古德科夫的同事們進行的一次民調顯示，代表多數的百分之五十二應答者表示，他們對空襲感到「憤慨」；高達百分之九十二表示，他們確信這次轟炸是非法行為。百分之二十六應答者說他們覺得「焦慮」，百分之十三則承認自己感到「恐懼」。[14]古德科夫感受到，憤慨、焦慮、恐懼這三種情緒全都是「羞辱」的替代，羞辱感來自俄國在世界舞臺上喪失地位的事實被無情地擺在眼前。普里馬可夫在大西洋彼岸驟然動怒，更增強了這種情感。

五月九日，空襲開始一個半月後，紅場舉行了十年來第一次勝利日閱兵遊行。這次遊行並未像過去那樣出動戰車、飛彈，只有全副武裝的軍人列隊行進，他們的行進方向也與蘇聯時代紅場入口處小教堂修復之前相反。但隊伍最前端四個踢正步的軍人——三名年輕軍官跟隨一名領隊——高舉一面鐮刀與鎚子紅旗，樣式如同一九四五年插上德國國會大樓的那面紅旗一樣。葉爾欽並未站在蘇共總書記傳統上的位子——列寧陵墓頂端，但他在這位布爾什維克黨領袖的遺體死後七十五年仍然公開展示的這座花崗岩建築正前方設置指揮臺，仍舊承擔了監督遊行的傳統角色。這是偉大衛國戰爭五十四周年紀念日，但電視旁白宣告這個數字時宛如它具有特定的象徵意義，並且接著強調：「不論今天有誰試圖貶低我們戰勝的意義，它在人民心目中永遠都是偉大勝利。」[15]無需明指，人人都知道試圖追溯既往「貶低我們戰勝意義」的，正是發動轟炸的北約。

古德科夫想著，葉爾欽終於打出了他長久以來始終不肯打的一張牌：用偉大衛國戰爭的神話維繫自己的正當性。

*

勝利日閱兵過後三天，葉爾欽開始檢閱一連串接班人選。他不信任而且擺明不喜歡的普里馬可夫首先出局。他任命了四十七歲的原任內政部長謝爾蓋・斯捷帕申（Sergei Stepashin）接任總理。官僚生涯都在執法部門度過的斯捷帕申，這十年來頻頻進出政府，因此是個熟面孔——即使他欠缺人格力量，不足以觸發任何特定情緒反應。如今他藉由出任總理而成了葉爾欽的指定接班人。

---

14 “Krizis v Kosovo i rossiyskoye obshchestvennoye mneniye—Issledovaniye VTSIOM,” polit.ru, March 31, 1999, http://polit.ru/article/1999/03/31/477071/（二〇一六年四月二十七日瀏覽）。

15 “Voyenniy parad v Moskve (9 maya 1999 g.),” https://www.youtube.com/watch?v=Q6t8EbHIXuU（二〇一六年四月二十八日瀏覽）。

北約對塞爾維亞的轟炸在五月結束，經由談判達成的協議，使得科索沃事實上成了西方強權的保護國。維持和平部隊開始進駐科索沃地區各處要地，顯然要長期駐紮。六月十二日，恰好在俄羅斯獨立紀念日這天，英國維和部隊原定要進駐科索沃首都普里什蒂納（Pristina）的機場，但在前天深夜，兩百名駐守在波士尼亞的俄國維和部隊官兵突然跨越邊界，進入普里什蒂納並搶占機場。這次行動似乎沒有任何戰略目標，甚至未經規劃——俄軍對後勤補給毫無安排，最終得仰賴同情他們的北約部隊接濟。而在俄國本土，這次毫無意義且不受抵抗的軍力展示卻大有效果。瑪莎和她的朋友們為這次包圍機場行動喝采，一如他們為俄國足球隊戰勝荷蘭隊時歡呼那樣。一星期後，俄國同意派遣三千六百名官兵前往科索沃，與西方維和部隊合作，實際上修復了雙方在空襲開始之後決裂的關係，但俄軍不受北約指揮。[16]

不到三個月時間，葉爾欽對接班人一事再次變卦。他開除了斯捷帕申，任命另一個陰沉而不起眼的人物。但這次的指定接班人近乎沒沒無聞，他是葉爾欽不久前挑選掌管祕密警察的上校——弗拉基米爾．普丁。

那年夏天，瑪莎在中學最後一學年來臨前，和一位朋友以及朋友的母親一同去了克里米亞。他們在阿盧什塔（Alushta）租了一間單人房。他們到海灘遊玩，也看電視。瑪莎閱讀阿赫瑪托娃和馬克西米連．沃洛申（Maximilian Voloshin）的浪漫詩篇。他們遇見了來自烏克蘭城市第聶伯羅彼得羅夫斯克（Dnepropetrovsk）和基輔的青少年，這些人對他們說，他們講話有莫斯科腔調。瑪莎不承認自己說話有腔調，他們才有。他們大笑。他們常常一起喝酒。朋友的母親先行離開、塔蒂亞娜接替之後，他們更自由了。他們沒有門禁。他們深夜在碼頭上喝酒。某個夜晚，一個瘋狗浪把他們全都打下碼頭，但他們成功脫身，笑得開懷。

「我厭倦了克里米亞。」瑪莎有一次這麼說：「我想回俄羅斯。你知道的，白樺樹、蚊子，還有懷舊。」

塔蒂亞娜覺得滑稽——誰會厭倦大海？瑪莎也覺得好笑。但她們前往自己的別墅度過剩餘的夏天。那時是八月初。

「所以他現在要當我們的總理？」塔蒂亞娜說：「怪了。」她和這個人談判過保險合同，對他沒有太多印象。

但瑪莎對他刮目相看。他是一位情報員。蘇聯情報員是一群特殊人種。瑪莎有一次臥病在床，在祖母的公寓裡沒完沒了地觀賞呈現這群人的電影。有一部迷你影集叫做《塔斯社獲准宣告》（TASS Is Authorized to Declare），故事內容是一位完美無瑕又才華洋溢的國安會官員揭發莫斯科的美國間諜。指揮這些間諜的美國人約翰．格拉布（John Glabb）是純粹的邪惡，他不但在非洲小國組織親美軍人政變，還從貧窮國家購買嬰兒，把海洛因裝進他們體內走私，並且不惜為此殺人。他還娶了一位納粹富豪的後裔。[17]另一部影片名為《死寂季節》（Dead Season），片中有一名蘇聯情報員臥底潛伏，捕獲一名如今為西方強權效力的前納粹醫師。這名醫師研發出一種消除個人意志的藥

16　Robert Burns, "Russia, U.S. Announce Agreement on Troops, Ending Impasse," AP, June 19, 1999, http://amarillo.com/stories/1999/06/19/usn_russia.shtml#.VyLlTTArI2w（二〇一六年四月二十八日瀏覽）；"Confrontation over Pristina Airport," BBC News, March 9, 2000, http://news.bbc.co.uk/2/hi/europe/671495.stm（二〇一六年五月四日瀏覽）。

17　*TASS upolnomochen zayavit'* (Mosfilm, 1984).

水。[18]

瑪莎也讀了做為這些影片改編基礎的大量著作。她祖母提供的這類書籍多得數不清。亮光紙製成的書封都遺失了，因此這些書全是素樸的褐色或灰色。書籍外觀在美學上的整齊劃一以及內容上可靠傳達的輕微緊張，與接續而來的天下太平感受互相匹配。大約在八年級時，瑪莎讀完了這些灰褐色書，開始讀紅字印刷的黑色精裝書，那是八卷本的亞瑟・柯南・道爾（Arthur Conan Doyle）作品集全譯本。這些書的緊張感更強，但帶來的道德滿足程度較低。瑪莎想念那種感受。

「我希望他成為我們的下一個總統。」她說的是普丁。

*

古德科夫和他認識的多數人一樣，猜想普丁只是個臨時角色，是一個感到迷失方向的領袖挑選出來的占位符。但古德科夫又不同於他認識的多數人，他痛苦地明瞭多數俄羅斯人對國家下一任總統所寄予的期望：他們要一個救世主，一個不只果斷、更有支配力量的人。普丁幾乎不適合這個角色：他既沒有存在感、也沒有履歷。

隨後數月發生的事看來令人難以置信。自一九九九年八月到十一月，對於「你是否認為弗拉基米爾・普丁整體而言表現稱職？」這個問題回答「是」的人數，從百分之三十一暴增到百分之八十，回答「否」的人數則從百分之三十三下降到百分之十二。以圖表顯示則彷彿兩條垂直線，藍色那條上升，紅色那條下降。[19]古德科夫從來不曾見過這樣的狀況。

更深入的提問則揭示出一個近乎魔術的過程。俄國一直處於一種古德科夫只能稱之為抑鬱的狀態——心理抑鬱大於經濟蕭條。一九九八年的金融危機就在生活看似開始再度回復正常、希望看似得到保障時發生，將人們拖入最黑的黑暗之中——正因為它扼殺了極其脆弱的希望新苗。人們在經濟上相對快速地重整旗鼓，但情緒卻跟不上——直到普丁出現，十個俄國人有八個光是看著他就奇蹟般地重燃希望。

就政治而言，表面看來情況完全稱不上有希望。八、九兩月，一連串公寓大樓爆炸案震驚了全國，總共造成兩百九十三人死亡、一千多人受傷。政府以這些爆炸案為藉口，對車臣發動新一波進攻，重新挑起了一度讓葉爾欽差點賠上總統大位的戰爭。但這次，古德科夫觀察到，即使俄國人為奉命參戰的年輕人而心痛，看來卻幾乎沒有人同情他們名義上的同胞——再次慘遭轟炸的車臣公民。還有一點讓這場戰爭不同於第一次車臣戰爭：這一次，俄軍的進攻似乎有了一位領袖帶頭。倘若葉爾欽在一九九四年發動戰爭時表現得孤注一擲又漫無章法，那麼他的總理時隔五年重啟的戰端，則表現得英勇無畏，展現出俄國一般人民捍衛者的派頭。這種印象主要是基於普丁回應公寓爆炸案的一段講話：「不論恐怖分子在哪裡，我們都會追捕他們。他們跑到機場，我們就追到機場。意思是，抱歉，要是在廁所裡抓到他們，就把他們淹死在馬桶裡，如果有必要的話。就這樣，話題到此為止。」

大多數人在普丁的措辭裡看到了勇氣與決心，這讓他不同於葉爾欽。有些人著迷於他所示意的正派與理性——「抱歉」和「如果有必要」對這樣的閱聽人很受用。整體來說，他表現出自己是人

18 *Mertvyi sezon* (Lenfilm, 1968).

19 "Indeksy: Odobreniye deyatel'nosti Vladimira Putina," Levada Center, http://www.levada.ru/old/indeksy（二〇一六年四月二十九日瀏覽）。

民的一分子，但又已經準備好領導人民。

誰是「人民」？列瓦達團隊進行了第三次蘇維埃人調查，結果令他們大受打擊。初始研究十年後，這個假說已經完全失效。蘇維埃人完全沒有像列瓦達所提示的那樣消亡。他不但存活下來，反而更持續繁衍——這就意味著他奪回了在人口中的主導地位。

根據一九九九年的調查結果，俄羅斯人比過去更加懷舊了。「你是否情願一切回復到一九八五年之前的狀態？」——也就是重建時期開始之前——獲得了明確多數應答者的認同：從一九九四年的百分之四十四上升到百分之五十八。正向看待一九九〇年代初期以來變遷的人數比例持續萎縮，表示自己無力應付變遷的人數比例則顯著增加。更遙遠的過去變得更迷人：如今有百分之二十六的人相信史達林統治有益於國家，一九九四年時則是百分之十八。對這位蘇聯獨裁者抱持負面觀感的人如今成為少數。俄羅斯人持續認為自己多半「開放」和「忍耐」——提及這些品質的人數比例提高了。同時，應答者似乎對「異常者」更為開明了：如今只有百分之十五的人想要「肅清」同性戀者，比一九九四年的百分之二十二更少。但「放任不管」的人數同樣從百分之二十九下降到百分之十八。俄羅斯人如今壓倒性地想要「幫助」同性戀者——這個選項暗示著某種幫助受苦者的中世紀景象。放在對蘇聯過去充滿懷舊的這個脈絡下來看，這些結果全都說得通：它們象徵著重返家父長制國家的又一種方式。[20]

一九九九年十二月，俄國舉行了後蘇聯時代第三次國會選舉。這看來是新時代極少數無可置疑的成就之一：眾多不同政黨在尚可稱為公平、公開的過程裡競爭。它們瓜分全民投票的方式，顯示出支持特定政黨的龐大群體存在，彼此差異顯著。但有些特徵使得這次選舉與正常運作的民主政體選舉大不相同。得票領先的政黨在選前數月甚至數週才組成。這種狀況同樣發生在後蘇聯時代的頭兩次國會選舉，但在俄羅斯自我重塑過程的早期階段似乎是可以理解的。不過現在，古德科夫發現自己正窮於理解政黨在歷次選舉之間被拋棄的因素為何。

這次選舉另一個棘手的特徵，則是公眾禮儀的變化。地方及聯邦政府官員都比非選舉時期更加努力爭取在電視節目亮相——這很正常。但他們這次不再表現得關心選民；他們始終流露出一臉勝券在握的姿態，讓選舉聽來更像儀式而非競賽。他們的語氣令古德科夫想起了蘇聯時期的官僚權限。

看著這些資料，古德科夫和他的共同作者鮑里斯・杜賓（Boris Dubin）得出結論，此次國會選舉的這兩項特徵，都是同一個問題的癥狀：這次選舉具有政治競賽的一切表象，卻缺乏實質。看似變革的民主程序本身，如今成了蓋迪所描述的「虛擬經濟」在政治上的對應——一套拒絕改變的結構所戴上的面具。

俄國當前名義上的多黨體制，源自於黨國的瓦解。其發展過程和亞歷山大・尼古拉耶維奇十多年前向戈巴契夫提議的將共產黨一分為二，以開展政治競爭並無二致。這個建議在當時或許看似幼稚，但立意良善：亞歷山大・尼古拉耶維奇試圖彌合極權體制與民主體制之間的隔閡。如今看來，這個隔閡無法彌合：舊體制的各種機制新瓶裝舊酒、換湯不換藥。古德科夫和杜賓發現，俄國人不分候選人和選民，全都確信政治權力屬於官僚，這不僅合情合理，成為官僚的首要資格便是在官僚體制中的資歷。要是一個政黨推動的政綱與現行政策有重大分歧，這個政黨就會先驗地被看作邊緣。選舉成了只在非常狹隘的政治圈裡進行的支持度測驗，居於領先的候選人從本質上來說所見相

20 Yuri Levada, "'Chelovek sovetskiy' 10 let spustya: 1989-1999 (predvaritel'niye itogi sravnitel'nogo issledovaniya)," *Monitoring obshchestvennogo mneniya* 3, no. 41 (May-June 1999), pp. 7-15.

同。當然，某種程度上許多西方民主政體也是這樣，有可能任何西方民主政體都是如此。但西方民主政體並未從歷時七十年的極權政體中繼承狹隘的政治視野，它們的未來也並非取決於推動社會根本變革的能力。

如今看來很明顯，即使在一九九六年，葉爾欽與共產黨挑戰者根納季・久加諾夫（Gennady Zyuganov）之間充斥著極端怨恨的競選期間，這兩位總統候選人的政治綱領也是可以相互替換的。兩者都包含了空泛的承諾，聲言建立一套體現人性的市場經濟。如今，在這個一年內被兩股強烈情緒團結起來的國家裡——首先是對北約轟炸塞爾維亞的回應，而後是對公寓爆炸案和車臣戰爭更強烈的反應——完全容不下一絲差異空間。兩個新政黨就在選舉前夕產生。其一是由克里姆林宮專門為了支持普丁繼任總統而組成的團結黨（*Yedinstvo*）。另一個政黨右翼力量聯盟（Union of Right Forces）名義上是團結黨的自由派對手，但它同樣支持普丁，也支持車臣戰爭。它們的差異多半在於作風，右翼力量聯盟——包括名列五位發起人之一的涅姆佐夫——訴求的對象是年紀較輕、教育程度較高的群眾，正是最大聲疾呼反對第一次車臣戰爭的同一群人。在索利卡姆斯克，十四歲的廖沙清楚觀察到這種乾淨俐落、其實毫無區分的區分。他的姨媽們從他有記憶以來始終支持共產黨，如今則支持團結黨，而他母親更有見識的朋友們，則穿上右翼力量聯盟帶來城裡發的T恤；衣服上醒目地印著「你是右的／對的（Right）」這句話。但母親的友人和母親的家人並無意見不合之處，因為他們所有人都完全為普丁傾倒。

古德科夫開始覺得，「政黨」和「選舉」不過又是兩個無法適用於俄國的西方詞彙——除了產生誤導之外。更精準的說法或許可向列瓦達多年以前要古德科夫研讀的韋伯借用。韋伯的說法是「鼓掌通過」（acclamation）讓被統治者藉由此一過程，確認統治者早已替他們做出選擇。[21]

但俄國人鼓掌通過的不只是官僚替他們選擇的候選人——普丁是候選人之首——他們也將自己鼓掌通過，獲取一份歸屬感，一份與蘇聯一併失去的隨眾感。他們在一九九〇年代初期感受到的空虛逐漸轉化成了懷舊，如今則得以聚焦於一人。正是普丁的毫無出眾之處，讓古德科夫一度以為他只是個臨時角色，事實上這使他完美體現了蘇聯式的領導作風。個人魅力與官僚體系在他身上合而為一。

古德科夫和杜賓將這些觀察加進了他們探討一九九九年十二月國會選舉的論文裡，論文題目為〈「灰色人群」的時代〉（Time of the "Gray People"）。他們的意思是，想像中彼此競爭的政黨之間，區別就像灰色與黑色的差異那樣微小——具體說來，所謂的改革派已經將自己的綱領稀釋到唯有以全面對蘇聯懷舊的一片漆黑做為背景才能彰顯出來。這個題目也有個文學上的典故，出自阿爾卡季與鮑里斯・斯特魯加茨基（Arkady & Boris Strugatsky）兄弟創作的一部科幻小說《上帝難為》（*Hard to Be a God*），一九八〇年代的蘇聯知識人閱讀和引述這部小說時，態度一如聖經。小說描述一個未來世界的學術史實驗，其中包括一個人為組裝的文明，從人類史上的中世紀發展而來。小說中的「灰衣人」是由一個男人派出的突擊隊，此人似乎是個過渡領袖，由更強大也更黑暗的力量派來清理大地。灰衣人對他們眼中危險的自由派思想，乃至啟蒙運動本身發動戰爭。灰衣人與他們身為領袖的灰衣主教看似無能，表現得更像破壞者而非政治家，但他們最終卻擁有無窮無盡的持續

---

21 Max Weber, *Economy and Society: An Outline of Interpretive Sociology*, ed. Guenther Roth and Claus Wittich (Berkeley: University of California Press, 1978), chap. 14.

力。[22]不過古德科夫和杜賓倒是沒想過這種局面；當他們為自己的論文選定題目時，只想著灰色相對於黑色的意象。[23]

---

22 Arkady Strugatsky and Boris Strugatsky, *Trudno byt' bogom* (Moscow: AST, 2015).

23 Lev Gudkov and Boris Dubin, "Rossiyskiye vybory: Vremya 'serykh,'" *Monitoring obshchestvennogo mneniya* 2, no. 46 (March-April 2000), pp. 17-29.

第四部　復活

第十一章　死後的生命

一九九九年十二月三十一日，廖沙和母親、繼父、阿姨及阿姨的兒子一起駕車到鄉間，和廖沙的祖母一同慶祝新年。謝拉菲瑪·阿達莫夫娜在門廊上招呼他們。她看來傷心欲絕。

「葉爾欽要走了。」她說。

他們所有人呆站在原地，被這個消息重重打擊。他們被遺棄了。這怎麼可能呢？

屋裡的電視機開著。葉爾欽已經宣布辭職，這時新聞主播正在討論這個消息，播放著葉爾欽演說的片段——他看來泫然欲泣——和其他影片，顯示廖沙一家人還在路上開車時，國家已經進入了新的階段。

「我完成了一生的使命，」葉爾欽在演說中表示：「俄國絕不會再回到過去。從今而後，俄國會繼續前進。我不應該擋路。當國家有一位強人夠格成為總統，我不該再花費六個月繼續掌權——幾乎每個俄國人如今都將未來的希望寄託在他身上。」[1]

接著，有兩個人出現在克里姆林宮一間辦公室，其中一人身穿海軍制服，另一人穿著灰色平民

1 "Yeltsin: Ya ukhozhu i proshu u vas proshcheniya," https://www.youtube.com/watch?v=Tp9FS3OdoAQ（二〇一六年五月六日瀏覽）。

服裝。葉爾欽和他們兩人都握了右手。他們的左手各自拿著一個硬殼手提箱，以及一件看似相機包的東西。這段沒有旁白——只有俄羅斯國歌演奏的樂聲——但這四件物品合在一起，顯然構成了口語所說的「核按鈕手提箱」。這兩人接著和普丁握手。然後他走近葉爾欽。普丁腋下挾著一個紅色檔案夾。葉爾欽抹去左眼的眼淚。他這時看似活動能力受限——他的模樣顯得臃腫——左手因為兒時的意外只剩三根指頭，這一切結合起來讓他顯得笨拙而脆弱，宛如巨大的幼兒。廖沙覺得普丁看來像是迷失了方向，對自己缺乏信心。廖沙的祖母也迷失了，而且很害怕，即使在這一天來臨前的幾個月，她興高采烈地大量引述普丁的話，通常是要把恐怖分子淹死在馬桶裡的那段話。電視上，俄羅斯正教會的牧首頭戴頂端綴有金色十字架的白色高帽，正看顧著整個權力轉移過程。

接著，螢幕上出現了身穿大衣的葉爾欽，為身上只穿套裝的普丁打開一扇門。「這是你的辦公室。」葉爾欽說，同時用他只剩三根指頭的那隻手示意。鏡頭轉向總統的書桌，書桌旁有一株經過裝飾的小小新年樹。[2]

然後，葉爾欽身穿大衣、頭戴毛皮帽步出走廊，普丁跟隨在他身邊，仍然只穿套裝，看來像是東道主暫時走出屋外送賓客離去。葉爾欽登上一輛加長型賓士轎車，駛出克里姆林宮外，普丁則在其他幾個人簇擁下站在門廊上向他揮別。[3]

*

有時謝廖沙覺得自己瘋了——不然就是別人都瘋了。這一整個權力轉移的格局都令他感到怪異，也許還很不真實。他在新年夜問道：「他在耍我們嗎？」但就連一向是謝廖沙的政治盟友，為整個家族指引方向的祖父都說，普丁說了些合情合理的事，提出了亞歷山大·尼古拉耶維奇自己早就提出的論點。他聽說普丁對政府的社會責任——健保、教育、文化——發言，而這些話葉爾欽似乎從沒說過，這為他帶來一些希望。他很審慎。他說自己害怕看到普丁掉進重振旗鼓的官僚們——也就是他所謂的「職官怪獸」——設下的圈套，當他聽說普丁談論國家強大的必要，他的憂慮就更深了。但他仍然認為值得給新總統一次機會。[4]對他而言，普丁看上去當然比去職的俄國總統更加理智。

每個人似乎都表現得像這整件事完全正常，全然接受這位小個子灰衣人將成為總統，然後看著他在三個月後登上大位——每個人對此處之泰然的模樣，讓謝廖沙感到瘋狂。他愈來愈頻繁地這麼覺得。

在謝廖沙當下攻讀電腦程式設計的莫斯科國立大學，每個人看來都在等待普丁降臨。謝廖沙甚至沒注意到他的肖像從何時開始出現，連同那些他先前也沒留意到的愛國用品：普丁所屬團結黨的旗幟和傳單，以及呼籲每個人在倉促決定日期的總統選舉日請踴躍投票的海報。這場由幾乎感受不到、卻早已被預先決定獲勝的候選人所參與的假選舉，讓謝廖沙覺得自己幾乎不存在。他的領域幾乎不需要和同學有任何社交接觸，這或許是件好事；就算他想要，他也理解不了他們的現實。

2　編按：當蘇聯政府在一九三〇年代恢復革命前生活的許多傳統習俗，聖誕樹也轉世成了世俗傳統中的新年樹，在十二月三十一日裝飾以資慶祝。這個傳統一直延續至今。

3　"Yeltsin vedyot Putina v Kreml'," https://www.youtube.com/watch?v=pIDG_85gCo0（二〇一六年五月六日瀏覽）。

4　O. Solomonova, "Lovushka dlya prezidenta," *Trud*, July 13-19, 2000, http://www.alexanderyakovlev.org/fond/issues-doc/1010066（二〇一六年五月六日瀏覽）。

＊

二〇〇〇年八月，廖沙和母親一起去了黑海海岸。他們在海灘上度過白天，那兒擁擠到他們得早早前往才能找到一個地方把毛巾鋪在沙上；晚上則在租來的公寓廚房，吃著甜膩的在地葡萄並收聽廣播。新聞和南方的空氣一樣緩慢流動，直到一樁不可思議的事件發生。廣播提到，一艘俄國核子潛艇庫斯克號（*Kursk*）在莫曼斯克（Murmansk）外海沉沒。一部分船員還活著，卻被困在巴倫支海海底。廣播說，俄國救援隊無法接近潛艇。廣播也說，挪威提議協助，但俄國拒絕。廣播還說，普丁總統決定不中止他在索契（Sochi）的假期。

日子過得更慢了。在失眠夜晚和循環反覆的白日夢迷霧中，廖沙不停想像冰冷海底的水兵等待著無法前來的救援，那些男孩都只大他幾歲，而總統，那個由葉爾欽把辦公室移交給他的小個子男人，就在離此不遠處，躺在一片煥然一新且毫不擁擠、專為他不受打擾地度假而保留的沙灘上做日光浴。

想著這一切是種解脫，因為在潛艇災變之前，廖沙想到的事情更糟。廖沙來到海灘的第一天發生了一件事。當他看見其他男孩、跟他一樣的青少年或青年男子，只穿著跟他一樣的黑色小泳褲時，他感到熱力劇烈地穿透身體，興奮而不可見的悸動開始產生。這在第一次之後每天都在發生。它帶來的想法簡直不堪設想。他想著，我是變態，我生病了。我是世界上唯一一個有這種感受的人。如今這些糟糕的話語和水兵在海底奄奄一息的畫面，在他心中疊合起來。

理智上，廖沙知道世界上有同性戀者。他的班級在七年級時每週參訪一處家庭計畫中心，那兒有位心理學家和他們談論父母不跟他們說的事。這個計畫由美國億萬富豪喬治·索羅斯資助，學校與中心簽約，七年級生的家長必須簽署同意書允許子女參加。這位心理學家恰好是廖沙一位朋友的母親，廖沙每一堂課都和這個女孩同桌。她和他一樣不受歡迎，不被其他孩子喜歡，也不被老師喜歡，老師似乎懷疑她在他們面前賣弄聰明。至於廖沙自己，則不知為何在同年級學生當中得到「死玻璃」（faggot）這個外號。有一天在中心，心理學家說到除了「同性戀」家庭之外，也有「同性戀」個體。這個想法突如其來又充滿刺激，就像美國億萬富豪索羅斯那樣陌生。

隔年八年級時，某天有個高年級女生衝進他們教室，高聲質問：「你們知道你們這年級出了個妓女嗎？」她說，有十三個男生把這個女生反鎖在地下室，輪流和她性交。「她逃不出去，」這位控訴者說：「而她很爽。」其後數日之間，這個故事被轉述了很多遍，參與的男生吹噓自己發揮的作用。他們的受害者停學數週，回到學校之後，她和廖沙成了朋友。如今他們成了三人組：玻璃、妓女、裝逼（Snob）。

隨著年歲漸長，有些同學似乎開始對他們的智慧以及學習、解釋和論證事物的能力產生敬意。到了十年級，也就是中學生活倒數第二年，廖沙比以前更用功讀書，因為這看來是驅除掉從八月起在黑海開始折磨他的那些想法的唯一方法。學年結束時，他獲選為班長。不論他的某些同學怎麼看待他，不論他們為什麼叫廖沙「死玻璃」，他們一致認同廖沙是在學校行政當局面前可代表班級利益的最佳人選。

二〇〇一年五月，十年級結束前，廖沙和兩位朋友在住家大樓後面的遊戲場閒晃。當然他們年紀太大，不是要去遊戲場玩的，但在缺乏其他公共空間的情況下，索利卡姆斯克所有年輕人都會到遊戲場閒晃，尤其在天候宜人的日子。有個女孩散步經過——她是以前曾經睡在廖沙家過道的孩子之一，但現在已經不是小孩了。她向另一個恰好路過的人呼喊，那是個三十歲上下的男人。那人晃悠過來。她指著廖沙。

「死玻璃。」她說。

男人向前衝刺一小段，飛踢廖沙的下背部。接著再踢一腳。他的眼神同時閃動著瘋狂、空洞和暴怒，廖沙知道他會被打死。

廖沙的繼父恰好就在那時走到陽臺來。這讓他清楚看見在遊戲場發生的事。

「滾開。」女孩咆哮。

廖沙逃走了。

他在急診室裡得知自己在出血，目前的病況是「游離腎」（floating kidney）——字面上的意思是，他有顆腎不再被周邊組織結構穩定支撐住。痛苦極其劇烈，想要緩解——並且避免開刀——就得臥床兩星期。廖沙的母親想要向警方報案，但廖沙害怕自己被打的理由會就此揭露。因為若要解釋自己的遭遇，他就必須說出：「我是同志。」

「我是同志。」他對自己說。他從有線電視頻道上播放的電影學會這個詞。被毆打讓他相信了這個詞適用於自己。

學校來了一位新的輔導老師，剛從大學畢業，她清楚表明自己想成為廖沙的朋友。這時他從病床上打電話給她，他的母親和祖母則在隔壁房間熟睡。不過她一接起電話，廖沙的勇氣頓時煙消雲散。他們這通電話講了五小時，填塞時間的閒扯和可怕的沉默來回交替。

「是違反法律的事嗎？」她問。

「嗑藥？」她問。

「還是你想告訴我你是同志？」她問。

「我是同志。」

她對這件事反應平靜——不只是平靜而已。廖沙突然開始傾吐自己的想法與感受，而她在一切適當之處嘆息和發笑。他甚至能夠和她討論性，或者他想像中性的樣貌。其後，他又對自己的表哥說了，表哥這時是軍校入伍生。表哥說他無法接受同性戀的生活方式，但他還是愛廖沙。

廖沙決定不要告訴自己在學校的兩個好友，即便如此，情況也不像一年前在黑海邊那樣絕望了。他在某次謝爾蓋喝醉鬧脾氣時突然不再對繼父感到害怕，廖沙這回抄起廚房板凳敲他的頭。他的中學生活只剩最後一年，畢業後就要永遠離開索利卡姆斯克去讀大學。他比以前更用功了，想得到的任何學生競賽他全都參加，替自己爭取大學入學的最大機會。

到了二〇〇二年五月，事情顯而易見，廖沙會以銀牌獎的成績畢業，這項傑出的學業表現令他有權跳過大學入學的通識考試，只須坐等他選擇就讀科系的入學考試。畢業前一晚，廖沙把自己的瀏海染白一半。在早餐桌上，身穿經年不換白汗衫背心的繼父，從發出噁心聲響的吃喝之間停下來問他：

「你是個玻璃還是什麼的嗎？」

「不干你的事。」廖沙說。

＊

畢業之後，班上有個男生在父母親的別墅舉辦派對，大約十五人參加。他們跳舞喝酒。到了清晨五點，幾位賓客已經爛醉得不省人事。其他人聚在廚房裡吃冰淇淋。廖沙站起身來說：「我是同志。」

「為什麼？」有個女生問。她看來很生氣。

「我知道。」另一個人說。

對話繼續。廖沙獲得了中學畢業證書。五天後他就要到市長辦公室領取銀牌獎。他要離開這裡了。

然後他突然明白，他沒有回頭路了。過不了多久，他出櫃的消息就會傳遍全城。他的人生如今完全取決於考上大學。

＊

瑪莎想當軍人。這個願望帶來很多問題，塔蒂亞娜的震驚與恐懼大概只是其中最小的。瑪莎想要入伍當軍官，但不是在俄軍，而是某個強大光榮國家的軍隊。她有時覺得自己是某種境外愛國者：給她一個國家，她就會以其為傲；給她一件軍服，她就會為之效勞。但她得到的偏偏是俄羅斯，而這裡令她心中充滿絕望，思想中充滿人生不值得活的意念。

塔蒂亞娜說，心智如此空洞的瑪莎是進不了大學的。她說的「大學」是指莫斯科國立大學，這是全家每個人都讀過的學校。其他一切學校都算不上高等教育。科學之外的一切也都不算是知識。同時，瑪莎的化學成績恰好在及格邊緣。她開始補習，發現自己其實喜歡化學。她宣告自己以申請莫斯科國立大學化學系為意向。塔蒂亞娜說，這比讀軍校好太多了，要是瑪莎有萬分之一的機會入學的話。

瑪莎在二〇〇〇年五月從中學畢業，這是她十六歲生日後一個月。她參加莫斯科國立大學的入學考試，以一分之差未能取得正式入學許可。在後蘇聯的格局裡，國立大學如今有兩種入學管道：

最優秀的學生免付學費入學，成績略差的學生則要繳學費。塔蒂亞娜有能力供應瑪莎學費，但她拒絕了，她引述自己生命中的最重要原則做為理由：「絕不要讓自己成為房間裡最聰明的那個人（絕對不當出頭鳥）。」瑪莎得在軍人保險公司幫忙打雜一年，再次試著挑戰免付學費入學。

二〇〇一年六月，她錄取了。這是真正人生的開端，瑪莎一開始也很成功。這時塔蒂亞娜談論著要買下一間公寓，讓她們在往後五、六年同住，直到瑪莎出國攻讀研究所。她們去看了鄰近地區正在興建、較被看好的幾座公寓大樓。瑪莎說，她想要一間可以望見莫斯科河的臥房。她們會在秋天時正式開始購買公寓——在瑪莎得到應得的休息、從黑海回來之後。她要和阿姨一起去度假；塔蒂亞娜則留在莫斯科工作，她這時是負責利率的資深主管。

瑪莎和阿姨在八月二十五日返回，那時是開學前一週。那年瑪莎十七歲，高䠷而黝黑，金髮的顏色前所未見地淺白。那天晚上，塔蒂亞娜告訴她，自己罹患了第四期乳癌。

隨後數月，瑪莎照常上學，塔蒂亞娜也繼續上班和接受化療。有時她住進醫院。二〇〇二年五月底，醫院放她回家：化療到此為止。她體重減輕，然後又增重，因為肝臟不斷腫大。六月中旬，她不再上班。

在公寓，不斷有女人來按門鈴，說是瑪莎的阿姨請來的信仰治療師。瑪莎的祖母推薦了無窮無盡的書籍，書名都是《癌症可以治癒》這一類型。所有人都堅持要塔蒂亞娜領洗。這時是莫斯科的酷暑，天色暗得很晚，氣溫下降得更晚。唯有到了深夜，瑪莎才能多少平靜地和母親獨處。

六月三十日，塔蒂亞娜要瑪莎去附近的綜合診所領取一張嗎啡處方箋，蘇聯解體十一年後，綜合診所仍擁有開立管制藥品的獨占權，而且只能供應給戶籍資料上居住於診所鄰近地區的公民。

「時間還沒到。」醫師說。

「好哦，時間幾時才到，你何不直接告訴我？」瑪莎說。

「什麼時候輪到你這樣跟我大小聲？」醫師質問。

「從我媽快死了開始。」瑪莎說。

醫師找來診所的院長，把瑪莎趕出診所。

*

那天深夜，塔蒂亞娜在搖椅上睡著。當天色終於全黑，瑪莎把母親從搖椅抱起，讓她平躺在沙發上。瑪莎正要到房裡的摺床上小睡片刻，這時一群鴿子落腳在外面窗臺。塔蒂亞娜說了些話。瑪莎起身開燈。塔蒂亞娜注視著窗外。瑪莎將母親的軀體扶起，抱在懷中。

她打電話給阿姨，告訴她情況，然後放下話筒。她想稍坐片刻，或許試著弄清楚到底發生了什麼事。但阿姨接到電話後必定採取了行動，因為救護車來了，然後是警察，接著是殯儀館的人。他們說，瑪莎得去叫醒鄰居，因為必須有人見證才能搬走屍體。那時是凌晨三點，瑪莎對於要吵醒鄰居感到不妥，但她擔心天氣很快又要變熱，屍體會開始產生變化。當她還在試著決定要先做哪一件事時，殯儀館的駕駛先離開了。警察還留在現場，正在要求瑪莎付錢（賄賂），即使瑪莎不太懂那是什麼意思。她又打了電話給阿姨。阿姨來了，瑪莎的祖父母也來了。屍體這時已經冷卻，皮膚開始變色。瑪莎說，天氣很快就要變熱了。

祖父對她咆哮起來，大概是說她只會擔心屍臭，卻為什麼沒哭？

她為什麼沒哭？因為她需要獨處才哭得出來，也需要來一根菸，此時此刻，她想抽菸的欲望勝過一切，但她剛滿十八歲，而她還是覺得不能在祖父母面前抽菸。

軍人保險公司派人來，查看了家裡的狀況，說瑪莎需要幫助。公司的後勤部門主任被派來處理流程安排。他和瑪莎的祖父母與阿姨一起組織了在教堂舉行的追思儀式。瑪莎試圖告訴他們這個主意行不通，但她不知該如何解釋。他們問她信不信上帝，她說她相信，但也愛母親和尊重母親，而母親一生是個無神論者，他們也該尊重她。他們說，塔蒂亞娜如今與上帝同在。

在此期間，瑪莎得知，就在塔蒂亞娜死後數小時，一架俄國客機在德國南部上空與一架貨機相撞，造成七十一人死亡，其中包括五十多個兒童。[5]從那時候起，她會跟別人說母親是在烏伯林根（Überlingen）空難當天去世的。如此一來，這一天對其他人也有了一些意義。

*

廖沙申請了彼爾姆國立大學歷史學系。有了銀牌獎，他只要在歷史口試時得到高分就能入學。他抽了一張他們所說的「籤」——這是一張印有考試題目的卡片：

> 冰上戰役（Battle on Ice）[6]與一九二〇及一九三〇年代蘇聯文化

5　Steven Erlanger, "71 Die When Two Jets Collide High Above Southern Germany," *The New York Times*, July 2, 2002, http://www.nytimes.com/2002/07/02/international/02CND-CRAS.html（二〇一六年五月十一日瀏覽）。

6　編按：一二四二年四月五日，諾夫哥羅德公國的亞歷山大・涅夫斯基親王（Prince Alexander Nevsky）在佩普西湖（Lake Peipsi）上擊退波羅的海十字軍的進攻，阻止日耳曼人東進擴張，保衛了俄羅斯正教。由於決戰在結冰的湖面上進行，而稱為「冰上戰役」。

廖沙侃侃而談。他熟悉這個題目，但覺得自己未能發揮應有的水準。滿分五分他只拿到四分，但他需要拿到滿分才行。

歷史學系無望了。政治學系隔天要審查申請入學的考生。他打電話給母親，母親說，他日後會發現政治學很無趣，但他不能回到索利卡姆斯克。他把申請表格帶去政治學系繳交，然後到圖書館為下一場口試做準備。

他開始盡可能以一種最執拗、最事倍功半的方式研讀，而他自己也知道。他想要弄清楚自己在剛結束的口試時遺漏了什麼。他抽出米哈伊爾．波克羅夫斯基（Mikhail Pokrovsky）的經典巨著《自古以來的俄國歷史》（*Russian History Beginning in Ancient Times*），開始閱讀。他知道自己早該參閱這部書，正如他知道現在彌補缺失已經太晚。

隔天的口試委員仍是前一天的同樣兩位教授。廖沙抽了籤，翻開來，讀出題目：

冰上戰役與一九二〇及一九三〇年代蘇聯文化

「你有沒有要補充的？」其中一位口試委員問。

廖沙做了補充。他得到五分滿分。可以就讀政治學系了。

結果證明，政治學有自己的一套語言，使得廖沙對事物有了不同理解——既有他親眼見證的事件，也有他兩年前在黑海旁身心全被其他憂慮壓倒時所泰半忽視的事件。正如他現在從莫斯科政治學者奧爾嘉．克雷施塔諾夫斯卡婭（Olga Kryshtanovskaya）的論文中讀到，普丁當時改組了政府，此時四分之一的首長職位由軍方將官出任。克雷施塔諾夫斯卡婭寫道，這被稱為「軍事政體」

（militocracy）。[7]回到宿舍，廖沙和那些剛結識的年輕女性朋友聊天時說道：「普丁讓我想起某種縮小版的軍事獨裁者。」這些女生都同意。

廖沙講的「縮小版」並非真的在指涉普丁的身材——更多是一種泛泛之感，不論新參考書上的字眼多麼嚇人，它們所形容的現象感覺起來卻不太真實。首先，廖沙並未感受到自己生活在軍事獨裁或軍事什麼的、或任何獨裁之下。他就讀一個在政治上非常自由派的科系，系上教師毫不留情地嘲弄普丁，彷彿在參加某種最俏皮的貶抑語競賽似的。但事實擺在眼前——短短兩年內，普丁就設立了聯邦監察機制來監督州長，大幅削弱民選官員的權力，同時賦予聯邦中央政府將民選州長免職的權力；他還將司法改革逆轉，並將全國播送的電視頻道國有化，由克里姆林宮掌控。因此，儘管他的政權還稱不上極權，看來卻似乎正往極權方向發展。廖沙得知，此一轉型狀態叫做「威權情境」（authoritarian situation）——意思是威權主義有可能在此產生。

廖沙在大學第一學年的那個十月，一群自稱車臣人的武裝男女在音樂劇演出期間突然占領了莫斯科的一間劇院，劫持九百多名人質。對峙持續了三天，然後聯邦軍警向劇院攻堅，殺死恐怖分子並解救人質。軍警攻入劇院時，廖沙正在前往索利卡姆斯克度週末的路上，當他抵達母親的公寓，只能在電視上看見劇院一片空蕩、只有恐怖分子屍體四散於座席間的片段畫面。座椅是紅色絨布，恐怖分子全都身穿黑衣，這一幕不知怎地令廖沙想起了西洋棋遊戲。他從廣播得知，有一百二十九名人質在攻堅過程中喪生，由此聽來，這次行動搞砸了——為了癱瘓恐怖分子而灌進通風系統的麻醉氣體結果毒死了許多人質，即使沒有其他人質屍體的畫面。那麼，廖沙想著，這就是威權情境的

7 Olga Kryshtanovskaya, "Rezhim Putina: Liberal'naya militokratiya?" *Pro et contra* 7, no. 4 (Fall 2002), pp. 158-180.

樣貌。一副西洋棋盤。

＊

有些突如其來的災難，以枯燥乏味的慢動作進展。古德科夫並非中心行政團隊的一員，因此未曾與聞起初的某些討論；但在他聽說之時，情況已經很明顯：他們陷入了勢不可擋的大麻煩。有傳聞提到，普丁在某場官方活動看到列瓦達擺出不適當的臉色，自認為受到冒犯。新任總統此時開始有了敏感又記仇的名聲，年老的社會學家儘管擁有豐富的蘇聯時代經驗，卻向來不是喜怒不形於色的人。傳聞可能屬實或不實，發生在中心的事到頭來也無須解釋。

最初是在工會當局和蘇聯勞動部主持下成立了全蘇聯輿論研究中心（All-Soviet Center for Public Opinion Research）。那是在蘇聯時代，每個機構都是國家機構，輿論研究中心做為國家機構，看來也不比工會做為國家機構更荒謬多少。接著蘇聯解體，中心成了全俄輿論研究中心，這時則由俄羅斯勞動部和國有財產部門主持。這完全依循了機構從舊帝國移轉到俄羅斯新國家的邏輯。如同其他眾多國家機構，中心並未直接獲得政府資助，但能以固定費率向政府租用辦公場地，隨著莫斯科地產價格高漲，這個費率看來低得可笑。中心名義上的創辦者——勞動部和國有財產部門——有權指派主任，但不得以其他方式對中心的工作或人事施加控制；它們甚至不具備在主任的五年任期屆滿時予以撤換的權力。倘若有哪個在中心工作的人宣稱這看來是防止政府干預的充分保障，那必定是謊話。事實上，沒有哪一個中心人員關注他們是否被保證不受政府干預。

但社會學家的工作在於觀察機構的運作邏輯與文化，普丁上任沒多久，他們就清楚看到了。他採取行動，不僅重新主張行政部門對媒體的控制，還擴及對司法的控制，以及對經濟更廣泛的控制。他開啟的稅制改革由於引進均一所得稅而受到自由主義經濟學家普遍讚揚，但改革的其他條款卻又把小型企業推入暗處；同時，普丁開始安插自己的人馬掌管國有的大公司，甚至某些不屬於國家的大公司。他與寡頭們的關係似乎遵循著涅姆佐夫的「國有化克里姆林宮」概念：他指示最富有的人們放棄政治權力——有時連確保政治權力的資產也一併放棄。掌握全國性電視公司的兩位寡頭——弗拉基米爾・古辛斯基（Vladimir Gusinsky）和鮑里斯・別列佐夫斯基（Boris Berezovsky）被迫流亡國外，但在流亡前得先交出他們對自家媒體渠道的控制權。情況也很清楚，在普丁統治的俄國，所有權即意指積極控制：電視節目的基調與內容急遽轉變。首先被刪去的便是任何取笑克里姆林宮的節目。

全俄輿論研究中心並未嘲弄克里姆林宮和它的新主人。多數時候，它所提供的消息是奉承普丁的——人民不僅喜愛他們的新總統，也喜歡與新總統一起度過的生活。列瓦達在二〇〇〇年按照傳統寫下年終總結時，提到這一年對俄國人來說，或許是很長一段時間以來最好的一年。他們有了希望。人民很少或幾乎不憂慮自由派知識分子極其擔憂的問題，像是國家接管廣電媒體，或是俄羅斯國歌如今恢復使用蘇聯國歌——只將歌詞略作改動、刪去提及列寧或共產主義光明未來之處。儘管如此，庫斯克號核子潛艦災變仍名列這一年迄今最重大的事件；還有已歷時一年半的第二次車臣戰爭、普丁的支持度明顯下滑等等。[8]

過了兩年，在莫斯科劇院人質事件之後，中心回報有百分之八十一的俄國人認為自己未被告知

8 Yuri Levada, "2000 god: Razocharovaniya I nadezhdy," *Moskovskiye novosti*, December 25, 2000, archived at http://www.levada.ru/2000/12/25/2000-god-razocharovaniya-i-nadezhdy/（二〇一六年五月九日瀏覽）。

事件的全部真相，還有百分之七十五的人認為俄羅斯國安部門首長必須為人質遭到劫持承擔首要責任。[9]

接著進入選舉年。這次國會不再全面改選──普丁重新解釋了一九九三年憲法中一項文意含糊的條文，將上議院改由總統任命──但下議院的四百五十席將在二〇〇三年十二月投票選出（普丁自己則將在二〇〇四年三月面臨改選）。執政黨如今更名為統一俄羅斯黨，而在選舉年開端，中心的民調顯示執政黨的支持度驟降。[10]

列瓦達被勞動部召見。距離合約屆滿還有兩年，但這時他面對一小群官僚，其中一人對他說：「你不年輕了。」他們說，他需要一個接班人，而他們已經幫他選定了。事實上，他們所提議的接班人也在現場，就在隔壁房間，等待引見給列瓦達。他不久就進來了。他剛滿二十九歲，工作經驗多半僅限在總統大選期間效力於打造普丁政治形象的其中一組團隊裡。列瓦達奉命指派這個年輕人擔任自己的副手，為期六個月左右，然後退休。和列瓦達對話的人沒等他答覆，就直接告訴他不服從的後果：他會以刑事罪名遭到起訴。只要夠仔細審閱中心的紀錄，必定能找到稅務及其他財務不符常規之處。

列瓦達拒絕了，中心隨即被判死刑。古德科夫害怕看到列瓦達被控犯罪，或被拖到媒體上公審。同時間，列瓦達則努力向國家請願，要求允許員工買斷中心，將它轉型為共同持股公司。請願被駁回。每一位曾與政府高階官員交好、或為高層進行調查工作的員工，這時也都透過人脈請求援助。這些高階官員都答應出力，但隨後也都承認他們幫不上忙。

最後，列瓦達被開除了。這是違法行為，但已經無關緊要。他告上法院的話也會敗訴。中心的每一名員工全都提出辭呈，合計一百多人。會計部門的一位年長女性決定退休。其他人則著手開設新公司。它再也不是全俄輿論研究中心了——這個名稱如今屬於別人；新公司的名稱只會是列瓦達中心（Levada Center）。相較於蘇聯時代列瓦達一次次被迫失業的遭遇，這次的經驗其實算是進步，整個團隊如今還能聚在一起，他們只需要從頭再來。

列瓦達被迫離開他所創立的中心一個月後，俄羅斯首富米哈伊爾．霍多爾科夫斯基（Mikhail Khodorkovsky）被捕。他無法遵從新的遊戲規則。他沒有遠離政治——他向政黨及公民社會組織提供金援——並在一場為了給有錢人向普丁宣誓效忠而在克里姆林宮召開的會議上，公開談論日益嚴重的貪腐。過沒多久，國家隨即接管他的事業，過程一如早先清洗古辛斯基和別列佐夫斯基兩位寡頭，或甚至清洗列瓦達一樣，除了涉及的金額更加龐大以外。霍多爾科夫斯基接到警告卻沒有聽從，如今他遭到逮捕並被控逃稅。短期之內，他的公司（全世界最大的產油商）就被普丁家族沒收。古德科夫帶著苦澀的滿足觀察到，即使霍多爾科夫斯基被捕與其他人被捕之間，只有事業規模的差異，但這至少終於讓某些他認識的人開始對普丁語帶保留了。

二〇〇三年十二月，統一俄羅斯黨以百分之三十七得票率贏得國會選舉，[11]在國會取得絕對多

---

9 "Vzglyad na sobytiya Nord-Ost mesyats spustya . . . ," Levada Center, December 4, 2002, http://www.levada.ru/2002/12/04/vzglyad-na-sobytiya-nord-ost-mesyats-spustya/（二〇一六年五月九日瀏覽）。

10 L. A. Sedov, "Yanvarskiy opros: vyborochnyi analiz," Levada Center, February 10, 2003, http://www.levada.ru/2003/02/10/yanvarskij-opros-vtsiom-vyborochnyj-analiz/（二〇一六年五月九日瀏覽）。

11 "Rezul'taty vyborov deputatov Gosdumy," *Rossiyskaya gazeta*, December 9, 2003, http://rg.ru/2003/12/09/rezultaty.html（二〇一六年五月十一日瀏覽）。

數。這是自從蘇聯解體以來，國會第一次沒有任何一個站在自由派、支持改革，並且整體上是後蘇聯立場的政黨在裡頭。另外三個獲得足夠票數擁有國會席次的政黨包括共產黨，十多年來倚仗激進民族主義話語運作、取錯名字的自由民主黨，以及又一個克里姆林宮支持的新政黨——祖國黨（*Rodina*）。涅姆佐夫在選舉當夜與朋友和盟友喝得爛醉，試著枚舉右翼力量聯盟得票一塌糊塗的理由。他認為他們主打的選戰廣告不佳、推出了錯誤的候選人，也沒能與其他右翼自由派政黨結盟。[12]但如果他在三年前便讀過古德科夫的分析，或許就會注意到，他的政黨會敗選其實完全不同於以往，而且更加簡單：它這次不再是由克里姆林宮安排的「其他」有力政黨。他或許也會注意到，兩黨制遊戲的某些基本玩法轉變了。在一九九六和二〇〇〇年，執政黨的陪襯都更加自由派，也都主張更大規模的經濟及社會改革。今年扮演陪襯的祖國黨，卻表明了比官方政治主流更加民族主義、更為保守的立場。差別仍始終保持微妙——灰色相對於黑色——但國家的政治走向卻反轉了。

*

塔蒂亞娜去世後最初六個月，瑪莎都得開著燈入睡。這間公寓裡發生過的一切，如今回想起來都成了令她驚恐的記憶，就算事情剛發生時她還太小，或覺得太過安全而不感到害怕。例如地方政府指派給她們一對從車臣逃難來的俄羅斯裔夫妻，做為公寓新室友的時候。還有那對夫妻搬走，塔蒂亞娜拚盡全力將公寓留給她和瑪莎母女兩人，而國宅部門前來破門、塔蒂亞娜改裝了撞不破的鋼門的時候。還有一九九五和一九九七年，瑪莎吸食海洛因成癮的前同學兩度從窗戶爬進屋裡偷東西變賣的時候。在深夜刺眼的燈光裡，公寓看來糟到不能再糟：剝落的壁紙、龜裂的灰漿、所有顏色都褪淡了。瑪莎忽然想到，塔蒂亞娜反覆表述的「人生在他方」這個想法，意思其實是她期望人生晚一點來臨。如今她去世了，得年四十三歲。

塔蒂亞娜為了她想買下的那間公寓存了一些錢——存在她的簽帳卡帳戶裡，但她臨終前卻想不起密碼。她沒有留下遺囑。冗長晦澀的俄國法律給予偉大衛國戰爭的老兵優先繼承權——不管怎麼說，十八歲的瑪莎也不太可能跟親戚們爭。錢沒了。瑪莎的祖母要了別墅。瑪莎得到公寓。瑪莎和阿姨的關係也斷了。軍人保險公司始終沒有捨棄瑪莎——每個月付給瑪莎一小筆款項——這筆錢加上大學的助學金，合計每月兩百美元左右。清償了公寓的所有帳款之後，瑪莎剩下的錢還足夠買蕎麥和奶油支撐一個月。一九九〇年代以後，她覺得自己對貧窮的樣貌有了明確的概念，如今她正與貧窮四目相對。她的男友出身富裕家庭，男友的親戚們對瑪莎的廉價衣著指指點點。

二〇〇三年三月，如此這般過了一個學期之後，瑪莎從大學休學。她在一家名為數位攝影（Digital Foto）的店鋪找到了「諮詢顧問」的工作，意思其實是推銷員。如今，她和與父母同居的年輕人一起度過白天，對他們來說，莫斯科國立大學做為一種現象，就跟英格蘭之類的一樣陌生。

瑪莎意識到，能夠讓自己不再怕黑的唯一方法，就是一頭栽進黑暗中。有一天晚上，她關了燈。

到了夏天，瑪莎存夠了錢，請來一組人把公寓變「漂亮」。她用了這個詞，工人們也聽懂她想要什麼。資金開始流入莫斯科，每個人都在美化自己的公寓：加裝塑膠外殼的雙層式玻璃窗，把廚房漆成黃色，再從城外新開幕的宜家家居（IKEA，它提供免費接駁車往返地鐵站）購買毛茸茸的

---

12 Boris Nemtsov, *Ispoved' buntarya* (Moscow: Partizan, 2007), pp. 66-69.

浴室地墊。瑪莎養了一隻貓。

她需要重返自己的世界。她回到大學讀書。她在一個名為「job.ru」的新網站上張貼自己的履歷表，然後接到兩家公司打來的電話。她來到一家為化妝品產業進口化學品的公司工作，由於各行各業都在起飛，化妝品產業也在起飛，加上石油價格飆漲的結果，使得俄羅斯進入消費高潮，其規模遠遠超出一九九〇年代的改革者所能想像。巨大閃亮、照明充足的購物商場在莫斯科到處開設，導致交通堵塞，所有商場都有一、兩家化妝品百貨，存貨攙雜了真品和贗品，製造這些商品則需要使用大量化學品。這些化學品必須仰賴進口，瑪莎的工作正是安排進口流程。她談判——她學會使用英語通電話——安排進口，並且辦理報關；她也學會了送紅包。她與供應商會面時模樣也很漂亮，只要喝了酒，她就能用英語說笑話。

化學系有一個線上非官方首頁，名為「chemport.ru」，在它的眾多功能之中，有一項是匿名評鑑系上教職員。這意味著一群著迷的閱聽人，其中包括大學生、研究生和教授。在瑪莎看來，這也意味著這個網站應當可供營利。誰不在這個時代賺錢，誰就是白癡。她找到架設這個網站的人，他名叫謝爾蓋．巴隆諾夫（Sergei Baronov）。他是一位研究生，最近剛離婚，因此住在宿舍裡。她把自己的方案告訴他：他們必須為化學公司的銷售經理們設立訂閱服務。他們只需要想出一套服務，提供給這些人做為交換——他們只想找到方法花掉公司的預算。謝爾蓋問她知不知道世界各國為何放棄了金本位制，改用黃金與貨幣儲備。為什麼？瑪莎問他——她問問題的方式略帶敵意，而她改不過來——他開始解釋。他完全不是白癡。她喜歡能讓自己明白新事物的人。她後來發現，他開始在佛羅里達州的一所大學撰寫博士論文，同時開課講授放射化學。他們成了伴侶，「chemport.ru」網站也開始賺錢。

謝爾蓋說，他們應該生孩子。這聽來合情合理。瑪莎並不算是愛上了他，但他們確實是事業夥伴。金錢正傾瀉在兩人身上，還沒有理由認為獲利會停止。但其他事物有可能是短促的。瑪莎的「事物」指的是人。她二十歲，他二十五歲，他們最好趁現在生個小孩。他搬進了她漂亮的公寓。他們開始試圖受孕，但沒用。嘗試人工授精，也沒用。他們放棄了，喝醉再做，結果有用。

瑪莎懷孕八週時，醫師說胚胎沒有心跳，轉介她去接受子宮擴張刮除手術（Dilation & Curretage）流產。她回家嚎啕大哭，然後檢索了「胚胎心跳」。她回去找醫師，告訴他心跳可能出現得比八週更晚。

「你哪位啊，這裡最聰明的人嗎？」醫師問。

「我是啊。」瑪莎說。

第十二章　橘色威脅

鮑里斯．涅姆佐夫擔心自己的女兒無法在世界上生存。他確信，像她這樣嚴厲又強硬的人，不可能找到另一半。這就意味著她必須自力更生——但就他所知，她缺乏志向。他對這點判斷得沒錯：冉娜缺乏志向這點與母親很像。但雷莎和冉娜不同，她很識時務也容易相處。鮑里斯說這很好：他不想要自己的女人太聰明或太積極——女兒除外，她太任性了，需要一套備案。某天她跟隨他一起前往支持民主派的大廣播電臺莫斯科回聲（Echo Moskvy）接受訪問時，他突然有了靈感。

「嘿，」他以一種當情況需要自己發揮影響力時所使用的過度親熱語氣對電臺臺長說：「你們何不收我女兒當實習生？」

實際上也沒什麼不好。冉娜才十五歲，還不到全職工作的法定年齡，但這點幾乎無須顧慮。她有個大名鼎鼎的姓氏，而且認識很多人——更準確說來，很多人知道她是她父親的女兒。冉娜錄取了。她的工作是打電話給葉爾欽的新聞發言人，查詢總統的健康狀況。發言人不像對待其他記者那樣粗魯地打發她，而是盡責地允許她錄下一、兩句話，證明總統健康無虞。

不打電話給總統發言人的時候，冉娜就執行取件、複印及其他典型的實習生工作。重點在於養成一種令她適存的工作倫理，即使她的性格令人難以忍受毫不圓融。她早上九點上學，最後一堂課放學就直接趕到電臺，從下午四點開始上班到午夜。那是地獄般的生活，但她可以在班尼頓（Beneton）買一件黑灰色羊毛衫了。那件衣服要價不菲，而這是她自己掙來的錢。

然後葉爾欽辭職了——電話在除夕當天打來，那是鮑里斯贏得國會議員選舉數週之後，全家正在法國的滑雪勝地度假。沒過多久，他所屬的新政黨右翼力量聯盟就開會討論他們在總統選舉中的立場。他們要自行推派候選人嗎？葉爾欽的辭職時機經過安排，使得推舉候選人的努力成為徒然——實際上，他將投票提早了四個月，三月就舉行。傳統的耶誕和新年假期不會有人留在莫斯科（事實證明，只有葉爾欽和普丁還在），準備時間已經先被吃掉兩週。普丁的民意支持度高不可攀。前總理蓋達爾和另外兩位黨領導人主張，這種形勢下的理性選擇是跟隨眾人支持普丁。鮑里斯則主張，只要這位推定的總統人選沒有提出政治綱領（普丁並未提出），就沒有理由支持。他輸掉了表決。

二〇〇〇年三月二十六日，弗拉基米爾．普丁當選俄羅斯總統，冉娜也年滿十六歲。她對這兩件事幾乎同樣的漠不關心。她在幾個月前辭掉了莫斯科回聲的工作，找到了自己的志向。她如今的人生目標是考上美國的大學。鮑里斯告訴她必須自力更生的時候，他可從未想過這回事。國會議員的女兒在美國讀書，這件事的社會觀感不太好。但他說，他不會妨礙她。

他也不會幫助她。冉娜取得了所需的教科書和學習資源，以自力更生的方式進行。她在托福考試（TOEFL，Test of English as a Foreign Language）拿下創紀錄的高分，學術水準測驗考試（SAT）也得到很高的分數。她錄取了紐約市的福坦莫大學（Fordham University）。當然，她的目標更遠大，但現在她有個計畫：先在福坦莫讀一、兩年，然後轉學到哥倫比亞大學完成學業。二〇〇一年八月，她告別了花園環路的公寓，移居美國。

她想像不到獨自一人在紐約市會是什麼滋味。她住在學校的曼哈頓分校附近，在中城的摩天大樓之間，與當地人稱作地獄廚房（Hell's Kitchen）的躁動社區比鄰。她唯一認識的是一位俄國寡頭的女兒，剛從紐約的一所學院畢業，在諮詢顧問公司上班。她每週平均工作八十小時，她對冉娜說，她未來也會是這樣。接著，在冉娜抵達的兩週之內，紐約市街道上充斥了警笛大作的車輛、戴著防毒面具的人們，還有恐慌。冉娜走進市中心，盡可能深入到警方的封鎖線，她親眼看見世貿雙塔中的第二座倒塌。然後她見到傳單在街上到處散發，上面寫著地址，供人們前往捐血。冉娜走到其中一個據點。

她打電話給身為小兒科醫師的祖母。一通越洋電話要花美金十元，可能還更貴，因此得長話短說。

「奶奶，快跟我說，我的血型是什麼?」

「O型陰性。」

冉娜掛了電話。電話另一端的吉娜・雅可夫列夫娜想像著，不堪設想的狀況在被恐怖襲擊的城市裡發生在孫女身上。而在紐約，冉娜排隊四小時等待捐血。她被告知她的血型是急需的寶貴血型，因此會盡可能最大量抽取。她離開醫院時頭昏腦脹，拖著身子走到一家熟食店，沒完沒了地坐在那兒，靠著吃東西讓自己有力氣起身。

她請求鮑里斯不要告訴任何人捐血的事——她在電話裡聽得出來，他迫不及待想跟別人說——但他實在太以她為榮，於是終究把事情說了出來。從蘇共宣傳報轉型成小報的《共青團真理報》（Komsomolskaya Pravda）下了這樣的標題：「冉娜・涅姆佐娃將鮮血獻給美國」。[1]

1 "Zhanna Nemtsova prolila krov' za Ameriku," *Komsomol'skaya Pravda*, October 19, 2001, http://www.kompravda.eu/

九一一事件過後，紐約外籍大一新生的孤絕狀態令人無法忍受。冉娜又設法應付了一個月，然後請求鮑里斯為她訂一張返回莫斯科的機票。他很興奮。他也動用了一些人脈，讓冉娜得以進國際關係學院就讀，這是共黨職官子女邁向外交和國際貿易職涯的搖籃。《共青團真理報》報導，恐怖攻擊發生後，冉娜由於身為外國人而被全班同學避忌。[2]

她回到家的第一晚，鮑里斯的一位寡頭朋友米哈伊爾・弗里德曼（Mikhail Fridman）來訪。父女團圓的喜悅讓他看了怒不可遏。「白癡，」他氣急敗壞地說：「你們都瘋了。」意思是說，放棄在美國追尋未來而回到俄國來，肯定是發瘋了。

*

俄國人對美國遭受恐怖攻擊的反應，有些令人憂慮。古德科夫長久以來一直在思考，俄國人的自我輕蔑表現在它看待美國的心態上，這時他看到對美國的一切憎恨與焦慮全都浮上檯面。一九九九年，俄國人回應北約空襲科索沃作戰時的那波強烈怨恨，在數月之內就消退了，國家因而重回某種反美情緒的底限；但現在，古德科夫卻看到它在九一一攻擊過後不協調地捲土重來。民調顯示，俄國人起初同情與憐憫美國，但這些情緒很快就被別樣情緒取代：想方設法將這場悲劇歸咎於美國人自身。

部分原因必定與俄羅斯做為一個社會，應對自身在二十世紀所經歷的戰爭、恐怖、暴力與貧困而發展出來的一貫遲鈍有關。相對來說，這種遲鈍做為原因和結果，又同時與缺乏社會或文化機制協助傳達感受。所有這些對俄國人應對自身悲痛的方式也同樣屬實：他們讓自己遲鈍下來，並展開新生活。但如今湧現的這種憎恨，卻明確指向俄國人對美國人的感受。

蘇聯歷史上一貫將自身定義為美國的對立面。這長達一世紀的認同，包含幾個不同時期。一開始，蘇俄早年以美國模式為基礎，使用美國機器設備推行工業化革命。經濟大蕭條期間，美製工業器材與俄國需求通力合作。史達林說「我們要趕超美國」（*Dogonim i peregonim Ameriku*），蘇聯工廠裡的機器也經常刻上「趕超」（DIP）一詞，向這句充滿雄心壯志的口號致敬。

第二次世界大戰期間，競爭暫且擱置以便進行軍事合作。兩國這時是盟友。但隨著冷戰開始，美國不再是夥伴，更非競爭對手：它成了敵人——實際上是生存威脅。這種形象為蘇聯的最後四十年定了型，成為蘇聯動員及控制體系的基礎。

當蘇聯瓦解，俄國人仍然繼續看向美國這面鏡子。他們如今看到的盡是羞辱。美國正在發送救濟品給俄國人，把美國人自己不愛吃的「布希腿」及其他食物送給他們。美國不只比俄國更富有——其他許多國家同樣比俄國富有，有些國家甚至比美國富有，像是瑞士和沙烏地阿拉伯。但美國不同於古老的歐洲國家，並不依照根深柢固的階級結構分配財富：它是人人都能成功且機會均等的國家——至少它是這麼自詡，俄國人也相信這部分。它也不是沙烏地阿拉伯這樣的獨裁產油小國。美國正是現代性的定義本身；它是俄國未能成為的那個國家。這正是蘇聯式雙重思想的傑出範例：美國同時擁有魅力又充滿威脅，值得效法而又可恨至極。

仇恨美國成了蘇聯的政治及社會傳統。如今，俄國對自身傳統的追尋，為這股仇恨注入了新的力量。「我恨，故我在。」古德科夫寫下這句話，試圖描述這種新反美主義背後的驅動力。九一一

---

daily/22658/12897/（二〇一六年五月二十六日瀏覽）。

2 前引書。

事件為仇恨火上加油，因為它引發了焦慮。調查顯示，俄國人懼怕這些恐怖攻擊會引發第三次世界大戰，即使參戰各方由誰組成並無明確共識。儘管如此，這卻是很可怕的可能性（或許格外可怕），而這都是美國的錯。

超過一半的應答者說，提高國防開支的時機已到，即使這意味著其他領域開支必須縮減。對一個才剛擺脫嚴重經濟蕭條（二〇〇一年時，多數人民對此幾乎無感）的國家，這種結果看來很怪異。話又說回來，這種攻擊性的反美姿態在教育程度更高、生活更富裕的應答者身上，卻最為顯著。這正是當今新興菁英的一部分——包括軍警人員，以及普丁總統任內抬舉的那些新傳統主義者。[3]

*

既缺乏政黨或既定選舉偏好等政治機制，也缺乏政治歷練，新興菁英們開始大大仰賴一群自稱「政治技術專家」（political technologist）的人。他們宛如被誇大到諷刺畫程度的西方政治顧問。他們從無到有創造出總統、政黨和政綱。他們雇用一小隊人馬設計標誌和網站、媒體拍照活動，還有漫無邊際的政治行話。這些團隊的多數操盤手都還很年輕——即使並非所有人——通常都還是大學生。不管是攜手合作或單打獨鬥都能大發利市。

包括政治技術專家及其所代表的政治人物，都沒有多少（有時壓根沒有）自己的理念，而政治技術專家的一部分任務，則是發掘並整合他人提出的概念。首屈一指的政治技術專家格列布．帕夫洛夫斯基（Gleb Pavlovsky）曾在莫斯科擔任編輯，在普丁投入選舉之前為他製造出公眾形象，這時他找到了杜金，並為杜金宣揚理念。杜金擁有一種本事，能將菁英們普遍感受到的焦慮化為文字，而且這些話聽起來很聰明。九一一事件後，他和另外六個人一同上電視參與一場政治圓桌會議，這時他說：

> 自由民主體制的深層危機已經暴露了，這是價值觀的危機。自由民主複合體包含兩大要素：自由主義與民主。我們通常以為兩者是同義詞。但要是回顧西方的歷史，我們就會發現民主要素做為一種反極權主義的工具，被積極運用於對蘇聯集團的戰鬥中。但當蘇聯體制瓦解，民主就喪失了它的根本戰略功能。自由主義的功能則維持下來。我確信自由主義未必非得跟民主結合不可。它可以單指自由貿易、市場機制，而我們知道，它們在最嚴格的威權政體、甚至近乎極權的政體裡，都完全能存活下來。

他接著預言，美國會在九一一事件之後捨棄它的民主實驗。[4] 杜金誤用了「自由主義」一詞，彷彿它的存在僅僅用於表示統制經濟的反面，而他在宣稱美國正處於放棄民主的邊緣時，對「民主」的定義也不明確。但他的說法完美概括了古德科夫的調查所反映出的世界觀。在這套圖景裡，美國以對俄關係定義自身，一如俄國以相對於和相較於美國為自我定義。同樣在這套圖景裡，既然

3 Lev Gudkov, "Otnosheniye k SShA v Rossii i problema antiamerikanizma," *Monitoring obshchestvenogo mneniya 2, no. 58 (March-April 2002)*, pp. 32-48.

4 *Chto delat'? Vyzhivet li mir posle sobyitii 11 sentyabrya v Soyedinennykh Shtatakh?* 該節目原先於二〇〇一年十二月一日播放，存檔參看：http://trueinform.ru/modules.php?name=Video&sid=46746（二〇一六年五月二十八日瀏覽）。

蘇聯不復存在，美國如今放棄民主也就說得通了。最重要的是，這套圖景確認了一個概念：同時建立市場經濟與極權（或「近乎極權」）政體，不僅有可能做到，而且是正確的。

就在幾個月前，即二〇〇一年四月，杜金為一場新政治運動舉辦了成立大會。他已經和民族布爾什維克黨分道揚鑣很久了。身為政治技術專家，他曾協助普丁的團結黨，以及另一個由克里姆林宮支持的短命攪局黨俄羅斯黨定型，但他如今決定要發起自己的運動了。成立大會在一個名為「榮譽與尊嚴」、近似私人俱樂部的機構舉行，機構所有人是聯邦安全局的反恐特戰部隊「阿爾法」（Alpha）。幾名阿爾法老兵獲選加入新運動的主席團，許多軍警相關人員也出席了大會。

杜金將這場新運動命名為「歐亞」（Eurasia），大會則強調運動與克里姆林宮的密切關係。房間裡有兩幅大標語，其一寫著：「V．V．普丁：俄羅斯是歐亞國家。」另一幅則是：「歐亞高於一切。」可想而知，報刊上對這次大會的其中一篇報導（每一家報社都做了報導）直接以「歐亞高於一切」（Eurasia über Alles）這句話為標題。

「歐亞高於一切。」杜金在成立大會的演說結尾又重複一遍。他的演說內容完全用在討論以下的概念：全世界，至少是俄國，被歐亞與大西洋主義（Atlanticist）這兩股背反的力量撕裂開來。杜金說，就連葉爾欽也早在一九九〇年代開始看出大西洋主義的徒勞，但「唯有普丁的統治，才帶來了歐亞主義思想的真正勝利。」他說，為了這個理由，「我們完全且激烈地支持總統。這令我們位居完全而激進的核心地位。」

這是句難以理解又令人著迷的話，如同他十五年前對葉甫根妮婭說過的「紫羅蘭在嘴唇上綻放」。新運動最年輕的成員伊戈爾．尼古拉耶夫（Igor Nikolaev）來自遙遠的雅庫特，在他的演說中更清楚地闡釋了歐亞自我認知，他說這篇演說脫胎於中學時寫的小論文。「個人主義與獨立意見都是歐洲的典型特徵，但我們不屬於歐洲，」他說：「服從與熱愛領袖才是俄羅斯人的特徵。」[5]

*

「歐亞主義能拯救俄國嗎？」這是二〇〇二年六月在電視上播送的那次政治圓桌會議的主題。杜金從討論來賓晉升為題目擬訂者，歐亞主義也從邊緣政治運動一躍成為普世解決方案。它對俄羅斯歷史提供了替代視角，按照這種解讀，一百五十年的蒙古韃靼統治不再是破壞時代，反倒是至關重要的文化融合時期，確定了俄羅斯走上不同於歐洲的特殊路徑。杜金向廣大公眾解說歐亞主義時，徵引了流亡國外的尼古拉·特魯別茨科伊親王（Nikolai Trubetskoy）在一九二〇年寫下的一本書。語言學家特魯別茨科伊（他是結構語言學的開山祖師之一）聚焦他所謂的「文字魔法」。他主張歐洲人（更精準地說，是德國人）藉由運用「人類」、「普世性」、「文明」及「進步」之類的字詞，欺騙全世界（或者更精準地說，是斯拉夫民族）接受這套世界主義思想。實際上，特魯別茨科伊論證，德國人的「人類」指的是他們自己和其他同類民族，他們的「普世性」、「文明」與「進步」概念也同樣是唯我論的——或者按照特魯別茨科伊的說法，是「自我中心的」。因此，當斯拉

5 Grigory Nekhoroshev, "Yevraziytsy reshili operet'sya na Vladimira Putin," *Nezavisimaya gazeta*, April 24, 2001, http://www.ng.ru/events/2001-04-24/2_support.html; Igor Maltsev, "Yevraziya uber alles: Sozdano novoye obshchestvenno-politicheskoye dvizheniye," *Kommersant*, April 20, 2001, p. 9, http://www.kommersant.ru/doc/254580; 歐亞運動對於自身成立大會的網路討論區，http://arctogaia.org.ru/FORUMS/messages/47/622.html?993838577；（二〇一六年五月二十八日瀏覽）。

夫人接受這套世界主義思想，就有喪失自我身分認同與文化之虞。[6]

特魯別茨科伊的著作名為《歐洲與人類》（*Europe and Humanity*），杜金在八十二年後為電視觀眾摘要這本書時則表示，這位親王認為歐洲對人類構成威脅。他解釋，在那之後，情況又轉變了：歐洲不再對人類構成威脅，但美國對人類構成威脅。「西方社會的計畫被強加在所有其他民族之上，」杜金說：「只要西方執意將普世性標榜成自身價值，執意將這些價值強加於他人並試圖支配，不論是運用殖民手段還是新殖民手段（全球化正是新殖民手段），歐亞主義者就會繼續反對西方。」[7]

這些話在廣大電視觀眾耳中聽來句句真實。西方正在擴張。即使俄羅斯已經對美國的一切幻滅，它的鄰國卻出乎意料地向西方靠近。二〇〇三年，由傾向西方的青年政治運動人士領導的一場不流血革命，推翻了喬治亞政府。普丁的克里姆林宮與被趕下臺的喬治亞總統愛德華·謝瓦納茲（Eduard Shevardnadze）彼此厭惡，後者曾出任戈巴契夫的外交部長，然而這場革命仍令莫斯科憂慮。普丁派外交部長前往喬治亞首都，協助交涉政權轉移，但他和俄國媒體全都堅持將那兒發生的事稱為「政變」而非「革命」。普丁在對內閣演說時，間接向喬治亞的新領袖發出警告，他強調：「俄羅斯數百年來始終與喬治亞人民有著兄弟關係。」[8]事實上，喬治亞數百年來一直是俄羅斯帝國的一部分，除了一九一七至一九二〇年短暫獨立，以及蘇聯解體至今十多年外。「兄弟關係」近似於蘇聯時代的「民族友誼」話語，他確有此意。他也有意提醒喬治亞人，俄羅斯在自己固有的活動範圍裡，仍是「平等民族中的第一位」。

蘇聯解體過後十二年，俄羅斯仍然認為先前的屬國是自己的一部分。不同於有著明顯差異的外國，前蘇聯加盟共和國被稱為「鄰近外國」（near abroad）。（赫爾辛基與維也納距離莫斯科更近於基輔和提比里斯，但這個名稱指涉的是心理與政治距離，而非物理距離。）與「鄰近外國」的關係甚至不是外交部職掌的一部分：它們由總統辦公廳自行處理。這大概是蘇聯的機構在一九九一年由俄國繼承、卻不顧時空邏輯保存下來的最顯著事例。「本質上，這維持了蘇聯體制中加盟共和國對共產黨中央委員會負責的那一部分，」俄國記者米哈伊爾・札加爾（Mikhail Zygar）寫道：「既然總統辦公廳沿用的建築物正是舊廣場（Staraya Square）蘇共中央委員會總部，這個傳統恰好也已經維持了數十年，即使蘇聯早已不復存在。」[9]所謂的傳統，即是對名義上獨立的蘇聯加盟共和國（如今它們不再是俄羅斯聯邦成員）施加控制，並由莫斯科指派領導人。

二〇〇四年，喬治亞革命後一年，莫斯科牢牢控制了烏克蘭選舉。俄國政治技術專家湧入烏克蘭首都基輔。他們的任務是防止親西方的挑戰者當選，現政權是莫斯科能接受的。投票前三天，親莫斯科政府舉行閱兵，紀念第二次世界大戰基輔解放六十周年（真正的周年紀念日其實是九天後，但他們等不了那麼久）。普丁蒞臨了，在觀禮臺上站在即將卸任的總統列昂尼德・庫奇馬（Leonid Kuchma），以及後者親自挑選並得到莫斯科支持的接班人維克多・亞努科維奇（Viktor Yanukovych）

6 N. S. Trubetskoy, *Yevropa i chelovechestvo* (Sofia: Rossiiskobolgarskoe knigoizdatel'stvo, 1920)，文本取自：http://www.philosophy.ru/phil/library/vehi/nstev.htm（二〇一六年五月二十八日瀏覽）。

7 *"Chto delat'? Yavliayetsya li Yevraziystvo spaseniyem dlya Rossii?"*

8 "Putin: perevorot v Gruzii proizoshel iz-za oshibok prezhney vlasti," lenta.ru, November 24, 2003, https://lenta.ru/vojna/2003/11/24/putin/（二〇一六年五月二十八日瀏覽）。

9 Mikhail Zygar, *Vsya kremlyovskaya rat': Kratkaya istoriya sovremennoy Rossii* (Moscow: Intellektual'naya literatura, 2016), p. 107.

的身邊。蘇聯軍人在一九四五年插上德國國會大樓的那面紅旗——「勝利旗」，也被帶到基輔參與閱兵。[10]普丁將自身權威、俄國最重要的國族神話，以及神話最重要的實體象徵，都提供給了親莫斯科的烏克蘭總統候選人。

但這些全都沒用。亞努科維奇輸掉了投票。他仍然自稱勝利，但也沒用：烏克蘭人民走上街頭。他們在基輔中央廣場紮營露宿，拒絕解散，不顧十一月的嚴寒，然後是十二月的凍寒，直到烏克蘭最高法院介入，裁定重新選舉。採取親西方、完全獨立於莫斯科立場（甚至娶了加拿大女子為妻）的候選人維克多．尤申科（Viktor Yushchenko）當選總統。

*

瑪莎發現尤申科並不討人喜歡，他的反莫斯科話語更侮辱到她個人。她很驚訝地發現自己竟然這麼關注。「該死，這是我第一次對別人的選舉這麼激動，」二〇〇四年十一月，她在自己的部落格上寫道：「我再說清楚一點。這是我第一次對任何地方的任何選舉這麼激動。」「那只是因為在俄羅斯和莫斯科，我們這時代的所有選舉結果都是注定的。」一位朋友在留言區回應。[11]

確實如此。二十歲的瑪莎年紀只夠參加一次地方選舉、一次國會選舉和一次總統選舉投票，每一次的結果都是眾人皆知的。普丁不可能在二〇〇四年輸掉連任；從瑪莎上小學開始就在位的莫斯科市長，地位同樣根深柢固；普丁的統一俄羅斯黨看來也會永遠掌控國會。瑪莎甚至不知道她或任何認識的人有可能對現在的選舉產生熱情——直到烏克蘭展現給她看。

整個俄羅斯如今都被基輔的場景給驚呆了。一年前的喬治亞革命在此引起的關注相對稀少，但如今，烏克蘭革命讓人們開始懷疑（或期望）一個模式。它也會在俄羅斯發生嗎？這樣的想像無視於兩國的關鍵差異。比方說，在普丁第一任總統任內將俄羅斯選舉機制掏空的同時，烏克蘭的選舉機制則逐漸發展成熟。而且烏克蘭有個獨立且正常運作的最高法院能夠介入化解僵局，反觀俄國憲法法院實際上則被行政部門吸納。

鮑里斯．涅姆佐夫被烏克蘭的事態演變激勵了。二〇〇三年十二月輸掉國會選舉之後，他整個人無所事事。這是他從一九九〇年投入政治以來第一次敗選——實際上，他曾經很習慣壓倒性的大勝。他接受了一家銀行的管理職，待遇優厚、工作乏味。但現在有了烏克蘭，有了真正的政治戰鬥和實際上高風險的社會運動。他開始穿梭往返基輔。他接受了一項志願職務，成為尤申科總統的顧問。他戴上一條革命顏色（橘色）的圍巾，在抗爭第一天來到廣場演說。幾天後，他在莫斯科的一次電視專訪中，將烏克蘭標舉為俄羅斯的榜樣：

> 以往，基輔的人們曾經仰望莫斯科。如今有很多莫斯科人，也不只莫斯科人，更是全體俄羅斯人，想必會仰望基輔，看人們如何為權利而戰，為真理與自由而戰。[12]

---

10 前引書，p. 123。

11 http://ponyy1.livejournal.com/6806.html.

12 Robert Horvath, *Putin's Preventive Counter-Revolution: Post-Soviet Totalitarianism and the Spectre of Velvet Revolution* (London and New York: Routledge, 2013), pp. 33-34.

奉命去處理烏克蘭事務的政治技術專家們回到莫斯科，如此解釋自己的失敗：都是美國的錯。根據他們的說法，美國人（他們通常是指美國政府，以及喬治・索羅斯）從二〇〇〇年推翻南斯拉夫的斯洛波丹・米洛塞維奇（Slobodan Milošević）開始，就在資助及組織東歐革命。然後他們襲擊了喬治亞，隨後是烏克蘭。就是這樣：一切對於美國擴張的恐懼全都得到確認。

普丁長久以來都在談論俄國面臨的外在威脅。他最近一次提及外在威脅，是在俄羅斯高加索山區小鎮貝斯蘭（Beslan）一所學校的人質危機過後。二〇〇四年九月的這次人質劫持事件造成三百多人喪生，其中多數為兒童。這次由車臣恐怖分子主導的攻擊事件過後不到兩週，普丁宣告了俄羅斯政治體制新一波全面變革。州長今後改由官派而不再民選。下議院全部席次今後將依照各政黨在全國投票的得票比例分配（在這次公告之前，下議院一半席次按政黨比例分配，另一半兩百二十五席則是全國兩百二十五個地區人民投票選出的代表）。普丁解釋，這些措施將使政治機制獲得鞏固，創造出保衛國家不受外在威脅所需的凝聚力——學校人質事件則是令人難以相信的外在威脅實例。如同他先前的諸多改革，這些措施影響的是正式的政治機制，以鞏固政權為目的。但要對抗它認定由美國推動、索羅斯資助的人民革命威脅，克里姆林宮需要將焦點集中在公共領域，它需要將公共領域動員起來好保衛政權。數年後，澳洲政治學者羅伯・霍瓦斯（Robert Horvath）發明了一個詞彙描述這個過程：「預防性反革命」（preventive counter-revolution）。[13]

*

彷彿在證實克里姆林宮對革命的恐懼，俄羅斯全國各城市在二〇〇五年冬天爆發了大規模抗爭。數萬人民這時抗議的是一連串名為「應得權利貨幣化」（monetization of entitlements）的措施，按照這些措施，接受公共援助的人民（五十五歲以上女性、六十歲以上男性、提早退休人士及身心障礙者）將不得再享有無限制大眾運輸服務及其他實質福利，而是獲得一筆定額款項。這是一套降低成本的措施，接受援助的人們準確察覺到：即使受到告知，但他們得到的金錢與原有的福利並不等值。他們正在喪失的是對許多人而言攸關存亡的援助。

克里姆林宮未能預期到這一波強烈反彈。這些抗爭是噩夢的材料。抗爭者是老弱人士，就算他們在全國各城市堵塞車道、或是在聖彼得堡街道上紮營露宿，國家也不能對他們動用武力。

抗爭的還不只有退休人士。大量青年組織似乎突然現身了。有些是激進組織，像是從全國各地吸納青年新血後年輕化的民族布爾什維克黨；他們和領取年金的人們並肩示威，或是代為示威。其他則是由傳統政黨衍生或分裂的青年團體；他們往往在策略上以推翻了米洛塞維奇的南斯拉夫青年運動「抵抗」（Otpor）為榜樣。他們發起小規模的街頭流動戲劇演出。

最後，全國最知名人士之一，西洋棋冠軍加里．卡斯帕洛夫宣布他要結束運動員生涯，全力投入政治抗爭。他發起了一個名為聯合公民陣線（United Civic Front）的組織，這個傘狀聯盟能夠將年金受領者、「抵抗」的效法者，以及民族布爾什維克黨等諸如此類的群體團結起來，完全是因為他們全都反對普丁和他正在建立的威權政體。他們一同發動示威遊行，名為異議者遊行（Marches of the Dissenters）。

瑪莎是從烏克蘭大選期間開始在「livejournal.com」上寫部落格的，這個網路平臺風行於美國青少年之間，可是在俄國則被自發地改變用途，成為一套初階的社群網絡（即使這個詞彙在當時尚

13　前引書。儘管我個人對下一小節所敘述的多數事件都做過報導，我仍受惠於霍瓦斯的這個概念架構。

未使用）。到了二〇〇五年春天，瑪莎在這套網絡裡已經有了影響力，也開始閱讀幾位參與青年政治組織人士的發文，並與他們討論。她參加過幾次「防衛」（Oborona）運動的聚會，這個團體由一位名叫伊利亞．雅辛（Ilya Yashin）的年輕男子發起。「防衛」運動在各方面都意圖效法「抵抗」運動，包括名稱的發音在內。但謝爾蓋反對：他不要自己的妻子和政治流氓扯上關係。到了年底，瑪莎懷孕了，於是聽從了丈夫的告誡。

參加抗爭，甚至知道抗爭正在發生的其實只是少數人。除了民族布爾什維克黨創造出一個廣大的在地行動者網絡之外，每個青年團體都只有少數活躍成員。上街抗爭的年金受領者相對多數，但沒迫切需要國家援助的俄國人多半忙於自己的生活，而如今他們的生活非常、非常美好。由於石油價格飆漲，俄羅斯在二〇〇五年進入了連續第六年史無前例的經濟繁榮。

金錢是克里姆林宮用以平息喪失權利者抗爭的利器：年金大幅調漲，普丁也宣告了新的承諾，要對社會福利項目全力提供支出。接著政府著手鎮壓組織抗爭的青年，以及整個公民社會。將繁瑣的登記及匯報要求施加於非政府組織的一項法律通過了。公民社會團體用盡全力抵抗這項法律，就連美國國會都在一項不具約束力的決議案中對新法表示關切——從而證實了克里姆林宮將俄國非政府組織視為西方代理人的看法。為了回應所遭受的反彈，立法內容稍有軟化，這導致美國國際開發署（USAID），以及索羅斯的開放社會基金會等外國非政府組織在俄國境內完全無法運作的相關條款被刪除了。但普丁在二〇〇七年一月簽署施行的這項法律，仍讓非政府組織陷入了無用的文書工作之中，旨在耗盡其資源。

異議者遊行則遭遇了有形鎮壓，而非書面鎮壓。警察開始在遊行預定時間數小時前或數日前圍捕行動者。設法按時參加的人們則先被手持警棍的鎮暴警察毆打，再被拘留。社運人士們在這些戰鬥中堅持了幾年，但遊行仍在二〇〇八年初終止。

克里姆林宮將視為威脅的人員及組織從公共領域封殺，也用自己的支持者填補空缺。在蘇聯時代，公共空間是鐵板一塊，由共產黨及其對應於不同年齡的附隨組織填滿。其中沒有非政府組織，而是由國家工會當局營運的工會類實體參與。如今，政治技術專家們開始創造出各種組織，以營造多元的假象。克里姆林宮自行設立了基金會，由基金會向它所挑選的組織核發補助。政府補助制度本身未必是壓迫的工具——許多歐洲國家也都擁有主要由國家資助的公民社會部門——但在此毫不遮掩的預設是，克里姆林宮資助的團體要遵照克里姆林宮的要求辦事。政治技術專家大量製造出以保衛克里姆林宮為宗旨、必要時不惜進行街頭武鬥的青年團體。這些團體的名稱包括「我們」（*Nashi*，顯然與「他們」截然不同）和青年近衛軍，後者得名於一群被傳誦成神話的蘇聯青少年反希特勒游擊隊。莫斯科有一群學生發行了幾期名為《行動》（Aktsiya）的報紙；新炮製的團體則以一份擁有辦公室、高薪員工及規律印行時程的報紙回應，他們命名為《反動》（Reaktsiya）。這些新團體有自己的訓練營和潮T，還會在某些小城市為苦無休閒娛樂去處的年輕人舉辦舞會及其他娛樂活動。他們策劃街頭行動，包括毫無諷刺意味地將自己的遊行命名為同意者遊行（March of the Consenters），與異議者遊行應對。早在十五年前，重建時期的著名政治家與歷史學家尤里·阿法納西耶夫（Yuri Afanasyev），就將這樣的人稱為「攻擊性的順從多數」（the aggressively obedient majority）。

在這個脈絡下，杜金應許的「完全而激進的核心」開始說得通了。他如今自命為對抗「橘色威脅」鬥爭的領袖，而他將所謂的橘色威脅描述成大西洋主義針對歐亞的陰謀，甚至是美國對俄羅斯發動的聖戰。歐亞運動催生了自己的青年側翼——歐亞青年聯盟（Eurasia Youth Union），以反橘陣線（Anti-Orange Front）先鋒自居，杜金宣稱這個實體有兩千五百名成員。杜金說，俄國要防範橘色革命，真正需要的是重新建立特轄區（*oprichnina*），也就是沙皇伊凡四世以「恐怖伊凡」之名被世人銘記的那套恐怖統治。

在重新設計公共領域的過程中，克里姆林宮也改變了行事曆。布爾什維克革命紀念日——十一月七日，過去一向與除夕、五一勞動節、勝利日並列為一年之中的四大國定假日。葉爾欽將它更名為和諧與和解日。如今，普丁顯然是擔心革命組織會想要利用這個紀念日發動抗爭，他廢除了這個國定假日。俄國人在十一月還是會放假一天，但會在十一月四日，而這天紀念的是一次過去不曾出現於俄羅斯歷史建構中的事件：一六一二年波蘭占領軍被逐出莫斯科。杜金身為「預防性反革命」領袖之中的知識分子與歷史學家，當仁不讓地構思出這個新假日。二〇〇五年十一月四日，歐亞青年聯盟發起一場穿越莫斯科市中心的遊行，他們命名為俄羅斯遊行（Russian March）。歐亞青年行動者們打頭陣，高舉大書「俄羅斯反對占領者！」（Russia Agianst the Occupiers）的宣傳橫幅。還有另外幾個團體加入歐亞主義者的行列，他們的口號則是赤裸的種族主義：「我們要俄羅斯人的俄國！」一位講者的結語是：「榮耀歸於俄羅斯！」另一位講者則慷慨陳詞：「我們還要忍受這些害蟲，忍受所有這些『拉脫維亞』、『波蘭』和『喬治亞』多久？我們宣告今天是民憤之日。俄羅斯人，站起來吧！」[14]

「當局藉著放行（歐亞青年聯盟的）這種反西方仇外思想，為極端民族主義更加偏激、變種的擁護者們製造了機會，」霍瓦斯寫道：「隨著溫和的反對派被驅逐到邊緣，極端民族主義者獲准進入俄羅斯的公共領域。」[15]

*

「我想到好主意了！」鮑里斯於二〇〇五年夏天打電話給人在葡萄牙的冉娜，在電話裡吼叫著說：「你應該出來競選。」他的邏輯很簡單：他和「防衛」運動的參與者見了面，那一年至今為止發生的事件，令他確信年輕人（非常年輕的人們）是政治的未來。他的女兒比起其他人多了一項優勢，因為她有大名鼎鼎的姓氏，這時他把自己的姓氏說成了一種品牌。

冉娜不感興趣。坦白說，她對很多事都興致缺缺；她仍然缺乏志向，或者該說再次缺乏志向。她剛從國際關係學院畢業，在校成績夠好，即使她對自己的課業或同學都只有最低限度的接觸。她在學院裡的多數時間，社交生活都以一群年紀稍長的同性戀男性為中心——這些人在城裡最好的新俱樂部玩得最愉快。之後，在最後一個學年的冬天，她接到母親一位朋友打來的電話：「快來，我幫你介紹一個非常可愛的銀行家。」這位銀行家名叫季米特里，他確實十分可愛，但他也大了冉娜十五歲，正在第二段婚姻之中。不過，春天來臨時他分居了，冉娜開始與他同居。季米特里世故而周到，是個好廚師，也很會逗人開心。冉娜的朋友喜歡他，父母親也喜歡他——季米特里總有辦法讓人們感覺到自己受重視。他們的關係只有一個小麻煩，那就是季米特里熱愛一切華麗的事物，他隨時都想看到冉娜身穿昂貴的洋裝和炫麗的高跟鞋。但他的一項特徵遠遠勝過了冉娜對高跟鞋的不適：他喜愛冉娜的所有想法。因此他們這時才會在葡萄牙。冉娜在國際關係學院選修了葡萄牙語做為第二外語，她想利用畢業後的夏天在當地人之間練習。她在最好的地方度過最美好的夏天，鮑里

14 Nataliya Kholmogorova, "Probuzhdeniye: Russkiy March 4 noyabrya," specnaz.ru, http://www.specnaz.ru/article/?808（二〇一七年三月十六日瀏覽）。

15 Horvath, *Putin's Preventive Counter-Revolution*, p. 121.

斯卻帶著他瘋狂的建議亂入。

「瑪格麗特．柴契爾在二十二歲那年第一次參選。」這是鮑里斯提出的最終論證，毫無道理的是，它成功說服了冉娜。她回到莫斯科，宣布競選市議員。她和鮑里斯對所有人說這是她自己的想法，而父親對她參選心存疑慮。冉娜對記者說，她比鮑里斯「更溫和」，記者們普遍將這個說法理解成她並不頑強反對普丁。[16]看來鮑里斯自己也相信了這個說法：他對冉娜說，她必須自行募款。他確實借給她兩萬美元左右，以支付「參選保證金」——在開票前交付託管的金額——要是她的得票比例低於百分之五，國家就會沒收這筆錢。

冉娜說服了一位大學同學出任她的競選總幹事。母親的一位朋友奧爾嘉也加入。奧爾嘉十分擅長對大眾說話。季米特里和往常一樣支持她，為她出錢拍攝定裝照。冉娜身穿全白襯衫的照片經過修圖，好讓候選人看來不至於太過年輕而顯得可笑，這張照片登上了廣告看板。她的標語是「冉娜．涅姆佐娃：聯合候選人」。看板上列出了支持冉娜的五個政治團體。它們全都是親民主派團體，都處於從主流落入邊緣的某個階段。

沒有什麼政治綱領可言。她父親很喜歡談論所謂的「民主價值」，但這在冉娜看來老套得一塌糊塗。「民主價值」看來也並非她在莫斯科北區的選區居民所關心的事。冉娜認真學習，與選區居民會面，也向唯一一個長期在位、還沒被普丁任用的一波新職官權貴淘汰掉的在地政治人物請益。這個選區首先關切的是交通運輸——地鐵並未向北延伸得這麼遠，巴士班次也不可靠——以及住房存量。數千人居住在一度被規劃為臨時住所的破敗建築中。

鮑里斯安排冉娜與金屬業巨頭——諾里爾斯克鎳公司（Norilsk Nickel）共同所有人米哈伊爾．普羅霍洛夫（Mikhail Prokhorov）聯繫。或許他會想要為選戰出一份力。普羅霍洛夫花了一小時用近乎機智問答的問題轟炸冉娜，想要引導她說出自己的政治觀點。然後他說，要是她換個選區的話，他會很樂意提供資金。他正在莫斯科南區資助一名執政黨候選人，而他願意付錢給冉娜挑戰那位候選人。他想找樂子。她感到憤怒。他打電話給鮑里斯，大笑著說：「你女兒是個社會主義者。」

沒有哪一個特定時刻讓冉娜意識到整個賽局受到操縱。但在投票日來臨時，她感覺自己始終都知道這點。現任者是個平庸之輩，連名字都讓人記不得，不過他還是會勝選，因為他屬於普丁的統一俄羅斯黨。投票日當天，奧爾嘉在一處投票所監票，看見軍人被巴士載來灌票。這是其中一種操縱手段。另一種手段則是資訊飽和（saturation），到處都會看到統一俄羅斯黨候選人的姓名和肖像，即使沒人真正知道他是誰。這如果是場誠實的選舉，冉娜估計自己大概會輸給共產黨候選人。結果，共產黨候選人名列第二，冉娜則是第三——得票比例百分之十，足夠收回自己的「參選保證金」。冉娜對此感到自豪，特別是因為鮑里斯也以她為榮。然而鮑里斯說，他如今明白了另一件事：「光有姓氏還不夠——政治人物必須有一部傳記。你得去工作。」

*

> 這一切全都只是怪異的名稱，別無其他，只是民主的擬態。候選人都在抄襲彼此的政綱。你可以預先知道他們會說出什麼話。他們真正在做的是創造一黨體制，這正是邁向極權主義之

16 "Doch Nemtsova zaregistrirovana kandidatom v deputaty Mosgordumy," newsru.com, October 31, 2005, http://www.newsru.com/russia/31oct2005/nemcova.html；Mikhail Tul'skiy, "Iz zhizni Zhanny I Mashy," *Vzglyad*, August 31, 2005, http://vz.ru/politics/2005/8/31/5272.html（皆於二〇一六年五月三十日瀏覽）。

路。我們大概會看到政黨假裝成反對黨或準反對黨，它們會輪番向政府叩頭和批評政府。但它們真正的功用是支撐一黨體制。要是布爾什維克黨更聰明一些，他們自己就能做到這點——創造出十幾隻這樣的臭蟲，在社會體上跳來跳去。

亞歷山大・尼古拉耶維奇・雅可夫列夫從來不曾讓自己的公開發言聽來這麼暴躁。但在二〇〇五年四月，他剛結束一趟走遍全俄國的巡迴演講行程，放棄了讓自己的發言聽來文明的意志與願望。「我們替自己決定了一個民族主義的未來，」他對一位記者說。「『民族主義』一詞在他的字典裡仍是最強烈的咒罵字眼之一。「我現在每天到處都看見史達林的馬克杯公開展售，而人們照單全收。那是一張民族主義者、沙文主義者、殺人犯的臉孔。但我們被告知，其實他細看之下沒那麼壞。」

「你會為了你和戈巴契夫沒有解散祕密警察感到遺憾嗎？」記者問道。

回想在中央委員會的時候，我們都假裝自己負責掌權。但真正發號施令的其實始終是契卡（CheKa），[17]也就是國安會。未經他們允許，我們甚至不能出國。就以我為例——我是政治局委員，而我被十五個國安會特工監視。兩位廚師和管家都是軍官……

權力中心從克里姆林宮移轉到聯邦安全局了嗎？

一直以來都在那裡……

為何有這麼多人把過去給理想化？

這是「領袖原則」。[18]這是一種病。這是俄國傳統。我們有自己的沙皇、親王、總書記、集體農場主席，諸如此類。我們活在對上級的恐懼之中。想想看：我們不怕地震、洪水、火災、戰爭或恐怖攻擊。我們害怕自由。我們不知道該拿自由怎麼辦……法西斯團體同樣由此產生——他們是明日的突擊隊。

橘色革命有可能在我國發生嗎？

我們不會像烏克蘭那樣的……我們仍與一種簡單的三位一體共存。國家在最頂端，而我們持續讓它更強大。社會懸浮在國家下方某處。依照國家所願，社會可以是公民的、半公民的，或者只不過是人群。去看看歐威爾貼切的描述。小不點般的個人則在底層某處跑來跑去。[19]

這是亞歷山大．尼古拉耶維奇留下的最後一次重要訪談。他在二〇〇五年十月逝世，距離八十二歲生日只差幾星期。他的兒子繼續編纂亞歷山大．尼古拉耶維奇所出版的歷史文件。已有四十三本書問世，但還有更多文件尚待彙編。這項計畫對亞歷山大．尼古拉耶維奇來說，也成了挫敗感的來源之一，因為有一種新回應變得愈來愈普遍：人們來信表示，這些文件述說的故事不可能是真的。但書還是得繼續出版，因為其中許多文件又再次鎖進檔案裡不對外公開。

不過，謝廖沙覺得自己再也沒有幫忙的義務了。祖父去世之後，他可以自由前往任何想去的地

17 編按：簡稱「契卡」的全俄肅反委員會（*Chrezvychaynaya Komissiya*），是蘇聯祕密警察最初的名稱。

18 編按：雅可夫列夫使用的字詞是 *vozhdism*，有時翻譯成德文的 *Führerprinzip*。

19 A. Samarina, "Rodonachal'nik glasnosti—o kontrreformak," *Nezavisimaya gazeta*, April 19, 2005, archived at http://www.alexanderyakovlev.org/fond/issues-doc/1010283（二〇一六年五月三十日瀏覽）。

方。他選擇了烏克蘭。那兒有個女孩，而且基輔恰巧是如今人人都想要定居的地點。

＊

選舉落敗之後，冉娜又回復到胸無大志的狀態。這沒什麼問題：她剛結婚，季米特里的薪資讓她無須工作。

她身邊的每個人都在賺錢，然後用賺來的錢再賺更多。她的父親和母親各自開始投入市場，母親證明了自己特別拿手。季米特里成為一家銀行的副總裁，他的朋友大多都在金融業服務。冉娜觀察了他們將近一年，然後決定自己也來試試身手。她在一家投資公司找到工作，學習買賣期貨。賺錢是這世上最簡單的事。俄國市場就只是不斷增長，找出上漲速度最快的股票則是場好玩的遊戲。

自一九九九年起，石油與天然氣價格的成長曲線，與普丁在一九九九年秋天的民意支持度曲線形狀大致相同：一條垂直線。俄國經濟並未變得更有效率——實際上，真有改變的話，是它變得更缺乏效率——但無論如何，它都在急遽成長。克利福德．蓋迪敘述的「虛擬經濟」問題並未解決：將近一半的俄國工業持續貶值。但這些公司並未在俄國小小的股市中呈現，股市完全由石油及天然氣公司主導——因此股市不停上漲。到了二〇〇五年，石油及天然氣的租金遠遠超出了聯邦預算需求，使得金錢得以存入儲備基金裡，轉而在緊急狀態下動用——例如年金受領者的抗爭火苗必須撲滅之時。[20]

＊

瑪莎在二〇〇六年九月生下一個男孩。他們將他取名為亞歷山大，簡稱薩沙。嬰兒出生後五天，瑪莎開始出血。她被救護車送進醫院。一名魁梧的護士為她做了檢查——那比生產更痛，瑪莎尖叫起來。

「我敢打賭，你們相幹時一點都不痛！」護士咆哮。

瑪莎隨後在這個充斥爛醫院的城市裡最低劣的一家醫院度過兩星期。她的室友從兩人到五人不等，病人在沒有簾幕隔開的病房裡，被放置在下陷的鐵床上。醫院只有從二十世紀中葉沿用下來的最粗陋藥物和設備。瑪莎的一位室友懷孕二十六週後胎兒停止發育，但引產的藥物無效或劑量不足，結果她躺在病房裡好幾天，奮力產下死胎。

幾天之後，瑪莎發現自己成了醫院腐敗生存策略的一環。俄國建立了一套強制健康保險體系，這項政策由國家營運並提供醫院給付。但這家醫院是個沒有人會自願選擇前來的醫療設施，因此救護車在夜間將投保人送來這家醫院，好賺取回扣。瑪莎遭遇的正是這種狀況。她一被安排住院，醫師就將她安置在傳染病隔離病房，讓她不可能轉往其他醫院。

而在家中，怪事發生在謝爾蓋身上。他沒有採取任何正常丈夫在這種情況下的做法——請求自己的母親或瑪莎的祖母前來照顧嬰兒，而是跟自己的兒子親近起來。當瑪莎出院回家，她看到謝爾

---

20 Clifford G. Gaddy and Fiona Hill, "Doubling GDP and the Illusion of Growth," *The Moscow Times*, November 12, 2003, archived at http://www.brookings.edu/research/opinions/2003/11/12russia-gaddy（二〇一六年六月三日瀏覽）；Clifford G. Gaddy and Barry W. Ickes, "The Virtual Economy Revisited: Resource Rents and the Russian Economy"，復興資本（Renaissance Capital）第四屆股權投資大會演講提要，二〇〇五年十月二十日於紐約，文本參看：http://www.brookings.edu/~/media/research/files/speeches/2005/10/20russia-gaddy/gaddy20051020.pdf（二〇一六年六月三日瀏覽）。

蓋如今比她更像個家長。他讓她加入，接下來一整年他們都待在家裡，一面照顧嬰兒、一面營運網站。

瑪莎隨後進入一家分銷公司工作。不過這個名稱多少有些誤用。她所參與的這條業務線，或許應當稱為「促進貪腐」。

普丁對年金受領者抗爭的回應，是宣布政府對社會服務進行鉅額投資。投資分成四項不同的「全國優先發展計畫」。俄羅斯在第一年內對這四個計畫投資了將近二十億美元，隔年投入的金額更高。最大一份金額投入了全國健康計畫，其宗旨是將俄國醫藥徹底現代化。[21]

醫療保健及研究機構開始進口大量的醫療設備，以及設備運行所需的化學品及零組件。由於資金來自聯邦政府，所有採購都必須由衛生部經手，衛生部抽取的回扣占了支出的八成到九成。但外國供應商受到母國法令約束，無法遷就這套回扣方案或向海關行賄。這正是「分銷公司」介入斡旋之處。瑪莎的工作就是確保貪腐的附加費用得到支付，但在文書資料上則一切清白。她得到一筆豐厚的薪資。

21 Mikhail Mel'nikov, "Ne chokayas': vspominayem prioretetniye natsproekty," *Russkaya planeta*, October 21, 2015, http://rusplt.ru/society/ne-chokayas-vspominaem-prioritetnyie-natsproektyi-19327.html（二〇一六年五月三十日瀏覽）。

第十三章　全都在家庭之中

廖沙頭一次看到另一個男同志，是在大學第一學年的十二月。那個男生來拜訪宿舍裡的一位女生。他的名字也叫阿列克謝，同樣來自索利卡姆斯克，這一切全都是如此美妙的巧合，廖沙立刻愛上了他。

他也立刻搬去跟阿列克謝同居。在那之後，全都不如廖沙的預期。阿列克謝年紀較大（他二十一歲，而廖沙十七歲），是個大學中輟生。他的小公寓很髒亂。廖沙起初幾天都花在徹底刷洗，再把它打理成共同生活的家。阿列克謝顯然也從不下廚。公寓離彼爾姆唯一的同志俱樂部很近，阿列克謝的許多朋友都習慣在獨自或結伴飲酒一夜之後前來打地鋪。他們喝了很多酒。阿列克謝有幾個朋友罹患肝硬化。某人死於肝硬化。另一個人自殺了。他們的性愛粗暴又疼痛，阿列克謝也和其他人發生關係。儘管如此，最重要的還是廖沙有了男友。

現在該是向母親出櫃的時候。當廖沙回到索利卡姆斯克過新年，他馬上著手進行。

「媽媽，我們得談談。」

他們在廚房的餐桌前坐下。

「媽媽，我愛你。」廖沙說，接著開始不可抑制地抽泣。

加林娜等他把自己平復下來。他做不到。

「你是不是想告訴我，你喜歡男生？」最後她問了。

「對。」

「我一定做錯了什麼事。」她冷靜地做出結論。

加林娜隨後三天一語不發，但在這三天每一次家族新年聚會上，她都會很快地接連將三杯伏特加一飲而盡。她平常不喝酒的。

情況在往後六個月也很難熬，即使加林娜恢復對廖沙說話，繼續供應他租屋的錢。他知道，她逼自己在廖沙和社會這兩個選項中，選擇了自己的兒子。這時她正在適應這個選擇的後果。在家族之中，每次有人試圖藉由取笑廖沙還沒交女朋友和她搭話（在十八歲這樣的高齡，其他年輕男生都在考慮結婚生子），她會直接嚴厲地用一句「他覺得時候到了，就會做自己想做的事」打斷對話。但在她也對他明說，她不想知道任何細節：她不提問，不歡迎任何心事，但也不說任何貶抑的話。

廖沙與阿列克謝分手之後，情況似乎好轉了些。加林娜看來鬆了口氣。

事情是這樣的，廖沙在家的時候，阿列克謝帶了另一個人回家。廖沙不情願地同意進入開放式關係，但這令他難以忍受。廖沙結束了這段關係，但他也對自己許下承諾要拋棄妒忌——這種情緒毫無助益。要是他還能再交男友，他會留意各式各樣經驗的需求，只要男友不同時愛上別人，他也能容許性關係的不檢點。與阿列克謝的關係讓廖沙變得更明智。搬回宿舍之後，他當起了有模有樣的愛情大師：女同學來向他請益，班上其中一位女同學的母親也來找他商量。

廖沙在一次造訪索利卡姆斯克時遇見了薩沙。事實上，廖沙不是遇見他，而是看到他：薩沙在新開的軌道購物中心（Orbita）有一處常駐攤位，販售音樂光碟和錄影帶。這家購物中心的大小或許只有彼爾姆新開商場的四分之一，但同樣有著令人目眩的霓虹燈和光滑的磁磚地。有人對廖沙說，薩沙有個愛人，那個男人年紀更大，或許也更有錢。另一個人對廖沙說，薩沙想和他見面。

廖沙開始花時間去軌道購物中心。他在學校每個假期和某些週末都來到索利卡姆斯克，並且在那兒閒晃。他和當地所有的朋友見面，找不到朋友的話，他就獨自去軌道購物中心。薩沙會走過來向他借火，但他總是摟著一個女孩前來，或在廖沙跟別人說話的時候前來。嚴格說來，他們還沒真的認識彼此。

最後，廖沙發現自己來到一場生日派對，薩沙也是賓客之一，有人為他們相互引見。薩沙向廖沙問起和他研究相關的具體問題，以及廖沙最近前往莫斯科參加研討會的旅程。薩沙對廖沙做的研究與了解，顯然和廖沙對他做的一樣多。廖沙自己已經知道，薩沙出身經濟困難的家庭，他的父母都酗酒，有六個兄弟姊妹，而他兩、三次報考彼爾姆理工學院都落榜。這時，他們詭異的求愛過程已經歷時數年。

他們和一位年輕女子一起離開派對。他們陪她走回家，然後薩沙陪廖沙走回家，他解釋：街上很危險，而他回市郊公寓的路程還有這麼遠，繞點路根本沒差。兩人沒有肢體接觸：廖沙冷靜、開放但不魯莽。隔天早晨他就後悔了。

派對過後什麼都沒變。廖沙還是搭上巴士，單趟五小時，幾乎每個週末都來到商場閒晃，薩沙也還是向他借火。最後廖沙構思出一個計畫，他要單獨跟薩沙說話。他在軌道購物中心外面的巴士站等待薩沙下班搭上巴士。廖沙也搭上同一班巴士而沒被察覺——人群和冬季的黑暗讓這麼做變得容易。他在薩沙下車的站牌跟著下車，徒步尾隨一小段之後趕上了他。

「薩沙，我們得談談。」

薩沙看來一點也不驚訝。他看來確實預先準備了自己的答案。「你不該屈服於你的幻想，」他說：「不要相信別人說的話。」

廖沙在一封信中傾吐自己的心跡，請一位共同友人到商場親手交給薩沙。薩沙打電話來。這次，他沒有對廖沙說什麼不要相信別人的話。他甚至沒有說自己是同志。他只是在一個半小時之內一再重複著「我做不到」。

廖沙決定了，他們需要面對面談話，但不是在商場或街頭，而是私下談。薩沙只是需要覺得安心。廖沙找到一張報紙的分類廣告，人們在上面提供日租公寓的資訊。他打電話聯絡、付了租金、拿到鑰匙，打電話告訴薩沙地址。他煮了晚餐，然後等待。薩沙來了。

他說：「我做不到。」

他說：「對不起。我不該讓這一切繼續下去。我做不到。希望你能原諒我。」

廖沙說：「不要叫我原諒你。我只希望你可以原諒你自己。」

廖沙覺得這一切都太像電影情節，而且是一部很長的電影。不知怎地，他們花了四小時對彼此說出這些話。然後薩沙離開，廖沙也離開了，因為他現在最不想做的事就是在這間公寓過夜。

*

薩沙的故事在二〇〇六年一月畫下句點。開始同志生活三年來，廖沙和一個男人有過性關係，愛過兩個男人，並且探索了自己所能得到的每一個選項：衣櫃和陰溝。或者，至少這些是他的同志身體與同志性情所能得到的選項。他的同志心靈還是能夠翺翔。他決定自己也要在學院裡當個同志。

隔年，廖沙為自己的大四畢業論文進行答辯，論文題目為〈性少數做為政治問題〉。讓系上批准這個題目很難，但他設法辦到了，然後前往莫斯科進行研究。在所有人仍用舊名「列寧圖書館」稱呼的俄羅斯國立圖書館裡，設有國內所有曾經合法發行的期刊資料庫中，廖沙看到了一九九〇年代早期的男同志和女同志刊物。結果證明，原來在俄羅斯曾經有人寫過同志權利、同志運動、立法及政治綱領的相關文章。這些人聽來比廖沙如今認識的任何人更加自由開放與見多識廣。他們似乎棲息於一個廖沙幾乎無法想像的公共空間裡，與信賴他們自身重要性的努力緊密相連——這對於一位名叫葉甫根妮婭·德布里安斯卡亞的女性來說尤其屬實，這位女同志運動者如此直言不諱，以至於廖沙還在讀小學一年級時，全國似乎都聽過她的大名。她如今是一位企業家，和另外幾位過去的運動者一樣；其他人則遠走國外，還有一對伴侶死去。

「當代俄國社會基於性取向進行社會區分的威脅，與種族主義、仇外思想及國族主義散播的威脅同樣顯著。」廖沙在論文導論寫道。他提到，對性少數的接納儘管在一九九〇年代有過增長，這時卻日益衰退——這與其說是能以實證支持，倒不如說是他的直覺，因此他可能省略了一個註腳。[1]他指出二〇〇三年提案的一項立法——兩位國會議員要求禁止「同性戀宣傳」。[2]這項法案未

1 列瓦達中心的這項調查結果，與他的結論不符：Masha Plotko, "Strakh drugogo: Problema gomofobii v Rossii," Levada Center, December 3, 2013, http://www.levada.ru/old/12-03-2013/strakh-drugogoproblema-gomofobii-v-rossii（二〇一六年六月十日瀏覽）。

2 Vita Lukashina and Yelena Rudneva, "Duma snimet s golubykh rozoviye ochki," gazeta.ru, September 10, 2003, http://www.gazeta.ru/parliament/articles/52010.shtml（二〇一六年六月十四日瀏覽）。

被通過，但廖沙論證，它正意味著反同思維的反撲。這篇論文可能會讓廖沙的教授們感到有些危言聳聽，或許還很唯我論——似乎很難看出人們會對他們幾乎不相信存在著的事物有什麼反撲——但它卻是教授們讀過最淵博也最嚴謹論證的論文之一。[3]做為一名出色的學術研究者，廖沙獲得了留在系上讀研究所的機會。

但有個條件：廖沙必須擴充自己的主題。比方說，他可以將其他少數群體一併納入研究範圍。他不得不同意，因為全班同學都在煩惱畢業後的出路，前一年的畢業生找到了政治技術專家的工作，但隨著公共政治萎縮，需求也急遽下降。儘管如此，在研究所第一年，廖沙還是提出了以下的研究題目：「政治論述中的性少數」。

「我很喜歡這個題目，」他的指導教授說。「但你必須理解，我們的學術委員會非常保守，有些成員是虔誠的教徒，恐怕他們不會允許你論述這個題目。」他們平起平坐地對話，因為他現在也是學術社群的一員。他們最終將題目定為「公共政治中的少數論述」。廖沙要探討性少數與少數族裔，以及在政治中身為少數群體的女性。

廖沙開始教課，協助一位年歲略長的朋友教授全校唯一一堂性別理論討論課。他也開始進行學術發表：系上的年鑑收錄了他探討女性身為政治少數的報告。他的研究令人振奮。他發現了「酷兒」這個詞，寫了篇報告探討這個概念的演進，同時認定這個詞也適用來描述自己。

二〇〇九年秋天，廖沙將自己的博士論文提交初審。結果指導教授建議的擴充主題，產生了幾乎絕非她本意的顛覆作用：廖沙將這些不同的少數群體論述得彷彿彼此平等一般。他確實指出了俄國的同性戀者僅被給予最低限度的法律權利——不被當成罪犯的權利——至今尚未達到與多數人一樣的完全平等。儘管如此，他敘述同性戀群體的方式一如敘述女性及少數族裔。他的論文強調這樣的假定：他所描述的是一個各種不同群體不可阻擋的合法化與機制化過程，所有這些群體終將實現自身潛力，不僅成為政治客體，也成為政治主體。[4]

廖沙講述了二十分鐘，然後面對十二位審查委員史無前例的一小時半詰問。

「你有沒有意識到，同性戀在我國是禁忌話題？」一位委員問。

「但它存在。」廖沙回應。

這是唯一一個與廖沙的實際題目相關的問題。只有一位審查委員對引用資料提供了有益的建議，廖沙覺得他是個對性向保密的男同志。其他的問題全都是焦慮的自由聯想式提問。審查委員們聽起來對廖沙很生氣，氣到他們不能或不願讓自己跟他的著作扯上關係。他們的評語表現出他們認為這樣的研究不該存在。

「我剛去聖彼得堡參加一場會議，與會學者說，性別問題不復存在。」其中一人說。

「到底『少數群體』指的是什麼？」另一人問。

廖沙滿頭大汗，用盡各種他所能想到的技巧，不讓自己怒形於色。

幾星期後，他聽說那位在答辯過程中給了他幫助的教授，被人看見在他自己的討論課上揮舞著廖沙的論文摘要小冊子，憤怒地咆哮：「這是意識型態宣傳！這是雞姦文宣！」再過幾星期，廖沙聽說委員會允許他參與口試時，幾乎驚呆了。

3　Alexei Gorshkov, "Transformatsiya otnosheniya k seksual'nym men'shinstvam kak politicheskaya problema sovremennogo rossiyskogo obshchestva," senior thesis, Perm State University, 2007.

4　Alexei Gorshkov, "Instituonalizatsiya men'shinstv v pole publichnoy politiki," doctoral dissertation, Perm State University, 2009.

根據各種說法，這次口試十分精彩。口試委員無異議通過授予學位。

廖沙的學術成就立刻轉換成行政權力。他接手了以前曾經幫忙帶過討論的那堂全校唯一的性別研究課，將它重新設計，納入了LGBT（男女同性戀、雙性戀和跨性別者）的部分。先前避忌他的老一輩教師們如今很客氣，小題大作地歡迎他加入。他感覺到這些人在背後用惡毒的話指摘他，但他選擇將這種行為理解成他們對他新近獲得的權威感到無能為力的一種癥狀。

*

那是在彼爾姆成為一位年輕學者的大好時光，理由則源自莫斯科。二〇〇八年，普丁將總統大位移交給季米特里・梅德維傑夫（Dmitry Medvedev）。普丁已經依循俄羅斯憲法的容許範圍連任了兩屆總統，在這種局面下，他做了全世界威權統治者都會做的同一件事：讓出職位而不讓出權力。普丁成為總理，長期追隨他的班底梅德維傑夫則成了國家名義上的總統。權力中心轉移到如今由普丁掌管的內閣。一夜之間，總統辦公廳成了儀式性的存在，梅德維傑夫只有少數班底，實際上也無法行使憲法賦予他的權力。但梅德維傑夫的辦公廳仍讓他有義務持續公開現身。「對弗拉基米爾・普丁和季米特里・梅德維傑夫來說，俄羅斯公民不是選民，而是聽眾。」俄國記者馬克西姆・特魯多留伯夫（Maxim Trudolyubov）在二〇〇九年寫道：「普丁先生與梅德維傑夫先生最大的差別，在於他們各自應付不同的聽眾。」普丁向多數大眾演奏：中年或年紀更大的人、中產或更貧窮的人、電視頻道的廣大閱聽人。梅德維傑夫則向普丁兩屆總統任內泰半忽視的教育程度較高、生活較富裕的少數人演說。[5]這群如飢似渴想要得到關注的閱聽人，則從審慎到狂喜不等的熱情，回應梅德維傑夫的示好。他們很快就把這個新時代稱為「解凍」。

這個詞通常是指一個更早之前的年代，一九五〇年代末到一九六〇年代初的蘇聯——從尼基塔・赫魯雪夫譴責史達林個人崇拜的演說，到蘇共黨內政變推翻赫魯雪夫為止。那是最早的氣窗開啟之時：某些先前被查禁的著作得以出版，小規模的公開討論及更小規模的自我組織得到容許。「解凍」一詞如今流露出的是低限度的期望。最初的解凍並沒有帶來根本的改變——它只不過是讓體制多少顯得不那麼殘忍。接續而來的則是布里茲涅夫的封凍，它並未回歸史達林主義的恐怖，但它終結了任何民間倡議，更重要的是終結了對改變的任何期望。「解凍」一詞反映出人們相信普丁的一黨統治體制，以及不斷縮小的公民社會、媒體及抗爭空間是根深柢固的。這使得新解凍所呈現的不管是怎樣的短期契機，都變得更加寶貴。

彼爾姆恰好創造了一個這樣的契機。這個城市做為石油生產地區的首府，在二〇〇〇年代的經濟起飛時期財富呈指數增長。它也擁有一位懷抱西方式志向的州長。由普丁任命的奧列格・丘庫諾夫（Oleg Chirkunov）出身國安會，經由零售業而投入政界。他曾在瑞士工作，即使在他成為公職人員之後，他的家人仍然定居瑞士。[6]他是梅德維傑夫的聽眾群最典型的代表：有錢、傾向西方，具備歐洲所理解的藝術及文化品味。普丁在第一屆總統任內實施的聯邦制度改革，不僅剝奪了俄羅斯聯邦各組成地區的大半政治獨立性，也剝奪了它們的財源。彼爾姆之類富含資源的地區，如今要

---

5 Maxim Trudolyubov, "Who Runs Russia, Anyway?" *The New York Times*, November 19, 2009, http://www.nytimes.com/2009/11/20/opinion/20ihtedtrudolyubov.html?_r=0（二〇一六年六月十四日瀏覽）。

6 Douglas Rogers, *The Depths of Russia: Oil, Power, and Culture After Socialism* (Ithaca, NY, and London: Cornell University Press, 2015), pp. 289-290.

向莫斯科繳交愈來愈多的稅收。如此一來，生活水準也就遠遠落後於地區經濟成長。成為政治人物的加里・卡斯帕洛夫第一次來到這裡巡迴演講，就以中央榨乾地方這個問題，做為他想傳遞的最主要訊息。但丘庫諾夫無意想方設法對抗普丁，他尋求的是無須對抗莫斯科，就能提升彼爾姆的生活水準，同時另闢收入來源。當石油價格在二〇〇七年暴跌，他對解決方案的追尋也就更加急迫。他決定要以文化做為彼爾姆的出路。[7]

丘庫諾夫推行文化計畫的合夥人，是兩位來自莫斯科的有錢藝術愛好者。其一是謝爾蓋・戈爾捷耶夫（Sergei Gordeev），他在莫斯科的房地產市場獲利至少十億。他熱愛的是當代建築，他慷慨出資保存莫斯科的構成主義地標。丘庫諾夫任命戈爾捷耶夫為代表彼爾姆的兩名參議員之一。普丁的新體制將各地區的所有高階官員由民選改為官派，這樣的人事調動因而可行。丘庫諾夫能給予戈爾捷耶夫權力（至少是象徵性的）及影響力，以換取他投資彼爾姆的計畫。戈爾捷耶夫從來不曾在彼爾姆居住過，甚至對這裡所知不多：他造訪這座城市的時候一直待在旅館裡。在他參議員任期的第四年，有一天夜裡，他花了四個小時在城裡到處亂走，因為他分不清東西南北，也沒法攔計程車，他的皮夾裡只帶了五張歐元百元鈔。[8]儘管如此，他仍盡責地推廣彼爾姆，也出席在這座城市舉辦的高規格活動。

馬拉特・蓋爾曼（Marat Guelman）是另一位來到彼爾姆的莫斯科人，他從藝術品經銷商轉行成為政治技術專家。一九九九至二〇〇〇年間，他對於打造普丁的公眾形象發揮了關鍵作用，此後也一直都是局內人。但隨著選舉政治瀕臨滅絕，政治技術專家不再被需要。俄國藝術品市場也在二〇〇七至二〇〇八年的金融危機中瓦解。生活費與房產價格低廉、體制也較為友善的彼爾姆，提供了蓋爾曼一個完美的解凍式文化—政治—經濟三合一契機。這三人投注了他們個人和整個地區的影響力及金錢，期望能讓影響力及金錢效果加乘。他們毫無諷刺意味地將自己的作為推銷成了一場「文化大革命」。他們公開宣示的目標，是要讓彼爾姆獲選為歐洲文化之都——這是由歐盟授予的頭銜，但非歐盟城市也可以爭取。這個頭銜能為城市帶來觀光人潮，並為推動者帶來聲望。

戈爾捷耶夫投資，蓋爾曼策展。一座當代藝術館在一處匆促翻修的舊內河碼頭開幕。然後是一座實驗劇場，以及一所重新活化的歌劇院。這一切的中心則是一場夏日節慶，一整個月的展覽、表演，以及內容遠遠超出藝術範圍、深入媒體與經濟的小組討論。幾乎每一夜，開著閃燈的警車都護送著從莫斯科搭乘包機前來的數十位名流，自彼爾姆機場搭乘巴士抵達新近翻修的旅館。這個節慶名為「白晝之夜」，研究彼爾姆二十年之久的美國人類學家道格拉斯．羅傑斯（Douglas Rogers）寫道，它「有意辦得盛大」。

> 彼爾姆白晝之夜的中心，是一處以圍籬圈出的節慶村，就建立在彼爾姆大廣場上的地區行政大樓前方。節慶村的大小僅僅略大於三公頃，包含一大兩小的戶外舞臺，供音樂會及其他表演之用；許多條設有小賣店及展示的小路；兩家餐廳和兩家咖啡館；一個節慶俱樂部，排定舉行將近五十場討論及演講。為因應夏日必然產生的泥濘，修築了木板路形式的人行道，在不同地點之間輸送人潮；它們幾乎每天夜晚都會重新刷白。人行道沿途架設的小帳篷，為民俗藝人

7　前引書，p. 291。

8　我那次恰好陪著戈爾捷耶夫走那段路。他邀請我去劇院看演出，接著再參加一場派對，但我們無法從劇院走到派對地點，因為他不知道自己人在哪裡，身上沒有俄國貨幣，也不能讓我這個女人付計程車費。

及其他文化生產者提供展演及販售器物的空間，人行道之間的草地則舉行小規模的表演及展覽，從小丑到鐵匠不一而足。到處都有小型展覽或表演湧現——其中許多都在節慶村一端的兩座巨塔裡。讓許多觀者最感震驚的是，甚至還有個「節慶海灘」：一座廣大的圓形池，每次可供數十位兒童戲水，與建於一處足以容納數百名日光浴客的高臺上。淋浴間及更衣室位於下方的沙地。[9]

彷彿整座城市不曾移動位置，就從它怪異的日常身分——不向外界開放的前軍工城市，轉移成了某種想像中的閃耀歐洲。做為交換，歐洲總有一天也會讓彼爾姆獲得應有的名聲——文化之都，千真萬確。這份狂亂的抱負很有感染力，尤其因為丘庫諾夫和他的人馬明確表示，他們的眼界遠遠超出藝術之外：州長承諾要打造一套新的「知識經濟，我們在此不用雙手，而是用頭腦創造。」[10]

大學也為自己開展出了一套身為歐洲學術機構的願景。廖沙知道他在其中適應良好。他自己的願景是很快就能主持俄羅斯唯一一項LGBT研究計畫。目前，他和一直以來講授唯一一堂性別研究課的友人達莉婭，共同開辦了一所性別研究中心。達莉婭的父親是大學另一個科系的系主任，這層關係很有幫助。達莉婭和廖沙經由舉辦會議、發行會議論文集取得一些資金。他們的出版品在大學裡不具正式地位，但這也意味著他們無須面對學術審查委員會。

廖沙很幸運。他聽說在新西伯利亞（Novosibirsk）有一位法律學者討論LGBT權利的博士論文不被准許口試。[11]二〇一〇年，廖沙在莫斯科國立大學的一場會議上報告。他的會議論文題目是〈政治學的性別隔閡〉。只有一個人向他發問，那是一位來自聖彼得堡的教授。

「你知不知道，」她問：「俄羅斯沒有女同性戀者？」

「我也聽說，」廖沙說：「蘇聯時代沒有性行為。但你就在這裡。」

會議論文集出版成書，他的論文被排除在外。

＊

人們在莫斯科國立大學不講這些事——不講廖沙對那位聖彼得堡教授說的話，也不講他在報告裡討論的事。這裡的社會科學聽來大不相同。

回到一九九〇年代早期，莫斯科國立大學首創社會學系之初，創辦者們所聯繫的西方學界同儕，與自由派的學術主流大相逕庭。他們找到的其中一人是亞倫・卡爾森（Allan Carlson），這位美國歷史學者任教於密西根州極端保守的希爾斯岱爾學院（Hillsdale College）。卡爾森是一九二二年被送上哲學家之船放逐海外的其中一位俄國思想家皮特林・索羅金（Pitirim Sorokin）的信徒。索羅金隨後在哈佛大學創立了社會學系。他一生的大量著述包含了對西方文明墮入衰頹的末世預警，卡爾森自己的思想正以這些概念為基礎。卡爾森寫過六本專書，每一本的書名都有「家庭」一

9 Rogers, *The Depths of Russia*, pp. 309-310.

10 前引書，p. 299。

11 二〇一〇年九月十六日，克謝尼婭・基里琴科（Ksenia Kirichenko）在她的ＶＫ個人頁面上發出這篇文章：「家事法博士論文：尋求建議與指導教授。情形如下：我在研究所寫了一篇探討家事法的博士論文，卻被教授們拒絕指導。我現在在尋求口試答辯機會……我努力靠自己爭取答辯機會，但我不願包紅包，而我發現包紅包是我至今為止的唯一選擇。」https://vk.com/topic-215303_23501181（二〇一六年六月十四日瀏覽）。

詞，內容也都在論證家庭是文明的基礎，是人類持久存續的唯一關鍵所在。[12]

卡爾森在一九九五年訪問莫斯科國立大學，當時主導著社會科學（以及大部分媒體版面）的課題，是俄羅斯的人口危機。國家人口已經持續減少了五十年。人們生下的子女人數更少，壽命也更短。男性預期壽命在歐洲排名墊底——一九九〇年代初期是六十五到六十六歲——而且這個水準會持續十五年不變。[13]這意味著生活在一九九〇年代至二〇〇〇年代的多數俄羅斯成年男性，都活不過六十五歲。

美國經濟學者尼古拉斯・艾伯施塔特（Nicholas Eberstadt）對俄國人口問題著述廣博。他探討俄國人口危機的專書，其中一章題為「俄國死亡率與疾病率的不祥模式：開闢新而現代的疾病與早逝途徑」。他揭示沒有一個現代國家在和平時期的死亡率像俄國這樣高。艾伯施塔特寫道，按照二〇〇六年的數據，俄羅斯男性在十五歲時的預期壽命，還比不上衣索匹亞、甘比亞和索馬利亞。俄羅斯人不成比例地被殺害，因素看來有兩個：心血管系統疾病，以及諸如傷害、中毒等外緣因素，也包括自殺在內。

艾伯施塔特仔細檢視了所有常見的可疑因素：營養不良、吸菸、缺乏運動、環境汙染、經濟震盪及其所帶來的貧困，當然，還有伏特加。但這些因素全都不足以充分解釋這個問題，就連它們全部加總起來，頂多只能解釋一半。俄羅斯人的飲食確實富含脂肪——但富含脂肪的程度仍不及西歐人。此外，俄羅斯人似乎也更少暴食。沒錯，俄羅斯人對環境造成嚴重破壞，但死於呼吸道疾病的人數只略多於西歐——死於人們預期中由汙染直接造成的腎臟疾病人數則更少。俄羅斯人經歷過嚴重的經濟動盪，但沒有跡象顯示現代社會的經濟震盪會迅速導致、甚至有可能導致死亡率升高——比方說，經濟大蕭條時代就沒有這種現象。健康保險服務驟減也不足以解釋，俄國的健保支出大致相當於較不富裕的西歐國家。俄羅斯人抽很多菸，但不如希臘人和西班牙人那樣多，而他們的平均壽命則與其他西歐國家相當。俄羅斯人也喝很多酒，但不如捷克人、斯洛伐克人和匈牙利人那樣多，而這些國家人民的預期壽命在脫離蘇聯集團之後不久就開始提升。[14]伏特加及其他酒類對心血管疾病，以及死於暴力及意外的高比率發揮了重大作用——但還沒大到能夠解釋俄國的人口窘境。事實上，雖然伏特加是最流行的解釋，卻同時也是最矛盾的。有些研究實際上顯示，飲用伏特加的俄羅斯人活得比不喝伏特加的人更久。[15]

美國人類學家蜜雪兒．帕森斯（Michelle Parsons）是另一位研究俄國人口的學者，她為這個顯而易見的伏特加悖論提出一個解釋：姑且不論好壞，酒精或許能幫助人們適應令他們羞愧得無地自容的現實。帕森斯將自己的專書命名為《不被需要而死去》（*Dying Unneeded*），她論證俄羅斯人之所以早死，是因為缺乏做為生存目標的人事物。艾伯施塔特最後也得出結論，認為原因與心理衛生

---

12 例如 Allan Carlson, *The "American Way": Family and Community in the Shaping of American Identity* (Wilmington, DE: Intercollegiate Studies Institute, 2003); Allan C. Carlson, *Family Questions: Reflections on the American Social Crisis* (Piscataway Township, NJ: Transaction, 1989); Allan C. Carlson and Paul T. Mero, *The Natural Family: A Manifesto* (Dallas: Spence, 2007)。

13 World Bank data, http://data.worldbank.org/indicator/SP.DYN.LE00.IN/countries/RU—XR?page=1&display=default（二〇一六年六月十四日瀏覽）。

14 Nicholas Eberstadt, *Russia's Peacetime Demographic Crisis: Dimensions, Causes, Implications* (Seattle: National Bureau of Asian Research, 2010).

15 Michelle A. Parsons, *Dying Unneeded: The Cultural Context of the Russian Mortality Crisis* (Nashville: Vanderbilt University Press, 2014), pp. 135-138.

有關。他運用長期統計數據演示，俄羅斯人這時所謂的「人口危機」其實已經持續了數十年之久——出生率和預期壽命在大半個二十世紀後半葉都在下降。只有兩段時期成了這一趨勢的顯著例外——赫魯雪夫的解凍和戈巴契夫的重建，俄羅斯人在這兩段短暫的時間裡期待過更美好的未來。看來在其他時候，俄羅斯人是因為缺乏希望而凋零的。

亞倫・卡爾森則提出完全不同的解釋：俄羅斯人日漸消亡，是因為他所謂的「自然家庭」正在衰落。他在訪問莫斯科國立大學期間，與社會學系的教師們決定舉辦一場會議，討論俄羅斯及其他國家應當採取何種行動，好對抗頹廢的西方對家庭制度的攻擊。這場會議命名為「世界家庭大會」（World Congress of Families），一九九七年在布拉格集會時共有近七千人出席。西方各國與會者以那些阻止同性戀權益有所進展的保守宗教組織代表為主。東歐與會者則來自新近獨立的民族國家，其中有些國家很小，而這些國家全都在奮力抗拒文化及經濟變遷；他們全都受到生存恐慌驅動——俄羅斯人也一樣。

會議組織者們受到出席人數鼓舞，決定將世界家庭大會轉型成常設組織，致力於對抗同性戀權利、墮胎權及性別研究。新組織的總部設在美國伊利諾州，但精神中心則在俄國，就在莫斯科國立大學社會學系。[16]往後十年間，起初是卡爾森門徒的這些俄國人成了組織的資深成員，在政府與俄羅斯正教會支持之下，他們得以施展政治力量。

普丁在二〇〇六年國情咨文演說中，將人口減少說成是國家最急迫的問題。「我現在要對最重要的事務發言，」他說：「最重要的事務是什麼？國防部的弟兄們都知道是什麼。」在普丁的大男人幽默語彙裡，這句話應當是要示意，他接下來要談的是軍人——真男人——隨時都在思考的事：

> 是的，我確實是要談論愛，談論婦女和兒童。談論家庭。還有當代俄羅斯最嚴重的問題：人口。……你們知道，我國人口平均每年要減少七十萬人。這個問題我們討論過很多次，卻還沒有採取任何實質作為。[17]

普丁提出了一項財政解決方案：將更多資金投入全國健康計畫（也就是瑪莎正在促成八到九成回扣拿得到手的那項計畫），將更多資金投入分娩中心，以及最重要的，提供母親更多金錢補助。他開始向任何生下第二胎的女性（俄國婦女當時平均生下一點三名子女[18]）相當於八千多美元的一次性補助。這筆日後被人們稱為「母親資本」的款項，至今仍是俄國國家對待自身公民一次無與倫比的慷慨之舉，足以展現總統本人對其臣民生殖意願的高度重視。

二〇〇〇年代，世界家庭大會[19]設置了他們所謂的大使職位——活動於包括聯合國在內，各式各樣國際組織及歐洲組織的說客。這些工作由俄國人擔當，他們運用俄國代表團背後奧援的重量，

16 作者訪談亞倫．卡爾森，二〇一六年五月十六日於提比里斯。

17 "Poslaniye Federal'nomu Sobraniyu Rossiyskoy Federatsii," *Rossiyskaya gazeta*, November 5, 2006, https://rg.ru/2006/05/11/poslanie-dok.html（二〇一六年六月十四日瀏覽）。

18 World Bank fertility rate data, http://data.worldbank.org/indicator/SP.DYN.TFRT.IN?page=1（二〇一六年六月十四日瀏覽）。

19 世界家庭大會在進行某些這類活動時，會使用一個合法的替身，它承認這個替身的組成與議程幾乎完全一模一樣。這個替身組織名為霍華德中心（Howard Center）。

組織非正式同盟推動反同性戀倡議，並反對推進LGBT權益的措施。[20]在美國，南方貧困者法律扶助中心（Southern Poverty Law Center）則將世界家庭大會列為仇恨團體。[21]

*

回到莫斯科國立大學社會學系，學生持續接收一套極端的保守主義話語——此外別無其他。「身為這個系的畢業生，我可以依據自己的經驗判斷，學生在那兒接受的教育內容，絕對經不起學術與實務的檢視。」一位一九九六年的畢業生，在二〇〇七年的訪談中這麼說。這位畢業生名叫亞歷山大．畢克博夫（Alexandre Bikbov），他採取了蘇聯時代莫斯科國立大學學生想要學習知識時的同一套做法——他設法自學——如同一、兩個世代之前的古德科夫和阿魯圖尼揚。「那時還有可能去圖書館或校內其他系所，彌補社會學系系統性製造的知識匱乏。」畢克博夫談起一九九〇年代。「然後，在決定性的大考時刻，要是我可以展現出自己對題目瞭若指掌，我總能指望自己不受反駁。」但畢克博夫說，到了二〇〇〇年代，情況日益惡化。「如今，那兒的考試受到公然反智的審查。當學生表現出自己『知道得太多』，就會得到更低的成績、受到更嚴厲的懲處威脅。同樣情況也發生在研討會上，某些教師叫學生不要讀法國社會學家布迪厄〔Pierre Bourdieu〕的東西，或以最侮辱人的姿態毫無例外地阻斷一切討論。」[22]

畢克博夫不屈不撓地研究莫斯科國立大學不讓他學習的社會學。他自學法文，將布迪厄的《區隔：品味判斷的社會批判》這部現代社會學經典之作譯成俄文。他開始在國際上發表著作。他當上了教授——當然不是在容不下他這種人的莫斯科國立大學社會學系，而是在俄羅斯人文大學（Russian Humanities University）哲學系，這個教學機構的規模和歷史都遠遠不及莫斯科國立大學，它沒有自己的社會學系。他在這兒發起了自己的常設研討會，如同列瓦達在一九六〇、一九七〇和一九八〇年代的研討會那樣，用以協助青年社會學者獲取無法從官方管道得到的知識。數十位學生在錄取莫斯科國立大學社會學系之後，很快就發現這個系按照畢克博夫的說法，是「一個懷有極端主義情結的商業組織」，他們都來到畢克博夫的研討會學習。

二〇〇六年，畢克博夫組織了一場會議探討監獄社會學。兩位著名的法國社會學家前來發表，還有畢克博夫研討會的參與者，以及在一九八〇年代成立、敘述古拉格勞改營故事的「紀念」（Memorial）組織擔任志工的幾位青年。題材、學者、學生與運動者共處一室，擦碰出一發不可收拾的火花。學生們決心在莫斯科國立大學的社會學系要求改革。[23]

二〇〇七年的一學期之內，學生們發動一連串抗議。「本系的教育是謊言！」他們的第一張傳單宣告。傳單宣稱，系上教師被禁止從事原創研究；他們反倒只能使用系主任弗拉基米爾・多布連

---

20 這些代表包括派往聯合國的阿列克謝・柯莫夫（Alexei Komov），以及在歐洲機構活動的帕維爾・巴芬捷夫（Pavel Parfentiev）。參看"FamilyPolicy.ru CEO Pavel Parfentiev Appointed World Congress of Families Ambassador to the European Institutions," familypolicy.ru, March 2, 2013, http://en.familypolicy.ru/read/231（二〇一六年六月十六日瀏覽）。

21 Cole Parke, "Natural Deception: Conned by the World Congress of Families," Political Research Associates, January 21, 2015, http://www.politicalresearch.org/2015/01/21/natural-deception-conned-by-the-world-congress-of-families/#sthash.DJXMcOU7.a9bkcdgH.dpbs（另刊於*The Public Eye*, Winter 2015，二〇一六年六月十六日瀏覽）。

22 Anait Antonyan, "Sotsfak MGU: Kommercheskoye predpriyatiye s ekstremistskim kompleksom," polit.ru, March 16, 2007, http://www.polit.ru/article/2007/03/16/bikbov/（二〇一六年六月十八日瀏覽）。

23 作者訪談亞歷山大・畢克博夫，二〇一五年十一月十一日在巴黎。

科夫（Vladimir Dobrenkov）撰寫的多卷本教科書，做為一切教學內容的基礎。

課表上充滿荒謬的必修課，包括宗教教育！系外研究者及教師不得進入社會學系。系辦盡其一切所能，阻止學生獲取實務知識及選修有趣的課程！

系辦隱匿任何外國學者（在莫斯科）舉行的演講資訊，禁止學生與外國院校交流。

傳單列舉了系上最近發生的某些事件，其中包括：

全體學生都必須閱讀系主任辦公室發送的手冊，題目為「俄羅斯土地為何遭受清洗」（Why Are Russian Lands Being Cleansed），內容指控共濟會成員「發動世界大戰，首先製造原子彈」，並宣稱「錫安主義說客……決定了美國與英國外交政策，將世界金融體系握在手中，包括美元印行，實質控制了一切最重要的大眾媒體及傳播手段。」俄國被稱為「正義之國」，美國則是「禽獸之國」，《錫安長老會紀要》（*The Protocols of the Elders of Zion*）被認真引述成了可靠的史料。[24]

抗爭持續了一整個春天，成了普丁實施「預防性反革命」以來，俄國第一場具有高度公共性的持久抗爭。全國最高學府如此發聲行動，迫使總統辦公室做出回應，指派委員會調查社會學系並提交報告。一群專家得出結論，認為該系教學水準低於大學水平，多布連科夫的教科書內容則充滿抄襲。[25]

另一方立即反撲。一個名為正教公民聯盟（Union of Orthodox Citizens）、領導人包含幾位著名政治人物的團體，[26]發表聲明捍衛社會學系：「無庸置疑，在俄羅斯最重要的大學裡應外合地挑起『橘色革命』的努力，為激進青年及其所招募的學生提供了行動的後盾。」他們寫道。實際上，社會學系將要成為一處「青年『maidan』的訓練基地」——maidan是烏克蘭語的「廣場」，但在此專指基輔的獨立廣場，也就是橘色革命的地理中心。然後這個廣場就會擴散到其他高等院校。這份宣言又說，學生造反連同異議者遊行，以及「雞姦者遊行」，「極有可能在秋天來臨時將紅場變色，令它成為擴及全俄的彩虹『廣場』。」[27]

這份宣言完全應驗了廖沙在論文裡提過的那個看似不太可能的斷言：俄國社會正沿著性別認同界線而分裂。同志解放的幽靈顯現成了妖魔鬼怪，一如共濟會成員、猶太復國主義者和美國金融家。

24 "O situatsii na sotsiologicheskom fakul'tete MGU im. M. V. Lomonosova," flyer distributed February 28, 2007, archived at http://www.klubok.net/article2147.html（二〇一六年六月十八日瀏覽）。

25 V. V. Radaev, "Zaklyucheniye o prepodavatel'skom sostave i uchebnykh materialakh otdel'nykh kafedr fakul'teta sotsiologii MGU im. M. V. Lomonosova," polit.ru, July 18, 2007, http://www.polit.ru/article/2007/07/18/radaev2/（二〇一六年七月一日瀏覽）。

26 V. P. [Vladimir Pribylovsky], "Soyuz pravoslavnykh grazhdan (SPG)," Antikompromat, undated, http://www.anticompromat.org/s_pg/spr_spg.html（二〇一六年六月十九日瀏覽）。

27 "Advokaty gey-parada boryatsya s pravoslavnymi ideyamii v stenakh MGU," statement by Union of Orthodox Citizens, March 24, 2007, pravoslaviye.ru, http://www.pravoslavie.ru/21471.html（二〇一六年六月十九日瀏覽）。

二〇〇七年秋天，系方發動鎮壓。六位領導抗爭的學生遭開除。[28]隔年六月，社會學系主辦一場國際會議，名為「社會規範與社會發展可能性」。系主任多布連科夫在開幕致詞時對同性戀的威脅發出警告：

德行與道德的問題必須成為今日最重要的課題。沒有德行與道德，俄羅斯就沒有未來……有鑑於此，我們怎能討論同性戀和女同性戀的權利？舉辦同志遊行、在學校引進性教育的所有這些企圖——這一切全都是為了玷汙我們的年輕人，我們一定要明確而堅決地向它們說「不」！不然我們就會失去俄羅斯。[29]

「所有這些企圖」其實指涉的是一項努力，莫斯科的一位年輕律師提出在莫斯科舉行同志驕傲遊行的申請，藉此迫使大眾對LGBT權利展開對話。申請被否決，律師向法院提起訴訟。二〇〇七年五月前來參加莫斯科同志遊行的少數人則先被毆打、再被逮捕，連一名前來聲援的歐洲議會義大利籍議員也遭到拘留。[30]

這次會議的明星是美國人保羅・卡麥隆（Paul Cameron），他呼籲俄國從美國的錯誤中記取教訓。「正是同性戀者帶來了人口災難！」他說：

他們對社會造成了巨大而不可估量的傷害。根據我們的數據，伊利諾州監獄的囚犯有三分之一是性掠食者或他們的受害者。其中百分之二十到四十是同性戀者或其受害者……根據官方數據，伊利諾州百分之三十到五十的居民與兒童發生過性關係，主要是同性戀癖好的後果。這種罪行百分之二十發生在收養家庭中。

卡麥隆引述伊利諾州的情況，因為他就住在伊利諾州，他同時指出，當時的美國總統候選人巴拉克・歐巴馬（Barack Obama）也是伊利諾州人。

> 俄國有著絕佳機會，能夠避免西方國家由於接納同性戀在道德上遭受不幸命運，並選擇自己的傳統與道德價值。我要問各位：你們難道要像我們這一路走來那樣愚蠢嗎？[31]

卡麥隆在莫斯科以美國著名學者的身分受到引介，但他在一九八三年被美國心理學會開除，一九八六年又被美國社會學會開除。後者提出的理由如下：「保羅・卡麥隆博士一貫堅持曲解及不實表述關於性傾向、同性戀及女同性戀的社會學研究。」[32]

---

28 訪談畢克博夫；作者訪談葉卡捷琳娜・塔諾夫斯卡婭（Ekaterina Tarnovskaya），二〇一六年六月十日在莫斯科。

29 "Vladimir Dobren'kov: 'Glavnoy zadachey vlasti dolzhno stat' vozrozhdeniye chelovecheskikh dush,'" *Russkaya liniya*, June 18, 2008, http://rusk.ru/newsdata.php?idar=177296（二〇一六年六月十九日瀏覽）。

30 "Arrests at Russian Gay Protests," BBC News, May 27, 2007, http://news.bbc.co.uk/2/hi/europe/6695913.stm（二〇一七年三月十六日瀏覽）。

31 "Pol Kameron: 'Neuzheli vy khotite stat' takimi zhe gluptsami kak i my?'" *Russyaka liniya*, June 18, 2008, http://rusk.ru/newsdata.php?idar=177294（二〇一六年六月十九日瀏覽）。

32 "Paul Cameron Bio and Fact Sheet," Dr. Gregory Herek's blog, University of California, Davis, website, http://psc.dss.ucdavis.edu/

二〇〇八年九月，社會學系開啟了一項新的研究計畫，由編制內教師的一位新成員領導：亞歷山大・杜金將要主持保守主義研究中心。杜金在中心成立儀式上說明它不屬於什麼：「這不是自由主義知識團體，也不是蘇聯馬克思主義團體。」他解釋，蘇聯思想及其後的自由主義思想，在俄羅斯都失敗了。「但俄羅斯至今還沒有一個歐美意義上的保守主義知識或學術中心。即使事實上人民和政府的感受都是保守的。」如今，全國最重要的大學將要擔負起打造思想概念、以符合這些情感的任務：

保守主義研究中心的目標，是成為俄羅斯保守主義意識型態的研發中心……我們也需要培訓一群胸懷保守思想的學術及政治菁英，沒有理由隱瞞這個事實。他們必須成為保守主義理論家。我們必須安插人馬掌握權力，並取得學院中的權威地位。33

這位大學中輟生費盡辛苦，終於走到了這一步。他很久以前就得到了公眾名聲與顯著的政治影響力，但他也想要學術資格。二〇〇〇年十二月，他在俄國南部頓河畔羅斯托夫的一所大學完成博士論文答辯，他的第二個博士（俄國人傳統上會先取得一種初級博士學位，然後再取得高級博士學位）則是於二〇〇四年在頓河畔羅斯托夫的另一所大學通過答辯。德國政治學家安德里亞斯・烏姆蘭（Andreas Umland）在二〇〇七年指出：

在理解杜金現象上，杜金熱切想要成為一個被完全接受的學界成員這點尤其發人深省。它同時表明了他對自我的理解，以及長期來說他在俄國社會可能扮演的角色。杜金能否取得進入象牙塔的地位、能否將他的傳單轉換成教科書，並被學術社群接受，都是評價杜金自我理解的行動方案時最重要的問題。[34]

烏姆蘭提出這個問題不到一年後，杜金獲得莫斯科國立大學社會學系任用。他開的課如今成了系上學生的必修課。這個安排令各方皆蒙其利——系主任多布連科夫引進了杜金所積累的政治力量，今後誰也動不了他，不論官方委員會對他的抄襲及系上教育品質的低落會做出何種結論。另一方面，杜金在知識上取得了正當性，也獲得了他尋覓已久的講壇。

*

相較於莫斯科國立大學，實際上是相較於俄國任何其他大學來說，廖沙在彼爾姆的地位恐怕太過得天獨厚，因而難以為繼。現實主義者會說，彼爾姆國立大學政治學系這樣的一小片綠洲，如同俄羅斯的一切差異那樣將會遭到蹂躪，只不過是時間早晚而已；但樂觀主義者則說，俄羅斯的未來正是從外省大學以及自給自足的小型實驗空間裡創造出來的。廖沙一直沒有放棄樂觀主義，直到他

---

rainbow/html/facts_cameron_sheet.html（二〇一六年六月十九日瀏覽）。

33 "Rech Dugina na nulevom zasedanii TsKI," Tsentr konservativnykh issledovaniy, September 16, 2008, http://konservatizm.org/speech/dugin/310109151801.xhtml（二〇一六年六月十九日瀏覽）。

34 Andreas Umland, "Post-Soviet 'Uncivil Society' and the Rise of Aleksandr Dugin: A Case Study of the Extraparliamentary Radical Right in Contemporary Russia," doctoral dissertation, Trinity College, Cambridge University, 2007.

去了一趟烏克蘭。

二〇一一年，他贏得一次論文競賽，得以參加一場以三年為期、為後共產國家的教師們舉辦的研討會。他參與的組別是「性別、性向與權力」。這些研討會由索羅斯的開放社會基金會資助，而這個基金會在俄羅斯已經停止運作；但這是區域性計畫，會議將在烏克蘭舉行。他們在烏克蘭西部的邊陲小城烏日哥羅德（Uzhgorod）進行第一次集會，而廖沙第一次覺得自己置身於同類之中。他再也不是學者中的酷兒或酷兒中的學者，他置身於一群思考和談論的事物與自己相同、某些感受也與自己相同的人們之中。唯有在這一點頓悟上，他才是孤獨的——其他與會的英國人、美國人和烏克蘭人，都和自己的同類一起生活和工作。他得知烏克蘭有三十七個合法登記的ＬＧＢＴ團體。這個數目令他難以想像。他一直以為烏克蘭是俄羅斯單純的外省表親，但這個國家的幾所大學裡都有性別研究和酷兒研究理論家。他們也不是廖沙這樣的革命性探索者，他們有自己的師承。廖沙有達莉婭，她只大了他幾歲——她是同儕，是充分支持他的朋友，令他偶爾忘記了她是系主任的女兒，而且是異性戀者。但接著他想起來了，這裡的人們師承於一九九〇年代在西方國家學習的人們。廖沙的感受與將近二十年前的阿魯圖尼揚並沒有兩樣，那時她在國外參與培訓課程，並承受了「自戀衝擊」。他和她一樣，看見人們站在前輩肩膀上，前輩又站在前輩肩膀上，前輩的前輩站在巨人肩膀上——而廖沙孑然一身。

他帶著困擾和啟發回到彼爾姆：他覺得自己如今對研究工作的樣貌有了願景。「很高興你參加了那些研討會，」系主任對他說：「那對你來說就像是避靜。但你回來之後，可要記得自己身在何處。」她以這種方式提出這個話題：廖沙必須重新決定研究主題，否則二〇一二年的系上年鑑不會收錄他的論文。

「這裡沒有未來。」廖沙對自己說。他不確定這意味著自己此時得做些什麼，但他知道這句話是真的。

*

廖沙在烏克蘭的見聞與他的預期相反，他看到了不同的文化。沒錯，他的烏克蘭同事們說俄語，他們的第一語言多半是俄語，但他們的教育背景不同、文化指涉不同，政治期望更與他大不相同。橘色革命並未帶來革命者們要求的改變——實際上，一度落選的親莫斯科候選人維克多．亞努科維奇，在二〇一〇年終於當選總統——儘管如此，烏克蘭還是脫離了蘇聯。

向西更遠處，波羅的海三國都在二〇〇四年加入了北約組織和歐盟。包括烏克蘭和喬治亞在內的另外幾個後蘇聯國家，也正在與這些國際組織談判，期望升格為正式成員。俄羅斯卻背道而馳。普丁在二〇〇五年四月的國情咨文演說中強調，俄羅斯必須「首先承認蘇聯解體是本世紀最大的地緣政治災難……我們有數千萬同胞最終遺落在我國邊界之外」。演說的其他內容是耳熟能詳的大雜燴——包括明確肯定俄國是歐洲國家，重視人權及公民社會——但大表悔恨的陳述為整篇演說，乃至普丁的政治事業定了調。[35]為了減輕衝擊，克里姆林宮的英文翻譯將這句話翻成「本世紀一次重大的地緣政治災難」，[36]但再過兩年，這一層偽裝也被拋開了。二〇〇七年二月，普丁在慕尼黑舉

35 "Poslaniye Federal'nomu sobraniyu Rossiyskoy Federatsii," Kremlin website, April 25, 2005, http://kremlin.ru/events/president/transcripts/22931（二〇一六年六月二十一日瀏覽）。

36 "Annual Address to the Federal Assembly of the Russian Federation," Kremlin website, April 25, 2005, http://en.kremlin.ru/events/

行的一場國際安全會議上演說時表示：

會議安排讓我得以免除繁文縟節，無須用圓滑、悅耳和空洞的外交辭令說話。會議安排讓我得以表述我對於國際安全議題的真正想法。[37]

包含德國總理安琪拉・梅克爾（Angela Merkel）和美國國防部長羅伯・蓋茨（Robert Gates）在內的與會者們，全都大感意外。看來沒人事先預期到會發生爭論。[38]普丁指責北約組織接納新會員國的行動：

我認為事情很明顯：北約的擴張過程完全無關於聯盟本身的現代化，或提升歐洲的安全層次。恰好相反：這是降低互信層次的嚴重煽動性因素。我們有正當理由公開質問：北約擴張針對的是誰？華沙公約解體之後，西方夥伴提供的保證怎麼了？那些宣言又怎麼了？現在甚至沒人記得。但容我斗膽提醒各位，當時說了些什麼話。我要引述一九九〇年五月十七日，北約祕書長曼佛雷德・沃納（Manfred Wöhner）在布魯塞爾的演說。他當時這麼說：「正是我們不準備在（德意志）聯邦共和國國界之外部署北約部隊，為蘇聯提供了堅實的安全保障。」這些保障都到哪裡去了？[39]

這段話確實出自北約祕書長沃納的演說，但它幾乎無法等同於普丁此時宣稱被毀棄的承諾。首先，沃納很小心地使用了含糊的條件語句：他說的是北約「不準備」擴張——而非絕不擴張。更重要的是，他看似在提供的有條件保障，適用對象是蘇聯這個一年半之後就不復存在的國家。俄羅斯與德國之間如今被一道雙重地帶隔開：第一圈是前蘇聯加盟共和國——烏克蘭、白俄羅斯及波羅的海三國，第二圈則是前華沙公約國家——波蘭、斯洛伐克、捷克共和國及其他。其中大多數國家這些年來都曾經明確要求，有時甚至乞求、懇求北約提供保護。

約莫與普丁的慕尼黑演說同一時間解密的美國檔案文件，則為沃納的陳述補足了脈絡。它是在一九九〇年二月到七月之間，關於德國統一問題的多方會談期間提出的。蘇聯當時想要看到德國成為中立國——既不屬於北約，也不屬於華沙公約；北約和柏林圍牆倒塌後選出的德國新政府，則想讓德國成為北約的正式會員國。最終達成協議時，德國成為（或者有些人會說，仍是）北約會員國，但北約不在前東德境內駐軍。沃納的陳述一如發表陳述的協商過程，與北約擴張進入前華沙公約國家的問題完全無關，因為參與協商的各方當時都理所當然地認為華沙公約會繼續存在（它在一年半之後的一九九一年三月解體）。[40]在德國統一會談期間，普丁是派駐東德的國安會官員，很可

---

president/transcripts/22931（二〇一六年六月二十一日瀏覽）。

37 "Vystupleniye i discussiya na Myunkhenskoy konferentsii po voprosam politiki bezopasnosti," Kremlin website, February 10, 2007, http://kremlin.ru/events/president/transcripts/24034（二〇一六年六月二十一日瀏覽）。

38 Stephen J. Cimbala, "Nuclear Arms Control After a Time of Troubles," in Mark Galeotti, ed., *The Politics of Security in Modern Russia* (London and New York: Routledge, 2016), p. 108.

39 沃納的發言，引自"The Atlantic Alliance and European Security in the 1990s," address to Bremer Tanaks Collegium, Brussels, May 17, 1990, NATO website, http://nato.int/docu/speech/1990/s900517a_e.htm（二〇一六年六月二十一日瀏覽）。

40 Mark Kramer, "The Myth of a No-NATO-Enlargement Pledge to Russia," *The Washington Quarterly* 32, no. 2 (April 2009), pp. 39-61.

能對相關的約定瞭若指掌，但在他的回憶裡，這些協商卻成了「本世紀最大的地緣政治災難」之開端——也是西方背棄俄國故事的一部分。慕尼黑演說傳達的訊息是，俄國不再願意接受後蘇聯、後華沙公約的狀態。

*

就在慕尼黑演說之後數週，這種新傾向的意義變得昭然若揭。愛沙尼亞政府在無意間提供了機會。二〇〇七年四月三十日，愛沙尼亞政府將首都塔林市中心的青銅戰士像（the Bronze Soldier）遷移到市郊的軍人公墓。這座青銅戰士像是在第二次世界大戰之後由蘇聯當局建造的，樹立於東歐各國首都，是紀念蘇聯在這些國家戰勝的數十座此類紀念碑之一。但在愛沙尼亞的歷史解讀裡，蘇聯所認為的解放其實是占領。愛沙尼亞在後蘇聯時代的法律及政策，皆由以下的前提出發：該國從一九四〇到一九九一年間遭到非法占領。首先是蘇聯依據莫洛托夫—里賓特洛甫密約加以占領，隨後是納粹德國，其後又是蘇聯。這個前提的其中一層意義，則是只有一九四〇年之前的愛沙尼亞公民及其後裔，才能自動成為獨立愛沙尼亞的公民；其他所有人——被推定的占領者及其後裔——都必須通過愛沙尼亞語及歷史考試才能成為公民。即使非公民基於公共利益的理由而獲得與公民一視同仁的待遇，甚至在地方選舉也有投票權，該國為數眾多的俄語少數群體——大約占人口四分之一——仍然認為這項公民法具有歧視性。雙方的歧見是根本上的。說俄語的人們不認為、也不會認為自己是占領者，因此在他們看來，差別待遇顯然是基於族群身分。俄國反對這項公民法，而在二〇〇五年普丁的「地緣政治災難」演說向「我們在國外的同胞」發出呼喚之後，對愛沙尼亞公民法的批判大幅增強。塔林的青銅戰士像逐漸成了激進團體的集會場所，包括那些要求拆除（並經常予以毀損）的團體，以及要求恢復蘇聯的團體。政府決定將青銅戰士像遷離市中心。

塔林隨即發生暴動。而在莫斯科，「我們」運動和青年近衛軍，以及至少兩個親克里姆林宮的青年團體，開始圍困愛沙尼亞大使館，要求大使回國。警方不予干預，使館被迫停止運作。一週之後，大使搭機返回塔林，官方理由是回國休假。各青年團體宣稱勝利並解除包圍。[41]「圍困愛沙尼亞駐莫斯科大使館……可能會成為違反外交法的一個經典範例，日後將與涉及外國使館的其他非法事件記載一同列入教科書，包括一九七九至一九八一年間德黑蘭人質危機這樣的嚴重事件。」一位愛沙尼亞國防分析師在那年稍晚寫道。[42]

除了暴動和圍困大使館之外，還發生了一種全新型態的攻擊：網路攻擊。為了癱瘓伺服器而發出的電子指令蜂擁而來——分散式阻斷服務（DDoS）攻擊——使得愛沙尼亞所有政府部門、兩家銀行和幾個政黨陷入停擺，阻斷了所有信用卡交易，並且嚴重損害了國會運作。北約和歐盟委員會的調查員無法確切將這些網路攻擊追溯到俄羅斯，[43]但兩年後，「我們」運動聲稱這次網路戰是由

41 "Dvizheniya 'Nashi' i 'Mestniye' prekrashchayut blokadu posol'stva Estonii," RIA, May 3, 2007, http://ria.ru/society/20070503/64852572.html（二〇一六年六月二十二日瀏覽）。

42 Kadri Liik, "The 'Bronze Year' of Estonia–Russia Relations," *Estonian Ministry of Foreign Affairs Yearbook*, 2007, http://www.vm.ee/en/yearbook-2007, p. 71.

43 Stephen Herzog, "Revisiting the Estonian Cyber Attacks: Digital Threats and Multinational Responses," *Journal of Strategic Security* 4, no. 2 (Summer 2011), pp. 49-60.

他們發動的，該運動表示，配備電腦的大量志願者實施了這場網路戰。[44]這些攻擊重重打擊愛沙尼亞特別自豪之處——該國可說是全世界電腦化程度最高的社會——並將它轉變成致命傷，由此揭示了不論小國變得多麼先進、何等密切地融入西方國際組織，仍有可能被大國不計其數的兵卒所踐踏。

*

俄羅斯的下一場戰爭也涉及網路攻擊，但這場戰爭的核心是傳統的，甚至近乎老套。二〇〇八年八月八日，俄國入侵喬治亞。

自從二〇〇三年喬治亞爆發玫瑰革命，由熱切親西方的政府接管政權以來，兩國之間的緊張就持續升高。二〇〇六年，俄國禁止喬治亞礦泉水及酒類進口，它們是這個小國十分可觀的收入來源，同時開始對供應喬治亞的天然氣進行限制。俄國也開始在邊界聚集重兵。這些行動及其他行動的首要目的，是要持續煽動喬治亞境內兩處意圖分離的地區——南奧塞梯和阿布哈茲（Abkhazia）歷時已久的衝突。兩地都自稱是與俄羅斯關係密切的獨立共和國。兩地自一九九〇年代早期以來，也都以一種不戰不和、既非獨立亦非統一的狀態存在。一九九〇年代和二〇〇〇年代初期衰弱而舉步維艱的中央政府，使得這種僵持狀態相對容易持續。但喬治亞的新政府軟硬兼施，試圖將這兩個共和國重新納入掌控；俄國則以加倍援助這兩個地區，並且加強與喬治亞政府敵對的行動還以顏色。一個顯而易見的目的是要破壞喬治亞加入北約的企圖——二〇〇八年四月，喬治亞的申請遭到否決，至少有一個被提及的理由是衝突尚未解決。兩週後，普丁（按照法律，在他總統任期的最後兩週）簽署命令，與南奧塞梯和阿布哈茲建立政治及經濟關係，這些關係的本質近似於莫斯科與俄羅斯境內各地區的關係。接著，歷經一整個夏天各式各樣的小型衝突，全面戰爭終於爆發，地面上砲兵互相轟擊，俄軍則從空中展開轟炸。

開戰十天後，法國和德國居中促成了停火協議，但俄國立即毀約。到了八月底戰鬥停止時，俄國實質控制了喬治亞的大片領土，並核發俄國護照給當地居民，即刻將他們轉變成「同胞」。[45]在文書上，阿布哈茲和南奧塞梯宣布獨立，俄國予以承認，尼加拉瓜、委內瑞拉和太平洋小國諾魯也予以承認。[46]傳達給喬治亞（及其他有意效法的後蘇聯國家）的訊息是：要是企圖和北約結盟的話，就會喪失人命和領土，而且肯定會永久受困在北約門外不得加入。

向西方國家和俄國公民傳達的，則是另一條不同訊息：南奧塞梯和阿布哈茲一如科索沃，科索沃脫離塞爾維亞，是因為它與鄰國阿爾巴尼亞更為親近。北約為了科索沃而出手干預，俄國因此得到了道德權利，為了協助南奧塞梯和阿布哈茲而出手干預。自一九九九年以來事實上處於保護國狀態的科索沃，即將在二〇〇八年宣布獨立。情況很明顯，達成獨立所必需的支持，聯合國多數會員國很快就會承認它是國家。俄國認定科索沃獨立是一種冒犯，正如它認定一九九九年北約的干預是

---

44 "'Nashi' priznalis' v organitsii hakerskikh atak na estonskiye saity," lenta.ru, March 12, 2009, https://lenta.ru/news/2009/03/12/confess/（二〇一六年六月二十二日瀏覽）。

45 Svante E. Cornell, Johanna Popjanevski, and Niklas Nilsson, "Russia's War in Georgia: Causes and Implications for Georgia and the World," policy paper, Central Asia–Caucasus Institute and Silk Road Studies Program, Johns Hopkins University, August 2008.

46 Andrei Fedyashin, "Skol'ko v mire 'gosudarstv na sokhranenii'?" RIA, August 26, 2010, http://ria.ru/analytics/20100826/269199864.html（二〇一六年七月二日瀏覽）。

一種侮辱——如今它得以報復了。就在科索沃宣布獨立前幾天，俄國官員召喚南奧塞梯和阿布哈茲的領導人前來莫斯科會談，俄國外交部長則發布聲明：「科索沃宣布獨立並獲得承認，將促使俄羅斯調整對阿布哈茲和南奧塞梯的立場。」[47]

就在俄國入侵喬治亞之後，杜金成立了他的保守主義研究中心。他在開幕演說中滔滔不絕地談論這場戰爭：「我們進行了干預，而現在我們要說，我們的干預不只是例外而已，只要認為時機適當，我們還會繼續採取干預行動。」[48]進行干預的理由將會包括俄國認知的保護「國外同胞」需求，抵抗單極世界的永恆需求，以及在俄國所認定的勢力範圍內維護俄國利益的必要。

> 倘若總統說，俄羅斯的友善區域代表著特權利益區域，意思就是說這個區域在俄羅斯掌控之下。有誰想要挑戰的話，不只是在挑戰那個特定國家，也是在挑戰擁有核子武器的俄羅斯。

杜金自稱在詮釋及預測俄國的外交政策上，他的主張如今有了可信度。就在那年夏天，他才去過南奧塞梯，手持卡拉什尼可夫突擊步槍，站在一輛戰車前拍照。那年夏天也標誌著他第一次親眼看見自己的口號風行起來，完全進入主流，在電視上一再複誦，又在車輛保險桿貼紙上複製。這句口號是：「把戰車開進提比里斯！[49]」（Tank to Tbilisi!）杜金寫過這些話：「不支持『把戰車開進提比里斯』這句口號的人，就不是俄羅斯人……『把戰車開進提比里斯』應該要寫在每個俄羅斯人的額頭上。」[50]

這句口號和這場戰爭都奏效了：根據列瓦達中心的民調，普丁的民意支持度飆升到歷來最高的百分之八十八。梅德維傑夫也達到百分之八十三，同樣前所未見。[51]

47 C. J. Chivers, "Russia Warns It May Back Breakaway Republics in Georgia," *The New York Times*, February 16, 2008, http://mobile.nytimes.com/2008/02/16/world/europe/16breakaway.html（二〇一六年七月二日瀏覽）。

48 "Doktrina Medvedeva: Pyat' printsipov rossiyskoy vneshney politiki," Tsentr konservativnykh issledovaniy, September 16, 2008, http://konservatizm.org/speech/dugin/011009193240.xhtml（二〇一六年六月二十三日瀏覽）。

49 編按：提比利里是喬治亞首都。

50 Anton Shekhovtsov, "Aleksandr Dugin's Neo-Eurasianism: The New Right a la Russe," *Religion Compass* 3, no. 4 (2009), pp. 697-716.

51 "Odobreniye organov vlasti," Levada Center, running indices, http://www.levada.ru/indikatory/odobrenie-organov-vlasti/（二〇一六年六月二十四日瀏覽）。

第五部　抗議

第十四章　未來就是歷史

二〇〇八年三月，謝廖沙飛回莫斯科，參加總統選舉投票。他在基輔住了一年，幾乎沒在關心俄國政治，但他知道自己必須投票。他的祖父也會這麼說。亞歷山大．尼古拉耶維奇總是談論著謝廖沙有多麼幸運，能在擁有選舉的時代成長。或許正因如此，謝廖沙覺得自己一定要飛回莫斯科，在戶籍地的投票所投下選票，而不是在基輔的俄國大使館投票。

飛行歷時一小時。到了謝列梅捷沃國際機場（Sheremetyevo International Airport），謝廖沙搭上一輛接駁車（一輛搖搖晃晃的小巴）前往最近的地鐵站。小巴一輛輛接踵而至，速度更慢的大巴士也一樣，因此地鐵站裡擠滿了旅客，其中多數人都經歷了比謝廖沙更久的旅程而顯得疲憊。謝廖沙排隊前往售票窗口：當然，每個人都剛從外地回來，身上都沒有為莫斯科人節省排隊時間的多次乘車儲值卡。地鐵站又擠又吵，空氣中瀰漫著每個人一路上的征塵。行李使得空間感更加欠缺。疲累的孩子們抱怨。疲累的大人們厲聲制止。隊伍看似漫無止盡。

實際上，他排了五十分鐘。要是謝廖沙到達售票窗口時都已經累了，其他人的狀況又該是如何？

「六十次乘車卡，謝謝。」他說，把一張盧布千元鈔推過窗口。按照窗口上張貼的那張機器打字的票價表，六十次乘車卡是提供購買的最高面值票券。每張價格五百八十盧布，相當於二十美元左右。

謝廖沙取票之後，走到閘門前，盡可能大聲地說：

「我剛才排了五十分鐘的隊！我不要你們也得排隊五十分鐘，就只因為你們從外地來！我買了六十次乘車卡！請你們刷這張卡進站。」

人群停頓下來。許多人看來是聽見他說的話了，但不願相信他。然後，有個女人走來。謝廖沙將票卡放進閘門，閘門吐出票卡，亮起綠燈，女人進了站。然後又來了一個人，然後是一對夫妻，接著，一位年輕的警官把自己刮得乾乾淨淨的臉逼近謝廖沙。

「你得跟我走一趟。」

謝廖沙去了。警官帶著他穿過大廳的一道黑色鐵門，走進地鐵站的警察局，裡面坐著一個更高階的警官。他完全謝頂的腦袋脹紅，汗珠流淌，即使他就坐在金屬桌後方，臉色和呼吸卻彷彿剛爬過樓梯。他們一走進來，這個冒汗的男人就開始對謝廖沙咆哮，髒話如連珠炮般傾瀉而出，從來沒有人這個樣子吼過謝廖沙。謝廖沙臉上必定也流露出情緒了，因為年輕警官這時又把他帶出門外，在那個冒汗的男人聽不見之處，他試著用自己的話讓謝廖沙知道他使用車票的方式不對。但他實在無法說清楚講明白，甚至講不完一句連貫的話，這讓謝廖沙很想幫他一把。

「聽我說，」他說：「這不是詐欺行為。我確實買了一張六十次乘車卡得到優惠，但我沒有從中獲利，還為大家省下了時間和麻煩——包括收銀員！」

「轉賣車票是違法的！」年輕警官說。

「我沒有轉賣。」

「你會害收銀員惹上麻煩的，她可能會被開除。」

「她為什麼要被開除？她什麼都沒做錯！誰都沒做錯。」

「你以為你是誰啊，上帝嗎？」

就在那一刻，發生了某些轉變。謝廖沙感到平靜而清醒。「禪」這個詞在他心中浮現，然後是一句構造完整的話：「這個人的心智運作模式，我永遠不可能理解。」

「我懂了。」謝廖沙說著，從年輕警官身邊走開。謝廖沙把票卡放進閘門，穿過閘門。「麻煩你了，請收下！」然後把票卡塞進第一個對他這句話停頓夠久的人手裡。謝廖沙用不著剩下的五十五次了。

他直接前往投票所。投票所設在一所學校裡——六個臨時架設的投票亭，房間中央有兩個透明的塑膠投票箱。他拿了選票，但還沒踏進投票亭就停下腳步。選票上的第一個人名和履歷如下：

波格丹諾夫，安德烈．弗拉基米洛維奇（BOGDANOV, Andrei Vladimirovich）。生於一九七〇年，莫斯科居民。工作處所：俄羅斯民主黨，政黨。職稱：中央委員會主席。工作處所：莫斯科市陽光地區（Solntsevo）議會。職稱：兼任副議長。推薦人：自己。依據選民連署而獲得登記。所屬政黨：俄羅斯民主黨，領袖。[1]

這激怒了謝廖沙，然而警官和他滿頭大汗的上級，以及他們編造的所有規定都還不足以激怒他。

1　二〇〇八年俄羅斯總統選舉選票的圖片，參看：http://pachkov.ru/wp-content/uploads/2008/03/bulleten_2_marta.jpg（二〇一六年七月二日瀏覽）。

這是徹頭徹尾的嘲弄。普丁時代的新法律規定，獨立候選人（不具備國會議員身分的候選人）必須提交兩百萬份選民連署，才能登記為候選人，而且在全國任何一個地區都不得超出五萬份連署。[2]這需要鉅額金錢或龐大的全國性草根行動者網絡——最好兩者皆有。許多人在那一年都嘗試過。加里・卡斯帕洛夫就連一開始聚集支持者所需要的公開集會都無法召開，因為無論他出多少錢，都沒有人願意租借場地讓他舉辦這類活動。鮑里斯・涅姆佐夫中途退出，全力支持另一位參選人——前總理米哈伊爾・卡西亞諾夫（Mikhail Kasyanov），但卡西亞諾夫獲得的連署卻被強行作廢。[3]

但這裡卻有個叫做波格丹諾夫的人，完全名不見經傳，表面上代表一個其實從一九九〇年代初期之後就不再活動的政黨，政治經驗是在一個小而無權的區議會裡兼職議員，就連這一段都可能是偽造的——謝廖沙卻得假裝相信，這個小丑蒐集到了兩百萬選民連署？這種感覺就像當初謝廖沙覺得每個人都瘋了，全都突然接受無名小卒普丁成為總統熱門人選那樣。只差在這次更惡劣。比起普丁將總統職位交給梅德維傑夫，彷彿任他隨意出借用品的那副場面，這個獨立候選人對人類智商的侮辱更加嚴重。謝廖沙把空白選票丟進投票箱裡，走出投票所。他搭上一輛計程車返回機場。

中央選舉委員會公告，波格丹諾夫得票率為百分之一點三。梅德維傑夫在第一輪投票就以百分之七十點二八得票率獲勝。兩位無役不與的候選人——共產黨領袖根納季・久加諾夫和自由民主黨的弗拉基米爾・季里諾夫斯基（兩人都是國會議員，因此不須徵求選民連署即可成為候選人）則平分剩下的選票。[4]

*

那天發生在謝廖沙身上的這兩件事，都是「循環連坐」（*krugovaya poruka*），或者列瓦達所謂的「集體劫持」（collective hostage-taking）之範例：列瓦達寫過，這是效力最強、道德上也最令人憎惡的蘇聯機制之一。它獨立於任何法律之外、且通常超越法律，將每個人都轉變成既存秩序的執行者。在地鐵排隊的例子裡，警官本能地感受到自己的職責就是確保所有旅客全都維持在同等痛苦的狀態，防堵旅客自我組織的任何企圖。而在投票所，由荒謬到近乎虛擬的候選人名列第一位的那張選票，將每個投票的選民都變成了共謀者。經由投下選票，人們確認了這種作為的正當性。經由在缺乏可信替代人選的情況下投票給梅德維傑夫，人們同意假裝成積極支持者，象徵性地進入了這個「循環連坐」體系奠基於其上的圈子。（早先的選票上還有「不支持所有候選人」這個選項，但二〇〇六年的一項法律廢除了這個選項。）

更早之前，就在普丁第一次當選總統後不久，古德科夫決定自己需要從民調結果分析中抽出一些時間來，書寫另外一件事：一個概念。這個概念是極權主義。過去十年來，這個詞其實使用得不多。一九八〇年代晚期聽到蘇聯領導人（首先是亞歷山大・尼古拉耶維奇・雅可夫列夫，然後是戈

2 "Vybory prezidenta Rossiyskoy Federatsii," RIA, March 1, 2008, http://ria.ru/spravka/20080301/100371195.html（二〇一六年七月二日瀏覽。）

3 "Boris Nemtsov otkazalsya uchastvovat' v prezidentskikh vyborakh," *Rossiysykaya gazeta*, December 26, 2007, https://rg.ru/2007/12/26/nemcov-anons.html; Polina Matveeva, "Poslali Kasyanova i ushli v otpusk," gazeta.ru, January 21, 2008, http://www.gazeta.ru/politics/elections2008/2008/01/28_a_2606841.shtml（皆於二〇一六年七月二日瀏覽。）

4 "Danniye o chisle golosov izbirateley, poluchennykh kazhdym iz zaregistrirovannykh kandidatov na dolzhnost' prezidenta Rossiyskoy Federatsii," https://cdnimg.rg.ru/pril/21/38/55/4608_1a.gif（文件於二〇一六年七月三日自中央選舉委員會網站下載）。

巴契夫本人）開始用這個詞描述蘇聯體制，曾經很令人激動。那是史詩般的誠實與開放時刻。但接著，在蘇聯政權看似瓦解成一堆灰燼之後，這個詞立即變得無關緊要，極權主義結束了。當時的熱門話題是改革、經濟，以及人們假定俄羅斯即將建立的新體制。就連極少數頑固堅持回應過去遺留問題的人，通常也選擇聚焦於蘇聯歷史的一個特定時期——史達林主義，以及蘇聯體制的某一部分——國家恐怖。但自從列瓦達的研究持續揭示蘇維埃人興盛且持續繁衍、關於蘇聯機制萎縮的最初假設早被駁斥之後，回頭思考創造出機制與人的體制本質，似乎是個好主意。

「極權主義」一詞最早是從一九二〇年代晚期開始使用，就在最早的極權政體形成之後不久。起初它純粹是描述性用語，那些意圖徹底轉變社會之政權（像蘇聯、義大利和隨後的德國領導人那樣）的反對者及支持者都會使用它。事實上，第一個使用「極權主義國家」這個說法的人，可能就是墨索里尼（Benito Mussolini），他在一九二五年的一次演講裡，頌揚將整個社會集結於單一國家實體下的美德。那時的「極權主義國家」倒不如說是願景而非體制，但這個願景明確反對在它看來軟弱的西方民主政治安排。就其寓意而言，極權主義國家將從匯集一切力量（包括每個人支持政權的力量）成為單一整體而獲取實力。德國人和義大利人都將蘇聯看作是實現此種匯集的成功楷模。第二次世界大戰爆發前，有些思想家試圖描述極權主義政權與以往存在過任何政權的不同之處。一九三六年，義大利天主教神父、流亡國外的政治人物路易吉・斯圖爾佐（Luigi Sturzo）確認了極權主義國家的四項特徵：

一、行政中央集權被推到極致——壓制的不僅是地方的一切自主性……還有一切公共或半公共機制、慈善組織、文化協會、大學的自主性……立法及司法獨立完全消失，就連政府都降格成了附屬於領袖的實體，而領袖在統帥（Il Duce）、元帥或元首的美稱之下成了獨裁者……

二、執政黨軍事化。若非由它控制軍方，就是由軍方與當道勢力結盟，雙方的武裝部隊合作或合併。全國青年軍事化，集體生活被當成是軍旅生活，復仇之夢或帝國之夢，以及國內外衝突滲透了整個社會結構……

三、人人都必須信仰新國家，並學會熱愛它。從小學到大學，光是情感一致還不夠；對於新國家來說，必須要有知識與道德的全然屈服，輕信的熱情及宗教的神祕主義……除了學校教育的努力之外，還要創造出全新的道德環境。因此，官方教科書、由國家啟發並統一規格的報紙、電影、廣播、體育、學校社團及獎項頒贈，不僅被控制，更被導向同一個目的——對極權主義國家的崇拜，不論其旗號是民族、種族或階級。整個社會生活都在遊行、節慶、盛會、公民投票、體育賽事中被持續動員，經過精心計算以捕捉民眾心智、想像及情感。要激發這種超升的集體精神，對國家、階級或種族的崇拜本身仍太過含糊。必不可少的情緒焦點是個人、英雄、半神人——列寧、希特勒、墨索里尼——他們本人是神聖的、言語則是先知的事工……

四、極權主義國家不可能容許資本家或工人的經濟自由。自由工會或自由經營者協會沒有存在空間。反之，存在的是國家工團或國營公司，它們沒有行動自由，在國家內部為了國家需要而被控制及組織。[5]

5 Luigi Sturzo, "The Totalitarian State," *Social Research* 3, no. 2 (May 1936), pp. 222-235.

二戰結束後，來自德國的另一位流亡者，發表了最詳盡也最完整可靠的極權主義定義。漢娜．鄂蘭的三卷本《極權主義的起源》（*The Origins of Totalitarianism*）於一九五一年出版。在鄂蘭看來，極權主義國家最關鍵的特徵在於意識型態與國家恐怖。意識型態的實質，甚至它有無實質並不重要：任何意識型態都有可能成為極權主義體制的基礎，只要它能被概括並與恐怖搭配。恐怖是用來執行意識型態的，同時也為意識型態添加燃料。構成意識型態基礎的任何前提，不論是特定種族、還是特定階級的優越，都被用來推導想像中的歷史法則：只有某一種族或某一階級注定能夠生存。這些「歷史法則」使得表面上為求生存所需的恐怖成為正當。鄂蘭也寫到了公共空間的臣服——實際上是公共空間的消失，藉由剝奪個人的界限及能動性，令個人陷入極度孤獨。她寫道，這正是意識型態與恐怖結合之下的產物。按照這樣的模型，墨索里尼統治的義大利不再被認為是極權主義國家，不論墨索里尼自己怎麼說。鄂蘭接著寫到了納粹德國和蘇俄，即使她對前者的認識遠遠多過後者。[6]

《極權主義的起源》初版專注於探討極權主義的根源與起因，而非描述由此產生的國家：她在一九五三年為該書寫下最後一章「意識型態與恐怖」。[7]同年，另一位德國流亡者卡爾．約阿希姆．弗里德里希（Carl Joachim Friedrich）在一場探討極權主義的會議上發言（鄂蘭也是那場會議的講者），對極權主義社會提出了五項簡明的定義：

一、官方意識型態，由一套涵蓋所有個人生存不可或缺之要素的官方教義所組成，社會中的每個人至少都應當被動服膺……

二、單一群眾政黨，由全體人口中相對低比例（頂多百分之十）的男女，熱情且毫不質疑地獻身於其意識型態，準備好運用一切方式推廣意識型態所獲得的普遍接受，這類政黨則以階級嚴明而寡頭的方式組織，通常由單一領袖領導，一般而言優越於官僚政府組織，或與之完全混合。

三、對一切武裝戰鬥的有效手段……視技術條件而定，近乎完全獨占控制。

四、對一切大眾傳播的有效手段……同樣視技術條件而定，近乎完全獨占控制。

五、恐怖主義式的警察控制體系，取決於上述第三點及第四點的效力，其特徵在於不僅針對可資證明的政權之「敵人」，也恣意針對人口中被選定的階級。[8]

過了三年，弗里德里希和他的學生——來自波蘭的流亡者茲比格涅夫・布里辛斯基，一同發表了《極權獨裁與專制》（*Totalitarian Dictatorship and Autocracy*）一書，篇幅比《極權主義的起源》薄了許多，其用意倒不是描述，而是要定義極權主義。他們在弗里德里希先前的清單上增補了第六點：中央集權的統制經濟。[9]

---

6 Hannah Arendt, *The Origins of Totalitarianism* (New York: Harcourt Brace Jovanovich, 1976).

7 Hannah Arendt, "Ideology and Terror: A Novel Form of Government," *The Review of Politics* 15, no. 3 (July 1953), pp. 303-327.

8 Carl J. Friedrich, "The Unique Character of Totalitarian Society," in Friedrich, ed., *Totalitarianism* (New York: Grosset & Dunlap, 1953), pp. 47-59.

9 Carl J. Friedrich and Zbigniew K. Brzezinski, *Totalitarian Dictatorship and Autocracy* (Cambridge, MA: Harvard University Press, 1965).

弗里德里希和鄂蘭一樣，強調納粹與蘇聯政權本質近似，因此有正當理由將它們列入同一個範疇，與世界上所有其他國家區別開來。其後許多年間，這個概念的多數批判者都聚焦於此一前提上。有些人論證一切工業化國家內部都包含著孕育納粹德國體制的種籽，例如另一位德國流亡者赫伯特・馬庫色（Herbert Marcuse）。[10]其他人則主張以納粹德國研究為基礎而產生的模型，不太符合蘇聯生活的現實，甚至有可能只為了詆毀蘇聯政權而存在，這樣的人尤以出身左翼傳統的西方社會學家為甚。在蘇聯解體之後，研究該國相較於以往變得更容易，學者開始注意到蘇聯的私人生活比他們原先以為的更豐富，蘇聯意識型態反覆無常且被普遍漠視，以及警察執法在史達林死後相對溫和。所有這一切似乎都牴觸了這個模型。以澳洲裔美國歷史學家席拉・費茲派屈克（Sheila Fitzpatrick）為首的一群學者合力寫成了論文集，專門考察納粹與蘇聯體制的差異。他們將論文集命名為《極權主義之外》（*Beyond Totalitarianism*）。[11]

不只是在俄國，就連西方研究俄國的學者也早已不再使用這個概念，但古德科夫有個想法：現在正是重新思考這個概念的時候。若是仔細思考，極權主義的定義其實從一開始就存在著問題。首先，即使最早研究極權主義的所有學者都是極權國家的流亡者，他們的敘述卻是在國外產生的。他們無法接觸到某些特性。比方說，從外部看向國內，就無法區別人們參加遊行是被迫到場還是真心渴望參與。研究者們通常的假定非此即彼：人民若非被動的受害者，就是熱情的信徒。但從內部看來，這兩個假定都是錯的，對於參與遊行（或任何其他形式的集體行動）的所有人和單一個人都不成立。他們不覺得自己是被動的受害者，但也不覺得自己狂熱。他們覺得正常。他們是社會的一分子。遊行及其他各種集體生活形式給了他們人類通常所需的歸屬感。他們不能對照其他社會的此等風險——估量自己不屬於社會的風險，不能想到這件事——比起在西方民主國家被標記成外人，在蘇聯被標記成外人會帶來更大、更不可估量的懲罰。要是他們說自己想要成為遊行或整個集體的一分子，他們必定沒有說謊。要是他們向其他人施壓，要求對方也成為集體的一分子，那他們是自願這麼做的。但這不足以讓他們成為西方人想像的那種意識型態真誠信徒：意識型態就只是實現團結的要訣，是集體共享的語言。此外，按照鄂蘭的說法，極權主義意識型態的特徵在於其密閉本質：它的解釋將整個世界排除在外，沒有任何論證能戳破它的泡泡。蘇聯公民活在意識型態之內——那是他們的家園，他們覺得稀鬆平常。

不言可喻，極權主義的兩大支柱——意識型態與恐怖，近看之下也和遠處所見大不相同。同樣不言可喻的是，研究者有可能高估了意識型態的重要性，因為他們的研究對象是文本，而文本反映意識型態更甚於其他一切。知識分子總是掉進將書寫文字誤認為真實生活寫照的陷阱之中。

在蘇聯，意識型態證明了是多變的。官方政治路線激烈轉變，從國際主義轉為「民族友誼」，從家庭被看作是布爾喬亞的時代謬誤，到家庭被當成蘇聯社會的根本單位。唯一不變的是圍繞著各種意識型態的動員工作，以及國家出類拔萃的概念之重要地位。倘若意識型態本身做為極權主義社會的組成部分並不那麼重要呢？恐怖又怎麼說呢？鄂蘭在猶太人大屠殺過後不久寫下她的著作，而史達林主義恐怖當時每年仍造成數十萬人死亡。但在一九五三年大恐怖終結之後，蘇聯又存活了數十年。或許恐怖在極權政體創建時是必要的，但政權建立之後，它能否藉由在內部承載著恐怖時期

---

10 Herbert Marcuse, *One-Dimensional Man*, 2nd ed. (Boston: Beacon Press, 1991).

11 Mark Geyer and Sheila Fitzpatrick, eds., *Beyond Totalitarianism: Stalinism and Nazism Compared* (Cambridge, England: Cambridge University Press, 2008).

的記憶與其各種機制而維持？

大約在二〇〇四年，普丁第一任總統任期屆滿前，西方記者開始審慎地用「威權」一詞稱呼俄羅斯政權。鄂蘭曾經論證，威權政體本質上不同於極權政體，更像是暴政，因為它們要求臣民遵守某些可知的法律及規則，而非完全臣服。極權與威權政體的另一個不同區別，隨後由一位雙重意義下的流亡者胡安・荷西・林茲（Juan José Linz）提出。林茲的父親是德國人、母親是西班牙人，他幼年離開德國，成年後又從佛朗哥統治的西班牙出走。這位耶魯大學的社會學家寫下一部著作《極權與威權政體》（*Totalitarian and Authoritarian Regimes*），在其中提出以下三個差別：威權政體的國家與社會界限並未減弱；威權政體擁有的是心態，而非意識型態；威權政體不同於極權政體，社會動員程度不高。根據林茲的定義，威權政體的臣民是被動的，他們就只是接受了一黨或一人統治。威權政體極度非政治。[12]

但這個範疇看來不太對。一切事物都成了政治。普丁統治下的俄羅斯正在動員，從話語到重新舉行的閱兵遊行，乃至最重要的，克里姆林宮組織的青年運動及其訓練營，全都為了這個目的而存在。一度模糊不清的國家與社會界限，如今完全被抹滅了：接管媒體和打擊公民社會正是為了這一目的。將俄國政權稱作「威權」還有一個問題：它並未考量蘇聯遺緒，而古德科夫愈來愈覺得，蘇聯遺緒是理解現政權本質的關鍵所在。他碰巧也認為，蘇聯社會實際上是在現實生活中最趨近於極權主義理論模型的，這與西方多數蘇聯研究學者的確信恰好相反。隨著蘇聯社會機制得到保留並復甦的證據愈來愈多，古德科夫開始認為俄羅斯是極權主義體制的置換。為了理解它，古德科夫決定以蘇聯經驗為基礎，自行提出一套極權主義定義，包含以下七點：

一、黨與國家共生……社會以階序嚴明的方式組織起來，由上而下建構……社會因此被上下顛倒：掌權的上層遲早會成為最無能、最缺乏見識的階層，欠缺發展及加強工作效率的潛能。每次大搬風都把一個更不積極、更無能的人物帶進最高層……

二、經由壟斷大眾媒體，加上嚴格審查制度而產生的強迫性社會共識，為全體人民不斷動員，隨時準備執行黨國決策創造了條件。……臣民的注意力顯著集中在國內事件上，而國家對外孤立；由此產生出例外主義感受，對「我們」的集中關注，以及強大的異化障礙，拒絕知道或理解「另一方」的事件。

三、由祕密警察、特務組織、法外行動的民兵機構執行的國家恐怖……一方面存在著祕密警察與集中營，另一方面又存在著官方宣傳和文化生產，為「雙重思想」創造了條件。……恐怖的規模與性質可能相差甚遠，從一九一八至一九二二年間，以及一九三〇年代到一九五〇年代的大恐怖，到一九七〇年代及一九八〇年代人數及影響相對較小的異議人士迫害。

四、社會及經濟軍事化……從頂端到底層、從一切教育機構……到體育俱樂部等等，穿透社會的動員結構行動……其用意未必是要讓全體人民準備對外敵作戰，更多是為了有系統地訓練全體人民……執行政權任何及全部的倡議，因為「領袖高瞻遠矚」。

五、分配性的統制經濟，以及隨之產生，不可避免的物品、服務、資訊等長期性短缺……短缺不只是虧損，也是經由獲取物品及服務的官方等級結構，將社會組織起來的方式……由非正式的影子經濟結構補充。

---

12 Juan J. Linz, *Totalitarian and Authoritarian Regimes* (Boulder, CO: Lynne Rienner, 2000).

六、長期貧困狀態⋯⋯極權主義在貧困日益加劇的狀態下得以鞏固——當大部分人口對美好的未來毫無指望，而將希望投射在某些政治非常措施上。極權主義靠著維持極低生活水準而得以存續。

七、靜止不動的人口，橫向及縱向社會流動都受到嚴格限制，除非由國家為其自身目的而實施。[13]

古德科夫並未將意識型態納入他的極權主義特徵列表，因他得出結論，意識型態只在最初階段對極權統治者奪取權力時至關重要；奪權之後則由恐怖發揮作用。其後，順從的動力則扮演首要角色。由此產生了古德科夫對「雙重思想」所下的定義：那不是歐威爾描述的怪異狀態，反倒是人們在不同時候、不同情境下，面對不同事物時，思考的徹底背反——一種習慣性且近乎被動的碎片化——不論他們在那個特定時刻為了順從而需要思考些什麼。這比任何其他因素都更能確保蘇聯境內不可能發生有力的抗爭，支離破碎的人民無法締結及維持團結關係，也無法發揮想像力策劃未來，但任何群體行動都少不了對未來的想像。

定義蘇聯極權政體的目的，是為了更清楚地辨析俄羅斯從中繼承的事物。這份清單很長。在文書上，一黨統治被廢除了——但人民維持不變。前朝職官權貴繼續主宰官僚，而官僚繼續支配社會，維持著上下顛倒的結構。要說有什麼不同之處，那就是一九九〇年代的動盪加速了輪替過程，結果使得更沒見識、更無能的人被提拔到最高層。審查制度廢除了，但在短暫的自由過後，大眾媒體再次被國家壟斷。國安會被更名了，喪失了某些職權（某些功能被其他機關取代，如邊境管制），但司法仍繼續為行政權力服務，法治未能確立，執法部門則認為自身的功能在於保衛國家。

在社會解除軍事化這方面，普丁逆轉了整個過程——實際上，就在葉爾欽辭職、他開始代理總統當天，普丁抽空簽署了一項內閣措施，重新對小學生實施軍訓。[14]經濟不再由中央計劃部門統制，但仍維持分配性質；克里姆林宮在一九九〇年代的民營化過程中分配資產及使用權，普丁即位之後又開始著手重新分配公司及財富。這種分配方式在食物鏈下端通常被叫做貪腐，但又不盡然如此，因為問題並不在於個別官僚，而出在這套限制、分配與服務的體系本身。反過來說，這套體系又以集體劫持為基礎——一套強化低層次期望的體系，正如謝廖沙所遭遇到的地鐵票事件，它不是在販售服務，而是在分配服務。

那麼，俄羅斯的體制應當如何稱呼？它不再是昔日的極權政體了，但在拆除了某些極權機制（例如黨國或總動員）之後，它又開始重新創造它們，或近似於它們的事物。可是在古德科夫看來，它們更像是極權主義機制的仿製品。西方記者使用「威權」一詞，是因為他們似乎認為威權主義是極權主義的精簡版，但這個政權也不是威權政體。古德科夫認為，它或許可以稱作「擬似極權主義」（pseudo-totalitarianism）。有一點是確定的：這個政權不可能發展成為正常運行的民主政體。事實上，它似乎完全沒有能力發展。它大概也不能重新創造出前朝的恐怖體系及完全動員體

13 Lev Gudkov, "'Totalitarism' kak teoreticheskaya ramka: Popytka revizii spornogo ponyatiya," *Monitoring obshchestvennogo mneniya* 5, no. 55 (September–October 2001), pp. 20-29 & 6, no. 56 (November–December 2001), pp. 13-30.

14 "Postanovleniye Pravitel'stva Rossiyskoy Federatsii no. 1441 ot 31.12.199, Ob utverzhdenii Polozheniya o podgotovke grazhdan Rossiyskoy Federatsii k voyennoy sluzhbe," http://pravo.gov.ru/proxy/ips/?docbody=&nd=102063823&rdk=&backlink=1（二〇一七年五月三日瀏覽）。

系。至少在古德科夫寫下這些的二〇〇一年當時看來，它唯一的目的只是盡力支撐，維持著恰好夠用的慣性。它在這方面的首要資源，則是深受代代相傳的雙重思想與集體劫持薰陶的俄羅斯公民：蘇維埃人。

*

在社會學家和政治學家定義極權主義之際，精神分析學家和哲學家則試圖理解及解釋它。古德科夫沒有多大耐心閱讀他們的大多數著述，部分由於他們一般而言是馬克思主義者，也有部分是因為其中幾位是懷抱使命感的德國流亡者——他們要警告西方世界的其他國家，極權主義有可能在那兒出現。他們親眼看到了法西斯主義在正常運行的民主政體中掌權，希望自己的知識能提供警訊。古德科夫的經驗則不同，他這時對極權主義如何推展的興趣更少於極權主義如何拒絕終結；但他在書寫蘇維埃人時試著描述的某些內容，其實早在七十年前就被精神分析學家埃里希·佛洛姆（Erich Fromm）留意到了。

佛洛姆一九三四年逃離德國，一九四一年寫下一部急迫的著作，名為《逃避自由》（*Escape From Freedom*），試圖敘述納粹主義的心理起源，就連他也小心翼翼地這麼說：「納粹主義的確是心理問題，但心理要素必須被視為受到社會經濟因素所造成的結果；納粹主義也是經濟和政治問題，但它對人們具有的掌控，卻必須在心理學的基礎下才能適當地被理解。」[15]

為了說明自己的論點，佛洛姆向上追溯到中世紀。當時：

一個人等同於他在社會中扮演的角色：他可能是個農夫、工匠、騎士，但不會是恰好從事某種職業的某人。社會秩序被視為自然秩序，個人身在其中好獲得安全與歸屬感，競爭關係相對來得少。人一出生便進入特定的經濟地位，藉由被傳統所決定的謀生方式而獲得生活的保障……[16]

這段描述同樣適用於晚期蘇聯社會，正如古德科夫所見，它以限制社會流動做為最重要的控制工具之一。人們通常在社會經濟階層中既不上也不下——他們也不太可能在與父母親大不相同的領域裡工作。謝廖沙在蘇聯解體前不曾遇到過任何一個黨內最高階職官子女之外的孩子，他生長在一連串字面意義上的圍牆背後，但將其他蘇聯公民與不同群體成員隔絕開來的不可見之牆卻也同樣有效。超越這些界限的人們，例如離開鄉村去讀大學的廖沙母親，得付出巨大的努力與決心才能做到，而且他們總是異類——加林娜就連在自己的家庭中都是異類。儘管如此，她還是只能從自己起初的位置向上移動一階，再向旁邊移動一格：她在靠近母親工作的集體農場所在村莊最具規模的市鎮上當了學校教師。

佛洛姆寫道，宗教改革開始之時，個人獲得了決定自身出路的能力，同時也失去了對地位和自我的確定感。佛洛姆將人們新得到的自由分成兩種——「積極自由」（實現自我的自由）與「消極自由」（免受侵擾的自由）。倘若前者是正向的，後者則會引發不堪負荷的焦慮：「世界變得無限寬

15 Erich Fromm, *Escape from Freedom* (New York: Henry Holt, 1994), p. 206. 譯者按：此處參看佛洛姆著，劉宗為譯，《逃避自由》（臺北：木馬，二〇一五年），頁二三六。

16 前引書，頁四一。譯者按：此處參看佛洛姆著，劉宗為譯，《逃避自由》，頁六六。

廣，同時成為一種威脅。失去了封閉世界的穩固地位，個人喪失對人生意義的解答，產生對自我及人生目標的質疑。」[17]馬丁．路德與約翰．喀爾文則帶來了解決這種焦慮的辦法：「接受自身的微不足道，極力自謙自卑，放棄個人意志，棄絕並譴責個體力量，個人就能為上帝所接受。」[18]換言之，個人得以一舉恢復對未來的確定感（未來如今交託於上帝手中），同時擺脫掉最不堪負荷的重擔：自我。

在佛洛姆看來，一種全新的人格由此開始，並且迅速盛行於某些社會的中產階級。他將這種人格描述為可能會被精神分析師診斷為「施虐受虐欲」，但在社會心理學層次則可稱作「權威性人格」（authoritarian personality）——部分是由於個人關係中的施虐受虐傾向通常會被理解成病理，但社會中的同樣行為卻可能是最理性且「正常」的策略。權威性人格藉由將自身力量交付給佛洛姆稱作「神奇救星」（magic helper）的某個外在權威（上帝或領袖）而存在。這位神奇救星是指引、安全感及驕傲的來源，因為將自己交付出去換來的是一種歸屬感。權威性人格由其與權威的關係所定義：

> 權威性格可以說存在著兩種性別：一種是權勢者，另一種是無權者。權威性格者所具有的愛、崇拜及願意順從他人等心情，會自動地被權力挑起，不論是來自某人或某組織擁有的權力。權力之所以會使這些人神魂顛倒，並非由於該權力具有的任何價值，單純只因為它是權力本身。就好像權力會自動在他心中引發「愛」的感受，同樣地，無權勢的人或組織，也會自動在他心中引發輕蔑感。只要看到無權力的人，就會讓他想去攻擊、宰制或羞辱對方。[19]

權威性人格的另一項關鍵特徵，則在於他對「歷史決定與永恆」的嚮往和信仰：

> 之所以會有戰爭、之所以某些人要被某些人統治，都是命運。命運同時決定了這個世界上的苦難永遠不會減少。……權威性格崇拜過去，因為過往發生的一切將永恆如此。期盼或致力於追求以前沒有過的事物，不是瘋狂就是罪惡。「創造」的奇蹟——創造永遠是奇蹟——完全在權威性格者的情感經驗之外。[20]

佛洛姆和在他之後論述極權主義威脅的思想家——馬庫色和阿多諾（Theodore Adorno）[21]——都確信，這種性格在現代社會很常見。社會與經濟的大規模動盪，有能力促使權威性人格主導整個社會，並扶植權威性格者成為領袖。第一次世界大戰後的德國正處於這種狀態。原有的確信消失無蹤，社會結構大亂，世代之間出現裂痕：

17 前引書，頁六二。譯者按：此處參看佛洛姆著，劉宗為譯，《逃避自由》，頁八四。

18 前引書，頁八一。譯者按：此處參看佛洛姆著，劉宗為譯，《逃避自由》，頁一〇〇，略做改動。

19 前引書，頁一六六。譯者按：此處參看佛洛姆著，劉宗為譯，《逃避自由》，頁一九二。

20 前引書，頁一六九。譯者按：此處參看佛洛姆著，劉宗為譯，《逃避自由》，頁一九四。

21 T. W. Adorno, Else Frenkel-Brunswik, Daniel J. Levinson, and R. Nevitt Sanford, *The Authoritarian Personality* (New York: W. W. Norton, 1969).

> 老一輩在社會各項劇烈變動、尤其是通貨膨脹之下感到迷亂與困惑，他們無法像靈活又年輕的一代那樣適應新的社會處境。因此，年輕一代自覺優於長輩，再也無法認真看待長輩和他們的教誨。而且，中產階級的經濟衰退使得父母不再有能力扮演對子女經濟資助的角色。[22]

這段話用來描述一九九〇年代的俄羅斯，與它所描寫的一九三〇年代德國同樣精準。鄂蘭形容這樣的狀態是「精神上的無家可歸達到了前所未有的規模，漂流無根的心緒達到了前所未有的深度。」[23]確信的根基如今成了空洞；自由的重擔變得難以承受。希特勒做為一名最典型的權威性格者而崛起，他擁有一套投合其他權威性格者心意的方案。他憎恨威瑪共和，因為它積弱不振，一如他的聽眾們憎恨自己的長輩。佛洛姆並不認為納粹意識型態的實質有多麼重要——實際上，他在那套意識型態裡完全沒看到實質。鄂蘭也強調，希特勒（以及列寧）的意識型態前提，在旁觀者看來「簡直『原始』到荒謬的地步」。[24]佛洛姆在那套意識型態裡看不出絲毫的邏輯：「納粹主義從來就不具有任何政治或經濟原則，我們必須理解的是，納粹主義所擁有的唯一原則就是極端的機會主義。」[25]按照佛洛姆的說法，納粹意識型態及其實踐所擁有的，是滿足其聽眾受虐渴望的儀式：

> 他們一而再地被教導：個人毫無意義、毫無價值。社會大眾應該要接受個人的無意義這項事實，融入更高的權力當中，以分享那份權力的力量與榮耀，並且感到驕傲。[26]

至於權威性人格的施虐一端，這套意識型態則提供了一種「比其他人類優越許多」的感受，佛洛姆寫道，這些心理要素「足以（至少暫時如此）彌補他們在經濟或文化面十分匱乏的事實」。[27]

*

二〇〇八年春天，全國最大的電視頻道宣布舉辦一場線上競賽，選出有史以來最偉大的俄國人。競賽的名稱叫做「俄羅斯的名字」（The Name of Russia）。到了七月中，投下將近兩百五十萬張選票之後，主辦單位宣布投票暫時中止，因為有人（或團體）作票，讓史達林成為第一。當投票重新開始，排名出現遽變，末代沙皇尼古拉二世成了領先者。但主辦單位接著又說，這同樣是駭客攻擊的結果。[28]再過數週，終於公布了勝利者：不是先前這兩位大受歡迎的領先者，而是亞歷山大·涅夫斯基（Alexander Nevsky），多數俄國人只從歷史課本裡依稀記得這位十三世紀親王，同時記得他是謝爾蓋·艾森斯坦（Sergei Eisenstein）一九三八年導演的電影《亞歷山大·涅夫斯基》中，那場史詩般冰上戰役的俄軍指揮官。

廖沙很憤怒，人人都能看出實情是怎樣。史達林在大眾投票中領先，令電視臺高層感到困窘，

---

22 前引書，頁二一四。譯者按：此處參看佛洛姆著，劉宗為譯，《逃避自由》，頁二四三。

23 Arendt, *The Origins of Totalitarianism*, p. vii. 譯者按：此處參看鄂蘭著，林驤華譯，《極權主義的起源》，頁二一。

24 前引書，頁四七一。譯者按：此處參看鄂蘭著，林驤華譯，《極權主義的起源》，頁四七四。

25 Fromm, *Escape from Freedom*, p. 218. 譯者按：此處參看佛洛姆著，劉宗為譯，《逃避自由》，頁二四七。

26 前引書，頁二三一。譯者按：此處參看佛洛姆著，劉宗為譯，《逃避自由》，頁二六〇。

27 前引書，頁二一九。譯者按：此處參看佛洛姆著，劉宗為譯，《逃避自由》，頁二四八。

28 Susanna Al'perina, "Zaigralis'," *Rossiyskaya gazeta*, July 17, 2008, https://rg.ru/2008/07/17/imena.html（二〇一六年七月七日瀏覽）。

他們決定按照現實生活裡選舉官員操作時所使的必要手段來偽造結果。只差在他們必定誤解了自己收到的訊號：他們以為俄國的末代沙皇是安全的人選，卻沒考慮到他被廢黜、向革命屈服所代表的意義。他是軟弱的，如今他受到輕蔑。更糟的是，葉爾欽曾經為了布爾什維克黨人殺害沙皇全家而公開悔罪，承認了罪惡的遺緒——這樣的承認在當前的新傾向看來同樣軟弱。因此，甚至沒入圍票選名單的亞歷山大．涅夫斯基，看來就成了政治上的安全人選：任何人都只知道他打過仗。

「他算什麼歷史英雄？」廖沙怒斥：「他在俄羅斯歷史書寫中完全沒有地位！」

「但他跟日耳曼人打仗！」另一個廖沙說：「而且打贏了。」

另一個廖沙是廖沙的男友。這年稍早，他開始在「接觸」（VKontakte）[29]社群網站上傳訊息給廖沙。廖沙表現得冷淡。他其實真的很冷淡。他從兩年前開始採取的昇華策略有了效果。他對自己的研究和朋友圈很滿意。他把全部時間都投注在博士論文上。他和一位女性友人及其丈夫同住一間公寓。他遠離同志群體，因為他們驚嚇到他：那感覺像是深淵。

另一個廖沙鍥而不捨。過了幾個月，廖沙同意見面。接著他軟化了。他以為自己如今已經夠堅強，不會再讓自己產生任何感覺。但過沒多久，他的感受就變得慌亂。另一個廖沙有自己經營關係的一套獨特方式。他每天下班都會到廖沙的公寓來。廖沙為了防止另一個廖沙搬進來只能這麼做，但實際上，另一個廖沙如今還是住進了公寓。另一個廖沙說，他們是一家人了。廖沙說，他反對傳統的家庭模式，但另一個廖沙說他是俄羅斯正教徒。他戴著一條十字架項鍊，談論著傳統。兩個男同志在自己完全不會被看見的這個國家裡能有什麼傳統？二十三歲的廖沙所期望的那種傳統，是在關係的各方面都成為主導另一個廖沙的伴侶，他才二十歲。或者，這是另一個廖沙自己的說法——即使如今是廖沙覺得自己被人主導。

他們無時無刻都在爭吵。這些爭論都很怪異。另一個廖沙就只是對廖沙說的每件事唱反調。廖沙很快就意識到，另一個廖沙不停招惹他是為了得到關注，但他就是忍不住，因為另一個廖沙經常拿廖沙真正關切與理解的事情挑釁。另一個廖沙說他喜歡普丁。

「你怎麼能喜歡普丁？」廖沙說。

「我才剛開始就業，普丁的計畫（Putin's Plan）是很妥切的計畫。」另一個廖沙回答。

這個答案在各個層面上聽來都是無稽之談。首先，根本沒有普丁的計畫這種東西，這是國會選舉期間使用過的一句話，但沒有一本書、甚至沒有哪張傳單寫到過這個計畫的可能內容。彷彿每個俄羅斯人都應該憑直覺就知道普丁的計畫是什麼，宛如那是天意或自然法則一般。另一個廖沙又說這個計畫「妥切」，彷彿它是真實存在的事物——而且還跟他的職業生涯有關！另一個廖沙擔任彼爾姆市議會的自由派議員尼基塔．貝利赫（Nikita Belykh）的助理，貝利赫是涅姆佐夫發起的右翼力量聯盟的領導人之一。廖沙想過要不要問另一個廖沙，要是普丁的計畫這麼妥切，他為何還幫貝利赫工作，但他明白自己其實不想知道答案。他可以想見另一個廖沙會說，自己替貝利赫工作是為了賺錢，不過這更糟糕，因為這是謊言，他其實是個不支薪的助理：「金錢」在當代俄羅斯可以當成是「權力」的委婉說法。此外，另一個廖沙還是親克里姆林宮的青年運動「青年俄羅斯」（Youth Russia）的成員——這個團體參與的其中一項行動，是在前一年夏天圍困愛沙尼亞大使館。他和他最好的朋友，一名年輕女子，一同參加了在謝利格爾湖（Lake Seligher）舉辦的軍訓夏令營。

另一個廖沙從來不缺相罵本。他為了戈巴契夫挑起一場爭吵，他憎恨戈巴契夫摧毀了蘇聯，而

29 編按：俄羅斯當地最大的社群網站，功能幾乎與Facebook雷同。

且繼續爭論，即使他年紀小到根本記不得自己在戈巴契夫時代過著什麼生活。他說葉爾欽「不過是個酒鬼」。終於在一次爭吵中，廖沙情緒失控。他動手打了另一個廖沙。

他不敢相信自己會做出這種事，當場就和另一個廖沙絕交。但另一個廖沙忠於他令人費解的自我，看來很陶醉於這次事件。往後幾個月，他都在跟兩人共同的朋友間吹噓廖沙是個「暴君」。

*

佛洛姆想必不會覺得另一個廖沙有什麼難解之處：他就是權威性人格活生生的一幅諷刺畫，就連他自動樂意崇拜一位十三世紀軍隊統帥這一點都是。

古德科夫在「俄羅斯的名字」競賽中也沒看到任何令他費解或意外的發展。列瓦達中心團隊從蘇維埃人計畫開始以來，就一再要求應答者提名「自古至今最偉大的人物」。這些年來的結果僅僅略有出入。史達林穩定攀升——從一九八九年的百分之十二，上升到二〇〇三年的百分之四十（二〇〇八年下降四個百分點，可能跟「俄羅斯的名字」票選網站據傳被駭客入侵的討論有關）。史達林在一九八九年還排不上前五名，但隨後每次調查他都名列前茅，一九九四和一九九九年排名第四，二〇〇三和二〇〇八年則名列第三。其他始終排名前五的人物還有彼得大帝、普希金和列寧。拿破崙和率領紅軍攻入柏林的朱可夫元帥（Georgy Zhukov）也在不同年份登上前五，此外還有俄國第一位科學家米哈伊爾．羅蒙諾索夫（Mikhail Lomonosov），以及第一位太空人尤里．加加林（Yuri Gagarin）。普丁在二〇〇三年頭一次被百分之二十一的應答者提名，到了二〇〇八年則上升到百分之三十二，成為自古至今最偉大人物的第五名。[30]

在古德科夫看來，這張名單從一開始看來就很不妙，隨著每次調查而更加每況愈下。俄羅斯人顯然認為偉大的人物全是俄羅斯人——而且除了凱薩琳大帝之外，全都是男人。他們以軍隊統帥和國家領袖（後者通常也會做為軍隊統帥而受到評價）為首的選擇，則顯現他們視偉大等同於權力。（身為極少數外國人的愛因斯坦〔Albert Einstein〕，一九八九年開始時的得票率是百分之九，但很快就下跌，被希特勒趕上。）

這一切全都恰如其分。對權力的熱愛，聚焦俄羅斯而排除全世界——或許只對拿破崙或希特勒例外，他們的權力甚至勝過了做為敵人的身分，但他們之所以與俄羅斯產生關聯，正是因為他們入侵過俄羅斯——這項調查結果與其他結果相加起來，就成了極權主義心態。唯一讓古德科夫停下來斟酌的，是對未來看似完全缺乏概念這點。他所學過的極權主義會預設出一套光明未來的意象。但在研究過共產主義與納粹意識型態之後，他得出結論，這兩種話語的吸引力，都建立在古老而原始的意象上：一個簡單的社會，「我們」的世界，一個部族。事實上，佛洛姆根本不承認納粹意識型態裡有未來意象這回事，他強調納粹的「過去崇拜」。

*

或許可以更精確地說，蘇聯體制提供的不是對未來的願景，而是預知未來的能力，類似封建時代的匠人那樣，以及對未來做出規模極小、易於應付之決策的能力。阿魯圖尼揚在研究自己的家族

---

30 Boris Dubin, "Vydayushchiyesya ludi vsekh vremyon i narodov v rossiyskom obshchestvennom mnenii," Levada Center, August 31, 2008, http://www.levada.ru/2008/08/31/vydayushhiesya-lyudi-vseh-vremen-i-narodov-v-rossijskom-obshhestvennom-mnenii/（二〇一六年七月七日瀏覽）。

史時想到了這點。她的曾祖母身為一名革命前的農婦，如何能想像自己的未來？她怎麼會知道自己的每個兒子都死於酒精中毒，女兒卻成了學者和蘇共中央委員？未來是這麼難以理解，使得她在未來發生之後仍然無法充分理解：她只知道自己的女兒「是個重要人物」。

但在阿魯圖尼揚成長的一九六〇年代，未來在蘇聯公民眼前伸展開來，宛如一條窄小、但照明相對充足的走廊。人們要是像阿魯圖尼揚這樣出身於受過教育的家庭，就會去讀大學。她的祖母是歷史學家，父母親是社會史學者和社會學家，阿魯圖尼揚則獲得了心理學學位，在社會學研究所任職，也和一位社會學家結婚。但這樣的未來得面臨許多選擇，最重要的一個是：要不要加入共產黨。入黨保證了職業生涯更長遠的進展及其他可能的便利，最好的是有能力出國旅行。不入黨則似乎提供了一點小小的自主性。每個專業領域也各有自己的一系列次要選擇。比方說，莫斯科的一位劇場演員可以選擇留在首都表演定目劇，或是搬到外省成為地方劇院的主角。

一九九〇年代，窄小的走道迸裂成了遼闊的空間。這令阿魯圖尼揚興高采烈，它正是自由的本質。沒錯，人生變得不可預測，有時令人感到艱難——一九九〇年代初期好幾年，阿魯圖尼揚都是一家四個成人、兩個孩子之中唯一養家餬口的人。她的父母和丈夫都固執地堅守社會科學，即使他們的同事都另謀他就，尋找賺錢門路。但阿魯圖尼揚正在學習成為一位精神分析學者，如同她一直以來的夢想，而且她也出國旅行——她曾經幾乎不敢想像。在佛洛姆的分類裡，她的一切體驗都是「實現自我的自由」。

數年之間，她看到愈來愈多案主受苦於「免受侵擾的自由」不堪負荷的重擔。他們的痛苦多半來自悔恨：一九九〇年代回想起來變得更黑暗，他們沒能選擇的道路帶來了太沉重的煩惱。一位案主離開了學術界（他原先是位生物化學家）進入一家製藥公司工作。公司破產了，他找不到下一份工作，如今只能開計程車維生。他無法不去想自己走錯了哪一步。他當初是否應該在學界堅持下去？留在學界的前同事們似乎都過得更好。

俄文有句明確的說法：「這裡沒有未來（*budushchego net*）。」彷彿未來的確是可以被刪除的。人們會在某個特定的未來願景崩壞時說出這句話。對許多人來說——在她陶醉於自己「實現自我的自由」之際，這樣的人比她當時意識到的還要更多——未來在蘇聯解體、那條窄小的走道消失時即已隨之終結。其他人掙扎著前進，但不確定感帶來的焦慮迫使他們無力採取有意義的行動。二〇〇〇年代初期，隨著普丁來到，他簡明的話語讓世界再次能被理解，通貨膨脹也在石油價格高漲的威力下減退，其中許多案主覺得好轉了。他們又可以正常運作了。他們確信普丁與他們的好轉有關。「穩定」是當時的通關密語——它正是恐懼與焦慮的對立面。

二〇〇〇年代對阿魯圖尼揚來說也是穩定期。二〇〇五年，她成為國際精神分析學會（International Psychoanalytical Association）授證的正式會員，是十一位擁有這個身分的俄國人之一。同年，莫斯科精神分析學會獲准成為一個研究組織，讓它距離全世界精神分析學會的正式成員身分更近一步，阿魯圖尼揚則成為學會主席。對她來說，未來的輪廓愈來愈明確了——但她不曾盼望過這樣的未來，而且唯有在這時才意識到，這讓她在俄國社會裡成了何等的局外人。

第十五章　「這裡沒有未來」

「這裡沒有未來。」冉娜在二〇〇八年秋天時對母親這麼說。原因和金錢有關，那時冉娜正在和雷莎反常地爭吵——為了賠掉的錢而互相指責。賺錢成了冉娜的志業。這倒不是說她想要成為超級富豪。她在這方面很像父親：他們都喜歡享受美好假期和盛大派對，鮑里斯也很喜歡自己那間可以眺望克里姆林宮的樓中樓公寓，但相較於他的寡頭朋友們所擁有的遊艇、車隊和多樓層酒窖，涅姆佐夫一家覺得自己還是一般人。冉娜喜愛金錢，一如她父親喜愛物理；金錢能讓她的頭腦活躍起來。想賺錢的話，你必須敏捷而全神貫注，知道該在什麼時機獨排眾議勇敢下注。在這層意義上，操作市場與從事政治恰好相反，這正是冉娜與鮑里斯的分歧所在：她喜愛前者，而父親喜愛後者。

這項工作幾乎毫無風險，也助長了冉娜的大膽。二〇〇七年，冉娜進入水星資本信託（Mercury Capital Trust）工作時，俄羅斯市場就只是不斷成長，工作內容則比其他競爭者成長得更快一些。冉娜隨時都在想錢的事。她開始為了準備特許金融分析師考試而讀書。二〇〇七年底，俄羅斯市場達到歷史新高。

二〇〇八年八月，冉娜和季米特里正在泰國度假。莫斯科市場開始交易的時間，正是泰國的近午時分。冉娜會看一下，可能做些調動，然後去海灘。八月八日那天，她看到的情況讓她以為某處的電腦系統一定當機了。俄羅斯股市正在暴跌。

其實就在兩週前，冉娜已經見證過一次股市下跌。那天，普丁在下諾夫哥羅德舉行會議，會議主題是金屬工業的現況。其中一位金屬業大亨缺席，普丁（這時官方職稱只是總理）不太高興。他表示，聯邦反壟斷局（Federal Antimonopoly Services）應當檢查梅切爾集團（Mechel）的業務，該公司的多數股權持有者正是當天缺席的企業大亨。「或許就連檢察總長室的調查委員會也應該研究一下，」他說：「我們得弄清楚發生了什麼事。」他指控該公司以低於市價的條件輸出原料，導致國家稅收蒙受損失。梅切爾集團的老闆當天缺席是因為住院治療。「當然，生病了就是生病了，」普丁說：「但我們可能得派個醫生過去，治好他所有的毛病。」[1]

在普丁把霍多爾科夫斯基關進監獄，並沒收其公司之後，他還沒有像這樣公開點名過某家公司或某個企業家。就在威脅發出的數小時內，梅切爾的股價在美國股市下跌三分之一。隔天一早輪到莫斯科證券交易所開市時，該公司的股價在本國繼續下跌。其他公司也隨之下跌。俄國股市退回了四個月前的水準，而莫斯科的外匯兌換則損失了近兩年的增長值。[2]

那時的情況很糟，但冉娜估計市場會復甦。她甚至不聽雷莎的建議，沒趕緊把所有金屬公司的股票都脫手。這時她無視的還不只這些，她知道在理論上，當市場陷入暴跌時就應當賣出，但她無法相信這種事會發生。她沒有賣出。她只是看著俄國市場崩盤。

就在那一天，也是俄羅斯對喬治亞開戰當天，市場價值損失了超過百分之六點五。往後數日，隨著市場持續下跌，情況變得很清楚，市場復甦遙遙無期。西方市場仍維持穩定或成長——即使次級房貸危機正在美國擴大。石油價格也維持不變。由此觀之，這次崩盤顯然是戰爭造成的。[3]市場的跌幅與普丁支持度的漲幅恰成反比。正是這點讓冉娜說出了「這裡沒有未來」。除了這件事，還有她和雷莎損失了她們所有的積蓄。

冉娜和雷莎相依為命已經將近六年了。二〇〇一年最後一天，也就是冉娜搬到紐約，然後又回國的那糟糕的一年，一通電話打來。雷莎接了電話。來電者報上姓名，她是卡佳・奧金佐娃（Katya Odintsova）。雷莎知道她是誰——她是下諾夫哥羅德的一位電視名人，也知道她的長相：長長的金髮和一雙長腿。她大約比雷莎小十歲。

「你知道嗎？」來電者問。

「知道什麼？」

「我和你先生有個孩子，現在還懷著另一個。」

「所以呢？」雷莎問。

「所以，有些事非做不可。」

「那麼，我想你應該做些什麼。」雷莎說完就掛斷電話。然後她撥打冉娜的手機號碼。雷莎不知道該怎麼辦。在她的世代和社交圈裡——包含下諾夫哥羅德略帶波希米亞主義的知識分子、住在

1 "Putin prigrozil 'Mechelu' zachistkoy," Interfax, July 24, 2008, http://www.interfax.ru/business/23352（二〇一六年七月八日瀏覽）。

2 "Zayavleniye Putin obrushilo aktsii 'Mechela': Takikh zayavleniy ne bylo so vremyon YuKOSa," newsru.com, http://www.newsru.com/finance/25jul2008/mechel.html#7（二〇一六年七月八日瀏覽）。

3 "Voyna v Yuzhnoy Osetii vyzvala obval rossiyskogo fondovogo rynka," newsru.com, August 11, 2008, http://www.newsru.com/finance/11aug2008/rtsobval.html（二〇一六年七月八日瀏覽）。

莫斯科的權貴與富豪——婚姻不必預設忠誠，尤其是男方，但出軌理當謹慎小心。這通電話、這個在下諾夫哥羅德跟她丈夫長得一樣的小學一年級生、這個不可避免的事實——鮑里斯的婚外情已經持續多年，以上全都撕毀了心照不宣的約定。儘管如此，雷莎還是對自己在整個通話過程中保持冷靜感到驕傲。

當年還只是十七歲的冉娜，卻完全不覺得母親的矜持算什麼勇敢，對這個局面也沒有別種解讀方式。她直接衝到父親在國會的辦公室，闖進門內，把她對他這個人和他的行為做何感想全都告訴了他。她離開辦公室之後才意識到，她完全記不得自己說了什麼，但絕對充滿憤怒，而她當然說得沒錯。她要母親離婚。父母兩人都覺得走到這一步有點太激烈了——她父親完全不想去跟另一個孩子的母親同居——但冉娜的話帶著原則與確信，父母親則是不確定和猶豫不決，所以她贏了。

兩人分居了，即使他們不想費力去走法律程序離婚。父親搬進了一間出租公寓，把花園環路的寬敞住所和一筆錢留給母女倆。在冉娜結婚之後，仍由母女兩人共同管理的這筆錢，如今全都賠掉了。她們甚至繳不出花園環路公寓的管理費。唯一可能的解決方式是出租，但在這種經濟狀態下，又有誰會來租一間位於市中心，總面積一百八十五平方英尺，擁有四房的豪華公寓？

結果答案揭曉，是一位在國營銀行工作的某人。金融危機期間，官股銀行接管了衰敗的小型私人銀行。這個過程為國營銀行的高階員工帶來了許多機會。官僚在接管過程中造成的混亂，以及接連引發的恐慌，使得侵吞資金變得輕而易舉。一位國營銀行員工在二〇〇八年以每月三千美元的租金承租了公寓。雷莎搬回下諾夫哥羅德，她和冉娜平分這筆錢，足夠兩人各自生活了。

冉娜得到了教訓：這裡沒有未來。她沒有多想這個國家的政治——克里姆林宮兩度造成股票暴跌——但她思考的是，她生活在一個這種事會一而再、再而三發生的國家裡。於是在二〇一〇年，她在公寓恢復原有價值之後堅持將它脫手。鮑里斯和冉娜不同，他不斷談論這個國家的政治，仍堅信俄國還有未來。他試圖勸說冉娜在莫斯科買個新住處，但她堅持不肯。她把這筆錢留在身邊，直到她看見一個機會：隨著歐元區債務危機擴大，冉娜派遣雷莎到希臘、西班牙和義大利探路。然後她們一起旅行到義大利加爾達湖（Lake Garda）畔的一個村莊，鮑里斯正好在那兒度假。他們決定在此地投資。二〇一三年，冉娜和雷莎將出售花園環路大公寓所得的錢，投資在湖畔村莊的一間小公寓。冉娜開始學義大利語，這是她對未來的投資。她和雷莎一起在加爾達湖畔度過的那年夏天，她還沒學會多少義大利文，她們就因為讀不懂通知而被斷電了。隔壁鄰居出手相助，電力恢復了，冉娜和鄰居很快就成為朋友。冉娜想像著自己有一天會定居在這裡。無論如何，她和雷莎今後每年都會在這裡度過夏天——這是冉娜的永恆，是她的未來，即使她還在莫斯科上班。

除了花園環路公寓，還有其他事物也在二〇一〇年終結。冉娜和季米特里離婚了。她看見自己的丈夫對他人失去興趣——對自己和妻子的朋友都一樣——彷彿被關掉了開關一般，從活在當下變得心不在焉。然後她看見丈夫對自己也心不在焉，而她大概不該等他提出離婚。但他一提出離婚，冉娜就在當天搬走。她住進一間迷你旅館——其實只是一條行人街上改裝公寓裡的出租房間，距離父親早已不再上班的國會大樓只有一個街區遠。

鮑里斯這時成了全職的政治運動者。二〇〇四年輸掉選舉之後，包括他自己在內的每個人都覺得，他會在政府關係（Government relations，GR）這項工作上名利雙收。畢竟，他認識每個人，人人都知道認識別人是多麼重要。官僚系統每年都變得更強大，法規不斷改變，能在俄國政府的不透明結構中穿梭自如的人，就有能力拯救一家公司。鮑里斯在一家銀行裡當上了政府關係專員。但政府關係需要的外交手腕超出了他的能力範圍。他堅持了一年，賺了些錢，買下了俯瞰克里姆林宮的樓中樓公寓，然後辭職。

他和卡斯帕洛夫及其他人組成團隊，其中多數人完全不為媒體及公眾所知。二〇〇八年，他們共同成立了一個組織，命名為「團結」（Solidarity），向一九八〇年代波蘭的反共抵抗運動致敬。他的朋友們都取笑他。這些人以前被稱為寡頭。如今在普丁統治下，他們放棄了政治勢力，並將自己標舉為妥協藝術與智慧的楷模。策略性妥協可以讓一個人避免像霍多爾科夫斯基那樣坐牢，或是流亡國外、全部財產都被剝奪。你將某些使用權或資產讓給那些普丁想要提拔的人，放棄一點就能保留大半。夠聰明的話，這些交易都以微妙的方式、用間接的語言協商。以上這些努力，使得鮑里斯的朋友們在向強大的一方退讓時，覺得自己還算聰明。鮑里斯的行為卻截然相反：他既不靈巧又魯莽。他們取笑他的認真和幼稚。他也發自內心跟著大笑，因為冉娜知道，他不想讓自己表現得幼稚或認真。

二〇〇九年十月，鮑里斯五十歲了，他讓冉娜負責舉辦生日派對。他喜歡授權，而她喜歡承擔責任。她租了一間餐廳，那兒有著米色牆壁、白色桌巾和灰色絨布座椅。它面向一座高爾夫球場的綠色草坪，彷彿完全不在莫斯科。大約有一百五十人出席，這是一群富裕而美麗的人。著名電視記者帕維爾・舍列梅特（Pavel Sheremet）製作了一部半小時的影片，名為〈涅姆佐夫：會計報告〉（Nemtsov: An Accounting）。片名仿效鮑里斯最近的工作：他開始編纂及出版報告書。他的第一本報告書於二〇〇八年二月印行——普丁第二屆總統任期結束時——書名為《普丁：會計報告》（*Putin: An Accounting*）。這本薄薄的冊子包含九章：

二、被遺棄的軍隊
三、道路破損失修
四、俄羅斯正在衰亡（論人口減少）
五、年金體系陷入危機
六、腐敗的司法
七、踐踏憲法（論取消選舉及俄羅斯聯邦構造）
八、「全國計畫」的失敗
九、盡人皆敵，中國除外[4]

這份報告書並沒有新的發現——書中大部分內容都取自其他人的報導——但這些資訊結合起來，就成了一幅毫不留情的景象，明顯不同於克里姆林宮志得意滿的報導，也不同於大眾印象中那個更富強也更健康的俄羅斯。

鮑里斯的下一份報告書命名為《魯茲科夫：會計報告》（*Luzhkov: An Accounting*），詳盡記載了莫斯科市長尤里・魯茲科夫（Yuri Luzhkov）將這座超大都會轉變成私人采邑的種種行徑。鮑里斯和團結組織的行動者在地鐵站附近發放這些報告書。他們通常會架起一張摺疊桌，鮑里斯則為讀者簽書，以潦草的字跡寫下題贈，同時在熟悉的群眾仰慕中取暖。

影片裡也出現了這些簽書的片段、鮑里斯漫步在大街上、展現運動能力的片段——在俯瞰克里

4 *Putin: Itogi*, February 2008, http://www.putin-itogi.ru/putin-itogi-pervoe-izdanie-doklada/（二〇一六年七月九日瀏覽）。

姆林宮的公寓練習室裡操作一部橢圓訓練機、在一處地點不明的海邊玩風箏衝浪、在一座鄉下房屋裡拉單槓。這座房屋是他現任女友伊琳娜和他最小的女兒索妮婭同住的地方。影片呈現了他的所有子女（如今有四位），但省略了他們出自三個不同母親的這件事。旁白說：「他擁有一個還算不錯的大家庭。」影片結尾，旁白對片名反悔了。他說，現在做會計報告或許還太早了。鮑里斯還沒當上俄國總統，或許在二〇二五年才會當選。[5]

鮑里斯有錢有權的朋友們在影片中讚美他：他很有趣、他很勇敢、他很誠實。他們也參加了派對。接著，完成了這次或許在他們看來還清了友情債的致意後，他們都消失了。只有一個富豪——金屬業大亨米哈伊爾・弗里德曼——二〇一〇年還出席了鮑里斯的五十一歲生日派對。說實話，自從鮑里斯在二〇〇五年離開跟政府搞關係的工作、成為全職運動者後，這些人就愈來愈不常拜訪他。五十歲生日是他們最後也最精彩的一次努力。就連從前每星期都要到花園環路公寓的廚房喝幾次茶的寡頭弗里德曼（二〇〇一年冉娜從紐約回國，說她此舉真是發瘋的人正是他，因為「這裡沒有未來」），也早就對鮑里斯說過，和鮑里斯有瓜葛對自己的事業「有害」。他說，任誰都不會相信那些「會計」報告書不是由他資助的。[6]

冉娜留意到，她父親和運動者們相處，比過去和寡頭們相處起來更自在。他的老朋友們舉手投足都是一副自己擁有全世界的模樣；他的新盟友們則外表貌似羞怯，卻又準備好戰鬥。他們穿著廉價的衣服，看起來總有些衣衫不整。其中一位工作是教導嚴重自閉症的兒童。另一位科學家則從一九八〇年代晚期以來就持續在街頭上抗議。還有一群戴著眼鏡、髮型難看的瘦小男青年。鮑里斯和他們講電話，詳盡且重複地策劃抗爭時，總有著無盡的耐心，而這些抗爭也只有他們會到場。冉娜在某個時刻理解到，她原先以為的耐心其實是欲望。鮑里斯很享受這些電話交談、策劃，以及小而孤立的抗爭。策劃與討論的過程——和她記憶中鮑里斯尚未從政之前、在下諾夫哥羅德他們家廚房進行的政治討論、乃至更早以前的物理學討論流程完全一樣——比起風箏衝浪和美酒，更令他全心投入，也更完整地支持著他。

*

二〇一〇年十二月三十一日，冉娜和父親一起上街抗議。一年半以來，行動者們在每個大月的三十一號那天，都會聚集在莫斯科市中心的凱旋廣場（Triumfalnaya Square）。他們的集會是為了要求政府遵守俄羅斯憲法第三十一條，保障人民的集會自由。他們有時遭到施暴，有時被拘留數小時。但警方近來似乎對他們稍加放任——或許是因為在前一年除夕，警方打傷了盧德米拉·阿列克謝耶娃（Ludmila Alekseeva），八十二歲的她是俄國最老也最著名的社運人士。今年除夕，市政府甚至向這場抗議核發了許可，確保平靜無事。阿列克謝耶娃規劃穿著新年服飾再來參加，她要裝扮成雪姑娘（*Snegurochka*）。[7]它實際上是一場派對。鮑里斯提議父女倆一起去參加，接著再到鄉下的伊琳娜家慶祝新年，也就是他被拍下拉單槓影片的地方。冉娜在洋裝和高跟鞋外面多穿了一件羽絨外套，她的新朋友安吉莉卡（Angelica）也是，後者是一位保險公司員工，最近也剛恢復單身，

---

5 *Nemtsov: Itogi*, film by Pavel Sheremet, https://www.youtube.com/watch?v=f0QEUBLkxcE（二〇一六年七月九日瀏覽）。

6 Mikhail Fishman, "Mikhail Fridman: 'Ne tak mnogo ya vstrechal lyudey, kotoriye mne blizki v zhizni,'" *Slon*, undated, https://slon.ru/special/nemtsov/fridman（二〇一六年七月九日瀏覽）。

7 編按：雪姑娘是冰霜老人（*Ded Moroz*）的孫女，聖誕老人從蘇聯傳統中改頭換面的世俗版本。

他們一起前往凱旋廣場。

「每個人都表現得像是一場真正的派對。」鮑里斯後來在自己的部落格寫道。發言者都戴著紅帽，阿列克謝耶娃完全展現雪姑娘的風采，她身穿一件閃閃發亮的藍色刺繡長大衣，看來比她的體重更重。她的聲音顫抖著，只講了幾分鐘：

> 要是你們仔細想想，憲法賦予我們的所有權利都被奪走了，只有一個例外：出入境的權利……
>
> 因此為了憲法第三十一條站出來才會這麼重要。因此我們能夠連續第二次在這裡，在凱旋廣場集會而不受干擾，才會這麼重要。
>
> 這是由那些倔強地在每月三十一日來到這裡的人們所實現的，即使他們都知道鎮暴警察就在這裡等他們來。8

這一次現場沒有鎮暴警察——只有數百位抗爭者，以及數十個看來百無聊賴而平靜的警察。就在阿列克謝耶娃離開後幾分鐘，多數抗爭者還在現場閒晃，用人們想讓場子感覺起來更有實質內容的那種方式閒聊。這時鎮暴警察卻突然出現，衝向群眾。冉娜抓住安吉莉卡的手，兩人開始奔跑。一開始她們只跑了幾碼，躲到一個攤位後面，然後當冉娜四下窺視，看見警察把人們壓制在地，拖上囚車，她們開始像生來第一次學會跑步那樣狂奔。她們在五分鐘內跑了一公里半，跑完了廣場與下一個地鐵站之間的距離。她們是怎麼踩著高跟鞋辦到的？

她們乘坐地鐵回到冉娜才剛租用、暫時棲身的公寓。冉娜打電話給伊琳娜，告訴她鮑里斯被拘留了，他們無法出席。結果，冉娜才得知前夫季米特里也帶著新女友出席新年派對。伊琳娜顯然想要安排某種家族大團圓。這時冉娜對於自己新年這天躺在床上一邊打電話，一邊看著電視上有沒有抗議活動的報導感到鬆了口氣。電視上隻字未提。

鮑里斯在新年當天從單獨拘留中打電話來。兩天後，他設法偷運出一張手寫字條：

> 牢房是一間寬一點五公尺，長三公尺的水泥包廂。沒有窗戶，沒有床或床墊。只有水泥地板，此外一無所有。
>
> 我被荒謬地以行政法第十九條第三項起訴，據說是違抗警察命令罪。最高刑期是拘役十五天……
>
> 不過當局有個問題：我被捕的過程有影片紀錄，在影片中可以看到警察為所欲為，不顧一切：對法律、假日，以及我們的抗議獲得許可全都無視。我知道他們就只想驚嚇我們。他們想要驚嚇反對人士，還有我的家人。這是我女兒冉娜第一次參加抗議，讓我非常驕傲。
>
> 我知道政權害怕了。它很憤怒，而它不知道該如何處置反對人士。它害怕了，亂揮亂動，為它自己和俄羅斯帶來恥辱。此時我們沒有權利放棄。我們不會放棄。
>
> 朋友們，新年快樂！

8 Boris Nemtsov, "Novyi God v odinochnoy kamere," *Echo Moskvy*, January 2, 2011, http://echo.msk.ru/blog/echomsk/738807-echo/（二〇一六年七月九日瀏覽）。

鮑里斯在一月三日出庭受審。這時俄羅斯人人都在放假——這是新年與正教聖誕節之間的死寂週（dead week），包括證券交易所及所有銀行在內，所有機關行號全部休息——但有個法官得來上班，她是個和冉娜差不多歲數的女人。冉娜當然到場了，安吉莉卡也來了，即使她經歷過這一切；而運動者們在走廊上席地而坐的景象——為了阻止他們前來而故意把椅子撤走——與安吉莉卡所能想像到的一切完全不同，她這時也親眼看到了。座椅短缺的危機似乎普遍存在於法院之內，整個法院只有被告席有一張椅子，而在水泥方格裡待了三天的鮑里斯，這時則站了四個小時，因為他的辯護律師是位老人，有權坐下。法官傳喚了十多位證人，完全不管他們回答些什麼，然後宣讀判決，說得又快又輕柔，沒人聽得懂。鮑里斯被判拘役十五天。

冉娜回家為父親煮飯。她想寵溺父親，於是做了自己所能想到最花俏的一道菜：洋李乾拌炒雞肉。但當她隔天攜帶這道菜到拘留所時——由一位崇拜名人、異常友善的警察帶著父親前來大廳與她相會——鮑里斯卻向她坦白，監獄生活讓他只想要簡單的食物：農民吃的肉和馬鈴薯，還有蘇聯時代的零食糖果。

服刑期滿，冉娜帶著換洗衣物來接鮑里斯，他們直接去吃晚餐。她聽他說監獄裡的故事。他在牢房裡和另外五人共度了兩星期，其中三人是長期服刑的暴力罪犯，另兩人由於行為不檢而被捕。他讓這些人全都開始關心政治。[9]這時他開心大笑，陶醉於自己新得到的英雄地位。冉娜則對他說，她不是英雄，在有生之年，她絕不會再去參加抗議。她當然還是會支持他的工作。她說從今而後，報告書的出版由她出資。

當他們走出咖啡館，有兩個年輕男人衝向鮑里斯，試圖用一張捕魚用的大型抄網罩住他。鮑里斯轉過身來，設法推開了其中一個襲擊者。這種事至少已經持續了三年。回到二〇〇七年，在西伯利亞城市克拉斯諾亞爾斯克（Krasnoyarsk），鮑里斯反過來用攻擊者的武器捉住了他，那是個長著粉刺的瘦小孩子，他坦承自己大老遠從莫斯科飛來，就是為了羞辱這位政治人物，但他堅決不承認自己是克里姆林宮組織的任何青年運動成員。[10]二〇一〇年，三個年輕男子在索契把氨水潑在他臉上。二〇一一年，就在漁網事件之後幾個月，又出事了：有人在莫斯科從牆外把一個馬桶丟到他的車頂上。警察到了現場，但拒絕立案。[11]冉娜始終無法想像，父親怎麼還能如此保持冷靜。

*

瑪莎則是在莫斯科說出「這裡沒有未來」的，那時她從一位小兒神經科醫師的辦公室走出來。薩沙當年四歲，但他還不會說話。他接受過各種評估、腦部掃描，以及要把管線插在他金髮腦袋和整個小小身體上的各式各樣檢測。醫師們說他的腦部看起來不妙。他們說看到了液體，而應該小的部位看起來較大、應該大的部位看起來比較小。瑪莎多少相信他們的話，因為事實上薩沙就是不會

9 Boris Nemtsov, “S Rozhdestvom!” blog post, January 7, 2011, http://b-nemtsov.livejournal.com/2011/01/07/（二〇一六年七月十日瀏覽）。

10 “Okhota nachinalas’ s sachka: Boris Nemtsov v Krasnoyarske, 2007 g.,” https://kinostok.tv/video/490936/ohota-nachinalas-s-sachka-boris-nemtsov-v-krasnoyarske-2007（二〇一六年七月九日瀏覽）。

11 Andrei Polunin, “Boris Nemtsov: Mne plesnuli nashatyr’ v glaza, no ya uspel dobezhat’ do umyval’nika,” Svobodnaya pressa, March 23, 2009, http://svpressa.ru/politic/article/6227/; “Na avtomobil’ Nemtsova brosili unitaz,” lenta.ru, June 10, 2011, https://lenta.ru/news/2011/06/10/unitaz/（二〇一六年七月九日瀏覽）。

說話，她首先是為了這個理由帶他來做檢查的。同時她卻又不相信他們。她的兒子不只是她生下的寶貝，他也是她的朋友。他們做什麼都在一起，像是一起在泳池游泳；當她請求他幫忙，他也總是樂意——就連她在土耳其一處全包型度假村，半開玩笑地要他到開放式酒吧幫她拿杯酒也不例外。她把這件事說給所有人聽，不只因為它很有趣，更因為它確切證明了兒子的腦袋沒問題。因此，她多半不相信醫師。

而現在，這位她努力了好幾個月想要排隊掛號、卻又害怕見到的著名小兒神經科醫師，瀏覽過薩沙的病歷，其中充滿了要命的檢測結果和專家意見；她檢查了薩沙，然後說：「你的孩子沒有問題。」她接著說：「你做的每件事都沒錯。繼續做下去就好。把這份病歷扔掉。」她把厚重的活頁夾還給瑪莎。

瑪莎完全聽懂了醫師的意思。薩沙身上堆積如山的那些診斷，意味著他絕不可能進入普通學校就讀。要是瑪莎不想讓他被轉到心智障礙的軌道去，就得銷毀他的一切醫療紀錄，賄賂某人重做一張可信的新病歷，然後確保他到了一年級入學的時候，已經能和其他六歲半的孩子一樣正常說話了。

或者，她有可能是稍後說出「這裡沒有未來」的，當謝爾蓋表明這不是他想要的。一個不會說話的四歲孩子，別人對此提出的一切問題，還有瑪莎從網路上找來、據說能修好這個殘缺男孩的所有練習與活動——謝爾蓋再也無法忍受。他有了另一個女人，現在要去跟她同居了。

或許瑪莎也不是在那時說出「這裡沒有未來」的。或許她那時真正說的是：「好啊！贍養費拿來。」她存了很大一筆錢，至少十萬美元，在這張安全網與贍養費之間，她得以辭去工作，攻讀教育學研究所。她有個計畫：她要找一所好學校當老師。那樣一來，薩沙也能去就讀。她的工時會很短，讓她能給予薩沙所需的關注。

在二〇一〇到二〇一一學年間，薩沙學著說話，但瑪莎幾乎什麼都沒學到——除了得知莫斯科不是個教導小朋友的好地方，即使她就要在這個領域取得學位。還有其他事物是她覺得莫斯科乃至全俄羅斯都不可能發生的：一個新丈夫——她將近二十七歲，還有個孩子，因此這件事早有定論——以及讓薩沙接受好的教育。她構思出一個塔蒂亞娜也會同意的計畫，或許這正是它顯得不證自明的理由之一。她要到牛津大學研究教育心理學，然後在英格蘭成為科學教師。但在她當上教師之前，薩沙會得到成長發育所需的良好環境。她也會在這樣一個環境裡——瑪莎這樣的母親可以在那兒求援，而不是非得偽造孩子的醫療病歷——才能讓孩子的未來有一絲可能。她做了所有必要的測驗，也讓薩沙加入一個英語幼兒班——他現在的說話能力已經足夠開始學習第二外語了。

謝爾蓋說不要。他不願意簽署讓她帶薩沙出國所需要的文件。她就在那時想到「這裡沒有未來」。沒有未來了。

第十六章 白絲帶

瑪莎不是唯一一個計畫移民的人。她有一個朋友也決心要就讀柏林的洪堡大學。另一個朋友則跟隨瑪莎的腳步——更準確地說，瑪莎說服了她申請牛津大學。二〇一一年五月，第一位朋友啟程前往德國，第二位朋友也去了英國。瑪莎還有一位密友，但她們剛吵過架。瑪莎開始計算自己更大的交友圈，結果意識到多數人都已經先離開了，前往西方名校或不太有名的大學攻讀研究所或博士後。就連她的前夫謝爾蓋也在美國讀過研究所。這時他（稍微）軟化了，告訴瑪莎他會同意讓她出國讀書，並帶著薩沙去，只要是暫時的就行。瑪莎報名了馬爾他的一間社會學夏日學校。學校很有趣，島國又小又擁擠。日復一日從頭上飛過，前往轟炸利比亞的軍機，則提醒了瑪莎還有一個廣大的世界，充滿政治、人群與熱情——但她在夏季結束時得返回莫斯科。她不知道自己回到莫斯科要做什麼。她只知道一件事，她不想再當掮客處理回扣與賄賂。

九月時，她試著成為家庭主婦——單親媽媽也可以是家庭主婦。她的工作是接送薩沙去上空手道、繪畫、小提琴，以及英語幼兒班。在空手道和繪畫課上，其他母親會花上幾小時討論為丈夫打包午餐最好用的容器。小提琴課則只有瑪莎一人等候。英語幼兒班的母親們則更有趣一些（其中有幾位記者），但她們多數時候還是在享用可頌麵包和卡布奇諾之餘閒聊，然後各自埋首於筆電或出發上班，把孩子留給保母來接。

九月二十五日，幼兒班的母親們都被激怒了。就在前一天下午，普丁和梅德維傑夫發表聯合聲明：梅德維傑夫預定在隔年三月舉行總統選舉時，將總統職位交還給普丁，他自己則重回總理一職。「你能相信嗎？」母親們互相詢問：「他們現在甚至連個樣子都不做了。」她們的意思是指選舉的表象。瑪莎並不太震驚。但她大受打擊。她只能想到，現在每個人都要離開這個國家了。每一個人。

到了晚上，薩沙入睡之後，瑪莎在Skype上和洪堡與牛津兩個最好的朋友一同打發時間。她們同步在網路攝影機前打開酒瓶。瑪莎的朋友們在做學校的功課；瑪莎則在網路上漫遊。

她正是因此得知了弗拉基米爾・馬卡洛夫（Vladimir Makarov）的案件。起初看來令人難以置信。在讀過她所有能讀到的資料之後，她知道這是真的，但她還是感到難以理解。事實上，她知道自己永遠不可能理解。一個無辜的男人被控猥褻自己的女兒而入獄多年。

*

弗拉基米爾・馬卡洛夫是一位年輕公務員。他在二〇〇九年搬到莫斯科，任職於市府交通局。他把出租公寓打點好之後，妻子和年幼的女兒也前來團聚。二〇一〇年夏天，馬卡洛夫的七歲女兒從家中的攀岩牆摔落，斷了一根椎骨。一位檢驗師認為自己在女孩被救護車送進醫院時採撿的尿液樣本裡發現了精蟲痕跡。一名護士向警方報案。同一份樣本隨後接受的檢測都無法確認結果，體檢也沒有發現性侵跡證，無論是小女孩、母親還是其他任何人，也都不曾提出明確的證詞可以指控馬卡洛夫。儘管如此，他還是遭到監禁，先被審前羈押一年，再以性侵親生女兒的罪名判處十三年有期徒刑。[1]

他提出上訴，二〇一一年十一月二十九日，莫斯科市法院將控罪從強暴降格為猥褻行為，刑期則減為五年半有期徒刑。[2]這大概是整個惡劣故事裡最壞的一刻：法院取消了強暴控罪，從而否認了整個案件的唯一根據——「據稱」在女孩尿液中發現的精蟲痕跡。即使是這樣，這個沒有犯下任何過錯，且在監獄裡已經度過一年的男人，還得再繼續坐牢四年。為什麼？

正因為是這樣。在美國接受教育、研究執法部門多年的俄國社會學家艾拉．潘妮亞赫（Ella Paneyakh）寫了一篇文章，題為〈最可怕的事如今發生了〉（And Now the Most Frightening Thing of All Has Happened）。文章開頭這麼說：「一如習慣，災難總是襲擊我們最無法預期之處。」潘妮亞赫以「紅輪」（Red Wheel）一詞指涉輾壓馬卡洛夫的那股力量。《紅輪》來自作家亞歷山大．索忍尼辛（Alexander Solzhenitsyn）創作的三部曲書名，他在這一系列小說中敘述俄國被第一次世界大戰與布爾什維克革命摧毀的故事。潘妮亞赫運用這個詞指稱俄國的執法部門。她的論點在於，執法部門本身同樣是不可阻擋的災難：

> 它完全忘記了遭遇抵抗是怎樣一回事。它缺乏內建的妥協、退卻功能，甚至說不出「細查證據後予以開釋」這樣的話。可用於這一目的的一切機制，早已因閒置不用而朽壞。事實上，

---

1 Svetlana Reyter, "Prezumptsiya vinovnosti," *Bolshoi Gorod*, August 17, 2011, http://bg.ru/society/prezumpciya_vinovnosti-8944/（二〇一六年七月十一日瀏覽）。

2 "Obvinyayemiy v pedofilii Makarov priznan sovratitelem, a ne nasil'nikom," RIA, November 29, 2011, http://ria.ru/justice/20111129/501520452.html（二〇一六年七月十一日瀏覽）。

> 這部機器面對抵抗的唯一可能回應就是鎮壓。3

換句話說，馬卡洛夫一旦被錯誤地懷疑性侵女兒後，他的命運就注定了。他對抗控罪的一切嘗試——要求進一步檢測、進行徹底辯護、再對判決提出上訴——只是讓執法機器更不留情地追究他。這不是新的機制。執法機關和法院長久以來都是這樣運作——事實上，它們在蘇聯時代就是如此，而這套體系在一九九〇年代過後從未遭到拆解，只是弱化而已。但在後蘇聯時期的多數時候，懲罰力量幾乎只用來對付某些被明確定義的人群：捲入產權糾紛的企業家、被選定的政治人物（他們多半也是涉及產權糾紛的企業家），以及激進的政治運動者。換言之，人們唯有在冒險進入政治領域之後，才有被紅輪輾壓的危險。潘妮亞赫寫道，如今的改變在於「國家再次找到了時間、手段與精力，將觸角伸入個人的私生活——比起一般人願意讓國家深入的程度……深得多了。」這個過程已進行了一段時間，但多數的俄羅斯人都沒有注意到——部分是因為他們已習慣認為自己與國家並不相干。

在人們不曾留意之際，國家開始控管人們的飲食——一再基於政治的理由推行看似隨意的規定——像是禁止喬治亞酒類進口，或禁止拉脫維亞的鯡魚。管制機構總是以必須保護人民不受潛在危險物品危害的理由，為自己的決策辯護。

國會正在討論禁制墮胎。它已將藥物法規加嚴到就連嚴重疼痛登記在案的病人，都幾乎不可能取得止痛藥的地步。俄國監獄中的一百多萬受刑人，大約有一半因觸犯藥物相關罪名而服刑，因為就連微不足道的量都有可能讓人被判刑。隨著新法律不斷累積，為數不多的政治討論則以保護兒童的需求為重心：保護兒童不受藥物、墮胎，以及也許是最重要的免於戀童者的危害。瑪莎記不得自己第一次聽說戀童癖的威脅是什麼時候——那聽起來就像是始終存在於環境中的背景噪音。

*

廖沙這些年來一直關注著戀童癖威脅如何形成。他在大學畢業論文裡寫過這件事。彼爾姆重要的工廠老闆和政治人物，也是統一俄羅斯黨黨員伊戈爾・帕斯圖霍夫（Igor Pastukhov），在二〇〇三年先是被控性侵一名十六歲男孩。不久，指控被撤銷，控告這名政治人物的原告似乎也消失無蹤。但在二〇〇五年，第二位青少年出面指控。彼爾姆當地的傳聞認為，地方上另一位勢力強大的商人炮製了這起案件，以摧毀帕斯圖霍夫的名譽。但廖沙見到了多位男青年，他們也說自己有過同樣的遭遇。帕斯圖霍夫的手下慣於在「巡遊」（cruising）區域的裡外周邊，獵捕年齡幼小的男子，要不是引誘他們上車，引誘不成就強押，送給帕斯圖霍夫及其友人加以性侵。

帕斯圖霍夫受審時，彼爾姆的報紙頭條寫著「同性戀遊說團突襲彼爾姆」、「玻璃們（Faggots）自以為凌駕於法律」，以及「當局最好為他們矯正性向」。審判庭上提交的些微證據全是間接證據，指控帕斯圖霍夫的原告也從未現身。帕斯圖霍夫被判處六年有期徒刑。[4]廖沙在論文裡費力描述帕斯圖霍夫案。一方面，這場審判是在歪曲司法正義。另一方面，廖沙確信帕斯圖霍夫真的犯下

3 Ella Paneyakh, "A vot teper' nachalos' samoye strashnoye," inliberty.ru, October 28, 2011, http://www.inliberty.ru/blog/255-a-vot-teper-nachalos-strashnoe（二〇一六年七月十一日瀏覽）。

4 Alexei Gorshkov, "Transformatsiya otnosheniya k seksual'nym men'shinstvam kak politicheskaya problema sovremennogo rossiyskogo obshchestva," senior thesis, Perm State University, 2007.

了這種罪行。然後是媒體報導的問題，他們將戀童癖和性暴力等同於同性戀。後來，廖沙學會了將這些事實與觀念彼此區別開來。俄國法庭聽信檢察官的說法，對稀少的、不成立的證據，甚至毫無根據的證據都照單全收，但這並不表示被判有罪的每個人都是無辜的——這只意味著包括犯罪者在內，沒有人接受過公正的審判。而在這起案件中，帕斯圖霍夫受到的指控包含同性性行為，這令媒體興奮起來。畢竟性侵女孩或少女的類似暴行，更有可能被當成權力的正常展示。比方說，普斯科夫（Pskov）的一位銀行老闆和政治人物伊戈爾．普洛夫金（Igor Provkin），六年之間被好幾個不同的年輕女性指控性侵。他終於被提起公訴，是因為在莫斯科市中心引誘一名年輕女子上車，並在車上加以強暴。他表示認罪，被判處四年有期徒刑並得以緩刑。媒體對這起案件關注甚少。[5]

到了二〇〇八年，廖沙完成論文口試的隔年，戀童癖威脅在大眾話語裡成了老生常談。杜金呼籲俄羅斯男人一看到戀童者立刻殺掉。而在聖彼得堡，退休拳擊手亞歷山大．庫茲涅佐夫（Alexander Kuznetsov）因為殺害一名十九歲男子而被起訴，他宣稱撞見這名男子企圖性侵他的八歲繼子。企圖性侵的任何證據從未呈堂，但這位拳擊手（即使前科累累，卻未曾受到羈押）卻立刻成為名人。「他在聖彼得堡的街上難以行走，」《消息報》（Izvestia）報導：「人們一直叫住他，要和他握手，並請他簽名留念。」[6]杜金對記者說，他支持庫茲涅佐夫。「他為自己的孩子挺身而出，」他說：「我相信所有俄羅斯人，所有正常人都應該採取同樣行動。要是你看見這樣的罪行發生，就應該制止。要是有辦法幹掉那個惡棍，那就有必要先把他幹掉，隨後再處理掉。這是我們能夠改變大眾輿論，讓立法者們回應的唯一方式。」[7]引用杜金言論的這篇報導題為〈如何對付戀童癖：死刑還是閹割？〉這顯然是提議辯論的用語——辯論的設計方式則近似於蘇聯時代，「關切的社會成員」要求針對特定群體或個人（像是全世界錫安主義陰謀的成員，或作家鮑里斯．巴斯特納克〔Boris Pasternak〕）採取限制措施，國家機器則應允。

庫茲涅佐夫僅僅入獄服刑一年多。[8]他在二〇一〇年獲釋時，辯論正在如火如荼地進行。一群國會議員提出一項法案，將性侵兒童的性犯罪刑度提高。這項法案起草得太過倉促，以至於對同一罪行具體要求的新刑責在不同段落有所出入。[9]法案因此受到延遲，這使得國會家庭委員會主席葉蓮娜・米茲麗娜（Yelena Mizulina）指控統一俄羅斯黨內窩藏著「戀童癖遊說團」。米茲麗娜本人是公正俄羅斯黨（A Just Russia）黨員，這是克里姆林宮最新製造的政黨，模仿民粹主義的選舉替代選項。統一俄羅斯黨則反駁說，政界最近一樁戀童癖醜聞，正是涉及一名公正俄羅斯黨黨員（這

---

5 "V Moskve eks-senator, iznasilovavshiy 'na radostyakh ot rozhdeniya rebyonka' vypusknitsu, otelalsya uslovnym srokom," newsru.com, January 25, 2011, http://www.newsru.com/crime/24jan2011/senatorrapestudsnt.html（二〇一六年七月十二日瀏覽）。

6 Yuri Snegirev, "'Delo piterskogo pedofila': Aleksandr Kuznetsov dvazhdy popadalsya na narkotikakh . . . ," *Izvestia*, February 4, 2008, http://izvestia.ru/news/332974（二〇一六年七月十二日瀏覽）。

7 Igor K., "Chto delat's s pedofilom: kaznit' ili kastrirovat'?" pravda.ru, April 10, 2008, http://www.pravda.ru/society/family/pbringing/10-04-2008/262947-0/（二〇一六年七月十二日瀏覽）。

8 "Bokser Kuznetsov, zabivshiy nasmert' nasil'nika svoyego pasynka, vyshel na svobodu dosrochno," newsru.com, August 24, 2010, https://www.newsru.com/crime/24aug2010/boxermpedofreeomsk.html（二〇一六年七月十二日瀏覽）。

9 Pravitel'stvo Rossiyskoy Federatsii, "Ofitsial'niy otzyv na proekt federal'nogo zakona 'O vnesenii izmeneniy v Ugolovniy kodeks Rossiyskoy Federatsii v tselyakh usileniya otvetstvennosti za prestupleniya seksual'nogo kharaktera, sovershayemiye v otnoshenii nesovershennoletnikh,' vnosimiy deputatami Gosudarstvennoy Dumy N. V. Gerasimovoy, A. M. Babarovym, Ye. B. Mizulinoy," February 2, 2010, document 357П-П4.

是伏爾加格勒〔Volgograd〕一名國會議員助理的案件，他在警方前來逮捕時逃逸）。不管是哪個政黨在發言（也不管它在怪罪哪個政黨），國會裡都形成了一種共識：議員中間有個「戀童癖遊說團」陰謀破壞保護兒童的努力。一位共產黨籍的國會議員哀嘆，她的許多同事都落入一個「強大的性變態祕密組織」網羅之中。[10]

戀童癖指控在政治戰場上成了強而有力的武器。在國會議員彼此大肆指控之際，政治學家安德里亞斯．烏姆蘭發現俄國和烏克蘭媒體都在報導他被控性侵兒童的消息。報導裡充滿了烏姆蘭法律問題的細節描述，但所有內容全是虛構。烏姆蘭追溯到最早的報導來自一家俄羅斯網路新聞，由此，可再回溯到杜金及其歐亞運動所使用的網際協定位址（IP address）。[11]杜金的媒體自從烏姆蘭在牛津大學完成博士論文、將杜金的運動比擬為納粹主義以來，就一直在攻擊他。「德國的多數自由派社會學者都是同性戀，」一篇評論烏姆蘭的文章寫道：「正如我們所知，其中百分之六十感染了愛滋病毒。問題來了：患有愛滋病的同性戀憑什麼教導我們誰對誰錯？」[12]後續的另一篇文章則宣稱：「有戀童癖傾向的烏姆蘭，已經因為對同事進行同性戀勾引，而被史丹佛、哈佛及牛津等大學開除。」[13]

俄羅斯國會裡忙於征戰的議員們，始終不曾設法釐清法案文本中的矛盾之處，於是克里姆林宮提出了自己的法案版本。提高性犯罪刑度的立法在二〇一一年秋天通過。[14]性侵累犯如今可被求處終身監禁——俄國任何犯罪行為所能判處的最高刑罰——但鬥士們還是不滿意，繼續堅持要化學閹割。新法律引進了一個新概念：罹患戀童癖的人。被診斷出戀童障礙的被告，如今必須強制接受精神治療。精神科醫師則必須接受訓練，讓他們得以診斷出「戀童性傾向」。[15]指令傳達到了全國每一家精神科診所。[16]大型精神病醫院指派醫師前往莫斯科的謝爾布斯基社會及法醫精神病學中心

（Serbsky Center for Social and Court Psychiatry）參與培訓課程，該中心曾是蘇聯時代異議人士被送去接受懲罰性治療之處，因此惡名昭彰。謝爾布斯基培訓課程的學員受到教導，不同種類的性變態通常會被一起診斷出來——比方說，戀童癖經常與同性戀有關。[17]

甚至當國會還在辯論反戀童癖新措施時，警方就已經加強執法。二〇一一年七月，內政部長報告，執法部門正在追究一百二十八件不同的案件它們涉嫌在網路散播未成年人色情圖片，這只是今

---

10 “Glava komiteta Gosdumy po delam semyi obvinila Yedinorossov v ukryvatel’stve pedofilov,” newsru.com, November 3, 2010, http://www.newsru.com/russia/03nov2010/mizulina.html（二〇一六年七月十二日瀏覽）。

11 Andreas Umland, “Kak Dugin izobrazil menya ‘pedofilom,’” *Ukrainskaya pravda*, November 9, 2010, http://www.pravda.com.ua/rus/columns/2010/11/9/5554710/（二〇一六年七月十二日瀏覽）。

12 Dmitry Yefremov, “Sosiski uber alles!” *Evrazia*, February 7, 2008, http://evrazia.org/article/303（二〇一六年七月十二日瀏覽）。

13 Ilya Dmitriev, “Zakasnykh del master,” *Evrazia*, March 19, 2008, http://evrazia.org/article/368（二〇一六年七月十二日瀏覽）。

14 關於法案第577813-5號，“O vnesenii izmenenij v Ugolovnyj kodeks Rossijskoj Federacii i otdel’nye zakonodatel’nye akty Rossijskoj Federacii v celjah usilenija otvetstvennosti za prestuplenija seksual’nogo haraktera, sovershennye v otnoshenii nesovershennoletnih” 通過的歷程，參看：http://asozd2.duma.gov.ru/main.nsf/(Spravka)?OpenAgent&RN=577813-5（二〇一六年七月十二日瀏覽）。

15 戀童在俄羅斯之外的國家也被視為心理障礙，即使西方精神科醫師近年來都強調，戀童並非性傾向，反倒更趨近性偏離（paraphilia）。例如：http://www.medscape.com/viewarticle/813669。

16 Serbsky Center, “Informatsionnoye pis’mo,” Document UDK 616.89 BBK 56.14 T48, http://serbsky.ru/index.php?id=120&Itemid=91&option=com_content&view=article（二〇一六年七月十二日瀏覽）。

17 作者訪談謝爾布斯基培訓課程參與者，二〇一二年在莫斯科。

年一月到三月的數字，而這個數量比前一年增加了百分之二十。

積極的公民也開始追查戀童者。沃羅涅日（Voronezh）一名二十一歲的大學中輟生，全職投入這場獵捕行動。安娜・列夫琴科（Anna Levchenko）自稱在六個月內確認了八十名戀童者的姓名及網路位址。「兒童性侵案件在去年幾乎增加了兩倍。」她在「livejournal.com」的個人首頁上宣稱。接著是一篇充滿粗體字重點標示的宣言：

> 戀童者什麼都不怕，誰也不怕……他們到處存在。**他們很團結。共有數十萬人**……他們向整個世界張開網羅。**他們挑戰我們整個社會，還嘲笑我們**。他們想要告訴我們，**誰都不可能保護我們的孩子不受他們危害**。我會證明他們錯了。要是執法機關不能處理，社會自己就要振作起來保衛兒童。我在網路上確認戀童者，蒐集他們的罪證。**我確保他們被刑事起訴**。我和一群理念相同的人們攜手合作。我們**每星期**撰寫數十份報告。每天都有數千人閱讀我的部落格。我們也需要你的幫助。你可以加入我們的行列，幫助我們捉拿殺害孩子的凶手……唯有我們團結一致，我們的努力才能打敗這個威脅。你提供的任何支持，都會幫助我們拯救成千上萬兒童的生命，並防止新的犯罪。[18]

列夫琴科自行發展出一套誘捕手段，接著訓練其他年輕人運用。她在二〇一一年夏天參加了在謝利格爾湖舉行的克里姆林宮青年訓練營，並被安排覲見梅德維傑夫，向他報告自己的工作成果。她告訴總統，自己的運動有三百位志工參與。梅德維傑夫讚揚列夫琴科的努力，並提議在聯邦中央的犯罪防治單位——調查委員會——特設反戀童癖計畫，將她的團隊整合進來。總統辦公廳兒童權利專員帕維爾・艾斯塔霍夫（Pavel Astakhov）大概是害怕被排除在外，立即向列夫琴科提出一份助理職缺，即使不支薪。[19]

馬卡洛夫案就是在這樣的脈絡下展開的。

*

謝廖沙不太確定自己第一次聽說這個案件是什麼時候——二〇一〇年，他才從基輔搬回莫斯科沒多久——但從某個時候起，他對這個案件著迷了。目前沒有其他說法，他得知道一切。關於這個案件的每篇報導他都讀過幾遍，確定自己掌握了每個細節。他也因此開始閱讀《新報》（Novaya Gazeta），這份莫斯科週報專攻人權議題及調查報導。該報已經有幾位記者遭到殺害，包括報導車臣問題的記者安娜・波利特科夫斯卡婭（Anna Politkovskaya）。雖然謝廖沙聽說過波利特科夫斯卡婭被殺一事，但他卻直到這時才意識到這家報紙存在。他加入了一個名叫「馬卡洛夫案」的網路社

---

18 "Operatsiya 'Spaseniye': Ostanovim nasiliye nad det'mi vmeste," 最初發表於http://agatacrysty.livejournal.com，但這個部落格所有關於反戀童癖運動的舊文章，後來似乎全部下架了。我找到許多同一時期的回文，包括http://maxpark.com/community/129/content/769725 (July 13, 2011) 以及http://russobalt.org/forum/topic/992-operatciia-spasenie-ostanovim-nasilie-nad-det/ (July 2, 2011)（皆於二〇一六年七月十二日瀏覽）。

19 "Medvedev predlozhil sozdat' v SK tsentr po bor'be s detskoy pornografiyey," RIA, July 7, 2011, http://ria.ru/society/20110707/398540485.html；"Devushka, vychislivshaya v Internete 80 pedofilov, budet pomogat' Astakhovu," RIA, July 7, 2011, http://ria.ru/society/20110707/398576027.html（皆於二〇一六年七月十二日瀏覽）。

群，下載了其他成員提供的每一份文件，並撰寫詳細的評述。不必花多久時間就可以理解罪名全是假的，但謝廖沙還是覺得，這些文件可以釐清某些事。有一項基因研究，由一位參與過沙皇家族遺骸鑑識的科學家進行——應當有些重要性，對吧？這位鑑識遺傳學家的結論是，尿液樣本中沒有任何性交的跡象。但這項研究不被採納為證據。最終，法庭唯一認可的專家意見出自一名年輕的心理學家，他要求疑似的受害者畫一頭不存在的動物——心理篩檢測驗中常見的操作——然後得出結論：這隻有著不成比例的毛茸茸大尾巴黑貓，暗示了女孩曾被猥褻。

謝廖沙也盡力去瞭解馬卡洛夫一家人。他們都是好人。他們彼此相愛也愛女兒。馬卡洛夫和女兒共度的時間，多過典型的俄國父親。但這不知怎麼地讓整個案件變得更悲慘。謝廖沙沒見過多少像這樣看起來單純、幸福出自直覺的家庭，但這個家庭卻被摧毀了。而這個小女孩，這個所有檢察官、警察和心理學家據說全都試圖保護的女孩，也同樣被摧毀了。

謝廖沙一開始閱讀《新報》，就察覺到這個案件其實並不罕見。報上刊載了許多篇關於謝爾蓋．馬格尼茨基（Sergei Magnitsky）的報導。二〇〇九年，這位會計師在莫斯科一所監獄中被凌虐致死。他的前雇主是一位出生在美國的英國金融家，這位金融家自行展開調查，明確得知了馬格尼茨基無意間得罪了侵吞國家資金的掌權高官，因此他被關進監獄，並遭殺害。這個故事讓人非常難受，但多少說得通：馬格尼茨基妨礙了權貴侵吞公款。但馬卡洛夫不曾妨礙過任何人。他的人生和家庭被摧毀，只因為醫院工作人員奉命要密切注意戀童者，也因為紅輪一旦啟動就不能停止，就是這樣而已。謝廖沙的感受正如他看完拉斯．馮．提爾（Lars von Trier）的電影《在黑暗中漫舞》（Dancer In The Dark）之後的感受，電影中也有個無助的女人被誣指犯罪，最後被處決。這部電影讓謝廖沙身體不適好幾天。馬卡洛夫案卻發生在真實人生中。必須設法做些什麼，不是嗎？

*

馬卡洛夫案網路社團的其中一位成員寫到，申請示威抗議需要三個人。瑪莎打電話給他——歷經一番調查工作才得知他的電話號碼。她想要志願報名並提供時間。這時是十一月下旬，她已經成為單親家庭主婦將近三個月，她得尋找另一種生活方式。她聘請了一位保母，正要開始找工作，但目前來說，她對抗議活動可能派得上用場——即使她和其他所有人都知道抗議是徒勞的。

那個男人對於抗議的計畫始終沒有成真。馬卡洛夫在十一月二十九日得到終審判決——五年半有期徒刑。一星期後，有個舊相識打電話來，那是當年參與過抗爭青年團體「防衛」的某位成員，當時瑪莎想加入，但謝爾蓋反對；對方邀請瑪莎參加一場抗議。這場抗議是關於選舉的，而非馬卡洛夫案，但瑪莎去了。

國會選舉就在前一天舉行。按照慣常的設定，由四個政黨參加：普丁的統一俄羅斯黨、克里姆林宮的傀儡民粹主義者——公正俄羅斯黨、共產黨，以及自由民主黨。國會中的共產黨、自由民主黨都在投票中與統一俄羅斯黨意見相當一致，至於人數少到不足以影響結果的公正俄羅斯黨，則偶爾批判克里姆林宮——比方說，像是目前正在進行的這場保衛孩子、不受想像中的戀童癖遊說團危害的運動。任何批判總好過完全不批判，瑪莎固定瀏覽的許多部落客也都投票給公正俄羅斯黨。按照官方計票結果，公正俄羅斯黨的得票率只略高於百分之十三，在國會四百五十席裡可獲得六十四席。統一俄羅斯黨將會繼續掌控過半數席次，即使席次不像前一屆國會那樣多。[20]

20 "Rezul'taty vyborov v Gosdumu po regionam Rossii," RIA, December 6, 2011, http://ria.ru/infografika/20111206/508314920.html（二〇一六年七月十七日瀏覽）。

重點與其說這些熟面孔按照慣常比例分配了選舉結果，倒不如說這種可預測性本身——克里姆林宮不允許任何生面孔參與選舉，因此選舉無須作弊。但選舉還是被操弄了。投票箱遭到灌票，得票數被篡改、不存在的投票所回報票數，義務役軍人則經常一大早被巴士載來投票。甚至這一切也無關乎誰當選國會議員，因為國會的存在照例就只是為了批准克里姆林宮的政策。但這齣邀請你上臺千分之一秒、卻不讓你開口的爛戲，更是一種侮辱。國會選舉同時也是預定在二〇一二年三月舉行的總統選舉之預演，這次選舉又會照例通過普丁重返總統大位。

瑪莎穿得漂漂亮亮去參加示威。這是在三個月單親家庭主婦生活後第一場社交活動，因此她穿了高跟鞋。天空下著雨，舉行抗議活動的公園地面，很快就在數千雙腳下成了一團噁心的黑色爛糊。瑪莎的鞋跟在下沉。她發現自己和一群身穿毛皮大衣的女人站在一起，或許她們也覺得天氣會更冷，但她們要站在這裡喊口號（或是做人們在這些場合會做的事）好幾個小時。或者她們就想盛裝打扮。不管怎樣，這時她們的毛皮大衣都被雨淋溼了。沒有人在喊口號。有人在演說，但她們聽不見也看不見演說的人。

「你知道我們現在該做什麼嗎？」瑪莎問。

「不知道。我們也是第一次參加。」那些毛皮大衣溼透的女人回答。

這時終於有個演說者聲音夠大了。那是阿列克謝・納瓦尼（Alexei Navalny），瑪莎一直都在閱讀他的部落格。他寫文章討論貪腐。許多人都這麼做，包括涅姆佐夫在內，但納瓦尼有個技巧，他從可被公眾取得的資料中發掘，反覆揭露兩種最令人震驚的交易。首先，俄羅斯政府在最簡單也最便宜的事物上花費荒唐的金額，例如廁所。此外，俄國官員名下擁有的房產和車輛，按照他們的公職薪資是絕對買不起的。瑪莎對這一切如何運作再清楚不過，因為直到不久之前，她都是貪腐供應鏈的其中一環，但她讀他的部落格毫不厭倦。然而，這讓她同時感受到兩種相反的情緒：憤怒，因為納瓦尼討論的是她的納稅錢；以及羞恥，因為他所描述的這個體系，她也參與其中。他將這個決定了俄羅斯運作方式的體系稱為「騙子小偷黨」（Party of Crooks and Thieves）。

納瓦尼帶領一群人高呼「人人為我，我為人人」，或者他試圖如此——看來只有數百人跟著喊，聲音很快就減弱下來。然後他大吼：「我們去盧比揚卡！」

盧比揚卡是十五分鐘步行距離之外的廣場，那兒曾經樹立著捷爾任斯基的巨大銅像，如今仍是聯邦安全局和中央選舉委員會的所在地。瑪莎不確定納瓦尼的目標是其中哪一棟建築物，但她確定自己不想跟著遊行。至少不想穿著高跟鞋遊行。瑪莎往地鐵站的方向走，但有數千人也朝著同一個方向——地鐵會比尖峰時刻更擠。她向左轉，走上了通往盧比揚卡廣場的米亞尼茨卡亞街（Myanitskaya），同時意識到她已經成為納瓦尼遊行隊伍的一部分。更確切地說，她走在有意參加遊行的一群人中間。但這群人被鎮暴警察抓住、扔去撞牆或壓制在地，然後沿著潮溼的街道拖行。瑪莎把身體緊貼著一棟大樓的牆壁，並貼著牆壁躡手躡腳走到下一條小巷，然後隱身進去。

她收到安娜塔西亞（Anastasia）傳來的簡訊，那是邀請她前來參加抗議的朋友。安娜塔西亞在一家咖啡館裡，恰好就在這條小巷的巷尾。這時瑪莎快步前行。她闖進咖啡館裡——是個低調的潮人小店——瑪莎甚至不知道莫斯科有這種地方存在。

「我要到哪裡報名成為行動者？」這其實不是問句。「因為外面發生的事完全爛掉了！」

安娜塔西亞說，聽說明天預定還有一場抗爭，在凱旋廣場。

「我去。」瑪莎說，語氣彷彿在對安娜塔西亞和她的朋友發出威脅。

＊

冉娜從電視上看到了這場抗議。她知道這有多麼不尋常。她此時就在電視臺工作。她剛成為交易員的時候，就開始收看RBK電視臺，這是一個有線電視財經新聞頻道。所有交易員都收看這一臺。在那兒工作的人都是金融天才，他們會在節目的最後十五分鐘，現場進行數字即興接龍，這讓冉娜覺得他們知道這世界的運作方式，也想要成為他們的一分子。當她正在準備特許金融分析師考試時，也有考慮去RBK求職。最後也如願以償了。一開始，所有人都確信她能加入只是因為她有個名人父親。她實際上偶然聽過一位高層主管向另一人評論：「愚蠢的名人女兒並不以通過特許金融分析師考試聞名。」但在幾個月後，她獲准進行現場直播，在節目中即興接龍數字。這讓她覺得自己像個天才。

RBK是財經新聞頻道，但它仍是俄國電視世界的一部分。在這個世界裡，現場直播抗議行動簡直不可想像，但這時它們就在重要的國營頻道——第一頻道上播送。冉娜心裡感到一陣劇痛：為什麼她不在那兒？

她知道原因。她在父親被逮捕時逃離警察追捕的那次經驗就夠她受了。而且她還想結婚。自從冉娜離婚以來，再婚就一直是她的目標，而她對這個目標專心致志，一如追求在RBK工作一樣。離婚之後幾星期，她就開始和某人約會，這人正是她想要結婚的對象——她經常告訴他這點，每當她沒提到一起生下孩子的時候——即便她很堅持，可他無動於衷。但同時，他是那種想要兩人當下一起共度的男人。就在莫斯科城外的一個鄉村俱樂部，電視機開著……他不是那種會欣然接受冉娜拋下一切、亟欲趕回城裡參加抗爭的那種男人。她心無旁騖，拋開了參加抗爭的念頭。

她的父親在現場，站在冷雨之中。為這場抗議取得許可的正是他的組織「團結」，一如過去五年來數十場抗爭那樣。先前狀況好的時候，那些抗爭會有數百人參加。因此當他們為兩個禮拜後的抗議提出申請——預期選舉會為抗爭提供好動機——他們在文件上寫到預計將有三百人參加。他們做的是樂觀預估，即使天候惡劣、十二月的業務清算期（December wind-down）也已經開始。結果，按鮑里斯的估計，當天有一萬人前來參加。警方的估算則是三千人——仍比許可通知上的人數多了十倍。其中一位瘦小、戴眼鏡的團結組織運動者，名字也在許可通知上的伊戈爾·古科夫斯基（Igor Gukovsky）由於人數不符而遭罰款，還被另行監禁十五天。但他被捕一事並未引起多少關注，就連參與抗議的人們也沒有關注，因為他們從來沒聽過他。抗議人士中最知名的納瓦尼，以及「防衛」運動領袖伊利亞·雅辛也被監禁十五天，在米亞尼茨卡亞街上被逮捕的數十人也是一樣。警方在那一夜總共逮捕了將近七百人。或許是因為法庭和拘留設施無法同時應付這麼多人，大多數被捕者在只有站立空間的牢房裡度過一夜之後，都被允許回家。[21]

*

謝廖沙在《新報》的網站上讀到了預定的抗爭訊息，但他無法參加，因為他所撰寫的一個應用

21 "Zaderzhanniye na marshe," eyewitness account by blogger Zhertva1211, December 6, 2011, http://zhertva1121.livejournal.com/104729.html; Boris Nemtsov, "Miting: Chistiye prudy: Bespredel," blog post, December 6, 2011, http://b-nemtsov.livejournal.com/2011/12/06/; "Navalny i Yashin poluchili 15 sutok za nepovinoveniye politsii," RIA, December 6, 2011, http://ria.ru/riatv/20111206/508165390.html（皆於二〇一六年七月十三日瀏覽）。

程式正在交件期限。但他一讀到現場發生的事，就決定隔天要去凱旋廣場。人們必須要求政權遵守規矩。謝廖沙是個現實主義者。身為現實主義者，他承認過去數十年來，某種理解已經在俄羅斯生了根。謝廖沙的祖父不會喜歡這種理解，但它就在這裡：俄羅斯人同意生活在某種獨裁統治下以換取穩定。但人們以為這會是一種柔軟的獨裁，必要時能夠討價還價。謝廖沙想像中國的運作方式就是這樣，或至少從報上看來像這樣——中共掌握一切權力，但假如某個村莊的農民反抗，地方領導就會被撤換。壓力和限制是給定的，但確切的量可被調整。此時此刻，壓力在謝廖沙看來太大了，而就他所見，其他人似乎也這麼覺得。明目張膽地操弄選舉是一種侮辱，馬卡洛夫案則痛苦得令人不忍卒讀。因此該是調節的時候了。謝廖沙想像普丁會簡明扼要地說：「好吧，我們來看看可以做些什麼。我保留數十億身家，你們維持你們所知的生活，覺得怎麼樣？」然後國家就會從逾越界限之處退讓。「穩定」一詞的意思就是人人都能聽其自然、不受干涉，包括馬卡洛夫，還有那些可能突然驚覺自己和他處境相同的人們。這正是謝廖沙在二〇一一年十二月六日前往凱旋廣場時，所要傳達的想法。

*

凱旋廣場的抗議並未取得許可——許可必須按照各式各樣錯綜複雜的程序，在行動前兩週取得。而這場抗議只是人們對前一晚的所見所聞做出的回應。這些人看來可以分成兩類——在許多抗爭現場都被毆打和拘留過，純粹覺得自己有責任對不公不義做出公開回應的死忠抗爭者；另外是對許可與限制毫無概念的人。這兩群人之間則是薄薄一層見多識廣、偶爾參加抗爭的人，他們每次都會衡量自己的風險。他們看過其他人被警察拘留，或者自己也被警察拘留過，知道未能取得許可意味著警察會自以為有權盡情施暴。經過昨晚的抗議和嘗試遊行之後，警察的行動大概會十分暴力。

謝廖沙和瑪莎都對許可一無所知。但瑪莎這時已經參加過一次抗爭，她覺得自己略知一二。當警察似乎在頃刻之間開始前進，她抽出自己的iPhone，開始用英語對著手機吼叫。警察一定把她當成了外國特派記者或觀光客——他們放過她繼續前進。瑪莎跑到附近一處公園，公園裡有一間美式餐館，這是全市最早的美式餐館之一，在一九九〇年代滿足了海外歸僑的需求。瑪莎衝進餐館，在她看到的第一個空位猛然坐下，同時在另一個小隔間裡，有三名年輕男子正脫下大衣。

警察就在後方不遠處。他們開始從座位上把人拉走。瑪莎重施幾分鐘前見效的故技，她轉向餐桌，開始說英語，男人們立刻接著回應。警察做完工作，留下十幾個閃閃發亮的紅色人造皮革空座椅揚長而去，這群人立刻切換成俄語，開始自我介紹。瑪莎的新朋友和她一樣，都是資歷才兩天的抗爭者。三人都從外國學校畢業——史丹佛大學、麻省理工學院，以及倫敦政經學院。這大概就是他們知道要來餐館避難的理由。

他們不知道自己現在該做什麼。每個人都拿出手機。瑪莎在推特上讀到，《新報》一位公開出櫃的女同性戀記者葉蓮娜．科斯楚琴科（Elena Kostyuchenko）被拘留了。這則推特公布了她被關押的拘留中心地址，瑪莎去了。她在那兒遇見一位名叫伊利亞．波諾瑪瑞夫（Ilya Ponomarev）的男人，他對她說自己是公正俄羅斯黨的國會議員，也是抗議的組織者。接著她遇見兩位年輕女子，她們說自己是一個她從沒聽過的團體成員。那個團體叫做暴動小貓（Pussy Riot）。瑪莎喜歡這個名字。瑪莎成為運動者才二十四小時，她的社交圈就已經擴大四倍。

*

鮑里斯．涅姆佐夫多年來都在期待這一刻發生，但誰知道它會在此刻發生——或者，既然發生了該如何應對？他熟識的人和一些他幾乎不認識的人，這時齊聚於「團結」組織的辦公室，他們說要讓抗爭者協調一致。但他們不是唯一有意如此的人。幾個街區之外，不知從哪兒冒出來的國會議員伊利亞．波諾瑪瑞夫，也舉辦了一場市鎮會議式的集會，討論抗議行動。臉書和VKontakte上出現了各種社團，數以千計的人表述著擴大抗爭的欲望。問題是要在何處、何時，以及究竟如何抗爭？

這些新取得自我認同的抗爭者幾乎都不知道，當局早已針對抗爭進行了全面限制。其中有些人聽過異議者遊行，像是瑪莎，但更多其他人先前完全沒在關注，像是謝廖沙。許可制只是限制的其中一例——此時最直接相關的一例。在莫斯科，許可通知只能在特定時間內取得，這實際上意味著要在預定行動日十二個工作日前的一早就填好申請表遞交。要是申請早了會被回絕；申請晚了則會被告知你所申請的地點，已被他人取得使用權。這就意味著社運人士必須在天亮前抵達市政府，確保自己在幾小時後市府一上班，就最先走進許可核發辦公室大門；接著還要跟警方交涉。倘若申請成功，核發了許可通知，警方就會圈出一個剛好足以容納預計出席人數的範圍，在其上架設警戒線，並在這個範圍的出入口設置金屬探測器。組織者和警方交涉出入檢查的細節：人們可以攜帶塑膠水瓶嗎？標語牌和木板呢？金屬牌子呢？要是申請者低估了參與人數，他們不只會面臨罰款，和警方的關係也會交惡，這對於今後的申請能否通過至關重要。

抗爭新人們對這一切一無所知，或許也不太願意理解。他們可能也不願等待新的申請通過——他們不知從何而來的抗爭欲望，可能也消散得一樣快。涅姆佐夫、納瓦尼、另外幾名男子，還有兩名女性此時覺得必須約束這份新生的能量，他們集會討論這個困境。有個意料之外的好消息：某人已經為十二月十日的抗議活動取得了許可——不到一週之後。壞消息則是，許可通知是發給預計在莫斯科大劇院（Bolshoi Theater）對街的小廣場裡聚集的三百人。在理論上和象徵意義上，這都是個好地點，從大劇院步行到紅場只要一小段路，中間隔著一塊名為革命廣場的區域，那兒適合舉行更大規模的抗議。

數萬抗爭者齊聚革命廣場的景象，顯然絕非莫斯科市府當局樂意看到的。他們也不願和取得申請的女性交涉。他們聯繫了涅姆佐夫，還有他們確信與抗爭者有所聯繫的另外幾位知名人士，提出一個替代地點：沼澤廣場（Bolotnaya Square）。俄文的「*Boloto*」是「沼澤」之意，這個廣場曾經就是個沼澤；如今它是一個小島，一邊與克里姆林宮由莫斯科河隔開，另一邊則由一條運河與一處住宅區相望。涅姆佐夫的公寓恰好就在運河對岸，俯瞰著沼澤廣場。警方中意沼澤廣場的理由很明顯，它很容易被封鎖，人員進出會因地理條件而順勢減慢。所有男人都同意，一場數萬人參與的示威在沼澤廣場舉行會更有秩序。他們握手同意，甚至共享一瓶威士忌。[22]涅姆佐夫確信，只要抗爭者聽從命令就能確保安全。他在自己的部落格發出一篇呼籲：

> 親愛的朋友們！人們的安全與保障，對我來說比臉書和推特更重要。預計前來參加這次抗議的，不只有經驗豐富的反對運動者，還有大量從未參加過抗爭的人。讓他們落得被鎮暴警察

22 Yevgenia Albats, Zoya Svetova, Yegor Skovoroda, Yulia Chernukhina, and Nikita Sologub, "Dekabr' 2011-go," *New Times*, December 3, 2012, http://newtimes.ru/articles/detail/60591/（二〇一六年七月十七日瀏覽）。

毒打，是卑鄙、挑釁的犯罪行徑。我絕不能讓這種事發生。[23]

涅姆佐夫也和另外兩位行動者一同錄製影片申明這個立場，並針對沼澤廣場即將舉行的抗爭提出具體訴求：釋放所有政治犯。他們指的是最近兩次抗議的受害者，共有將近九百人遭到拘留，其中大量人員被判處監禁十五天。另外則是重新舉行選舉。[24] 數以萬計的人在為這次抗議建立的社群網站頁面上點擊「參加」，運動者們認為讓他們前往適當地點，提出正確的訴求是很重要的，這是為了他們自己著想。

*

沼澤廣場抗議前一夜，瑪莎跟她在星光餐館（Starlight Diner）認識的新朋友們，還有她兒時的好友托利亞（Tolya）一同吃飯閒聊。托利亞一家人在二十年前移民加拿大。如今托利亞是一位電腦工程師，在莫斯科的一家公司工作。他們每個人都計畫隔天要去抗議，也都無法理解為何他們得到島上去，而不是去革命廣場。他們得出共識，這個機會被白白浪費了。對他們來說，他們一直被教育應該抗拒任何形式的集體行動，然而這是他們生命中第一次、也可能是最後一次，受到感召而加入一場集體行動。他們自然以為其他所有的新抗爭者也是這樣。他們怎能容許這樣的機會——因辦在一個除了彼此誰都沒聽過的地方——被白白浪費？

瑪莎說，她最近在閱讀占領華爾街（Occupy Wall Street）的相關資料，在她看來很明顯，占領才是正確的模式。前進革命廣場，紮營駐守，拒絕離開。或者前往中央選舉委員會，那兒就在革命廣場一個街區之外，並加以占領，要求重新選舉。事實上，早在占領華爾街之前很久，烏克蘭人在二〇〇四年就這麼做過了，而且有了效果。

「我還在牛津讀書的時候，」其中一位年輕男子說道，開始長篇大論地敘述他看到的牛津學生運動所採取的戰術：「但你要跟隨一個領袖，才能做到。」

他們有領袖嗎？這群人開始提出不同人名。涅姆佐夫是上一個時代的殘餘。雅辛總是想要讓人們認真看待他，因為沒人把他當一回事。另一位自封的領袖謝爾蓋・尤達佐夫（Sergei Udaltsov）則抱持正統的蘇聯觀點，人們普遍覺得他似乎想成為一九二〇年代的政委。那就只剩納瓦尼了。他們喜歡納瓦尼，即使他的民族主義理念和他們稱之為「共青團方式」的做法——包括他熱愛呼喊「我為人人，人人為我」這樣的口號——減弱了他的吸引力。儘管如此，只要納瓦尼召喚他們參加一場精彩的抗爭，他們還是願意跟隨。但納瓦尼這時仍在拘役十五天的刑期中。

「他應當從監獄裡發表聲明。」某人說。但時機已經太遲。

「我想你應該去跟組織者談談，告訴他們，他們正在浪費大好機會。」又有人說。瑪莎意識到他們在對她說話。事實上，他們所有人似乎都認同瑪莎為傳達此訊息的合適人選。但她不知道該怎麼聯絡任何一名組織者。因此他們隔天去了沼澤廣場。另外有將近五萬人也是一樣，使得這場抗議成了蘇聯解體以來，俄國最大規模的一次抗爭。

---

23 Boris Nemtsov, “O zavtrashnem mitinge,” blog post, December 9, 2011, http://b-nemtsov.livejournal.com/2011/12/09/（二〇一六年七月十四日瀏覽）。

24 “Video: sovmestnoye zayavleniye organizatorov o mitinge 10 dekabrya na Bolotnoy,” December 9, 2011, https://www.youtube.com/watch?v=kVumeUpaoYM（二〇一六年七月十四日瀏覽）。

＊

那兒有一座大臺，臺上有人演說。顯然，抗爭場合都會準備這些。謝廖沙看著他們——他其實聽不見他們——忽然意識到，他在十多年前其實參加過另一場抗爭。二〇〇一年四月，歷經一年的恐嚇威脅、警方搜索和司法訴訟之後，全國聯播的獨立電視臺（NTV）的記者們被告知，公司如今由國家天然氣專賣公司所掌控。他們在所有廣電頻道辦公室所在的電視塔前發起抗議。謝廖沙繞了一大段路才來到這裡——電視塔離地鐵站很遠，而謝廖沙對莫斯科他不熟悉的地區不知道該怎麼搭巴士。然後他佇立在大雨中，看著他喜歡的電視主播們，那些從他知道有電視新聞開始，就一直在螢幕上出現的熟面孔，站在臨時搭建的臺上說話。有些人看來彷彿在哭泣，即使在雨中很難分辨。那時看來就像是世界末日。

在那之後，其中一位主播退出了新聞界以表心跡，改行從事意見領袖這份傳統上屬於異議人士的職業；另一位主播搬到烏克蘭，在那兒有了自己的節目，剩下其他記者似乎都在這個完全由國家掌控的新電視世界裡找到了棲身之處。有些人熱烈地為普丁鼓吹，其他人則只從事文化議題或看似無害的社會議題。市府當局修築了一條單軌鐵路通往電視塔，謝廖沙也完全忘了這場抗議。要是在他前往沼澤廣場的前一天，有誰問起他過去是否參加過抗爭，他必定會堅定不移地說從來沒有。事實上他還會說，直到幾個月前初次聽聞馬卡洛夫案為止，他都不曾跟這個政權起過爭執。

這時有人在臺上或大臺附近非常大聲地吼叫起來：「打倒普丁！」數百人也跟著喊。謝廖沙沒有跟著喊。這句口號讓他感到有些不舒服。他不是來這裡推翻普丁的。他自己不想被定義為革命家——這對他的祖父來說是句髒話。亞歷山大・尼古拉耶維奇確信，出錯的每件事都是欠缺深謀遠慮的激烈行動所導致的後果。好的變化只能是漸進而有意圖的。此外，謝廖沙也不想喊口號。喊口號會讓人想起——若非謝廖沙記得、或可能以為自己記得——共產時代的遊行，那是在一致性與攻擊行為中追求狂喜的克里姆林宮青年運動。但謝廖沙不想狂喜，他只想表達自己是個與國家毫不相干，也不同於國家的人。為了這個目的，他繫著一條白絲帶。不知怎地，過去幾天以來，白色成了這場抗爭的代表色。它和烏克蘭的橘色一樣是象徵，但也是橘色的相反。白色是純淨的，不具攻擊性，而且包含所有顏色。對於謝廖沙和他此時在這裡相會的人們來說，這場抗爭不屬於任何政治團體或運動非常重要。他們寧願這場抗爭毫無政治味。

*

為莫斯科國立大學社會學系學生提供替代教育的社會學家亞歷山大・畢克博夫，如今將自己的研討會轉變成一個流動的調查單位。他們的目標是詢問人們在做些什麼，以及在他們這麼做的時候問為什麼。克里姆林宮、俄國和外國媒體，很快都接受了這樣的理解：抗爭者是一群反對普丁的中產階級。有個常用的說法是「憤怒的城市居民」，「城市居民」在此暗指富裕和年輕的一群。列瓦達中心的調查則顯示，抗爭者其實並不以有錢人為大多數——其中包含了一些窮人、許多中等收入的人，以及一些富人。他們也不以年輕人為絕大多數；小於四十歲的人約略過半，但年齡大於五十五歲的占百分之二十二。[25]畢克博夫發現，他們也並不特別憤怒。他們愛開玩笑，也喜歡一幅夠好

25 "Opros in prospekte Sakharova 24 dekabrya," Levada Center, December 26, 2011, http://www.levada.ru/old/26-12-2011/opros-na-prospekte-sakharova-24-dekabrya（二〇一六年七月十七日瀏覽）。

笑的布條，像是「我沒投票給這群混蛋，我投給另一群混蛋」，高舉在眾多視覺及文字噱頭的手寫標語之中，它在沼澤廣場上受歡迎的程度遙遙領先。畢克博夫得出結論，這樣的幽默具有雙重目的。一方面，它緩解了遭受侵害的感覺——人們能笑得出來的話，就不那麼像是受害者了。它也示意著這些抗爭者並不危險。革命家不開玩笑的。抗爭者們藉由開玩笑，將焦點從克里姆林宮轉到彼此身上。這場抗議看來彷彿是場競賽，一群志同道合的人要選出其中最風趣的人。[26]隨後，參與者們還會爬梳社群網站，看自己的標語牌有沒有成為閱聽人的最愛。

「白色，我們抗爭的顏色，是個美好的象徵，」涅姆佐夫在十二月十日一篇語調歡欣的部落格發文中寫道：「它意味著參與抗爭的人們不抱一絲『黑暗』的想法。」這篇文章以這幾句話開頭：「我很高興。二〇一一年十二月十日將留名於史，成為市民尊嚴與公民社會復活的日子。歷經十年的蟄伏，莫斯科和俄羅斯全國都覺醒了。」[27]

的確是俄羅斯全國。就在同一天或這天前後，俄國境內將近一百個城市和城鎮——也就是說，俄國全部的城市和城鎮——都出現了抗議集會、示威或遊行。其中幾個地方的參與者相對人數（市鎮人口參與抗議的比例）遠遠高於莫斯科。

涅姆佐夫在部落格文章中宣告，抗爭者們「無異議採納了」一系列訴求。沼澤廣場上並沒有舉行投票，多數參與者也聽不見演說者，但涅姆佐夫前一次參加這麼大規模的抗爭，已是二十多年前了。那時，確實是有清單和訴求，這些事情似乎就是這麼運作的。共有六項訴求。第一項是「釋放所有政治犯」，指的是上星期抗議行動中被捕的人；另外五項都與國會選舉相關——宣布選舉結果無效；選舉委員會主委革職；對作票爭議提出調查報告；允許反對黨參選；以及重新舉行公開、公正的選舉。訴求清單上並不包括要求普丁辭職，也沒有任何一處提及即將舉行的總統選舉。這些訴求並未明確提及坐牢八年的米哈伊爾・霍多爾科夫斯基，或是多數抗爭者都沒聽過的弗拉基米爾・馬卡洛夫。訴求也隻字未提反對派記者遭到謀殺或新聞自由的問題。訴求有意保持在相對容易落實的最低限度內。它們模擬的是一九八〇年代晚期和一九九〇年代初期的邏輯，當時戈巴契夫的政治局，弱勢且猶豫不決，有妥協和說理的空間。蘇聯各個衛星國的共產黨在一九八九年「天鵝絨革命」期間，會與抗爭者坐下來協商，回應這些要求。在涅姆佐夫和一同組織抗爭的人們眼中，普丁政府似乎突然就像過去的這些政府一樣搖搖欲墜了。

「突然」是關鍵詞。話說回來，那些年紀夠大，還記得蘇聯衰敗過程的人，都記得這個政權看起來屹立不搖，直到有一天突然不復存在。但現在又發生了什麼事？為何數以十萬計、年齡和收入水準各不相同的人民，在全國各地走上街頭？論述這些抗爭的社會科學學者全都用了「謎團」一詞。

一位出生於俄國，在西方受教育的德國社會學家，進行了堪稱最透徹的努力，試圖解開這個謎團。米夏・賈波維茲（Mischa Gabowitsch）的研究奠基於全國各地數十名抗爭者的訪談，他還詳細檢視海報、口號及抗爭形式。他的證據推翻了這場抗爭是中產階級抗爭的觀念，它甚至不是一場為了要保護私有財產、透過納稅換取合理政府服務之類的由中產階級價值驅動的抗爭。賈波維茲得到一個結論：對貪腐的批判，尤其是納瓦尼對貪腐問題的敘述，為抗爭創造了先決條件。納瓦尼的

26 Alexandre Bikbov, "Metodologiya issledovaniya 'vnezapnogo' ulichnogo aktivizma (rossiyskiye mitingi i ulichniye lagerya, dekabr' 2011—iyun' 2012)," *Laboratorium*, no. 2 (2012), pp. 130-163.

27 Boris Nemtsov, "Mirnaya belaya revolutsiya," blog post, December 10, 2011, http:/b-nemtsov.livejournal.com/2011/12/10/（二〇一六年七月十五日瀏覽）。

「騙子小偷黨」一詞提供了需要的術語。抗爭者談論著從他們身上被偷走的許多東西，不只是金錢和政府服務，還有選票。涅姆佐夫提出了一個數字，他宣稱有一千三百萬張選票不翼而飛。一切作票行為中最明目張膽的一種——梅德維傑夫將權力交還給普丁——也可以被表述成一種貪腐的表現。

同時，賈波維茲也提到，只把抗爭看成是目睹國會選舉公然舞弊所引發的反應是錯誤的。

相較於選舉法規修改，以及清除、恐嚇及預先挑選反對陣營的候選人，投票日當天的作票本身或許不是芝麻小事，但也不過是整個權力垂直體系（power vertical）操縱機制的最後一顆齒輪。這使得俄羅斯二〇一一年十二月的局勢，不同於二〇〇〇年的塞爾維亞、二〇〇三年的喬治亞、二〇〇四年的烏克蘭或二〇〇五年的吉爾吉斯。那些國家的選舉操弄手段有決定性的影響，都是阻止多數民意支持、或至少得到廣泛同盟支持的候選人勝選。反之，在俄羅斯，先前的修法已經使得這樣的候選人或同盟不可能產生。儘管如此，何以一場被操縱的選舉會在俄羅斯引起自發的群眾抗爭呢？[28]

他提出，一部分答案在於選舉儀式令人難堪地遭到侵犯。換言之，正是作票的下流手段，而非作票這件事本身，引發了民憤——如同讓大老遠從基輔飛回莫斯科投票的謝廖沙，最後反感地投下空白票的原因。倘若抗爭者反對的主要是他們所感受到的違背公德行徑——不只是在投票亭裡，還有普丁和梅德維傑夫先前在九月時握手移交總統職位——那麼他們沒有要求罷黜普丁，也沒有要求政權面對自身最嚴重的罪行，也就說得通了。這場抗議被限制在警戒線封鎖的小島上，毫無對抗政權之意。畢克博夫的一些應答者們說，他們是為了穩定而示威的——運用普丁時代的關鍵字，將之轉為自己的訴求。或者說，他們的請求。

即使抗爭者各自屬於不同年齡層，但普丁掌權的時間夠久，使得其中大多數人都在所謂的「穩定」時代裡度過了整個或大半個成年期。其中有些人期望普丁時代會如同他們所記得或想像的蘇聯時代——那是全國性懷舊的對象——按照這些記憶，時間是緩慢、可預測的，本質上是不變的。但在普丁的「穩定」時代裡，事物拒絕保持不變。市場由於普丁的言行而崩盤。隨機挑選的無辜人民被判刑入獄，只因為政府宣布對戀童癖展開獵巫。普丁與梅德維傑夫的來回移交，以及鬧劇般的選舉體驗，都令人想起俄國公民是多麼無力去影響生活的任何層面。這些抗議是一次重新協商，從持續擴張的黨國手上嘗試收回一些空間——而這個黨恰好是「騙子小偷黨」。

*

十二月十五日，普丁舉行了他第十次年度熱線。在這個節目中，經過仔細過濾的現場觀眾，以及同樣經過仔細過濾的來電者們提出問題，普丁一一回答。即使普丁過去三年來的官方職稱並不是總統，這些以普丁為主角的節目仍然照常播送。謝廖沙看了前二十分鐘，普丁回應了關於抗爭無關痛癢的問題。普丁一開始看來有些緊張，但謝廖沙隨即覺得，這恐怕是自己的一廂情願。普丁愈說愈有信心。他甚至將抗爭歸功於自己：他的政權創造出許多積極的公民。他承諾在每一處投票所加裝網路攝影機，向大眾確保即將舉行的總統選舉絕無舞弊情事。這很可笑，網路攝影機對大多數變造行徑都毫無用處。但至少抗爭者迫使他回應了。終究，他或許是害怕了。

---

28 Mischa Gabowitsch, *Protest in Putin's Russia* (Cambridge, England, and Malden, MA: Polity Press, 2017).

節目主持人曾經是獨立電視臺一位勇敢的年輕記者。謝廖沙記得在電視塔的抗議現場看過他，那時每個人都想出一種方式，承諾永不放棄。如今他年長了十歲，體重增加了二十公斤，坐在國家電視頻道攝影棚內的書桌後面，在俄國最有權勢的男人身邊顯得緊張又渴望。主持人從他面前的筆電螢幕裡唸出一個問題：

問：人們在莫斯科市中心的抗議期間戴上了白絲帶。這些絲帶簡直像是「顏色革命」逼近俄國的象徵。你同意這個評估嗎……

答：就「顏色革命」來說，我想一切都很清楚。它們是一種顛覆社會的既定行動，而我認為這樣的行動並非空穴來風。我們都知道烏克蘭的橘色革命期間發生過什麼事。順帶一提，我們的某些反對運動者當時在烏克蘭，在時任烏克蘭總統尤申科的顧問處獲得官方職位。他們自然試圖把這種行為移轉到俄羅斯。但老實說，當我在螢幕上看到有人在胸口戴著某些東西，得跟你說實話，即使這樣講不恰當，但我以為那是愛滋病防治教育，他們，不好意思，他們把保險套別在胸前了。我只是不能理解他們為何把它從包裝裡拿出來。但我接著仔細看了。[29]

愈講愈難聽。普丁進一步宣稱，有人收了錢參加抗議，「反對派領袖」則呼喊「綿羊們，前進！」以羞辱他們。但謝廖沙幾乎沒聽到這段，因為他已經暴怒了——除了明確指涉涅姆佐夫，他當時在烏克蘭的工作被描述成近乎叛國；但不只這樣，謝廖沙也被愚蠢的保險套笑話給激怒。

從那時開始，謝廖沙被憤怒驅動著。他的憤怒投入在盡其所能地製作最多的白絲帶。此時白絲帶已出現短缺，在莫斯科全市的零售店裡都銷售一空。人們不只為了抗議而配戴白絲帶，每天去上班或走在街上時也都戴著。他們把白絲帶別在大衣上，繫在包包上和座車天線上。謝廖沙找到了批發商，買下了大捲大捲的白絲帶，每卷寬一英吋，長數百碼。要把絲帶剪裁成數以萬計六吋見方的長條，可不是什麼簡單的事。他發明了一種技術。他把絲帶纏繞在一張曲木椅背上，繞三十到五十次，然後戰略性地剪兩刀——每次剪下多達一百條。然後每一條的末端都要用打火機烤過，以免磨損。在十二月二十四日的下一次預定抗議之前，謝廖沙在自己的公寓裡設立了工作坊。他在一場稱為抗議工作坊（Protest Workshop）的聚會中遇見的幾個人也來幫忙。他們還製作了一部教學影片，上傳到YouTube。

*

瑪莎參加了每一次行動，無論是抗議、籌備會議或是相關的社交場合。成為運動者兩週之後，她開始了一項新工作：公正俄羅斯黨國會議員伊利亞・波諾瑪瑞夫的新聞祕書。這位議員曾在抗爭現場演說。她也加入了抗爭藝術團體暴動小貓。這個全由女性組成，成員資格不限的團體，集體舉行游擊表演，並將影片上傳到網路。十二月時，她們在納瓦尼及其他抗爭者被監禁的拘留中心外面一處車庫屋頂上演唱。一月，她們在紅場上演唱，歌名叫做〈普丁尿褲子〉（Putin Pissed Himself）。那次一如其他許多次，她們也被護送到警察局，幾小時後獲准離去。接下來，瑪莎想要讓她們在國

29 "Razgovor s Vladimirom Putinym 2011 (polnaya versiya)," https://www.youtube.com/watch?v=mTDGhcBKdI（二〇一六年七月十五日瀏覽）。

會大廳發起行動。她們要在國會會議期間穿戴尺寸不相稱的多色緊身衣和頭套，從一處側翼包廂下降到議場。

結果組織這次行動的困難程度超出瑪莎想像。二月二十一日，暴動小貓改在基督救世主主教座堂演出，這座位於克里姆林宮附近的教堂，外貌彷彿俗麗的巨大婚禮蛋糕。她們演唱一首叫做〈龐克祈禱〉的歌曲，其中呼求聖母「驅逐普丁」。她們的訊息既是針對抗爭者，也是針對其他任何人。訊息這麼說：「不要聚集在警方封鎖的空間裡，要勇敢對抗，到你不該去的地方，說你不該說的話。」而在這個例子裡，她們在政教合一之處對抗教會和國家。總統選舉就在兩星期之後。俄羅斯正教會的牧首為普丁助選。

三月四日，就在投票所開門之前，暴動小貓的兩位成員由於嚴重流氓行為罪而遭到逮捕，這項罪名最重可求處七年有期徒刑。瑪莎並未被捕，因為表演那天她沒能趕到教堂。

*

三月第一個週末，廖沙恰好在基輔，參加性別、性向與權力研討會的其中一場。選舉從遠處看來變得更怪異了。普丁在第一輪投票就以百分之六十三得票率宣布獲勝，俄羅斯的白絲帶群眾則似乎對這個預料中的結果感到驚愕。

三月八日，國際婦女節當天，參與者們發起一場遊行，沿著基輔的主要大道前進。他們是為了性別平權、ＬＧＢＴ權益，以及爭取釋放暴動小貓而遊行。共有一百五十人左右參與遊行，警察人數則有兩倍。在廖沙看來，反制示威的人數約有四倍。這是廖沙第一次為了ＬＧＢＴ權益而遊行。這也是他第一次看到警察保護抗爭者，而非威脅抗爭者。他異常地振奮，即使必須穿越全副鎮暴武裝的警察人牆通道之間。

當他回到彼爾姆，系主任對這次遊行不發一言。但她確實建議他在提交出國行程的相關文書時，改掉研討會名稱，這會是明智之舉。

第十七章　瑪莎，二〇一二年五月六日

早上瑪莎去了教堂。這天是星期日，普丁就職前一天。城市很安靜——五月初，莫斯科人會去照料別墅，把它們打開，準備在夏天前往居住。瑪莎向最近數個月來遇見的幾百人之一借來一幅聖像。那人是個非常有錢的人，擁有良好的人脈。許多有錢有關係的人，都藉由支持抗議者兩邊押寶，他也是其中之一。不論掌權者是誰，他們都想要維持有用的人脈。他們慷慨捐款給抗爭組織者開設網路帳號，以至於在十二月十日沼澤廣場集會之後，抗爭者總有良好的音效設備和印刷精美的布條。這個男人不停對瑪莎說，他想要一起做些事——按照瑪莎的理解，做一些抗議的事。所以她要求從他遠近馳名的十六世紀俄羅斯宗教藝術收藏裡借用一幅聖像。這人出借了聖像和一位保鑣，保鑣在這種情況下的任務則是護衛聖像。

瑪莎帶著聖像和保鑣，走到了基督變容修道院（Monastery of the Holy Mandylion）教堂，這座美麗的小教堂就在克里姆林宮旁邊。她要去參與一項頗為標準的正教習俗，也就是將聖像帶進教堂參加團體禱告，其他人會向聖像祈禱並親吻聖像。有些人相信，聖像在物歸原主時會因此更加神聖。在眾人向聖像祈禱之際，會有一位或幾位攝影記者拍攝照片，然後瑪莎會說明她的祈禱是為了保護憲法、反對愚民政策。

人們正在祈禱。瑪莎等著記者來到，但他們必定是遲到了。聖像主人打電話來，為了瑪莎沒有事先警告他這次行動與暴動小貓有關而對她咆哮——在他兩邊押寶的計算裡，這麼做風險過大。這通電話意味著瑪莎的行動消息早已外洩。她還是沒能得到一張好照片。她不得不承認這次行動失敗了。瑪莎感到異常平靜——即使她失敗了，即使她在電話裡被人叫罵——她意識到，這必定是因為身在教堂。

就在這時，穿著便服的男人們走進教堂，就連教堂的看守人都認出了他們。她的嘴角向下彎曲，表情立刻從喜悅轉為敵對。那些人把瑪莎帶到最近的警察局，開始對她叫罵。

「你在捍衛那些臭婊子，那些在祭臺上彈吉他裸體跳舞的淫婦！你是她們一夥的！」

「死玻璃！」瑪莎回罵：「你們這些死玻璃正在毀滅俄羅斯！」

瑪莎在最近五個月來的七次拘留中鍛鍊出了這個技巧。最初幾次她被捉進警察局時，都試著對捉拿她的人講道理。然後有一次她情緒失控，發現回嘴嗆他們的效果好得多。它顛覆了整個局面。警官沒預料到拘留人會對他們大小聲，俄羅斯男人也沒想到女人會對他們叫囂，咆哮因此打破了他們的行為模式。要是她用他們的語言叫罵，把他們對她的侮辱同樣奉還回去，效果就更好。

他們不再叫罵了，三小時後將她釋放——警方不立案偵辦的話，最多只能扣留她這麼久。這令她如釋重負，因為瑪莎為了下午預定的大遊行和集會還有很多工作要做。

＊

瑪莎這時是個經驗豐富、聲名遠播，偶爾感到厭倦的行動者。去年冬天，她得以親自觀察政治機器運行的方式，或者說，在俄羅斯「看來像是」政治機器的那套東西。身為伊利亞．波諾瑪瑞夫的新聞祕書，她得以參與公正俄羅斯黨的國會黨團會議。他們還在討論戀童癖問題。其中一位議員堅持，他們必須繼續推動對已定罪的戀童犯實施化學閹割。家庭委員會主席葉蓮娜・米茲麗娜反對。另一位議員指控她對戀童癖遊說團屈服。她則回應，她對保護孩子的努力多過任何人。她是《保護兒童免受有害健康及發展資訊法》（Law for the Protection of Children from Information That Harms Their Helath and Development）的強力推手。這項法律早在二〇一〇年通過，但多數條文將在這一年下半年生效。包括書籍、雜誌、電影在內，所有媒體都要標示閱聽年齡分級，以防兒童吸收到有害資訊。這時，米茲麗娜正在努力將這些限制和管控延伸到網際網路。她主張，這才是保護兒童該做的事，而不是化學閹割。瑪莎在這些會議中同情米茲麗娜。

瑪莎也看到了金錢在國會裡的作用方式。全體國會議員若非富豪，就是被包養。國家預算撥給每位國會議員每月二十萬盧布、可聘用五位員工。這相當於每位員工每月得到的薪水略高於一千美元，讓他們得以在這個如今自詡為全世界最昂貴城市之一的城市裡生活。富裕的國會議員自掏腰包供應他們龐大的團隊，較不富裕的則收受他們所謂的「贊助費」，再發薪給助理和新聞祕書。他們可能還擁有一個見習助理團隊，這些人工作不是為了薪水，他們反而還要付錢給議員本人，以換取政治資歷。

政治對瑪莎的老闆來說是家族事業。波諾瑪瑞夫出身蘇聯職官權貴家族，他的祖父是一位外交官，伯父則是蘇共中央委員會的領導班子之一。伊利亞自己從青少年時代就積極投入蘇聯政治，攀升為莫斯科市少年先鋒隊組織的幹部。一九九〇年代，包括年少的伊利亞在內，整個家族轉而投身民營事業，直到普丁時代才重回政界。伊利亞的母親是官派的上議院議員，伊利亞自己則在二〇〇七年由公正俄羅斯黨提名成為下議院議員。

二〇〇六年，波諾瑪瑞夫執行了一次堪稱典範的預防性反革命行動。他在聖彼得堡舉行八大工業國高峰會期間，組織了一場官方批准的反全球化運動人士集會。克里姆林宮害怕抗議行動會阻斷高峰會進行，卻又不想在這種場合大張旗鼓地鎮壓。於是警方在行動者們乘坐火車抵達聖彼得堡時就拘留他們，然後把他們載運到市郊一處體育館，也就是波諾瑪瑞夫主持的論壇地點。被送到體育館的許多人其實根本不是反全球化運動者，卡斯帕洛夫的聯合公民陣線成員更因高喊反普丁口號而被逐出論壇。但要是有誰費心多了解一點的話──聖彼得堡有個體育館裡滿是公開合法集會的反全球化運動要讓世界看到，而伊利亞．波諾瑪瑞夫則是他們的領袖。

按照書面記載，波諾瑪瑞夫的多數所得來自國家資助機構所提供的諮詢費。二〇一一年他申報所得約有三十三萬美元，二〇一二年則提高到三十七萬美元左右。[1]但瑪莎看到的錢大多是現金──一堆堆、一疊疊、一個個手提箱的錢──這些錢當然不會登載於任何所得申報表格上。波諾瑪瑞夫身邊圍繞著一群瑪莎絕不可能認真看待的男人，尤其是因為這些人對於自己的任務認真地難以置信：革命。就她所見，他們覺得要是自己發動了一場革命，就能跟女人上床。其中有些人自稱是無政府主義者，有些人說他們是強硬派共產主義者，還有些人堅稱瑪莎應當讀一本書，書名為《俄羅斯神明的重擊》（*A Blow from Russian Gods*）。她查閱了一下，那是一部反猶太的長篇大論。[2]瑪莎認為，波諾瑪瑞夫花時間在這些「小人物」身上，是因為更有能見度的抗爭者早看清他破壞抗爭的歷史，所以盡可能避開他；若非如此，波諾瑪瑞夫就是在蓄意揩油抗爭的資金與能量，像是他在十二月時另立組織委員會那樣。到了某個時刻，瑪莎愈來愈確信辦公室裡流通的部分資金來自克里姆林宮。她在三月辭職。

幾天後，國會對於《保護兒童免受有害健康及發展資訊法》提出一項修正案，這項修正案一併禁止「同性戀宣傳」。「戀童癖遊說團」這下終於被擊潰了。波諾瑪瑞夫贊成修正案。

*

當然，瑪莎並未期待過抗爭行動會改變總統選舉的結果，普丁在總統選舉裡實際上毫無對手。但她還是多少有所期待。從她自我宣告成為行動者到總統選舉之間的三個月，發生了很多次抗議行動。沼澤廣場的集會之後，是另一場規模更大的集會。然後是白色旅行（White Ride），裝飾著白絲帶的車輛繞行花園環路，接著是白色人鍊（White Ring），人們站立在花園環路的人行道上，包圍住市中心。接著選舉就到了，讓這一切全都顯得無用且難堪。投票日當天在莫斯科舉行的抗議，感覺更像在守靈。

人們又開始討論移民了，但瑪莎意識到，這或許是她一生中第一次想要留在俄國。這裡太有趣了，遠比在牛津大學攻讀教育心理學學位更有趣。當然，謝爾蓋還是不會讓她帶著薩沙出國生活，但她的兒子在幼兒班表現得很好，而再婚的謝爾蓋也重新找回了身為家長的責任感。瑪莎辭掉波諾

1 V.P. [Vladimir Pribylovsky], "Ponomarev Ilya Vladimirovich," dossier, Antikompromat, http://www.anticompromat.org/ponomarev_i/ponom01.html；伊利亞．波諾瑪瑞夫的所得申報資料，國際透明組織（Transparency International）俄羅斯分部存檔，http://declarator.org/person/84/；Oleg Kashin, "Mnogolikiy Ponomarev," *New Times*, October 29, 2012, http://newtimes.ru/articles/detail/58866（皆於二〇一六年七月十八日瀏覽）。

2 V. A. Istarkhov, *Udar russkikh bogov* (Kaluga, Russia: Oblizdat, 1999), copy found at http://www.libros.am/book/read/id/352959/slug（二〇一六年七月十七日瀏覽）。

瑪瑞夫辦公室的工作之後，和安娜塔西亞去了印度度假。她們躺在果阿的海灘上，但莫斯科一再叮噹作響。那位收藏聖像的百萬富豪想要發起一個組織，名為「全民的俄羅斯」（Russian for All），他想交由瑪莎經營。「團結」運動的一位朋友想要組織抗議。事實上，人人都想組織抗爭。大型的抗爭、最終足以產生差異的抗爭。看來只剩一個機會了：總統就職日。

市府當局在就職日前一天核發了遊行與集會許可。他們允許抗爭者沿著雅基曼卡大街（Bolshaya Yakimanka），從巨大的列寧銅像往沼澤島（Bolotny Island）[3]行進，然後在沼澤廣場舉行集會。看似以列寧自居的尤達佐夫，將這場抗議取名為百萬人大遊行（March of Millions）。全國各地的人民都在募資，但不太可能讓遊行大到名副其實。除了取一個華而不實的名字，組織者們又能做些什麼讓這場遊行得到重視？一如往常，他們很難說服參與者在集會中演說。「還有什麼好說的？」他們一再聽到這句回答。遊行前兩天，卡斯帕洛夫、納瓦尼、涅姆佐夫、尤達佐夫和雅辛五個男人聚會討論。有人提議發動靜坐示威。涅姆佐夫和尤達佐夫否決了這個想法。涅姆佐夫拒絕抗議卻不搞對抗的精神；尤達佐夫則對消極抵抗的想法皺眉。

瑪莎的工作是把記者找來大臺前的媒體區。她很擅長這件事，她認識所有記者，所有記者也認識她，而且她聲音洪亮。當人們從遊行中緩緩晃進場內時，她正站在大臺邊。總會出現這樣的閒散時刻，每個人都在這時試著決定要繼續參加集會，還是去咖啡館坐坐。來自抗議工作坊的幾位青少年帶著兩部擴音器，駐守在從大街通往小島的岔道上，呼喊著好笑的押韻口號讓抗爭者們開心。然後瑪莎的右手邊出現了騷動，就在群眾應當轉彎進來的位置。騷動看來很大，或者情況不妙。志工們的雙向對講機停擺了。行動電話網路則壅塞或超載——手機全無訊號。瑪莎設法過去看。

納瓦尼坐在地上。他被攜帶著相機和麥克風的記者團團圍住。這完全不符合他的目的。記者們拒不坐下或讓路。沒人看得到納瓦尼在靜坐，因此也沒人加入。瑪莎看看自己的 iPhone，時間是下午五點剛過，集會應當開始了。

然後打擊降臨。感覺上不算嚴重——瑪莎在十二月看過更凶狠的——但鎮暴警察抽出橡膠警棍，見人就打。其中一棍劃過瑪莎背後站立的人們肩膀，打中一位女子的頭。女子身子一沉，癱倒在地。瑪莎聽見自己在尖叫。

「快叫救護車！」

她轉身，面對一顆戴著頭盔的腦袋。

「快叫救護車！」

頭盔下玻璃面罩裡的那張臉孔清晰起來。

「我們沒接到命令。」他說。

瑪莎開始尖叫得更大聲。

有人丟出一顆煙霧彈。他們到底是怎麼穿越金屬探測器、隨身物品搜查和雙層警戒線把它帶進來的？又有人丟出東西來，碰上某人的肩膀就碎裂。那是個熱水瓶，保證會碎成一千片。警察從後方和兩側開始推擠。在瑪莎面前，納瓦尼、涅姆佐夫與雅辛在內的幾個男人都坐在地上。那個女人躺在人行道上。瑪莎被四面八方的力量推回去，尖叫得彷彿前所未有。鎮暴警察的隊列短暫分開，

3　編按：俄文形容詞也有性別之分：它們按照所修飾的名詞詞性變格。例如：由於俄文的「廣場」這個字是陰性，形容詞「沼澤的」也就是陰性形式的 Bolotnaya。「島」這個字是陽性，因此同一個形容詞就是陽性的 Bolotny。「案件」（像是「刑案」）一詞是中性，因此「沼澤廣場案」的形容詞就是中性的 Bolotnoye。

瑪莎被擠到隊列另一邊，警察則把失去意識的女人抬走。警察的陣形在她背後關上。瑪莎站在一片虛空中。她不再尖叫了，四周幾乎全都靜下來。

在瑪莎背後、鎮暴警察的包圍圈後方，打鬥似乎還在繼續。而在瑪莎面前，四排內衛部隊官兵——穿著灰色制服的十八歲義務役軍人——在跨越莫斯科河通往克里姆林宮的橋上列陣。他們身後還有橘色的洗街車構成另一道路障。他們在克里姆林宮裡顯然太害怕抗爭者了，因此覺得有必要發動戰爭，保護自己。瑪莎走向內衛部隊，在走近時高舉iPhone拍攝他們。

「俄羅斯有憲法，」她對這些義務役軍人喊話：「你們在違反憲法。你們接受的命令是犯罪。紐倫堡大審之後，下達犯罪命令的將軍被吊死了。我們的軍人也把服從犯罪命令的德國士兵吊死。犯下罪行的人就是這個下場。」

「命令不得討價還價。」幾名義務役軍人齊聲說道。

「它們當然可以，」瑪莎說：「它們要是違背了國家法律，也會被議論。」

「不許說話！」

聲音從瑪莎左手邊傳來。義務役軍人們明顯閉口不語。她現在距離最前排的軍人只有幾步之遙。她停下腳步，把iPhone高舉過頭，繼續錄影。

「部隊前進！」看不見的聲音下令。

這些義務役軍人手勾手，每個橫排約有一百五十人，向她前進一步、又一步。瑪莎繼續說話。

「你們在違背軍人誓詞。你們就跟裡面的沙皇一樣。」

瑪莎察覺到還有別人在拍攝她，顯然是一名記者。她看不見他，但聽得見他的聲音。他為她擔憂。「不要說了，」他說：「他們聽不懂的。」

她繼續說。

「你們都那麼年輕，比我小很多，雖然我也沒多老。你們不知道有了小孩之後，生活在這個被你們正在保衛的沙皇統治下的國家有多可怕。」

「部隊前進！」「再一步！」

瑪莎還是高舉雙手，將iPhone舉在空中，男孩們的肩膀這時磨擦著她裸露的腋窩。她感覺得到他們的興奮。她繼續說。她又連續講了四分鐘。男孩們沉默著立定。最後，一位中尉走了上來，這是個有著寬大下巴的金髮漢子，沒比手下的士兵年長多少。

「妳到底想幹嘛？」他問。

「你們的資訊是哪來的？」瑪莎問了一個在當下似乎很合邏輯的問題。

「那裡，」中尉說，出於某種緣故，他向人行道點了頭。「電視上。」他過了一會兒補充。

「誰控制了電視？」這次是帶著錄影機的記者發問。

「政府。」中尉說。

瑪莎試圖向他指出，從政府當局那兒取得的資訊並非明智之舉。過了幾分鐘，他要記者關掉錄影機。然後他對瑪莎說，在《俄羅斯神明的重擊》這本書中會讀到真理——正是以前有人推薦給瑪莎的那部長篇大論。據說該書「揭發了猶太人真正的罪行」，而猶太人接管了全世界。其中一小節叫做〈猶太人的性特徵〉，一開始就提到同性戀：「同性戀不僅普及於古代猶太人，更以席捲整個城市而為人所知，例如所多瑪和蛾摩拉。」中尉告訴瑪莎，他的排裡每一名士兵都得到了這本書。[4]

4 "6 maya: Chto dumayut po 'tu' storonu barrikad"，不知名記者拍攝的影片，https://www.youtube.com/watch?v=CumgZqEMwZs

＊

五月六日是個漫漫長日。它開始於為錯誤的對象祈禱而被押進警察局，接著是與六百名內衛部隊官兵直接對話，然後又來到納瓦尼和涅姆佐夫被捉去的另一個警察局。來自抗議現場的一些人自行走到了這裡，正在警察局外閒晃。其中一個人帶著擴音器；抗議工作坊一度把十幾部擴音器帶到了現場。瑪莎接過擴音器，從肩背包裡拿出一份憲法，從第三十一條開始宣讀。她立刻被帶進警察局裡。涅姆佐夫和納瓦尼在拘留室裡，瑪莎則被命令在拘留室外，可稱之為大廳的空間等候。她把憲法放回包包，取出一本《時代》雜誌，該期是「二〇一二年世界最有影響力人物」，[5]她翻到納瓦尼照片那一頁，交給他，然後要他擺出認真的表情。這張照片很精彩，納瓦尼的前臂伸出鐵柵欄外，手裡拿著雜誌，表情嚴肅卻略帶傷感。她用電子郵件把照片寄給了在美聯社擔任攝影記者的男友。隔天，這張照片就在全世界各大媒體刊登。[6]

瑪莎成為行動者以來，這或許是發生在她身上最重要的事：她戀愛了。謝爾蓋（Sergey）這一天也在外面某處，記錄著鎮壓慘狀。衝突持續到深夜，那時警察仍在小巷裡追趕著人們。六百多人被拘留、五十多人送醫治療，即使傷者遠多於此。[7]事實上，這一天從未結束。多數人獲得釋放，有些人隔天繼續在市中心各處抗議。鎮暴警察只因為人們配戴著白絲帶就予以拘留。穿戴防彈背心和頭盔的警察，成群結隊追逐著似乎只是在城裡散步的人群，將他們押上巴士，載往警察局，扣留三小時不立案釋放，然後一切從頭來過。涅姆佐夫在路邊咖啡館喝咖啡時遭到拘留，鎮暴警察抓人時還把桌子給掀了。[8]瑪莎一整天都騎著一部滑板車來回奔走。她向鎮暴警察宣讀憲法，遭到拘留，接受採訪，然後又被拘留。同時在克里姆林宮，普丁正式就任他的第三屆總統。

*

瑪莎墜入愛河，同時與警察之間的貓捉老鼠遊戲又持續了幾週。人們甚至在幾天之內建起一處占領運動式的營地（儘管沒有帳篷，因為帳篷是違法的），接著營地又被抄掉。而瑪莎還在熱戀中。她帶著薩沙去找前婆婆，前婆婆有一座別墅，距離莫斯科有兩小時車程。然後她和謝爾蓋第一次一同出遊。他要去拍攝這一年在烏克蘭和波蘭舉行的歐洲盃足球賽。瑪莎喜愛烏克蘭東部城市頓內次克（Donetsk），那裡為了賽事而建造了新體育場，[9]機場也翻修一新。[10]整個城市看起來宛如

（二〇一六年七月十八日瀏覽）。

5 "The World's 100 Most Inf luential People: 2012," *Time*, April 18, 2012, http://content.time.com/time/specials/packages/completelist/0,29569,2111975,00.html（二〇一六年七月十九日瀏覽）。

6 瑪莉亞・巴隆諾娃（Maria Baronova）拍攝的納瓦尼手持《時代》雜誌照片：http://www.thetimes.co.uk/tto/multimedia/archive/00292/106154947_navalny_292144b.jpg（二〇一六年七月十九日瀏覽）。

7 *Doklad Komissii "Kruglogo stola 12 dekabrya" po Obshchestvennomy rassledovaniyu sobytiy 6 maya 2012 goda na Bolotnoy ploshchadi* (Moscow, 2013), p. 9.

8 "Moskva: 7 maya OMON ustroil pogrom v Zhan-Zhake," Radio Liberty footage, http://truba.com/novosti-politika/video/moskva_7_maya_omon_ustroil_pogrom_v_kafe_zhan-zhak-335414（二〇一六年七月十九日瀏覽）。

9 "Donbass Arena Ready to Open," Donbass Arena website, July 2, 2009, http://donbass-arena.com/en/news/?id=9922（二〇一六年七月十九日瀏覽）。

10 "Cyborgs vs. Kremlin," undated report, Ukraine Today, http://cyborgs.uatoday.tv/（二〇一六年七月十九日瀏覽）。

歐洲的時尚雜誌。瑪莎在球迷區獲得座位。她從來沒想過自己會對足球入迷，但她真的著迷了。她對謝爾蓋說，她的身體可以感受到四面八方釋放出來的睪酮素。那是一次美妙的旅行。

＊

瑪莎在六月十日從波蘭搭機回國，因為她預定要參加莫斯科政治研究學校（Moscow School for Political Studies）的夏季課程，這是由一群志同道合的記者與社科學者舉辦的聚會，地點就在城外。六月十一日早上八點十五分，瑪莎的手機響了。涅姆佐夫的助理打來。

「每個人的公寓都被搜索了！」她說。警察去了納瓦尼、尤達佐夫、雅辛及其他行動者的住處。他們也去了涅姆佐夫的公寓，但涅姆佐夫不在城裡。[11]瑪莎有一種極其苦惱的不適感。她對保母阿伊莎特（Aishat）說過，不管是誰按門鈴都不要開門，即使薩沙正在祖母的別墅放暑假。阿伊莎特在夏天總是和雇主同住，她於一九九〇年逃離巴庫，丈夫則在當地的屠殺中喪生。阿伊莎特沒有接電話。瑪莎躺在床上，一波波睡意和噁心感在她頭上漂浮著。

她的電話又響了，她不認得這個號碼。

「你好，瑪莉亞・尼古拉耶夫娜。我是偵查總局（Head Investigative Directorate）的季莫費・弗拉基米洛維奇・格拉切夫上尉（Capt. Timofei Vladimirovich Grachev）。你涉嫌煽動、組織及參與暴動。我們已將傳票送到你的住處，交給巴庫居民阿伊莎特，」他拼出了保母的父名及姓氏：「她似乎未取得合法戶籍登記就住在那兒。」

「幹！回去吃自己吧！」瑪莎說著掛斷電話。

阿伊莎特還是沒接電話。瑪莎在床上又躺了一會，然後坐起身來，回電給調查員。

「聽著，我還沒看到傳票。過了這週末我會考慮要不要跟你談話。」這是長假週末過後的星期一——下一個工作日就在兩天後。

阿伊莎特終於接起電話時，已經過了中午。她說她非常抱歉；她知道不該開門，但警察用重物撞門，她以為門會被撞破。她很抱歉，但她做不下去了。瑪莎說她也很抱歉，她會付給阿伊莎特三個月薪水做為資遣費。

瑪莎最擔心的是警察會發現她藏匿的大麻。結果，他們沒有拿走大麻。他們也沒有拿走任何一份龐雜的財務報表——這些財務報表足以將她立案起訴。他們拿走的物品如下：十五條白絲帶；一整袋繪有粉紅三角的黑色圓鈕扣——運動者此時開始配戴這些鈕扣，表示他們反對國會提出的禁止「同性戀宣傳」法律修正案；一本涅姆佐夫的《普丁：會計報告》；一台瑪莎用來存放薩沙的學習輔助教材、記錄她從薩沙出生後所拍攝所有照片的舊筆電。他們也拿走了紙本照片：瑪莎的懷孕照、瑪莎的結婚照，還有瑪莎手上每一張塔蒂亞娜的照片。

*

格拉切夫上尉是一位瘦高個兒，年紀和瑪莎差不多，髮質很好，但髮型剪得很難看。他從三小時距離外的特維爾（Tver）地區檢察署奉派前來莫斯科，協助調查沼澤廣場案。這顯然會是件大案。他對瑪莎說，他才剛抵達莫斯科，就奉命去搜索她的公寓。

---

11 “Politsiya s utra vedyot obyski v kvartirakh oppozitsionerov,” *Novaya gazeta*, June 11, 2012, http://www.novayagazeta.ru/politics/53021.html（二〇一六年七月十九日瀏覽）。

「我看到那些粉紅色三角，還以為這是小孩的玩具之類的，就把它們放回去。」他說。但現場有個經驗更豐富的莫斯科警官。「他說：『你開什麼玩笑？那是LGBT運動標誌。』我的反應是：『什麼LGBT？』他回我：『帶走就是了。』」他們頻繁會面幾週之後，瑪莎和格拉切夫上尉對彼此都放心了，於是瑪莎問他為何沒把大麻從她公寓拿走當成罪證。

「我們在另一次搜索中甚至連古柯鹼都沒動，」他解釋：「這不是派我們去的目的。上級要我們搜查政治文宣。」

瑪莎和格拉切夫上尉開始用非正式代名詞對彼此說話。他甚至允許瑪莎到別墅探望兒子。同案的其他被告——她不認識他們，但知道他們的存在——都被逮捕了，而瑪莎幸運地只被限制居住於莫斯科。她無法前往一位朋友的別墅以紀念塔蒂亞娜逝世十周年。她厭惡那天必須獨自一人、或是跟錯誤的人一起度過，但她更厭惡必須請求允許這回事。但她後來覺得更舒適了些，只是她太想念薩沙了。

瑪莎的前婆婆和她的前夫一樣，也是化學家。她在一間應用科學研究所工作，該研究所在學術界的社經地位不高，這就意味著其研究員分得地產的村莊距離莫斯科很遠，位在特維爾地區。事實上，村莊只有一半屬於研究所，另一半則屬於地區檢察署。因此瑪莎的前婆婆放暑假時，才會和特維爾地區科納科沃市（Konakovo）調查委員會的一名上校比鄰而居。瑪莎在過去幾個夏天都見過這位上校。她名叫娜塔莉亞，年約四十，負責照顧六十歲的母親和八十歲的祖母，還有兩個孩子：她自己的小女兒，以及另一個和薩沙同年的男孩，那是娜塔莉亞染有嚴重毒癮的姐妹生下的兒子。娜塔莉亞似乎埋首於工作，對工作的實質內容毫無興趣，她只在意自己有這麼多家人要供養。她不工作的時候就是睡覺，在工作和睡覺之間則抽菸，她的這個習慣對母親和祖母都保密。瑪莎則是她的菸友。

「嘿，你也是沼澤廣場案的被告，對吧？」瑪莎來到別墅的第一個夜晚，她在兩人一同抽菸時問道。那一夜涼爽寂靜，天空看得見星星。

「對啊。」瑪莎說。

「你的調查員是誰？」

「格拉切夫。」

「啊，季莫卡（Timokha）！」娜塔莉亞的聲音因為認出熟人而歡快起來。「他是我的部下。我得派三個人過去，這是大案。他有做好工作吧？」

「哦，他很盡責，沒問題。」

「很好。幫我問候他。」

隔天早上，瑪莎從閣樓的床上醒來時，樓下有三個六歲小孩在玩耍。她聽著他們的聲音。他們在玩樂高積木。她想著，其中一個孩子是我兒子，另一個是要把我送進監獄關兩年那個男人上級的兒子。聽起來很複雜，卻又如此簡單——她輕易地跨越到存在的另一端，一路上都被熟面孔圍繞著。

*

她每週得到格拉切夫上尉的辦公室報到兩次，時間都是早上十點。他會提出人名，詢問瑪莎是否認識。如果瑪莎得到當事人允許的話，她會說認識。反之，她會說自己記不起來——而她往往記不起來。格拉切夫上尉會讓她看一些東西：「請你辨認一下。」然後把一件物品放在她面前——像是自由意志黨的旗幟。為什麼？她不知道，他大概也不認識。再來是警方照片沒完沒了地經過她眼前。一張又一張打字紙，每張黏貼著兩到三張照片。別人的臥室、書桌、衣櫃、書信、照片、別人的白絲帶。它們屬於瑪莎的同案被告。這些照片是搜索他們的公寓時拍攝的。而在這棟大樓的別處，或在城市的另一角，也有十幾個陌生人正在看著薩沙房間的照片，以及塔蒂亞娜照片的照片。還有從沼澤廣場取得的所有物證照片，這是數千人遭受攻擊之後留下的殘骸：折斷的打火機、壓扁的原子筆、被一千隻腳踐踏過的遺失護照。一件又一件對瑪莎毫無意義的物品，以低劣的解析度呈現在閃爍的霓虹燈下。這麼做的目的是要把我溺死在毫無意義之中，瑪莎想著。

從十二月二十日開始，瑪莎每天都得出現在格拉切夫上尉的辦公室。她先送薩沙到英語幼兒班，和記者母親們喝咖啡，然後她們去工作，她到調查委員會。她不再居住在從小到大生長的公寓裡了。經過搜索之後，有太多理由讓她搬走。其一是有個社服部門的女人跑來對瑪莎說，她得到消息指稱瑪莎是雙性戀者，不適任母親。另一個原因則是她生活的後勤條件，讓她再也無法居住在距離市中心這麼遠的地方。一開始她和謝爾蓋同居，但當然，這不是謝爾蓋想要的——持續受到監視、電話騷擾，以及一個不能離開城市執法範圍的女友。於是瑪莎在城裡租了公寓。

她閱讀著自己的案卷，每次厚厚一本資料夾。透過那些完全無法理解自己之人的紀錄，她觀看她六個月的人生與體驗（不管是抗議本身或參加抗議的人）。這一開始把她給逗樂了，一切人事物在那些人看來都是邪惡的，他們也懼怕白絲帶和推特。但這種感覺很快就倦怠了。資料夾不斷送來。溺水的感覺加重了。瑪莎想要直接簽名畫押而不再讀下去，但隨時在房間裡陪同她的調查員告訴她，這是不允許的。這人是一位高階中尉——官階比格拉切夫低一階，也比他小幾歲——從俄國西南部的布良斯克（Bryansk）奉派前來。瑪莎因閱讀而雙眼酸痛，所以她一直和他說話。他和妻子多年來一直嘗試懷孕，卻始終無效。現在他們正在進行體外人工授精，卻還是無法形成胚胎。瑪莎自己有過這樣的經驗。她試著安慰這名高階中尉。

冬季結束時，她的積蓄也見底了。她去請求涅姆佐夫給她一份工作。她需要一位能夠理解她非常規時間表的雇主，而她知道涅姆佐夫的組織從美國一項建立民主的基金得到了一些錢。他說組織的錢不夠僱用她，但他可以將她介紹給一位經營連鎖餐廳的朋友。瑪莎很樂意伺候客人用餐，但就算是在一家餐廳裡，她的時間還是無法配合。她在一個莫斯科外國特派記者的網路社團發文：「我想要一份喬事人（fixer）的工作。」其中很多人都認識她，知道她會說英語，能夠聯繫上任何人和任何事。她開始得到一些差事，但這些收入還不夠，朋友也借錢給她。她看過幾位記者工作之後，也意識到自己能試著做他們的工作。她開始為一份莫斯科市的雜誌撰稿，接著為雨點電視台（TV Rain）撰稿，這是一個獨立電視頻道，自從數年前開播以來已有數百萬閱聽人，即使該頻道只能在有線電視和衛星電視收看。

審判始於六月二日，距離案件核心的抗爭已經過了一年多。瑪莎看到了同案被告們。年齡從大學生到退休人士不等的十個男人，被塞進一個塑膠水族箱裡。他們站立著，雙手在背後交握，這是囚犯面對執法人員的姿態。他們每個人過去一年來都被關在牢裡。另一位同案被告被捕時十八歲，她這一年來都被軟禁在家。瑪莎感受到椎心刺骨的罪惡感。當她這一年來還被允許到處走動、每天晚上還能看見孩子，她怎能為自己感到難過、怎麼好意思覺得自己值得別人的同情和幫助？

審判與調查感覺上並沒有多大差別。瑪莎一年前看過暴動小貓的女團員出庭受審。那個場面很怪異，是不折不扣的女巫審判，但起碼還有一套編劇手法。這場審判沒有節奏，也沒有起點或終點。多數日程都在律師與法官爭論證據可否採納，以及採納次序之類的問題中度過。即使案件本身已經夠荒謬，但爭論的問題似乎全都與案件無關。被告的罪名從「參與公眾騷亂」到「動用武力反抗政府」不一而足，最高可能求處五年有期徒刑。被告和律師的人數都太多，這些人全都大不相同，行動因此無法協調一致。一開始他們試過。當被告席裡最年長的謝爾蓋．克里沃夫（Sergei Krivov）宣告他抵制法庭，拒絕回答任何問題，其他人也全都保持沉默。但隔天，克里沃夫就毫無預警地違背承諾。

記者很快就厭倦了審判程序——沒什麼可報導的——不再前來旁聽。瑪莎不時會在臉書上發篇憤怒的文字，說這十二個人被拋棄了，有些記者和社運人士就會現身一兩天。然後他們又回到各自的生活中。

薩沙在城裡一間較好的公立小學就讀一年級。幸運的是，學校和法院在同一條地鐵路線上。但隨後審判地點改成市郊的一處法院，瑪沙的晨間通勤距離因此拉長三倍。

人人都把這個案件稱為「沼澤案」（Bolotnoye case）。完全正確。就連溺水的過程都是曠日廢時的一團爛糊。瑪莎的身體開始背棄她。她渾身疼痛。到了十一月，她開始吐血。醫師們說，他們檢查不出任何毛病。

第六部　鎮壓

第十八章　謝廖沙，二〇一三年七月十八日

二〇一二年五月六日過後，首先是震驚，而後是夏日的霧，以及沼澤廣場案的逮捕——數月之內，二十多人遭到起訴（他們的案件被分割成幾個部分，他們也被分組審判）。歷經將近六個月時間，震驚才得以消散，迷霧也充分平息，使得運動者們能對發生的事件自行展開調查。

二〇一二年十二月，有二十六人組成了一個調查委員會。其中包括演員、學者、一名詩人、前異議人士，以及數名記者。每個人都以誠實正直聞名。他們的任務是審核數千頁文件，包括運動者所蒐集的將近六百名目擊證人的訪談，還有媒體報導、業餘人士及專業人士拍攝的影片，以及沼澤廣場案的案卷本身。

委員會確認了，當天在莫斯科就將近有一萬三千名軍警集結，其中八千多名部署於沼澤廣場內部及周邊。其中包括五千多名鎮暴警察，以及約兩千五百名內衛部隊；其他則是交通警察或警校學員。每一名武裝軍警大約要應對最多三名無武裝的抗爭者。軍警調度範圍遠及俄羅斯遠東地區。

抗議組織者們不知道的是，警方在遊行路線轉進沼澤廣場的岔道上部署了第二道金屬探測閘門。先前集會使用過的沼澤島，其大片區域也被警方用封鎖線隔開。警方在這兩項措施之間創造出瓶頸，先是讓遊行速度減慢，再讓它完全停頓。集會的講者們根本到不了臺前。因此先由尤達佐

夫，而後由納瓦尼呼籲群眾就地靜坐。

從委員會審視的影片中可以清楚看到，不同於瑪莎所見，納瓦尼不是唯一坐下的人，甚至不是第一個坐下的人；至少有一百人在不同時間點先後坐下，但他們的行動未經規劃或協調，他們被一群群仍然站立著的人們隔開，甚至他們自己也不停地站起、坐下，顯然不確定究竟發生了什麼事或該怎麼辦。[1]但在靜坐還沒開始之前，警方就接獲命令開始進行逮捕——委員會從沼澤廣場案審判中一名警官的證詞取得了這個說法。換言之，事情與瑪莎及許多其他抗爭者以為的恰好相反，他們並非咎由自取：是警方先動手的。問題在於暴力行動是否經過預先策劃。許多目擊證人都回報，他們認為並看到了年輕男子滲透到抗爭人群中。有些人說，這些男子直接被警察揮手放行，繞過金屬探測器和隨身物品搜查的步驟。這些年輕男子似乎就是夾帶煙霧彈和易碎瓶罐進入、協助觸發暴力行動的人。委員會得出結論：這次暴力事件是由政府當局謀劃並挑動的。[2]

*

二〇一二年五月七日，在鎮暴警察持續於莫斯科市中心追捕配戴白絲帶的人們之際，普丁宣誓就職。當天他簽署了十二項命令，包括指示外交部在對美國及北約的關係上奉行警戒政策；指示內閣對移工推行強制性俄語及歷史教育；命令內閣「確保累積生育率（cumulative fertility rate）在二〇一八年度前達到一點七五三」。[3]接著普丁會晤了國際奧林匹克委員會主席雅克．羅格（Jacques Rogge）。這次會面在克里姆林宮舉行，是普丁正式就職之後第一次會見外賓。

「儘管我國內政正在發生事端，但我要向您保證，總統辦公廳、內閣，以及我個人，都會以二〇一四年冬季奧運會為最高優先的準備事項。」普丁說：「我們認為此事至關重要。我們的合作會持續下去。」[4]

自從去年十二月以來，普丁數月之內幾乎不提抗爭，但他對羅格的談話，卻暴露了他懼怕外國人必定認為俄羅斯陷入混亂的窘境。普丁在二〇〇七年親自前往瓜地馬拉市，為俄國爭取二〇一四年冬季奧運會主辦權——他以英語和法語演說。但那場演說很怪異，在按照慣例承諾提供世界級設施、堅定提醒聽眾冬季運動在俄國的風行程度之後，普丁突然話鋒一轉，提及俄羅斯在歷史上蒙受的損失，即使不是在體育上的：「容我指出這點：蘇聯解體之後，俄羅斯失去了所有的山地運動設

1 Video of sit-in, published April 21, 2013, https://www.youtube.com/watch?v=0vWRHahkgoo&feature=youtu.be（二〇一六年七月二十日瀏覽）。

2 *Doklad Komissii "Kruglogo stola 12 dekabrya" po Obshchestvennomy rassledovaniyu sobytiy 6 maya 2012 goda na Bolotnoy ploshchadi* (Moscow, 2013), pp. 52-67.

3 "Ukaz o merakh realizatsii vneshnepoliticheskogo kursa," May 7, 2012, http://kremlin.ru/events/president/news/15256；"Ukaz ob obespechenii mezhnatsional'nogo soglasiya," May 7, 2012, http://kremlin.ru/events/president/news/15240；"Ukaz o merakh po realizatsii demograficheskoy politiki," May 7, 2012, http://kremlin.ru/events/president/news/15257（二〇一六年七月二十一日瀏覽）。生育率從二〇〇六年開始就提升，五年內從每位婦女生育一點三名子女增加到一點六名。一點七五三這個古怪的數字，可能是假定生育率會按照這道命令之前的相同比率維持成長而估算來的。但在命令下達之後，聯邦統計局回報，必要生育率突然竄升。Fertility rate, total, Russian Federation, The World Bank, http://data.worldbank.org/indicator/SP.DYN.TFRT.IN?locations=RU（二〇一六年七月二十一日瀏覽）。

4 "Vstecha s prezidentom MOK Zhakom Rogge," Kremlin transcript, http://kremlin.ru/events/president/news/15235（二〇一六年七月二十一日瀏覽）。

施。你們能相信嗎？直到今天，我國的國家代表隊在俄羅斯境內仍然缺乏可供訓練的山地設施。」[5]

這段話的言下之意是，將奧運會的主辦權給予俄羅斯，是一種損失補償，也是一種為它恢復體育運動設施及國家榮光的方式。這一計畫的重大象徵意義，使普丁有必要在重新就任總統之後，首先會見國際奧委會主席。

然後普丁參加冰球比賽。他在一年半前才開始學習這項冬季運動，但身為業餘隊的一員迎戰全俄明星隊，他仍設法攻進兩球，率隊取勝。[6]

隔天，普丁請求國會通過季米特里・梅德維傑夫出任總理的任命案。「我們的一切作為都是公開的。」普丁這麼說，指的是去年九月兩人宣布互換位置的意向。「絲毫沒有能被解讀為操弄的空間。」他並未直接提及抗爭，但面對抗爭者所指控的選舉舞弊與竊占行為，態度十分明顯：顯而易見的事情哪有可能作假？國會通過梅德維傑夫出任總理之後，普丁留下來繼續談正事。正事多半是經濟及人口議題。在經濟方面，普丁指責國會議員提議的立法內容，顯示出他們對基本經濟實況缺乏理解。而在人口方面，普丁則讚許自己、梅德維傑夫和國會一同促成了生育率提升。「這是明智的政策所造就的。」他指的是對懷第二胎的婦女提供現金補助。他暗示，現在或許正是研議在俄羅斯部分地區，將補助範圍擴大到懷第三胎的時機。[7]

隔天是勝利日。普丁在紅場的演說臺，設於色彩繽紛的聖瓦西里大教堂（St. Basil's Cathedral）附近——普丁並沒有像蘇聯政治局的成員那樣站在列寧陵墓頂端，但除此之外，蘇聯時代閱兵遊行的樣貌與感受全都回復舊觀了。規模及象徵意義亦然——這場遊行既是為了彰顯俄羅斯的力量、又是確認它的權利而舉行：

> 我們擁有強大的道德權利，以來秉持原則、堅決捍衛我國的立場，因為我國在對抗納粹的戰爭中首當其衝……今天的青年是真正自由鬥士的後裔……我們將永遠忠於他們的英勇，這就意味著我們擁有未來。[8]……榮耀歸於俄羅斯！

一萬四千名男子完美地齊聲三呼「萬歲！」俄羅斯國歌（恢復使用蘇聯國歌）則開始演奏。[9]

自從葉爾欽在一九九九年重新舉辦、普丁在二〇〇〇年接任總統之後，勝利日遊行逐步進化。普丁第一次在勝利日遊行演說時，將重點放在這個假日對所有俄羅斯人的重要性。二〇〇一年第二次遊行演說，他則以「榮耀歸於俄羅斯」（Glory to Russia!）做為結尾——這句口號直到那時為止，仍是邊緣極端民族主義組織的標誌。年復一年過去，演說的重心逐漸轉移到了當下、轉移到了保持警惕的必要。參與閱兵的軍隊人數也增加，從二〇〇三年的五千人左右，增加到二〇〇八年的

5 普丁在瓜地馬拉市演說影片，今日俄羅斯電視臺（RT）片段，二〇〇七年七月五日，https://www.youtube.com/watch?v=_aNo3DxWaW4（二〇一六年七月二十一日瀏覽）。

6 "Vladimir Putin prinyal uchastiye v gala-matche lyubitel'skoy hokkeynoy ligi," Kremlin report, May 7, 2012, http://kremlin.ru/events/president/news/15260（二〇一六年七月二十一日瀏覽）。

7 "Plenarnoye zasedaniye Gosudarstvennoy Dumy," Kremlin footage, May 8, 2012, http://kremlin.ru/events/president/news/15266/videos（二〇一六年七月二十一日瀏覽）。

8 編按：普丁使用的說法是「這裡有未來」（*budushcheye yest'*）——不言自明地回應了更普遍通行的俗語「這裡沒有未來」。

9 "Voyenniy parad v chest' 67-y godovshchiny Velikoy Pobedy," Kremlin footage, May 9, 2012, http://kremlin.ru/events/president/news/15271（二〇一六年七月二十一日瀏覽）。

八千人，再到二〇一二年的一萬四千人。二〇〇七年，也就是普丁在慕尼黑演說中指控北約背叛和挑釁的那一年，他第一次運用遊行演說明確指涉美國。他沒有講出國名，但他說，一如第三帝國的時代，今天也有一個國家具有「全球例外主義及發號施令的意圖」。二〇〇八年，喬治亞戰爭那年，武器裝備檢閱（長長一隊戰車與導彈）自蘇聯時代以來第一次加入紅場慶典之中。梅德維傑夫也在同一年正式就任總統，因此他這時和普丁並肩站立於觀禮臺上，兩人面前都有麥克風，彷彿兩人要同時發表講話。不過接下來四年都由梅德維傑夫發表演說。他的演說不以「榮耀歸於俄羅斯」結尾，而選擇了「祝大家偉大的勝利日愉快」。二〇一〇年是對德戰爭勝利六十五周年紀念日，外國元首受邀參加紅場慶典，當天的遊行內容加上了飛行表演，晚上的煙火表演則從十分鐘延長為十五分鐘，而且這一年首次宣布舉行「全俄勝利日遊行」——全國十九個城市舉行全套閱兵遊行，五十二個城市舉行小規模閱兵遊行。此後每一年都有飛行表演，全俄遊行也一樣，舉辦的城市愈來愈多。[10]

勝利日隔天，普丁搭機前往烏拉山區，參觀烏拉爾車輛製造廠（UralVagonZavod），這家工廠才剛獲得軍方的鉅額合同。該工廠製造裝甲運兵車、戰車，以及被稱作「終結者」的改造戰車。「終結者」第一型不同於一般戰車，有兩門炮管加上兩門榴彈發射器，「終結者」第二型則有兩門炮管和裝載四枚導彈的兩組發射器。前一年十二月，普丁在電視上持久轉播的熱線——那場節目的開頭是他坦白自己把白絲帶誤認為保險套——結尾是從烏拉爾車輛製造廠的廠房傳來的一個視訊熱線提問。在蘇聯工業美學的彩色重現版之中，約有六十個男人站在一起，身穿完全相同、剛熨好的黑橘兩色制服，由一個站在中央的男人代表發言。他在制服外套下打了領帶。

我名叫伊戈爾．霍曼斯基（Igor Kholmanskikh）。我是裝配車間領班……我有個讓我心痛的問題。我們遭遇困難的時候，弗拉基米爾．弗拉基米洛維奇，你來到我們的工廠幫助我們。今天……我們珍惜我們享有的穩定，我們不要時代倒退。我要對那些抗議說點話。要是警察不知道該怎麼履行職責，要是他們對抗議無計可施，那麼我和我的工人都準備好了，要站出來保衛我們的穩定。

「來吧。」普丁微笑著說。[11]這些工廠職工隨後組織了捍衛普丁委員會，他們在宣言中寫道，普丁遭受「莫斯科遊手好閒之徒」攻擊。[12]事實上，抗議也在烏拉爾車輛製造廠所在地，約有三十萬

10 歷年勝利日遊行影片：2000, https://www.youtube.com/watch?v=A6xWUqW5e0o; 2001, https://www.youtube.com/watch?v=PZzUNq6kkFE; 2002, https://www.youtube.com/watch?v=oiuT-3jeDoc; 2003, https://www.youtube.com/watch?v=-I_VwGnCXBk; 2004, https://www.youtube.com/watch?v=SUVMmOwDCZI; 2005, https://www.youtube.com/watch?v=OZW1vtc-euY; 2006, https://www.youtube.com/watch?v=k-WZCmqvkRY; 2007, https://www.youtube.com/watch?v=YA3Z0VsHeml; 2008, https://www.youtube.com/watch?v=y1_5Fr6xc38; 2009, https://www.youtube.com/watch?v=n8_Q2aB3WhM; 2010, https://www.youtube.com/watch?v=-7Nv9a7ODxQ; 2011, https://www.youtube.com/watch?v=W2zK-ihbCF0（皆於二〇一六年七月二十四日瀏覽）。

11 "Razgovor s Vladimirom Putinym 2011 (polnaya versiya)," https://www.youtube.com/watch?v=mTDGhhcBKdI（二〇一六年七月十五日瀏覽）。

12 "Rabochiy klass Urala! Trodovoy narod Rossii!" appeal from Putin defense committee at UralVagonZavod, December 29, 2011, http://www.uvz.ru/news/3/128（二〇一六年七月二十一日瀏覽）。

人口的城市下塔吉爾（Nizhny Tagil）發生了，就在莫斯科沼澤廣場第一次發生大規模抗爭的十二月十日當天，有一百到一百五十人走上街頭。[13]烏拉爾車輛製造廠的職工們堅守著只有大城市遊手好閒的有錢人才發動抗議的這套敘述，並規劃坐上戰車，前往距離最近的大城市——葉卡捷琳堡——參加擁護普丁的反制集會。最後，他們被要求把戰車留在工廠裡。[14]但如今普丁既然再度當上總統，他首次離開莫斯科的出訪就是一趟感謝之旅——參訪烏拉爾車輛製造廠。工廠職工祝賀普丁勝利日愉快，讚美他在冰球比賽的表現，並且又提到了抗爭者。

「他們只是在做自己的份內事。」普丁這麼說，意思是抗爭者收錢辦事——國營電視頻道這時已經播送了一系列報導，指稱抗議行動受到美國國務院資助。

「國家需要穩定，你當然是唯一能為我們帶來穩定的人。」其中一名工人說。[15]一週後，普丁任命霍曼斯基為烏拉地區的總統全權代表——職涯從裝配車間領班演變至此，堪稱驚奇。以往只有得到信任的資深官員會被任命為總統全權代表，其中大半是退役的軍方高階將領。霍曼斯基如今負責管轄人口合計一千四百萬的俄羅斯六個地區，包含六位州長。

五月十日，普丁訪問烏拉爾車輛製造廠的同時，政府請求國會通過《公眾集會法》的一系列修正案。這些修正案將違反公眾集會法令的罰款，大幅提高到相當於一千五百美元——對多數俄羅斯人來說都是極為沉重的負擔；同時將「公眾集會」的定義修改到了讓警方得以隨意把任何人群都歸類為公眾集會的地步。國會神速通過法案，大概是先前任何立法從未見過的。它在六月九日正式生效成為法律，就在一場預計要紀念一九九〇年俄羅斯主權宣言的抗議遊行前三天。[16]

鎮壓迅速持續。《公眾集會法》修訂之後又通過一項法律，要求接受外國資金的非政府組織登記為「外國代理人」，從而令它們承受足以使其癱瘓的財務申報要求，同時發揮「紅字」的功用——這些組織的所有公共傳播內容都必須加上「外國代理人」字樣，從名片到專欄特稿都要。八月，暴動小貓的團員們以「流氓」罪名被判刑兩年，她們成了最先因為和平抗議而入獄服刑的人。在此同時，更多人因為沼澤廣場案被逮捕。九月，《保護兒童免受有害健康及發展資訊法》正式生效；這時它經過修正，將網際網路納入規範。十一月，間諜罪和嚴重叛國罪的相關法律也通過修正，用字遣詞恢復到了成千上萬人被羅織罪名處死的一九三〇年代水準。按照新法規定，為那些被俄國認定具有敵對性質的國際組織工作，就有可能被控嚴重叛國罪。而在一個月前，俄國政府命令美國國際開發署停止在俄國境內活動；可想而知，如今新法可以用來對付該組織任何一名俄籍員工，或是它在俄國為數眾多的合作夥伴。新法也使間諜罪可能適用於那些手握機密資訊卻無意與外

---

13 "Vybory: Aktsiya 'za chestniye vybory' v g. Nizniy Tagil," December 10, 2011, http://kushvablog.ru/vibory/2828-akciya-za-chestnye-vybory-v-gnizhnij-tagil.html（二〇一六年七月二十一日瀏覽）。

14 "Rabochikh Uralvagozavoda ne pustyat na tanke v Yekatirenburg," grani.ru, January 16, 2012, http://graniru.org/War/Arms/m.194881.html（二〇一六年七月二十一日瀏覽）。

15 "Poseshcheniye nauchno-proizvodstvennoy korporatsii 'Uralvagonzavod,'" Kremlin report, May 10, 2012, http://kremlin.ru/events/president/news/15282（二〇一六年七月二十一日瀏覽）。

16 關於法案第 70631-6 號，"O vnesenii izmemneniy of Kodeks Rossiyskoy Federatsii ob administrativnykh pravonarusheniyakh i Federal'niy zakon 'O sobraniyakh, mitingakh, demonstratsiyakh, shestviyakh i piketirovaniyakh' (v chasti utochneniya poryadka organizatsii i provedeniya publicnykh meropriyatiy, prav, obyazannostey i otvetstvennosi organizatorov i uchastnikov publichnykh meropriyatiy)" 通過的歷程，參看 http://asozd2.duma.gov.ru/main.nsf/%28SpravkaNew%29?OpenAgent&RN=70631-6&02（二〇一六年七月二十一日瀏覽）。

國分享、或從公開來源中蒐集到資訊的人們身上。[17]十二月，表面上是為了回應美國通過一項新法案，對「嚴重侵害人權」的俄國官員實施制裁——即所謂《馬格尼茨基法治問責法》，得名於那位在莫斯科監獄裡被凌虐致死的會計師——俄國通過一項法律，禁止美國人收養俄國孤兒，同時給予政府權利，立即查禁接受美國個人或組織任何資金的非政府組織。國際監督團體人權觀察（Human Rights Watch）將二〇一二年的事態發展，稱作「蘇聯時代以來最惡劣的鎮壓」。[18]

這些新法律是完美的鎮壓工具——含糊地足以警告千百萬人，但又可以選擇性地應用。這些法律，包含在國會及電視節目上的討論，則可視為一則完整的訊息。其示意著克里姆林宮如今掌控了一切，重新建立起嚴格的秩序。它們似乎也向俄國人民示意：現在該輪到他們執行秩序了。在葉卡捷琳堡，一群家長組成委員會，要求將多部書籍從市面上下架，並起訴出版商。這些書籍包括以色列作家大衛・格羅斯曼（David Grossman）的青少年小說《一起奔跑的人》（*Someone to Run With*），故事中的一個角色是吸食海洛因成癮的青少年；美國作家琳達和艾蕾雅・馬達瑞絲（Linda & Area Madaras）的《我的身體》（*What's Happening to My Body?*）叢書；以及三本關於青春期的著作。法院最後拒絕受理這起訴訟，但其中一家出版商已經把一次印量都作廢，其他出版商也為了替自己的書籍辯護而投入大筆開銷。同樣的案件開始在全國各地出現。為了求生，出版商（尤其是有觸犯《保護兒童免受有害健康及發展資訊法》之虞的童書出版商）不得不停止發行可能將他們捲入訴訟的書籍。新法律的其中一項規定，禁止在任何供十二歲以下兒童閱讀的書籍中提及死亡。「自然主義的」人體描寫也同樣禁止。可能因為一場大規模訴訟、甚至所有刷次被迫作廢進而倒閉的出版商，只能謹小慎微以明哲保身。隨著警惕的公民們在一個又一個城市裡對藏書大發雷霆，書店和圖書館也不得不小心為上。[19]自我審查是一種最純粹的集體劫持形式。它又重新開始了。

*

列瓦達曾經從理論上說明過，周期性的抗爭並不會改變蘇聯的社會結構。古德科夫進一步開展這個概念：周期性抗爭實際上是維持社會結構不可或缺的舉措。無論是哪個時代的俄羅斯政權、限制又有多麼嚴密，每隔一段時間，緊張總會在權威機構與社會（找不到更好的用詞了——在一個公共領域幾乎不存在的國家裡，古德科夫只盼望有個詞能形容「社會」，而不致讓人立刻聯想到西方社會）之間積累。這份緊張象徵著社會變革的潛力。列瓦達論證，每當這樣的時候，社會都將從平靜狀態轉為激越狀態。國家的回應則始終是動用武力。

武力可以運用於國內，例如人們被逮捕、機構被關閉或整肅、法律限制更嚴格；也可以用於國外，像是發動戰爭。兩種方法效果一樣——一度變得更複雜的社會，重新恢復到極端簡化的狀態：我們、他們，以及為我們承擔一切責任、獲得我們全心信任的領袖。這讓社會做為整體，感覺更

---

17 Petr Orlov, "K Bondu ne khodi," *Rossiyskaya gazeta*, November 14, 2012, https://rg.ru/2012/11/13/taina-site.html; "Russia Expels USAID Development Agency," BBC News, September 19, 2012, http://www.bbc.com/news/world-europe-19644897（二〇一六年七月二十一日瀏覽）。

18 "Russia: Worst Crackdown Since Soviet Era," Human Rights Watch, January 31, 2012, https://www.hrw.org/news/2013/01/31/russia-worst-crackdown-soviet-era（二〇一六年七月二十一日瀏覽）。

19 Masha Gessen, "Russian Purge: The Horror Story of Publishing Children's Books in Russia," *The Intercept*, February 17, 2016, https://theintercept.com/2016/02/17/the-horror-story-of-publishing-childrens-books-in-moscow/（二〇一六年七月二十四日瀏覽）。

好。平靜得以恢復、變革則被預防、麻煩製造者也被制止。古德科夫開始將這個過程稱為「夭折的現代化」（abortive modernization）。在蘇聯時代，鎮壓和戰爭以固定週期發生。古德科夫自己的研究生涯，以及列瓦達創立社會學學校的計畫，都在一九六〇年代晚期被一次這樣的鎮壓中挫——當布拉格爆發抗議，而莫斯科也有人舉行聲援示威之後。當時只逮捕了一些人——多數人受到的懲罰是被迫放棄或中斷他們的知識工作。其他人則僅被降職。這是國家恐怖在史達林死後運作的方式：懲罰少數人就足夠壓制許多人。

週期性的爆發，而後動用武力防止變革，這樣的循環在蘇聯解體之後仍然持續。古德科夫這時開始重新思考蘇聯解體的歷史。若是將重建過程與後蘇聯時代的第一年看成社會的「激越」時期，那麼武力展示就發生在一九九三年，當葉爾欽炮轟國會大樓之時。它的效果一如預期，社會激烈地簡化，葉爾欽確認了領袖地位——即使古德科夫心中真正想到的字眼，是俄文的「領導」（*vozhd'*）甚至是德文的「元首」——也正如激烈簡化的時代一向發生的，民族主義茁壯成長。這就說明了季里諾夫斯基黨派在一九九三年選舉的大勝。二〇〇八年的喬治亞戰爭也發揮了同樣功能。戰爭簡直和鎮壓一樣有效，因為兩者都會讓有意將事物複雜化的任何人名譽掃地。以下是古德科夫令人沮喪的想法，他也不得不承認，這種想法很激烈——過去一個世紀可以看作是連續體，定期受到「夭折的現代化」碰撞。他用了整個成年歲月研究這個社會，結果其本質仍維持不變。這個想法之所以激烈，是因為沒人願意聽。

*

倘若二〇一一至二〇一二年間在俄羅斯全境走上街頭的人們，抗議的對象是他們發現自己生活在其中的社會內含極權主義，且不論他們是否用了極權主義一詞，那麼，抗議的形式和口號就不像瑪莎所以為的那樣不合邏輯了。倘若極權政體的特徵之一是將生活的每一方面都政治化，那麼，極力非政治化的抗議就是一種適切的回應。倘若極權政體的特徵之一是抹滅國家之外屬於個人的所有空間，那麼，在被警戒線封鎖的空間內舉行抗議也就不是多麼怪異的想法：協商出這種空間的能力本身就是一種勝利。因此，鎮壓從取消協商結果、在實體上摧毀抗議空間開始，也是理所當然的。

就連抗爭者及其反對者同樣使用的「穩定」一詞，在極權主義的理論與實踐中也有漫長的歷史。鄂蘭指出，納粹和蘇聯政權都會定期進行清洗或鎮壓，她將這些清洗和鎮壓稱為「永遠不穩定狀態的工具」（an instrument of permanent instability）。變動不居乃是體制存續不可或缺的：「極權主義統治者必得不惜任何代價，防止一種正常化，使新的生活方式可能發展——經過一段時間以後，它可能失去混血性質，在全世界各民族廣泛不同而又深刻對立的各種生活方式中發生。」實際上，她這麼寫道：「關鍵問題在於希特勒和史達林都許諾要保持穩定局面，目的卻為了掩蓋他們想製造永遠不穩定狀態。」[20]

當抗爭者要求把「穩定」還給他們，他們所要求的是這種正常化。可是當來自烏拉爾車輛製造廠的一名普丁兵卒說，抗爭者必須被粉碎，因為只有普丁才能確保穩定，他是在追求領袖的視野，真心誠意地請求領袖在當時當地動員他們。

*

---

20 Hannah Arendt, *The Origins of Totalitarianism* (New York: Harcourt Brace Jovanovich, 1976), pp. 390-391. 譯者按：此處中譯參看鄂蘭著，林驤華譯，《極權主義的起源》，頁四〇四；「永遠不穩定狀態的工具」一詞，參看該書頁五八一註三，略有改動。

俄國內外的社會科學學者，對於運用「極權」一詞形容後蘇聯俄國都嗤之以鼻。就連「威權」都有爭議。鎮壓開始後不久，「混合政體」（hybrid regime）一詞逐漸流行起來。最初的用語是「非自由民主」（illiberal democracy），由記者法里德・札卡利亞（Fareed Zakaria）在一九九七年的一篇文章裡提出。札卡利亞強調民主做為一種透過自由及公開選舉選擇政府的方式，與自由主義這項保衛個人自由的政治計畫之間，有所區別；兩者並不必然攜手並進。政治學理論長久以來都承認自由專制政體（liberal autocracy）存在，例如奧匈帝國。如今則該承認其結果也必然存在。札卡利亞引用了白俄羅斯、吉爾吉斯和秘魯，以及其他國家的例子，這些國家的民選領袖不斷侵犯憲法為保障個人自由而設定的權力限制。他也提到俄羅斯正面臨這樣的風險：

> 一九九三年，鮑里斯・葉爾欽出名地（而且名副其實地）攻擊俄國國會，攻擊行動是由國會自身的違憲舉動所引發。接著他停止憲法法院運作，拆解地方政府體制，開除數名省長。從車臣戰爭到經濟方案，葉爾欽習慣性地表現出對憲法程序及限制的漠不關心。葉爾欽很有可能本質上仍是個自由民主派，但他的行動創造了俄羅斯的超級總統制。我們只能盼望他的繼任者不會濫用它。[21]

「非自由民主」觀念有個顯而易見的問題：一旦民主選舉產生的政府開始限制自由，就不太可能繼續擁有真正自由開放的選舉——即使事實上，選舉仍定期舉行。畢竟，就連蘇聯都有選舉，根據蘇聯憲法第九十九條規定，此為不記名投票的直接選舉：「禁止對選民的意志表達進行監督。」然而在鄂蘭的命題中，就提到了極權政體如何剝奪臣民的意志，而再沒有比選舉制度更實在的呈現了——在蘇聯參與投票的每個候選人，全都能夠順利當選。

在普丁統治的俄國，多數選舉都被完全消滅了。州長和參議員如今都是官派，下議院則由政黨按選票比例組成，泰半消除了個人投票的意志。自二〇〇〇年以來，每次選舉的總統候選人，實際上也遇不到反對。儘管如此，還是有旗幟、看板、音樂會，以及其他選戰所需的配備，也有投票。雖然看上去更像是西方民主政體了，但實際上卻更像蘇聯。過了一段時日，「混合政體」一詞取代了「非自由民主」。

在俄國，「混合政體」一詞是由青年政治學家葉卡捷琳娜．舒爾曼（Ekaterina Shulman）普及起來的。她寫道：

> 混合政體是在新歷史時刻裡的威權政體。我們知道威權政體與極權政體的差異：前者獎勵被動，後者則獎勵動員。極權政體要求參與，要是你不參加遊行，不跟著唱歌，你就不是忠誠的公民。反之，威權政體則試圖說服臣民待在家裡，任何太熱中遊行、太大聲唱歌的人都是可疑的，不論歌曲思想內容或遊行方向為何。[22]

21 Fareed Zakaria, "The Rise of Illiberal Democracy," *Foreign Affairs*, November/December 1997, pp. 22-42, https://www.foreignaffairs.com/articles/1997-11-01/rise-illiberal-democracy .

22 Yekaterina Shulman, "Tsarstvo politicheskoy imitatsii," *Vedomosti*, August 15, 2014, http://www.vedomosti.ru/opinion/articles/2014/08/15/carstvo-imitacii（二〇一六年七月二十二日瀏覽）。

舒爾曼重申了胡安・林茲的定義，針對威權主義與極權主義做出差異，但省略了他對極權主義「完全政治化」與威權主義「非政治化」本質的區別。舒爾曼寫道，混合政體是冒牌貨，但西方觀察家們往往只聚焦於假冒的其中一個面向：假冒民主。「很容易就能留意到，民主的門面是紙糊的，」她寫道：「但更難理解的是，史達林的肌肉黏貼在上面。」她論證，普丁政權所動用的武力總量，按照二十世紀的標準其實微不足道。十幾個政治犯之於極權主義恐怖，意義正如普丁每四年當選一次之於民主政體運行。她主張，混合政體藉由策略性地以不同程度同時模仿民主與極權，來延續其生命。

其他用以描述普丁政權的詞語，還包括盜賊統治（kleptocracy）和裙帶資本主義（crony capitalism）——納瓦尼「騙子小偷黨」主題的變體。一位名叫巴林特・馬札爾（Bálint Magyar）的匈牙利社會學家，拒絕接受這些用語，因為他強調，「盜賊統治」和「裙帶資本主義」兩者都必然包含某種自願結盟，個人彷彿能夠參與裙帶系統或選擇不參與，然後還能自主地——即使獲利較少——做自己的生意似的。但霍多爾科夫斯基和流亡國外的寡頭們，乃至不知幾千幾萬入獄或破產的企業家們，其命運都表明了這種想法純屬謬論。

馬札爾出生於一九五二年，在匈牙利這個壓迫相對較少的東歐集團國家長大。這使他得以接受良好教育，成為一名社會學家。但馬札爾在一九七〇年代晚期開始積極參與地下反對政治，因此遭受懲罰：他被禁止在大學任教、禁止前往西方國家。一九八〇年代晚期，馬札爾身為自由民主聯盟——匈牙利自由黨的創始人之一，成了國家民主轉型過程的一部分。到了二〇〇〇年代，自由黨逐漸失去政治地位，最終不復存在，馬札爾重回社會學研究。而在維克多・奧班（Viktor Orbán）的新政權下，他再次被大學院校列為不受歡迎人物，於是也再次專注於研究東歐各國社會。

他強烈厭惡「非自由」之類的用語，因為這些用語聚焦於那種政權所不具備的特徵——像是自由媒體或公平選舉。他認為這種用語宛如藉由「大象不會飛」或「大象不能游泳」之類的說法來描述大象——這完全沒提到大象真正的模樣。他也不喜歡「混合政體」一詞，這在他看來彷彿是模仿出來的定義，因為它根本無法定義這個政權表面上混合了些什麼。[23]

馬札爾開展出自己的概念：「後共產黑手黨國家」（post-communist mafia state）。這個名稱的前後兩半都很重要。「後共產」，因為「民主大霹靂」（democratic big bang）[24]之前的狀態，對於體制形成有著決定性作用。也就是說，它從共產獨裁的基礎上產生，是共產獨裁衰敗後所剩的殘骸組建而成。」[25]後共產國家的統治菁英最常出身於舊體制職官權貴，無論是黨內還是祕勤部門。但在馬札爾看來，這還不是這些國家最重要的共同特徵。最要緊的是，一些舊勢力集團演變成以單一個人為中心，由該人帶領整個集團掌握權力。鞏固權力與資源相對容易，因為這些國家直到不久前仍由一黨壟斷權力、由國家壟斷財產。由此產生了獨特的情境：

> 在其他專制體系的例子裡，或者……私有財產被轉換成近似於國有財產，或者財產的正式分配多少未被觸動……但在歷史上找不到這樣的先例：國有財產根據可疑的規範而全被轉

---

23 作者訪談巴林特・馬札爾，二〇一五年六月十三日在布達佩斯。

24 編按：馬札爾在此指涉的是認為這些國家的歷史始於共產主義終結的傾向。

25 Balint Magyar, *Post-Communist Mafia State: The Case of Hungary*, trans. Balint Bethlenfalvy et al. (Budapest: Central European University Press, 2016), p. 68.

換——至少在這些規範的社會接受度這方面是可疑的。當意圖是創造出一層私人持有者，那就彷彿是意圖從魚湯裡養出魚來。[26]

這些集團奪取的財產與權力，並沒有其他顯而易見的合法持有者。這使得他們的工作出奇簡單。

按照馬札爾的定義，黑手黨國家不同於其他由一人統治、一小撮菁英圍繞於領袖身旁的國家。在黑手黨國家裡，這個小小的權力集團結構就像個大家族。家族的中心是家父長，他並不統治：「他處置——地位、財富、身分、個人。」[27]整套體系的運作宛如共產時代分配經濟的諷刺畫。家父長及其家族只有兩個目標：積累財富、集中權力。家族般的結構嚴分階序，家族成員身分只能經由出生或收養取得。在普丁的例子裡，他最內圈的親信由從小在列寧格勒街頭和柔道館一起長大的人們組成，第二圈包含他在國安會／聯邦安全局的同事，更外圈則是他在聖彼得堡市政府的同事。他在極罕見的情況下會「收養」某人進入家族，像是原先沒沒無聞的裝配車間領班霍曼斯基，一舉被提升到某種第三代堂表兄弟的身分。一個人不可能自願離開家族：他只能被驅逐、被斷絕關係和被剝奪繼承權。極權主義國家的兩大支柱——暴力與意識型態，成了黑手黨國家手上區區一個工具而已。

*

用馬札爾的話來說，後共產黑手黨國家是一個「運用意識型態（ideology-applying）」的政體（反觀極權主義政體則是「受意識型態驅動」〔ideology-driven〕）。鎮壓同時需要武力與意識型態。

武力工具（鎮暴警察、內衛部隊、甚至洗街車）儘管伸手可及、隨時可用，意識型態卻顯然不那麼容易取得。直到二〇一二年春天，普丁的意識型態大戲，由「穩定」、哀嘆蘇聯帝國的逝去所構成；恢復蘇聯美學與偉大的衛國戰爭神話雖罕見提及，卻不斷被明確宣示；另外就是美國與北約過去如何欺騙俄國、如今又施加威脅的籠統陳述。所有這些成份在「預防性反革命」期間都運用過，當時全國、尤其是年輕人都被召喚起來，與當時受到美國鼓動、危害穩定的橘色威脅戰鬥。普丁在十二月第一次回應抗議時，也運用了同一套形象。但杜金這時堅稱這麼做還不夠。

十二月底，杜金發表了一篇文章，其中預言普丁若是繼續忽視思想與歷史的重要性，就會垮臺。[28]在杜金看來，普丁處理思想與歷史問題時，太過零星而不協調，由此顯示了他認為這些問題無足輕重。到了二月，杜金應邀在反橘色勢力集會中演說，這場活動由克里姆林宮策劃，恰好與莫斯科的一場大規模示威抗議撞期。這是杜金至今為止最主流的一次公開露面。他從俯首山（Poklonnaya Mountain）上一座舞臺向數萬人講話——這裡存放著莫斯科從拿破崙到希特勒以來所有戰勝侵略者的紀念碑——聽眾中至少有一部分從其他城市或市鎮乘坐巴士前來：[29]

---

26 前引書，p. 69。

27 訪談馬札爾。

28 Alexander Dugin, "Gorizonty bolotnoy revolutsii," *Evrazia*, December 23, 2011, http://evrazia.org/article/1873（二〇一六年七月二十三日瀏覽）。

29 "Serdtsu ne prikazhesh," lenta.ru, February 5, 2012, https://lenta.ru/articles/2012/02/04/poklonnaja/（二〇一六年七月二十五日瀏覽）。

親愛的俄羅斯人民！美利堅全球帝國想盡辦法要把世界上所有國家納入掌控。他們到處任意干預而不徵求允許。他們運用第五縱隊介入外國，以為這樣就能讓他們接管天然資源，支配各國、各民族和各大陸。他們侵略了阿富汗、伊拉克和利比亞。敘利亞和伊朗也被排上日程。但他們真正的目標是俄羅斯。我們是阻止他們建立全球邪惡帝國的最後一道障礙。他們在沼澤廣場和政府內部的代理人用盡各種手段削弱俄國，好讓他們將我們完全交付給外國掌控。要抵抗這個最嚴重的威脅，我們一定要團結動員起來！我們一定要記得，我們是俄羅斯人！記得幾千年來我們都保衛著我們的自由與獨立。我們灑下自己和他人的海量鮮血，讓俄羅斯得以偉大。俄羅斯一定會偉大！否則它根本不會存在。俄羅斯就是一切！其他都毫無價值！

舞臺上的其他男人也跟著喊這句口號。他們向空中高舉右拳。

俄羅斯就是一切！其他都毫無價值！榮耀歸於俄羅斯！[30]

那天莫斯科的氣溫遠在攝氏零度以下。沼澤廣場的抗爭者仍然站了出來，「反橘色勢力」示威者則搭巴士前來，但演講長話短說。儘管如此，杜金的兩分鐘陳述仍然揭示了他所提倡的意識型態，其重點是：俄羅斯是偉大的，它是聳立於我們所知世界與美利堅全球聯邦之間唯一的屏障。它包含了佛洛姆確信為法西斯意識型態關鍵所在的「過去崇拜」。這場演說藉由將美利堅帝國想像為「邪惡」（隨手翻轉了雷根的用法），暗示了俄羅斯獨一無二的美善。這個觀念在數日後杜金與十多位高度知名人士共同簽署的一份《反橘色勢力公約》（Anti-Orange Pact）裡表述得更清楚。公約如此開頭：

> 我們因為理解到橘色勢力的攻擊，必須團結起來抵抗，橘色勢力正瞄準了我們共有的基本價值。[31]

「價值」這個字是新詞，而且是關鍵詞。這套新生的意識型態如今具備了所有構成要素：國族、過去、傳統價值、外部威脅，還有第五縱隊。

*

杜金倡議的框架正適合鎮壓，它將逮捕行動、「外國代理人」法，以及由社會施行的新審查制度全都結合起來。它們全都以剷除第五縱隊、保衛俄國價值的名義實施。暴動小貓由於體現了第五縱隊的影子，又明顯蔑視俄羅斯的傳統價值，因此在鎮壓中成了最先被判入獄的人。一切都理所當然。她們因抗議被捕，但實際上卻是為了褻瀆神明而受審。法庭證詞的重點在於她們劃十字的動作是否正確，以及在教堂內裸露出多少皮膚，還有些討論涉及她們是否被異物附身。

---

30 “Alexander Dugin na Poklonnoy . . . ,” video footage of rally, February 4, 2012, http://hlamer.ru/video/234949-Aleksandr_Dugin_na_Poklonnoiy-Rossiya-vse_ostalnoe-nichto04_02_2012（二〇一六年七月二十三日瀏覽）。

31 “Zapis’ zasedaniya Antiorangevogo komiteta of 10.02.2012,” video footage, https://www.youtube.com/watch?v=sL0e1BVlRwk（二〇一六年七月二十三日瀏覽）。如今在網際網路上已無取得這份公約的文本，但公約全文在這部影片中宣讀出來。

馬札爾所描述的國家，在此與古德科夫所描述的社會結合了。當國家只把武力及意識型態用作工具，社會的反應也就一如先前幾代人對武力及意識型態兩者的回應：動員。俄羅斯是一個統治著極權社會的黑手黨國家。

「夭折的現代化」隨著愈來愈多人因為沼澤廣場案被捕而持續著。這些逮捕的作用一如蘇聯時代的選擇性逮捕：它們發出警告。沼澤廣場案的被拘留者看來幾乎是隨機選定。沒有任何人是抗爭領袖，事實上，多數人就算在抗爭者圈子裡名氣都不如瑪莎。由此傳達的訊息是：一般民眾參與抗議是危險行徑。一如在看似隨機逮捕的案件中總是發生的狀況，人們試圖從中辨析邏輯。有個公眾觀點普遍流行起來，那就是在其他抗議事件中被拘留過的人，以及在沼澤廣場暴動的影片裡被拍到的人，都是當局鎖定的目標。許多青年行動者逃往國外，在烏克蘭、波羅的海諸國、瑞典及芬蘭等國尋求庇護。儘管如此，仍有數百人被警方留下拘留紀錄，也有數百人在沼澤廣場衝突的影片中被拍到，但他們多半沒被逮捕。這正是恐怖的運行方式：威脅必定是可信而又不可測的。

抗爭領袖也必須予以壓制。克里姆林宮在這一點上小心翼翼，或許是擔心因追逼太緊又引發更多抗爭。尤達佐夫被軟禁在家。他在禁閉期間不得與家人之外的任何人聯繫，也不得使用網際網路。但他仍不同於數十位更不知名的運動者，他還享有在乾淨床單上睡覺、與妻子同床的奢侈。沒有多少人能起身抗議尤達佐夫所受的待遇。過了一年多，等到尤達佐夫確實從大眾視野中銷聲匿跡，他就因為組織暴動被定罪，判處入獄四年半。[32]卡斯帕洛夫被施壓要求移民，否則將被起訴；他最終移居紐約。涅姆佐夫接二連三收到死亡恐嚇。

納瓦尼則在一個怪異的侵占案件中成為被告。他被控利用基洛夫地區自由派州長的不支薪顧問職務之便，安排從當地的國營林業公司盜竊大量木材，導致五十萬美元的財務損失。[33]這些罪名和霍多爾科夫斯基第二次受審時被指控的罪名如出一轍——他因為從自己的公司盜取原油而被判有罪。納瓦尼被指控犯下的是一件不可能做到的荒謬事。國家甚至提不出這筆錢損失的證據。但在二〇一三年七月十八日，他還是被判有罪，處以五年有期徒刑。

社群網路上充滿了憤怒的表述，以及更重要的：無法置信——即使案件、判決和刑期都符合了鎮壓的整體邏輯。謝廖沙讀到人們策劃在宣判當夜於紅場外的馴馬場廣場（Manezhnaya Square）集會。每個人都如此稱呼這場集會：「人民會議」——一如市鎮會議。當然，不論由誰安排，它都預期了法院的判決必定不公正。但當確切刑期傳來，人們還是為之震驚。心智的運作真奇怪，某件事可以既不出所料，同時卻又令人震驚。

謝廖沙那天晚上大約六點來到了馴馬場廣場。他是首先抵達的兩千人之一。警方將某些早到的人封鎖在一片人行道上，並且關閉了最近的地鐵站，但人們還是持續從其他街道前來，加入了被分割成三到四塊的群眾。合計約有一萬人。這次「會議」並未取得許可。在場的每個人都面臨被捕關押和鉅額罰款的風險。謝廖沙從未見過人們如此行動。這樣的事情上一次發生——莫斯科人前一次冒著巨大的潛在危險走上街頭，只因為他們無法留在家裡聽任事情發生——是一九九一年八月，那時謝廖沙九歲。

謝廖沙花了這麼多時間思考人與抗爭。鎮壓開始之後，他仔細思量，意識到自己已經完全停止

32　"Sergei Stanislavovich Udaltsov," biography, gazeta.ru, http://www.gazeta.ru/tags/udaltsov_sergei_stanislavovich.shtml?p=bio（二〇一六年七月二十三日瀏覽）。

33　編按：這位州長恰好就是涅姆佐夫昔日的盟友，「另一位廖沙」曾經效力過的前彼爾姆市議員尼基塔・貝利赫。

工作了。他把全部時間都用來剪裁白絲帶。這樣講可能太誇張，他也設計海報和橫幅，協助其他計畫之類的事，並參加抗議工作坊。他慶幸自己有能力這麼做。他還有一間繼承得來的公寓，以及夠賺錢的職業，讓他得以儲蓄。

然後規則改變了，抗議成了幾乎玩不起的高風險遊戲。謝廖沙還是相信抗議。或者說，他仍然相信，當投票權被扭曲、法院也被篡奪，身為公民唯一能做的事，也必須做的，就是走上街頭。但他同時又覺得自己在道德上沒有權利這麼說。他尋找著這種權利，挖掘自己的靈魂，想要找出自己呼籲人們承受風險挺身抗爭的權威來源，但他找不到。一個人若要呼籲他人冒險失去自由、冒險落入俄羅斯監獄，他必須十全十美無可非議。謝廖沙並不十全十美。

但此時此刻，所有在這裡的人都不請自來，也不問誰何去何從，自願留下。這看起來就像一個新時代的開端。人們站立著。一開始，他們手勾手站著，和面前一排鎮暴警察大眼瞪小眼；然後，過了一小時、兩小時或三小時，抗爭者們放開手。有些人唱起歌來，包括激勵人心的俄國戰爭名曲；其中一首歌呼叫人們站起來，用在這裡似乎很適當。有個女人從包包裡拿出一本書，站在原地開始朗讀。每隔一段時間就有人開始喊口號：「自由！自由！自由！」或者「普丁是小偷！」或者「我們不怕！」突然在某個時刻，有消息傳出檢察署請求法官暫緩執行納瓦尼的刑期，但沒人相信——至少謝廖沙不信——每個人都繼續留下。他們在國會大樓正面貼滿了紅色的圓形「納瓦尼」貼紙。人們爬上國會大樓挑高的一樓窗臺，站在那兒，無懼於警察、罰款和摔落。這場抗議的感覺前所未有，更無關乎開玩笑、和志同道合的人敘舊、或標明非政治空間。這場抗議是關於戰鬥。這一點無可非議。

約莫在晚上十一點，警方似乎接獲了命令。他們開始衝向群眾，把人抓住，扔在地上，然後拖上囚車。他們對剩下的群眾咆哮著立刻解散。有些人走開了。謝廖沙和一群人在一起，人數合計約有一百人，他們穿插在警察的隊列中間。他們一開始快樂地抵抗。鎮暴警察沿著街道驅趕他們——警棍打在背上很痛——但謝廖沙多半不認識的人們邊笑邊走，假裝自己在夏天夜晚出門散步；接著大家原路折返，再次展開抗議。但這群人不斷減少，廣場上的人數也愈來愈少。午夜過後，謝廖沙成了現場的最後一人。但他因此就無可非議了嗎？

他回到家。隔天早上，他得知大約有兩百人被拘留，而納瓦尼即將獲釋。這種事依照法律不可能發生：刑期宣判之後，非經被告上訴，法律上沒有任何條文讓檢方得以要求暫緩執行。表面看來，抗爭者獲勝了。但感覺卻一點都不像。那天早上的感受很糟，彷彿這裡沒有未來。[34]

---

34 Masha Gessen, "Alexey Navalny's Very Strange Form of Freedom," newyorker.com, January 15, 2016, http://www.newyorker.com/news/news-desk/alexey-navalnys-very-strange-form-of-freedom; Masha Gessen, "That Blunt Russian Force," *The New York Times*, July 22, 2013, http://latitude.blogs.nytimes.com/2013/07/22/that-blunt-russian-force/?_r=0（二〇一六年七月二十三日瀏覽）。

第十九章　廖沙，二〇一三年六月十一日

二〇一二年八月，廖沙接到大學行政部門打來的電話，通知他必須向警方申請良民證（police clearance），才能繼續教書。每個人都接到這樣的電話，包括一個在百貨公司玩具部門上班的朋友的朋友。行政部門解釋，這是新規定，並不針對個人。

俄羅斯勞動法一向禁止被定罪的重罪犯從事教職。只是地方政府過去從來不曾想到要把這些規定適用於賣玩具的人，或是在大學院校教書的人。如今有些事情已經起了變化，全國都在搜查「戀童癖遊說團」。二〇一二年春天，國會通過一項法律，在禁止某人執教的一長串理由之中，增加一項「『反國家罪』判刑確定」。全國人民都成了秩序的執行者。[1]廖沙去了警察局，取得自己不曾因暴力、性及政治罪行被定罪的證明。

1　俄羅斯《勞動法》第三三一條：Trudovoi kodeks Rossiyskoy Federatsii, http://kzotrf.ru/; "Federal'niy zakon ot 1 aprelya 2012 g. N 27-FZ 'O vnesenii izmeneniy v statyu 22 Federal'nogo zakona "O gosudarstvennoy registratsii yuridicheskikh lits I individual'nykh predprinimateley" i stat'i 331 i 351 Trudovogo kodeksa Rossiyskoy Federatsii,'" *Rossiyskaya gazeta*, April 4, 2012, https://rg.ru/2012/04/04/a602462-dok.html（二〇一六年七月二十五日瀏覽）。

到了八月，他覺得還行。二〇一一年十一月，聖彼得堡通過了對「同性戀宣傳」的禁令，[2]但他以為，這種禁令不至於在聯邦層級通過。畢竟，這並非俄羅斯第一部內容如此的市政條例。儘管如此，聖彼得堡仍是全國第二大城，而且是普丁出身的城市。此外，這項條例在當地還有一位特別重要的倡導者，此人是市議員維塔利．米洛諾夫（Vitaly Milonov）。廖沙身為學者很難不留意米洛諾夫，但身為男同性戀，他覺得此人前所未有地令他感到作嘔和懼怕。華麗而有時顯得女性化的米洛諾夫，散發出男同志的信號——即使他現在的閱聽人顯然不這麼看。廖沙知道，這樣的事情過去在世界其他地方也發生過。米洛諾夫是這麼介紹聖彼得堡市政條例的，該條例將「同性戀宣傳」的罰款從一百美元左右提高到約一千五百美元：「性偏差風行的浪潮對我們的兒童產生了負面影響。」他的議員同僚們不只支持他，他們想要更進一步。「被戀童癖傷殘的兒童跳出窗外，他們自殺了，」另一位市議員在討論法案時說：「戀童癖是對兒童生命的威脅。這種宣傳至少應該判處二十年徒刑。」其他市議員接著喊話，讓米洛諾夫反倒像個溫和派。[3]

這項條例一通過，二〇一二年八月當瑪丹娜要在聖彼得堡辦演唱會時，米洛諾夫就試圖讓她因涉嫌宣傳相關行為而被罰款。[4]其他市議員則想查禁一家名為「彩虹」的連鎖藥局，以及一款受到消費者歡迎，包裝上印有彩虹的乳酪。[5]米洛諾夫繼續加碼。他和一個名為「家長監護」（Parental Control）的組織合作，開始獵捕（這是他的用詞）戀童者。這是老套的誘捕技術：喬裝成青少年男孩的「獵人」在社群網路上和男人約會並敲定日期，最後在電視記者的陪同下現身。那些人被迫在攝影機前承認他寫過訊息給那名虛構的未成年人，隨後被送交警察局，以「同性戀宣傳」罪名立案偵辦。[6]在新條例下，根本無須證明訊息內容是否具有性意味，就連「會更好的——你可以開心又快樂」這樣無害的訊息都明顯違法。米洛諾夫下一個立法動議，則是要對教師施行強制心理測驗以汰除戀童者——這個想法其實很合理，既然全國各地的精神科醫師都在學習診斷「戀童性傾向」的話。[7]

「同性戀宣傳」禁令在二〇一二年三月於聯邦層級推行。國會家庭委員會主席葉蓮娜・米茲麗娜接續領頭倡議——她如今終於也得到了全國知名度，而且略勝米洛諾夫一籌。她為《保護兒童免受有害健康及發展資訊法》提出修正案，是屬於她的計畫。[8] 但國會法制局（**parliamentary office of**

---

2 “V Peterburge deputaty zapretili propagandu gomoseksualizma,” lenta.ru, November 16, 2011, https://lenta.ru/news/2011/11/16/gayban/（二〇一六年七月二十五日瀏覽）。

3 “ZakS pochti yedinoglasno podderzhal zapret na propagandu netraditsionnoy seksual’nosti,” *Fontanka*, November 16, 2011, http://www.fontanka.ru/2011/11/16/050/（二〇一六年七月二十五日瀏覽）。

4 “Peterburgskiy sud podtverdil otkaz v iske k Madonne,” lenta.ru, February 6, 2013, https://lenta.ru/news/2013/02/06/madonna/（二〇一六年七月二十五日瀏覽）。

5 “‘Vesyologo molochnika’ obvinili v poddesrzhke geyev,” lenta.ru, September 28, 2012, https://lenta.ru/news/2012/09/28/milkman/（二〇一六年七月二十五日瀏覽）。

6 “Deputat Milonov vnov’ vyshel na okhotu na pedofilov,” *Fontanka*, June 19, 2012, http://www.fontanka.ru/2012/06/19/188/（二〇一六年七月二十五日瀏覽）。

7 “Milonov khochet proverit’ pedagogov na pedofiliyu,” BBC Russian Service, October 8, 2012, http://www.bbc.com/russian/society/2012/10/121008_milonov_paedophilia（二〇一六年七月二十五日瀏覽）。

8 關於法案第 44554-6 號，“O vnesenii izmeneniy v statyu 5 Federal’nogo zakona ‘O zashchite detey ot informatsii, prichinyayushchey vred ikh zdorovyu I razvitiyu’ i otdel’niye zakonodatel’niye akty Rossiyskoy Federatsii v tselyakh zashchity detey ot informatsii, propagandiruyushchey otritsaniye traditsionnykh semeynykh tsennostey” 通過的歷程，參看：http://asozd2.

legal review）似乎對這項法案有所疑義——它指出，俄羅斯法律並未明確定義「同性戀」一詞。[9] 廖沙認為這或許是一種巧妙又墨守成規的封殺法案方式。但米茲麗娜隨即以一封長信還擊：

> 同性戀宣傳遍布今天的俄羅斯：有同志遊行、示威，還有支持同性婚姻的電視及廣播節目，白天在所有頻道上播放。
>
> 同性關係宣傳如此廣泛地散播，對兒童的人格發育施加了負面影響，沖淡了他對於家庭是男女結合而生的概念，實際上創造了條件，限制兒童長大後選擇自身性偏好的自由。[10]

顯然，只有戀童癖遊說團才會主張延遲法案通過，這項法案在聯邦國會裡被稱為「取消傳統家庭價值之宣傳」禁令。

而在電視上，爭論的重心並不在「同性戀宣傳」是否應當禁制，而是如同聖彼得堡市議會一般，在於這項措施是否足以保護兒童。

> 除了向青少年宣傳而對同性戀罰款還不夠。我們還需要禁止他們捐血和捐精，要是他們死於車禍，我們也要把他們的心臟埋在地下或燒掉，因為他們不適合捐贈器官維持他人生命。[11]

這段話出自全國最知名的電視節目主持人之一，發表於最大的國營電視頻道一部長達一小時半的特別節目開頭。該節目的架構設定為辯論或模擬法庭，每一方各有兩名對造和三名證人，皆為知名人士，也都是異性戀。而且說巧不巧，禁止同性戀的一方每個人都是俄羅斯人，他們的對手則是兩名猶太人、一名喬治亞人和一位美國公民——老異議人士盧德米拉・阿列克謝耶娃。支持禁止的一方細數二十世紀反同性戀法律的光榮歷史。史達林和希特勒都迫害同性戀者，兩人都認為同性戀者可能是間諜，也都認為他們將道德敗壞傳給軍人。看來，反同性戀法律是強大國家權力的一項屬性。支持禁止方的一位神父指出，情報機構確實更容易吸收同性戀者，因此同性戀者做為間諜的認知有其事實根據。難怪戰爭都結束了，西德政府仍遵照希特勒重新修定的法律形式維持禁制。這是健全的政策。但蘇聯一解體，俄羅斯卻愚蠢地急於拋棄蘇聯對雞姦的禁制。

「他們不能生育，」那位知名電視主持人，也是支持禁制方的隊長季米特里・基謝列夫（Dmitry Kiselev）表示：「這讓他們不得不偷竊健康的大多數人生下的嬰兒。」同性戀宣傳正是這種竊盜行為的工具。

支持禁制方的一名律師宣讀憲法法院對於「同性戀宣傳」的定義：「足以對兒童身體及精神發展造成傷害，在他們心中創造出傳統與非傳統婚姻關係社會地位平等之錯誤印象的資訊。」換言

---

duma.gov.ru/main.nsf/%28SpravkaNew%29?OpenAgent&RN=44554-6&02（二〇一六年七月二十五日瀏覽）。

9 M. V. Demenkov, "Zaklyucheniye po proektu Federal'nogo zakona no. 44554-6," November 21, 2012, http://asozd2.duma.gov.ru/main.nsf/%28SpravkaNew%29?OpenAgent&RN=44554-6&02（二〇一六年七月二十五日取得）。

10 Ye. B. Mizulina, "Zaklyucheniye po proektu Federal'nogo zakona no. 44554-6," undated, http://asozd2.duma.gov.ru/main.nsf/%28SpravkaNew%29?OpenAgent&RN=44554-6&02（二〇一六年七月二十五日取得）。

11 *Istoricheskiy protsess—gosudarstvo i chastnaya zhizn'*, Rossiya 1 program, archived at https://www.youtube.com/watch?v=oyvE16z6FrI（二〇一六年七月二十五日瀏覽）。

之，這項禁制的明確意圖，正是要莊嚴地將次等公民地位明載於法律之中。

反禁制一方努力不懈，但理性在煽動面前毫無用武之地。反禁制一方的隊長是歷史學家，也是知名電視人物尼古拉．斯瓦尼澤（Nikolai Svanidze），試圖表達這一切關於同性戀的討論，都是為了將大眾關注從重大問題上轉移開來的操作。

「你是說孩子不是重大問題嗎？」支持禁制方怒吼起來：「我們在討論的是孩子！我們的孩子！」基謝列夫在結案陳詞中說道：「此時此刻，我們特別需要保護我們生下的孩子。我們都想要他們被愛、活得長久，帶給我們抱孫子的喜悅。性少數卻有不同打算。」

斯瓦尼澤則向閱聽人發問：「想像一下，你自己的孩子有著非傳統的性向。你會愛他愛得更少嗎？你會想看到他被霸凌嗎？」

觀眾們在節目進行中可以打電話進來投票給任何一方；斯瓦尼澤的票數從頭到尾都增加得比基謝列夫更慢，此時更完全停止不動。俄羅斯的電視觀眾不願意想像自己會有個同性戀孩子。斯瓦尼澤一方以七千三百七十五票對三萬四千九百五十一票的差距大敗。

同性戀者被塑造成了完美的替罪羊——他們是間諜，有損軍心且危害兒童。且不論他們受到怎樣的接納，一切都是一九九三年在西方壓力下所鑄成的大錯。禁止同性戀，或至少把他們關起來，是通往健康與強大的捷徑，是對西方世界的斥責，也是民族人口繁盛和健康的保證。

即使是這樣，當法案在國會延宕，時隔半年都還沒付諸表決時，廖沙仍努力說服自己法案可能不會通過。

＊

彼爾姆州州長奧列格・丘庫諾夫在二〇一二年四月辭職：在此之前，他已經被國營電視臺攻擊了一段時日。[12]他的「文化革命」計畫資助者撤出了彼爾姆，戈爾捷耶夫辭去參議員職位，出售了公司，從大眾視野中銷聲匿跡。前政治技術專家、藝術品經銷商蓋爾曼還在經營彼爾姆當代藝術博物館（PERMM）。他為二〇一三年的白晝之夜策劃了幾個節目。其中一個名為「俄羅斯巴洛克」（Russian Baroque）的展覽被發現展出二〇一一至二〇一二年間街頭抗爭的照片，而被市府當局關閉。另一個節目〈歡迎你！索契二〇一四〉（Welcome! Sochi 2014）則諷刺冬季奧運會的準備工作。這個節目才剛開始就立刻被下架。沒多久，蓋爾曼就從博物館館長職位上被撤換。再過不久，他帶著全家人和策展計畫一同搬到了蒙特內哥羅（Montenegro）。[13]

二〇一二年九月，學期照常開始，只是教學變得更難了。廖沙提交了一章論文給系上年鑑，章名為「俄羅斯的酷兒認同與人權論述」。系上的人們給予他好評。人人都喜歡這份論文，廖沙對它和自己的同事都感到開心，他們正是優秀的學者，彷彿電視上的瘋狂不曾發生。然後是審查會議，結果同樣這些人把這份論文批判得一文不值。他們說這是政治，不是學術。廖沙說他很樂意重寫論文，但會議的共識是這篇論文無藥可救。

12 "Samootvod: Oleg Chirkunov dosrochno pokinul post permskogo gubernatora," lenta.ru, April 30, 2012, https://lenta.ru/articles/2012/04/30/perm/（二〇一六年七月二十六日瀏覽）。

13 "M. Gelman otrkyl skandal'nuyu vystavku Welcome! Sochi-2014," RBK, June 11, 2013, http://www.rbc.ru/society/11/06/2013/861464.shtml; Marat Guelman, untitled blog post, Facebook, October 24, 2014, https://www.facebook.com/marat.guelman.9/posts/883560208322048（皆於二〇一六年七月二十六日瀏覽）。

當初系主任要求他收斂研究，結果建議演成一道命令。系上不再允許廖沙出國參加ＬＧＢＴ研究會議，即使旅費由對方出資；他以個人身分前往的話不受限制，但不得提及大學之名。系上新獲得一筆研究社群媒體的經費。廖沙只可以在這項計畫的贊助下參加國際會議——換句話說，他只要變更研究主題就好。他也這麼做了。他開始撰寫關於社群媒體的論文。然後他到瑞士和柏林參加會議，發表論文討論「社群網路做為新衣櫃」。他回到彼爾姆，沒人發表任何意見。除了有一次，一位朋友從一場會議上發訊息給他——那時她坐在系主任旁邊，系主任抱怨廖沙讓系上暴露於風險之中：「我特別照顧一個玻璃，得到的回報是這樣。」系主任說。這位朋友在文字訊息中全文引述了系主任的話。

這些都是事實。廖沙是個玻璃，系主任也一直很照顧他。她對他非常寬容，也很關心他，也向他推心置腹。但他感覺自己好像被打了一道耳光。

他和達莉婭還是擁有他們的性別研究中心。他們也還有經費舉行一年一度的「社會科學中的性別面向」研討會，為與會者購買茶點，並印行三百本會議論文集。

那年秋天，他和達莉婭被召喚到系上的一場會議報告中心工作。他們決定由達莉婭報告整體工作成果，廖沙報告工作的ＬＧＢＴ面向。他更擅長保持冷靜。

「你和我，」廖沙對系上同事說道：「我們說，我們在生產知識。ＬＧＢＴ人群是存在的。他們的經驗是一項政治因素。」

這不是開玩笑。只要打開電視，就會得到這樣的印象：ＬＧＢＴ人群是政治中的唯一因素。系上教職員沉默地聽著。那是一種可怕的、憤怒的、尷尬的沉默，但他們什麼也沒說，這意味著性別研究中心至少目前為止還能繼續存在。

中心的許多工作是在大學之外進行的。達莉婭和廖沙很久以前就同意，教育大眾性別知識也是他們的任務之一。達莉婭在俄羅斯社群網站VK上（稍早名叫VKontakte）經營一個公開頁面。但這件事開始變得困難起來，人們寫下各種仇恨訊息，有些評論者甚至是他們以前的學生，這些人如今指控廖沙和達莉婭宣傳同性戀。每次發生這種事，達莉婭都想關掉公開頁面。仇恨訊息嚇不倒她（她確實無所畏懼），但它們很傷人。廖沙勸阻了她。這是工作。他們在生產知識。

*

廖沙的「社群網路做為新衣櫃」概念，與他自己的生活有所關聯，其中許多是在線上發生的。就在他和另一個廖沙絕交後不久，一個名叫米佳（Mitya）的男人在VK上寫訊息給他。他們見過一回，就在其中一場盛大的彼爾姆「文化革命」活動中。米佳有一份乍聽之下難以理解的工作——他是個行銷教練（marketing coach）——以及奇異的「莫斯科生活」方式。他冥想、騎腳踏車運動、注意飲食。他有衝勁又有野心，催促著廖沙把詩作投稿爭取表揚。他也要求廖沙開始照顧身體，尤其在廖沙的腎臟問題加重了之後——這是廖沙在索利卡姆斯克遊戲場上，因同性戀身分遭到痛打的後遺症。他們傳訊息聊大小事——他們做了什麼、世界是什麼模樣、愛又是什麼。但他們沒有相約見面。他們開始傳訊息一年多以後，米佳邀請廖沙到他家鄉下諾夫哥羅德度過幾天。那是美好的兩天三夜。天候酷寒，但他們照樣出門散步。彼此的談話輕鬆又有趣，性愛也一樣。但接著他們又將近一年不見，然後又是一年。在這中間，米佳有時一次消失幾週或幾個月，然後出乎意料地在Skype上現身，彷彿從未離開過。

安德烈出現在米佳其中一次缺席之時。他和廖沙同一年從彼爾姆國立大學畢業。廖沙在大一時暗戀他，但兩人不曾真正交談過——安德烈出身於富有人家，在不同圈子裡交遊。如今他是日內瓦的一名律師。他造訪彼爾姆的時候，兩人再次相逢，很快就開始每天用Skype通話。廖沙談到系上施加的壓力。

「你還留在那裡幹嘛？」安德烈問，意思是說：你還留在俄國做什麼？「你得出來。你得開始學英文。」

安德烈不停抱怨他住在紐約的女友，直到有一天，他才承認其實那是男朋友。

「我知道。」廖沙說。

在這之後，廖沙花了幾個月時間，在安德烈出櫃的過程中指導他。

或許那不盡然是衣櫃，但廖沙的社交和情緒生活被整齊地劃分開來。在彼爾姆，他有自己的工作，達莉婭是他的密友和合作夥伴。他的愛情生活則發生在訊息中，在米佳消失的時候則只存在於想像中。他的情緒支持則由安德烈經由Skype提供。

二〇一二年秋天，廖沙在巴塞爾（Basel）的會議上發表「社群網路做為新衣櫃」的論文之後，順道路過日內瓦探望安德烈。他才剛回到彼爾姆，就去和一名朋友見面共進晚餐；那個朋友帶來另一位朋友。結果廖沙無法停止說話——關於會議、論文，還有日內瓦。如果他沒有立刻聽到那位朋友的朋友回應，他可能會覺得自己自我意識過剩——幸好他傳訊息對廖沙說自己是刮目相看的。那位朋友的朋友名叫伊利亞。

伊利亞小廖沙幾歲，最近才從化學系畢業，從事服務生的工作。和他約會很容易。他們之間沒有廖沙在過去的關係裡體驗到的焦慮、競爭或執迷。他們之間不說愛。他們也沒有同居。他們只是享受彼此。

＊

一月二十五日，國會對「禁止同性戀宣傳」法案進行一讀表決。包括瑪莎的前老闆伊利亞・波諾瑪瑞夫在內，有幾位國會議員質疑這項措施的必要性。

「你們不該如此小看這個問題！」米茲麗娜反駁：「不過兩年前，百分之七十的性犯罪是對女孩犯下的。如今許多性犯罪是對男孩犯下的！想想看為什麼會這樣！」

結果，只有一名議員棄權，一名議員反對——儘管這位最近才奉命遞補開缺議席的新手議員很快就表示，他不小心按錯投票按鈕。三百八十八票贊成。包括波諾瑪瑞夫在內的數名議員離開議場迴避投票。[14]

而在國會大門口，ＬＧＢＴ抗爭者的人數被暴徒遠遠壓倒，暴徒們行納粹舉手禮，向抗爭者丟雞蛋和排泄物，然後圍毆他們。一位抗爭者的鼻樑被打斷。結果警方觀望一陣子後出手逮捕抗爭者，而非暴徒。一小群支持者站在抗爭者這方——他們沒有布條或粉紅三角鈕扣，並保持著必要的物理距離，以免被毆打或被逮捕。其中一位支持者是莫斯科中學名校的生物教師，他在試圖與其中一名暴徒理論時被攝影機拍到。隔天，這位和女性結婚的異性戀教師遭到開除。[15]

---

14 Nikita Girin, "Gey, slavyane i OMON," *Novaya gazeta*, January 9-28, 2013, http://www.novayagazeta.ru/politics/56444.html；波諾瑪瑞夫的投票紀錄，參看 http://vote.duma.gov.ru/?convocation=AAAAAAA6&from=25.01.2013&to=25.01.2013&number=44554-6&deputy=99111031&sort=date_desc（皆於二〇一六年七月二十九日瀏覽）。

15 編按：這位教師是伊利亞・柯爾馬諾夫斯基（Ilya Kolmanovsky）。他被莫斯科第二中學開除，該校是莫斯科兩所以數學及春天來臨時，列瓦達中心試圖估量對於ＬＧＢＴ人群的民意。百分之七十三的應答者表示，他們全心全意支持這項法律。這個數字令人震驚——二十多年來對蘇維埃人的調查，顯示出人們對性少數的攻擊性程度持續消退。這百分之七十三究竟是什麼意思，這些人覺得自己在支持什麼？古德科夫忽然覺得，他的團隊不知道自己在調查什麼。他要求他們重新檢視自己提出的問題。調查中使用的每一句話在電視上幾乎全被討論到不能再討論，包括問題中那些預設了答案的句子在內。古德科夫要求年輕的社會學家們重新設計問卷、重做調查。他們嘗試了。他們找來了認識的ＬＧＢＴ運動者當顧問。他們陷入困境。

表述「同志」的方式也就這麼多。蘇維埃人調查在傳統上使用「性少數」一詞，但顧問們堅決反對，他們認為這個詞是貶抑用語。或許更重要的是，這個詞可以追溯到同性戀尚未成為俄羅斯政治對話主題的時代，此後長期乏人使用，恐怕並非估量目前心態的最佳用語。至於包含男女同性戀、雙性戀、跨性別的「ＬＧＢＴ」則是多數俄羅斯人無法理解的。「非傳統性傾向」是國家的用語，因此不可避免地框限了問題和答案。電視藉由將「同性戀」與「戀童癖」畫上等號，並提議燒掉同性戀者的心臟，也同樣挪用了這些用語進行宣傳戰。「酷兒」甚至比「ＬＧＢＴ」更鮮為人知。他們實在想不到別的方法提問——克里姆林宮劫持了語言。

＊

二〇一三年五月九日，廖沙二十八歲了。那天晚上，他在自己的公寓下廚，招待七、八位朋友晚餐——他一個人住一年多了。伊利亞要上大夜班；他吃過晚餐就離開，直到凌晨才回來。

那天早上，普丁高呼「榮耀歸於俄羅斯！」一萬一千名軍隊遊行穿越紅場，畫面在全國電視螢幕上播放，他們身後跟隨著至少三種裝甲車和戰車，五種導彈發射器，以及六十八架不同型號的直升機和軍機。[16]伏爾加格勒市也舉辦了遊行。那一年稍早，市議會投票決定在勝利日慶典期間使用該市的舊名，因此它在那一天的名稱是史達林格勒。[17]

俄羅斯全國各地當晚都施放煙火慶祝。伏爾加格勒／史達林格勒的人民在流過城市的伏爾加河堤岸上觀賞煙火。煙火在晚上十點結束後不久，一位二十三歲的青年弗拉季・托諾沃伊（Vlad Tornovoy）和他的朋友們離開堤岸，開始長途跋涉，返回市郊工人區的住處。午夜過後，托諾沃伊和兩位朋友在他們社區的遊戲場裡喝啤酒。接著，他的朋友們殺了他。他們先是對他拳打腳踢，當他終於倒地不起，再將一個半公升的空酒瓶插進他的肛門。然後再插一個。第三個酒瓶只能插進一半。他們又踢了他好幾腳，其中一個插入身體的酒瓶又從體內彈出。他們把一個攤平的廢棄紙箱鋪在他身上點火，但火很快就熄滅。接著其中一人撿起一塊四十磅重的大石頭，砸在托諾沃伊頭上五到六次。托諾沃伊死了。他的朋友們回家睡覺。

隔天兇手們才被逮捕。他們說明殺害托諾沃伊是因為他是同性戀。電視報導，兇手們宣稱他的性向「冒犯了他們的愛國情操」。其他新聞媒體則取得調查員訊問其中一名嫌犯的一段影片：

其他科目教學傑出著稱的名校之一。

16 “Voyenniy parad v chest’ 68-y godovshchiny Velikoy Pobedy,” Kremlin website, May 9, 2013, http://kremlin.ru/events/president/news/18089（二〇一六年七月二十六日瀏覽）。

17 “Volgograd v pamyatniye dni stanet Stalingradom,” lenta.ru, January 31, 2013, https://lenta.ru/news/2013/01/31/stalingrad/（二〇一六年七月二十六日瀏覽）。

探員：你為什麼這麼做？

嫌犯：為什麼？因為他是同性戀。

探員：就只有這個理由嗎？

嫌犯：對。

結果還有一位目擊證人，有個男人剛好在場，他坐在板凳上觀看整個殺人過程。「我不覺得有罪惡感，」他對一名記者說：「但我的確還是感到有些噁心……你知道，他們殺了他，因為他是同性戀。」這名證人並未被指控任何罪名。[18]

伊利亞在凌晨時分下班後回到廖沙的公寓，再次祝他生日快樂，然後兩人上床。廖沙起身，坐在電腦前，閱讀托諾沃伊兇殺案的報導。這時已是電視轉播反同性戀運動開始一年之後，許多人把兩者連結起來。社群網路上的大量發文質問「禁止同性戀宣傳」法案的推手米茲麗娜，這是不是她想要的結果。

「要是你指控預防犯罪的鬥士犯下了更多罪行，我們就不可能打敗犯罪了。」她對記者回應了社群媒體上的怒潮：「那就是愚蠢而已。」[19]換言之，托諾沃伊被殺是因為賣弄自己的性向——這正是她努力想要禁止的。她保證要在往後數週之內讓法案通過。廖沙這下相信，法案真的會通過了。

*

國會在二〇一三年六月十一日對「禁止同性戀宣傳」法案進行二讀和三讀。數十位運動者在國會大門口發起抗議，他們被反制抗議者毆打，警方則袖手旁觀。最後警方把ＬＧＢＴ抗爭者推進警用廂型車，載到一處警分局。反制抗議者留在現場，毆打兩名落單的男同志。

瑪莎睡過頭，到抗議現場的時間晚了。當她抵達現場，她看見警用廂型車開走。她走到最近的警分局——她之前也在那兒待過，因此她知道地點，也知道該做什麼：帶水給被拘留者，他們會困在不通風的房間好幾個小時。她看見兩名便衣警察和一個她認得的人一起走出來。那個人是在一月打斷一名抗爭者鼻樑的暴徒。那幾個男人轉過街角。她尾隨他們。她不知道自己要做什麼，但她得做些事。

其中一個男人突然停下腳步，轉過身來。他又高又壯。然後瑪莎必定是昏過去了。她倒在警局旁街角的人行道上。那幾個男人揚長而去。她的腹部疼痛，彷彿被某件又大又硬的東西重擊過。那是莫斯科市中心的一個晴朗夏日午後；附近上班族吃完午餐，正要回去工作。有人叫來了救護車。

在斯克利弗索夫斯基創傷中心（Sklifasovsky traumar center），瑪莎無法提供尿液樣本。她尿不出來，醫師好心幫忙，為她插入導管。經過X光和超音波檢查，他們說沒有造成永久性損傷，過一兩天她就可以自行排尿了。

*

18 “Volgogradskiye ubiytsy pokazali, kak zabivali I nasilovali priyaetlya—‘geya,’” Tsentral’noye Televideniye, NTV, May 19, 2013, http://www.ntv.ru/novosti/597456/; Daniil Turovskiy, “Stal geyem, chtoby ottuda sbezhat’,” lenta.ru, May 23, 2013, https://lenta.ru/articles/2013/05/23/volgograd/（皆於二〇一六年七月二十六日瀏覽）。

19 “GD namerena do serediny leta prinyat’ zakon o zaprete gey-propagandy,” RIA, May 14, 2012, http://ria.ru/society/20130514/937227420.html（二〇一六年七月二十六日瀏覽）。

法案通過後兩天，國會家庭委員會與外交委員會舉行聯席會議，有五位外國來賓出席。其中包括幾年前為了在加州通過立法禁止同性婚姻而成立的美國國家婚姻組織（National Organization for Marriage）主席布萊恩・布朗（Brain S. Brown），以及法國國民陣線的運動者埃梅里克・蕭普拉德（Aymeric Chauprade）。這些外國人前來讚揚俄羅斯人，並敦促他們運用這股氣勢更進一步。蕭普拉德說：

> 你們一定理解，世界各國的愛國者們，決心捍衛國族獨立與人類文明根基的人，此刻都看著莫斯科。他們滿懷希望看著俄羅斯站出來，反對同性戀的合法化、公開合法化，反對美國祕勤局操縱的虛無主義非政府組織，反對同性戀伴侶收養兒童。
>
> 各位女士、先生，各位議員，俄羅斯如今成了全世界的希望……
>
> 歐洲基督教文明萬歲！俄羅斯萬歲！法蘭西萬歲！[20]

同性戀者成了頭號全民公敵——外國特務、即將發生的美國接管俄國之兵卒、對歐洲文明基本價值的威脅。幾乎不再需要提及戀童癖，就足以表述同性戀者很危險。另一方面，對抗同性戀者的戰鬥，則讓俄羅斯取得了捍衛歐洲文明希望的堡壘地位。

聯席會議決議通過立法，禁止同性婚姻合法國家的同性伴侶或單身人士收養俄國兒童。他們強調，就連這個做法都還不夠，因為沒有萬無一失的方法，能確保被外國異性戀者收養的俄國兒童絕對不會被同性戀者再次收養。會後，米茲麗娜對記者表示，她要構思一個方法，將親生子女從同性婚姻家庭中帶走。[21]

禁止收養法就在禁止「宣傳」法一週之後通過——在國會暑期休會之前及時成為法律。這兩項法案都獲得全票通過。國會到了九月重新開議，就立刻提出將親生子女從同性婚姻家庭帶走的法案。[22]

那一年，普丁主持了第十屆瓦爾代俱樂部（Valdai Club）年度會議，他在這項週末的公費活動上，向一群精挑細選的外國俄羅斯專家，針對選定的主題，表達自己的觀點。他在這一年對俄羅斯主權與國族認同發表談話：

> 俄羅斯認同正面臨嚴峻挑戰。問題兼具道德及外交政策。我們可以看到，許多歐洲大西洋國家拒斥自己的根源，包括構成西方文明基礎的基督宗教價值在內。他們拒斥自己的道德基礎，連同一切傳統認同：國族、文化、宗教，甚至性別。他們奉行的政策讓大家庭與同性婚姻

---

20 "Vystupleniye Emrika Shoprada" (Russian version), http://www.komitet2-6.km.duma.gov.ru/site.xp/052057124053057048.html（二〇一六年七月二十六日瀏覽）。

21 Report on the joint session of Committee on the Family, Women, and Children and the Committee on International Affairs, June 13, 2013, http://www.komitet2-6.km.duma.gov.ru/site.xp/052057124053057048.html; "Deputat Mizulina predlozhila otbirat' detey u rossiyskikh geyev I lesbiyanok," Gay Russia, June 14, 2013, http://www.gayrussia.eu/russia/6814/（二〇一六年七月二十六日瀏覽）。

22 "Duma okonchatel'no odobrila zapret na usynovleniye odnopolymi parami," lenta.ru, June 21, 2013, https://lenta.ru/news/2013/06/21/siroty/; Olga Pavlikova, "Aleksey Zhuravlev: 'Gomoseksualist ne dolzhen vospityvat' rebyonka," *Slon*, September 5, 2013, https://slon.ru/russia/aleksey_zhuravlev_gomoseksualist_ne_dolzhen_vospityvat_rebenka-987035.xhtml（皆於二〇一六年七月二十六日瀏覽）。

> 伴侶平起平坐，讓信仰上帝與撒旦崇拜平起平坐。過度政治正確演變到這樣的地步，連提倡戀童癖的政黨註冊都可以討論。許多歐洲國家的人民羞於和懼於談論自己的宗教信仰……這樣的模式正侵略性地強加於全世界。我確信，這正是通往墮落與蒙昧之路，這是深刻的人口與道德危機。[23]

撒旦、戀童癖、美國侵略、基督宗教文明之死，當然還有人口威脅：這一切如今全都牽連到了同性戀者。

隔年九月，克里姆林宮宣布將與俄羅斯正教會共同主辦世界家庭大會，這正是一九九五年在莫斯科國立大學社會學系創辦的組織。它的總部設在伊利諾州，之前先後在歐洲、美國及澳洲舉行過會議。在美國，監控極右翼組織的人們認為它是美國國內政治的輸出品。[24]但擁有金錢、又有國家賦予其目標之崇高聲望的俄羅斯人，則在組織裡居於領導地位，[25]如今這個組織就要衣錦榮歸了。大會議程預定在克里姆林宮內的克里姆林會議宮（Kremlin Palace of Congresses），以及相距不遠的全國最大教堂——基督救世主主教座堂舉行，後者正是暴動小貓在二〇一二年演出〈龐克祈禱〉之地。[26]

*

法律通過時，廖沙人在紐約。他和伊利亞一起出國度假。他們這半年多來一直在約會。這是廖沙到目前為止所擁有過最友善的關係。伊利亞有些不成熟，但他知道自己的局限，這兩種特質都使他成為完美的週末及假日伴侶。這一點和身處在千里之外、五光十色的紐約之中，都讓廖沙不至於花太多時間思考法律通過實施一事。

教學工作於九月再次展開。預算緊縮讓系上發生了某些變化。廖沙還是大學生的時候，全體學生都必修一套普及於全俄大學院校針對自己專業領域所設計的核心課程，此名為「聯邦學程」；學生接著每學期還要從開設的少數課程中選修一門「區域學程」。如今區域學程被刪減到只剩兩門可選，每個學生在九月開學時都被要求選擇一門。當該課程有超過半數學生選擇時，就會是這學期開設的唯一一門區域課——在某種意義上也算「選修」了——該專業領域全體學生於是在這一學期都「必」修那門課。

因此，廖沙在他的「政治學性別取徑」課程中有了兩組學生，每組都有二十多人。他每週上兩

---

23 "Zasedaniye mezhdunarodnogo diskussionnogo kluba 'Valdai,'" Kremlin website, September 19, 2013, http://kremlin.ru/events/president/news/19243（二〇一六年七月二十七日瀏覽）。

24 "Everything You Need to Know About the Anti-LGBTQ World Congress of Families (WCF)," Southern Poverty Law Center, October 21, 2015, https://www.splcenter.org/news/2015/10/21/everything-you-need-know-about-anti-lgbtq-world-congress-families-wcf; Cole Parke, "Natural Deception: Conned by the World Congress of Families," Political Research Associates, January 21, 2015, http://www.politicalresearch.org/2015/01/21/natural-deception-conned-by-the-world-congress-of-families/#sthash.DJXMcOU7.a9bkcdgH.dpbs（另刊於 *The Public Eye*, Winter 2015；皆於二〇一六年七月三十日瀏覽）。

25 世界家庭大會的俄文官網列出了該組織七名最高領導，包含三名美國人、四名俄羅斯人：http://worldcongress.ru/；美國版官網則只列出美國籍員工：http://worldcongress.org/team.php（皆於二〇一六年七月三十日瀏覽）。

26 "On to Moscow World Congress of Families VIII, September 10-12, 2014," *World Congress of Families News* 7, no. 4 (June/July 2013), p. 5.

堂課，一堂開給國際關係專業，一堂給政治學專業（他也教一門「聯邦」課，「當代俄羅斯政治進程」，每週上課兩次）。教導政治學學生很愉快，但有些主修國際關係的學生清楚表明了他們不想上這堂課。每次討論到性的主題，總會有一個學生起身走出教室——例如當廖沙要他們討論美國學者安妮．柯德（Anne Koedt）的女性主義經典論文〈陰道高潮迷思〉（The Myth of the Vaginal Orgasm）時。另外有兩個男青年，都是優等生，他們總是坐在一起，每次廖沙提及父權制，他們都輪流起身反對。

「歷史已經證明了，男人是更強大的性別，」其中一人會說：「你現在的說法傷害了家庭的機制。」

廖沙會冷靜地試著引導他們回到討論文本。

「但你引用的這些東西都是西方研究，」另一個人又會起身說：「他們總是試圖把他們的價值觀強加在我們身上。」

廖沙讓這一班學生觀看《哈維．米爾克的時代》（The Times of Harvey Milk）並撰寫心得，這部一九八四年的紀錄片，敘述的是公開出櫃的舊金山市監督委員米爾克的生平故事，他最後被另一名市議員暗殺。班上這兩名男青年的其中一人交出報告，論證同性戀者不是真正的男人，不能成為政治人物。報告內容充滿了恐同言論，但至少沒有口出穢言，不像他在性別研究中心VK頁面上的留言惡毒。廖沙給了這個學生A——這篇報告在它自身的架構裡至少論證清晰。

*

隨後在秋天，廖沙收到達莉婭傳來的文字簡訊。

「有個朋友被『占領戀童癖』（Occupy Pedophilia）給誘捕了。」廖莎對這個組織略有耳聞。它是網路誘捕運動的光頭黨版本。他知道這個組織在不同城市都有活動，但他不知道彼爾姆發生的事。廖沙查看了彼爾姆「占領戀童癖」（Occupy Pedophilia / Perm）的VK頁面。

「我們的下次狩獵將在週四舉行。所有人都可以參加。入場費兩百五十盧布。」

該組織包括兩千多位成員。廖沙認出了許多人的姓名：他批改過他們的報告。

他點開其中一部影片。影片裡出現了達莉婭的朋友瓦列里（Valeriy），廖沙也見過他。他站在一面砌了磁磚的牆前，地點看來像是行人地下道或某家購物中心的地下室，兩邊各站著一個大塊頭的年輕男人。影片開始時，他報出自己的全名、年齡及工作場所——他現年三十歲，在一所職業學校任教。

「我們以前都用尿療法對付戀童癖，」十分鐘長的影片大約到了一半，一名暴徒說：「但我們特地為你選擇了香蕉療法。這是一根神聖的香蕉。」

從那時開始，瓦列里站立著，手裡拿著一根剝了一半的香蕉。

第一個暴徒：你當同性戀很久了嗎？

瓦列里：從我十八歲開始。

第一個暴徒：你是因為什麼變成這樣？

瓦列里：什麼都沒有。

第二個暴徒：怎麼可能？你是被父母養大的嗎？

瓦列里：是。

第二個暴徒：說不定你跟女孩子出了什麼問題？

瓦列里：真的沒有。

第二個暴徒：你信神嗎？

瓦列里：信。

第一個暴徒：你信什麼教？

瓦列里：我是正教徒。

第二個暴徒：耶穌怎麼說的？

第一個暴徒：他這種人要被丟石頭。

接著影片被剪接過，再來就看到瓦列里聽從暴徒們的指令蹲在地上，在他們的哄笑聲中吃香蕉。[27]

在另一部影片裡，暴徒們拍下自己闖入米哈伊爾公寓裡的畫面。米哈伊爾年紀比廖沙大，廖沙多年來也常見到他。影片從原先必定更漫長的磨難，被修剪到了十二分五十六秒的長度。米哈伊爾在這段時間裡，從嚴正要求暴徒離開，轉為哀求饒恕。廖沙可以看到一把電擊槍反覆露出。大部分影片是從敞開的公寓門外拍攝的。在影片某一刻，必定有人上下樓梯，因為暴徒呼喊著：「喂，你們知不知道有個戀童癖住在這裡？」米哈伊爾的表情就在這時第一次變得驚恐，並且第一次說出「夠了」，即使還不到乞求的地步。

影片再過幾分鐘，米哈伊爾倒在地上，他被毆打過。「我是基佬」這句話用原子筆寫在他的禿頭上。暴徒們把他拉起來，讓他靠在牆上，因為他自己站不起來。然後他們押著他走遍公寓，敲開每戶家門，通知鄰居他是個戀童癖。這些暴徒們自我介紹，說他們代表了「防止戀童癖的社會運動」。鄰居們都欣然接受。一個身穿T恤衫和牛仔褲、髮型好看的男人——看來是個年輕銀行家，或者有可能是行銷主管——抄下了網站名稱以便觀賞影片。一個年紀更大，身穿家居服的女性從她的公寓探出頭來作證：「我看過！他每次都帶年輕男人回來！」

影片結尾，米哈伊爾雙膝跪地，保證絕不再跟男孩子往來，並且說：「占領戀童癖萬歲。」他也說了「黑人去死」和「榮耀歸於俄羅斯」。[28]

還有一部影片是在一個晴朗的午後，拍攝於彼爾姆一條繁忙的街道。另一個認識的人——安德烈——被抓住、被咆哮，並被兩名暴徒電擊，影片裡還有另外兩人旁觀。安德烈不停向路人呼救，請求他們報警。但似乎沒人停下腳步。但安德烈始終拒不回答關於性傾向的問題，或是他如何看待高加索地區民族的問題。電擊槍不斷劈啪作響，而他對每個問題也都繼續回應：「這很重要嗎？」最後，暴徒們自己報了警。影片結尾，安德烈被兩名警員和兩名占領組織暴徒押上警車後座。[29]

每一部影片露臉的暴徒都不一樣。他們必定輪流主演。此外還有鏡頭外的觀眾，他們每次現場觀看的費用是兩百五十盧布（折合約八美元）。

---

27 "Okkupai-Pedofilyai Perm’: Vypusk #7," https://new.vk.com/video124656711_165196696（二〇一六年七月二十七日瀏覽）。

28 "Okkupai-Pedofilyai g. Perm’: Vypusk #3: 'Krepkiy oreshek,'" https://new.vk.com/video139331747_169305187（二〇一六年七月二十七日瀏覽）。

29 "Okkupai-Pedofilyai g. Perm’: Vypusk #7: 'Razmorozhennaya pilotka,'" https://new.vk.com/video232045782_169269590（二〇一六年七月二十七日瀏覽）。

廖沙起身檢查家門。一個人的生活，在這一瞬間完全喪失了成就感與浪漫感。家門鎖著，但這時在廖沙眼中毫無用處，只要幾分鐘就能打破這扇門，而且不會有人知道。

達莉婭告訴廖沙，瓦列里去了警察局，試圖為自己被綁架和凌虐立案，但警方威脅要逮捕他。他沒等到影片被上傳到網路，就辭去了職業學校的教職。

*

那年秋天，大學任用了一名新職員。他年約四十五、四十六歲，灰髮剪得很短，總是穿著西裝。他的職稱是校園安全顧問。在他之前有個人做過這項工作，那是一位年老的退役軍人，他從不露面，就廖沙所知，他也沒有正式職稱。這個人卻大不相同。「我想，我們現在有了第一部（First Department）。」廖沙對達莉婭說。

蘇聯時代的「第一部」設置在一切涉及國家機密的組織裡——即使還不到多數，卻已經涵蓋了蘇聯國內大部分組織——以及從事所謂「意識型態工作」的組織之中，例如新聞媒體或教育機構。第一部人員向國安會負責，而不向他們表面上隸屬的組織首長負責。

十月，達莉婭請了產假。這使得廖沙獨自管理性別研究中心，這也意味著廖沙暫時接管了系上副主任的行政工作。他被告知，在這個職位上，他必須和新任安全顧問開一場介紹會，這時也才得知安全顧問名叫尤里．根納季耶維奇．貝洛盧采夫（Yuri Gennadyevich Belorutsev）。他的辦公室位於一棟舊宿舍樓裡。廖沙認得這個辦公室，占滿整面牆的書架放滿了厚厚的資料夾，其他幾面牆上的壁紙染有汙漬，兩張用舊了的、有著木製扶手的椅子，一個不太匹配的書桌，一株盆栽，以及窗戶上的白色蕾絲窗簾。廖沙的舅舅和表兄都是軍官，他們也有同樣的辦公室。這間辦公室對於尤里．根納季耶維奇來說似乎太小了，或者太舊了，更或者只是個舞臺。

「我們用非正式代名詞彼此稱呼吧。」尤里．根納季耶維奇說：「這是一次友好對話。」

廖沙等待著。當長輩提議改用非正式代名詞時，你不能拒絕。尤里．根納季耶維奇的嗓音出奇柔軟，如糖蜜一般。

「你們系上有魯莽的學生嗎？」

「我不明白你的意思。」

「你知道，民族主義者、激進共產黨人、同性戀……」

「我不認為我的工作內容包含隨時掌握學生的個人生活。」

「好吧，你記得要讓我知道就是了。」

此後，尤里．根納季耶維奇每星期打一次電話給廖沙。廖沙盡可能不吐露出任何一個有可能做出延伸解讀的詞。這在電話上很難做到。有時，尤里．根納季耶維奇會向廖沙詢問一名特定學生，廖沙知道那位學生有情緒困擾——你很難不注意到。但廖沙假裝一無所知。「你覺得他需要心理上的協助嗎？」尤里．根納季耶維奇會問。

廖沙想，他需要的不是你的幫助。他會說：「我不明白你的意思。」

他每天都會見到尤里．根納季耶維奇。前任安全顧問白天想必都坐在辦公室裡的扶手椅上睡覺。但尤里．根納季耶維奇隨時隨地出現。

十二月，性別研究中心舉辦年度會議。廖沙主持酷兒認同小組討論。當他走出會議室，他撞見尤里．根納季耶維奇。

「你們在這兒做什麼？」

「我們的年度會議。」

尤里．根納季耶維奇拿了一份紙本議程。「看來非常有趣。」

兩星期後，廖沙察覺到自己被監視了。當他回到家，總有便衣人在大樓門口逡巡。他一走上樓，對講機會先響起，然後是室內電話，接著是他手機。有個男人的聲音會一遍遍重複同一句話：「你們這種人該死。」

廖沙有時確信，無所不在的「安全顧問」、徘徊在家門前的男人，這些騷擾電話，全都彼此相關。有時他覺得自己疑神疑鬼。不管是哪一種情況，他都沒辦法再繼續毫髮無傷。他要是沒被殺的話也會發瘋。

*

「你搬來跟我一起住。」斯塔斯（Stas）說。他講得好像兩人討論過似的。

這個選項對他們兩人都好。斯塔斯才剛結束一段歷時四年的破壞性關係，獨自在公寓裡度過難以忍受的漫漫長夜。斯塔斯的公寓在一座安全的大樓裡，有圍牆、攝影機和警衛。斯塔斯是一位富裕的經理人。他對廖沙說，不要告訴任何人他住在哪裡，無論廖沙要去哪兒，他都派自己的私人駕駛接送廖沙——其實也就是去學校上班和晚上回公寓而已。斯塔斯和廖沙為彼此下廚。夜復一夜，他們在晚餐桌上會對彼此傾訴一切。斯塔斯細述他不幸關係的全部細節，廖沙則牽掛著大學和自己的未來。他們哭得彷彿以前從來不曾哭過，兩名成年男子懼怕著自己的人生，又為彼此而心碎。他們發生過一兩次性關係，但這顯然不是他們在一起的原因；當時廖沙與伊利亞的友善關係終於結束了，伊利亞知道自己力有未逮，如同來時那樣輕易而體貼地離去。過了幾個月，廖沙意識到自己現在有個家人了，一個能讓他覺得安全的人。

*

二〇一四年四月，廖沙正準備去上班，結果他收到一位朋友傳來的訊息，這位朋友是大學的一名行政人員：「廖沙，這是什麼？尤里．根納季耶維奇把它提報給校長了。」[30]

廖沙點開網址。這是VK網站上的一篇發文，題為〈彼爾姆在想什麼？彼爾姆國立大學的雞姦文宣〉。這篇發文的內容在描述性別研究中心，結尾則呼籲行動：

> 這種令人憎惡的狀況還要持續多久？祖國與道德不共戴天的敵人，正在用我們的納稅錢名副其實地腐化學生。我們什麼時候才要終結這種事？
>
> 讓大眾一起來關注！寫信給彼爾姆大學校長；向警方報案！我們是俄羅斯的愛國者！我們必勝！

達莉婭和廖沙的照片被張貼在文章下方。[31]

30 編按：在俄國大學體系中，校長（rector）是一所大學的行政首長——大約等同美國大學體系的university president，或英國大學的vice-chancellor。

31 "Kuda smotri Perm'?" VK post by Genderniye Issledovaniya: Traditsionniy Podkhod, March 29, 2014, https://new.vk.com/wall-54973617_558（二〇一六年七月二十七日瀏覽）。

「你得離開了。」斯塔斯那天晚上說。廖沙手上有一張前往紐約的機票。他前一年太喜歡紐約了，因此想要舊地重遊。他開始過著雙軌生活。在一條軌道上，他為秋季即將到來的新學期提交了課程計畫；他也和同事們一起憂慮預算被進一步刪減，哀嘆國家對政治學毫無興趣。而在另一條軌道上，他也在為自己的研究與友誼收尾。電話恐嚇還在繼續。尤里・根納季耶維奇也一直打電話來，問他：「你怎麼不來見我？」

五月，斯塔斯為廖沙辦了生日派對，邀請了所有朋友。以前從來沒有人為他這麼做過。六月，他們打包廖沙的個人物品。七月，他們駕車前往索利卡姆斯克，把廖沙的大多數物品留下，並且告知廖沙的母親，他要移居到國外了。

「你到了那兒要做什麼？」加林娜問道。

「我喜歡這男孩，」廖沙的阿姨說：「我希望你下次再帶他來。」

你知道嗎？他們終於接受他了。

＊

斯塔斯給了廖沙一萬八千美元。

「這是我對未來的投資，」他說：「我規劃在美國退休，你先去做準備。」

這筆錢足夠在布萊頓海灘（Brighton Beach）付一年租金了，那兒的公寓便宜，地主說俄語，而且不在乎你有沒有信用紀錄。那個地區有很多俄羅斯酷兒——多半是跟廖沙差不多歲數的男人——單身或結伴。他們所有人都是前一年逃離俄羅斯的。每個人都有一段故事，他們教導廖沙如何將他的經歷包裝成庇護申請案，如何聘請律師，以及如何在適當時機申請工作許可證。接著廖沙也幫忙指導在他之後來到的人。

八月，他寫信告知系方：「我別無選擇，只能離開這個國家。」

系主任回了一封完美的混雜訊息給他：「你難道就不停下來思考一下，你會給我們帶來多大困擾嗎？這下我得找人接替你的教學量了。我一直都知道你會出國的。祝你順利。」

然後他從達莉婭和另一個朋友那兒聽說：尤里．根納季耶維奇一直在找人約談，盤問他們廖沙的事。約談中提到了「外國代理人」這個詞。此外他們也發現，〈彼爾姆在想什麼？〉那篇發文的作者，曾經和他們一起到烏克蘭參加索羅斯資助的研討會。

接著他又收到系主任的來信：「我們已告知學校行政當局，你獲得了赴美深造的機會。請你遵照這個說法。」

*

廖沙開始拼湊自己的庇護申請案。他寫信給一位密友，也是他過去的學生，她曾在二〇一三年春天接到聯邦安全局打來的電話。

「在你的大學科系裡，有誰在從事同性戀宣傳？」

「你在開玩笑嗎？」她那時回答：「我都畢業多久了。」

這時廖沙傳訊息問這位朋友，她能否把這件事寫成書面證詞。

「親愛的廖沙，」她回信寫道：「我不知道你在說什麼。我從來沒接過那種電話，你應該清楚，誹謗是刑事犯罪。」

廖沙在心中又默默刪除了一個朋友。友誼耗損的速度令人震驚。他還有日內瓦的安德烈，以及遷居莫斯科的斯塔斯。他在一段時間裡仍和達莉婭通信。她關閉了VK網站上的性別研究群頁面。「我不想再做性別研究了。」她寫道。約莫在廖沙出國八個月後，他們似乎就再也無話可說了。

第二十章　被分裂的民族

二〇一三年秋天，瑪莎白天待在法庭，晚上則在咖啡館和酒吧裡度過，有時她從事外國記者交辦的任務或自己的工作，不過通常無事可做。她幾乎總是憤怒，到了晚間結束時常常喝醉；這樣的狀況下她還記得許多次爭吵，因為隔天早上她覺得喉頭刺痛。

在這些咖啡館流連的人，都是參加抗議的熟面孔。此時此刻，他們都回歸電視頻道、廣告公司——以及許多例子裡——在政府機關工作的規律生活。他們也往往在晚間結束時喝醉，尤其是那些服務於政府機關的人們。有一個夜晚，其中一人用他圓圓胖胖的手拍了拍瑪莎的座椅：他有事要跟她說。他說之後會有特赦，名義上與葉爾欽頒行憲法二十周年有關，但實際上是為了在索契冬季奧運會前夕改善普丁的形象。特赦總是適用於女性，尤其是兒女幼小的女性。他說，所以瑪莎的磨難很快就要結束了。

她相信他，但她的朋友們對她說，這不過是一廂情願。他們指出，普丁的作為彷彿毫不在乎為了辦奧運改善形象這樣的事。暴動小貓的團員們仍然被關在監獄裡；其中一人宣布絕食，抗議她所在的勞役營稀少的糧食配給和每日十六小時工時，儘管她的公開信在全世界刊載，[1]國家卻似乎很樂意任由她餓死。全國最有名的受刑人——米哈伊爾．霍多爾科夫斯基入獄將滿十年，還不知幾時能出獄。而在九月，俄國軍人身穿無識別符號的制服，在公海上劫持了一艘掛著荷蘭國旗的綠色和平組織船隻，將它拖回莫曼斯克（Murmansk）的港口，分屬不同國籍的三十名船員全被關押入獄。[2]這些朋友們論證，正因為俄羅斯執法部門的殘酷無情，令人無法想像，所以沒有理由不相信它構成的威脅。

「我不會入獄的，」瑪莎開始對他們說，彷彿念咒一般：「我正在穿過雨滴不被淋溼。」這是一句俗語，通常用於第三人稱，但那年秋天，瑪莎讓它成了自己的話。儘管如此，她正是在那年秋天開始吐血的。

十二月，西方各國領袖開始決定不出席索契冬季奧運。德國總統約阿希姆．高克（Joachim Gauck）首先宣布不參加，波蘭、愛沙尼亞、法國總統，以及比利時總理也跟進。最後，美國總統歐巴馬挑選了代表團。其中不包含任何高階政治人物，卻包括了兩位公開出櫃的同性戀運動員；這是經過精心計算的挑釁。[3]隔天，俄羅斯頒布了特赦。瑪莎不會入獄了，暴動小貓的團員們將被釋放，綠色和平的三十位社運人士也將獲釋。[4]到了十二月二十日年度記者會結束時，普丁宣布了一個出乎眾人預料的消息，就連他最內圈的親信都措手不及：他將要釋放霍多爾科夫斯基。[5]數小時內，這位前石油大亨就被送出監獄並送往國外——前往柏林，探望重病垂危的母親。釋放霍多爾科夫斯基的明確條件是他不再返回俄國，除非他想再次被捕。失去了事業和大部分財產的他，得在外國的土地上洗心革面。他在德國降落時身穿一件機場工作人員的外套，這是途中有人給他、好讓他換下黑色囚服的。[6]

另一方面，瑪莎還在自己的城市裡，身穿自己的舊衣服。既然她再也不是政治審判中的全職被告，也就沒有人會載著她前往新生活。她現在該怎麼辦？

*

---

1 Nadezhda Tolokonnikova, "Pussy Riot's Nadezhda Tolokonnikova: Why I Have Gone on Hunger Strike," *The Guardian*, September 23, 2013, https://www.theguardian.com/music/2013/sep/23/pussy-riot-hunger-strike-nadezhda-tolokonnikova（二〇一七年五月十日瀏覽）。

2 Masha Gessen, "Northern Exposure: Protest, Petroleum, and Putin's Dream of a Russian Arctic," *Harper's*, June 2014, https://harpers.org/archive/2014/06/northern-exposure/2/.

3 Masha Gessen, "Putin, Snubbed: The Russian Leader May Release Mikhail Khodorkovsky to Distract Attention from Western Leaders' Decision to Skip His Olympics," *Slate*, December 19, 2013, http://www.slate.com/articles/news_and_politics/foreigners/2013/12/mikhail_khodorkovsky_how_obama_s_snub_of_putin_s_sochi_olympics_may_lead.html（二〇一七年五月十日瀏覽）。

4 "Postanovleniye Gosudarstvennoy Dumy ot 18 dekabrya 2013 g. no. 3500-6 GD 'Ob obyavlenii amnistii v svyazi s 20-letiyem prinyatiya Konstitutsii Rossiyskoy Federatsii,'" *Rossiyskaya gazeta*, December 19, 2013, https://rg.ru/2013/12/18/amnistia-dok.html（二〇一七年五月十日瀏覽）。

5 普丁記者會，二〇一三年十二月十九日，克里姆林宮逐字稿：http://kremlin.ru/events/president/news/19859（二〇一七年五月十日瀏覽）。

6 Masha Gessen, "The Putin Nemesis Plotting a Post-Putin Russia," Vanity Fair Hive, July 19, 2016, http://www.vanityfair.com/news/2016/07/mikhail-khodorkovsky-putin-russia（二〇一七年五月十日瀏覽）。

在這一年半身為實質政治犯的生活中，瑪莎對外面的世界並沒有太多關注。外面世界中最重要的事件，是烏克蘭正在進行抗爭。烏克蘭總統反悔不與歐盟簽訂夥伴協議，導致烏克蘭人從十一月開始就不斷抗議。一如九年前的橘色革命，這些抗議將政治觀點大不相同的人們團結起來——想看到自己的國家成為歐洲社群一員的世界主義者，和想要掙脫莫斯科影響的民族主義者齊心協力。抗爭者們再次占領了基輔市中心，並駐守下來，要堅持多久都在所不惜。一如九年前，莫斯科的每個人看來也都把烏克蘭當成俄羅斯的鏡子。五十多位俄國作家寫了一封公開信給烏克蘭抗爭者。「我們盼望你們成功，」公開信的結尾寫道：「那對我們來說，將是我們在俄羅斯也能贏回權利與自由的記號。」[7]

俄羅斯國會全票通過決議案，呼籲烏克蘭的抗爭者解散。國會外交委員會主席在投票前表示，要是烏克蘭與歐盟簽訂夥伴協議，「將會擴張同性戀文化的影響範圍，同性戀文化已經成了歐盟的官方政策。」[8]

當莫斯科因為沒完沒了的冬季假期停止運作時，基輔的抗爭還在繼續。烏克蘭與俄羅斯的一個重要區別由此顯現，俄羅斯抗爭者在最大規模的抗爭之後就退卻了，轉而進行規劃已久的度假行程，或者就只是開始照慣例大吃大喝兩星期，彷彿革命也會準時上下班似的。

就在俄羅斯人從假期中清醒的同時，烏克蘭國會已通過一系列法案，旨在將抗爭定為非法；其中某些法案的用字遣詞，近似於俄羅斯開始鎮壓時通過的法案。抗爭者們做好自衛準備。他們用車輛和卡車輪胎、石塊、人行道鋪面，以及用斧頭剁碎了裝進麻袋裡的冰塊構築路障。他們以獵槍、彈弓和汽油彈武裝自己。一月二十二日軍方開了第一槍，兩名抗爭者被殺，一人受傷。

目前看來，瑪莎是個記者了——此外她什麼都不是。她也在雨點電視共同主持一個科普節目，而且在特赦之後，她可以自由出國了。她去了基輔。

她是最後一個抵達的，其他所有的莫斯科記者都已經在那兒了。每個人都認識其他所有人，每個人都有一套例行公事和一個去處，每個人也都是專家。當前的形勢毫不複雜：幾個街區的政府辦公樓都被封鎖並以重兵嚴防；全市最重要的廣場獨立廣場（Maidan Nezalezhnosti）——當地人簡稱為「廣場」——則連同鄰近的兩條街道一併由抗爭者占領。而在城市的其他地方，生活一如往常般繼續。人人都會說俄語。很難相信這是個不同的國家，尤其難以置信的是這裡有人為了脫離莫斯科獨立而死，唯有當瑪莎置身在抗爭者之間——他們一如過去每小時一樣站在一起，齊唱烏克蘭國歌——那時她才相信這裡是烏克蘭，而且她非常想看到他們勝利。

關於廣場的所有報導，都是由充滿自信、經驗豐富且比瑪莎更早到達的記者們寫成。他們在抗爭者中間各自培植了英雄人物與消息來源，報導全都以這些人為主角。唯一還沒有人做過的事，是跟捍衛政府的軍人談話。每個人都說，這些軍人就在瑪莎抵達基輔的前一天開槍殺害了抗爭者。

瑪莎穿上高跟鞋，化了妝，很濃的妝。她把妝容想成是戰鬥迷彩。她去了廣場，廣場上由巨大的舊輪胎築成的路障正在燃燒。在她看來，抗爭者正試圖讓廣場看起來像是個革命現場——電影《悲慘世界》（Les Misérables）裡的法國大革命。這倒不是說法國大革命時就有輪胎了，但惡臭與火焰符合了她心中的意象。瑪莎穿越了抗爭者的路障。

---

7 "Rossiyskiye pisateli–Evromaydanu," colta.ru, December 1, 2013, http://www.colta.ru/news/1364（二〇一七年五月十日瀏覽）。

8 Olga Pvlikova, "'Assotsiatsiya s YeS oznachayet rasshireniye sfery gey-kul'tury,'" *Slon*, December 10, 2013, https://republic.ru/russia/assotsiatsiya_s_es_oznachaet_rasshirenie_sfery_gey_kultury-1032020.xhtml（二〇一七年五月十日瀏覽）。

她這時置身無人地帶，這道狹長的雪地，將廣場上燃燒輪胎的路障與警方的圍欄路障隔開。身穿黑色長袍的男人——正教神父——佇立在這裡。瑪莎看見了十字架在雪中的巨大灰色輪廓——其中一位神父高舉的十字架，在昏黃街燈下投射出長長的影子。她意識到，這些神父正在為路障兩方的人命祈禱。她在那一刻知道上帝是存在的，同時也知道會發生戰爭。

「你不能過去，」政府方面的一名軍官說。他身穿鎮暴裝：「你需要安全帽。」

「如果我是記者呢？」

「你還是會被殺。」

「別擔心，子彈打不到我。」她差點說了：「我會從雨滴中走過。」

「好吧。」他說著，拉開一段路障。「但不要接近金鵰（Berkut）。你會被殺的。」

金鵰（烏克蘭語「金鷹」之意）是特種部隊。廣場上的人們說，殺害人民的就是金鵰部隊。而在政府這方，金鵰部隊顯然也以殺手之名著稱。瑪莎透過他們的黑色滑雪面罩認出他們。她緩緩接近了金鵰部隊的火堆。路障兩方的每個人都升起一堆火，每個人都有熱茶喝，每個人也都共享火堆和熱茶。就連金鵰部隊也一樣。

「你叫什麼名字？」黑色滑雪面罩下的一個人問她。

「瑪莎。」

「我則叫謝爾蓋。」那個面罩笑了，露出兩排大牙。他不可能知道瑪莎的前夫和她曾經熱烈愛過的男人都名叫謝爾蓋——他的意思想必只是他們兩人很像，因為他們的俄文名字都是最常見的。她塗抹著戰鬥迷彩從另一方而來，他戴著黑色面罩，但他們來自同一個民族。

金鵰部隊不想受訪，但瑪莎不願離去。到了清晨三點，他們開始說話了。清晨五點，瑪莎達成了她前來的目的：她感覺自己理解他們。金鵰部隊軍官認為他們是前來保衛和平的。他們確信抗爭者是一小撮麻煩製造者，也不特別效忠於烏克蘭總統亞努科維奇（Viktor Yanukovych），但他們相信秩序和強大的力量。真正的領袖絕不可能讓下等人在國家首都的中央廣場燒輪胎。比方說，這種事就不可能在俄羅斯發生。他們甚至提到了沼澤廣場。瑪莎試著告訴他們，沼澤廣場的狀況與「廣場」完全不同。他們說這是好事，瑪莎可不這麼確定。但她很確定，不管在基輔發生了什麼，結局必定會與莫斯科的抗爭不同。

「烏克蘭是某種平行現實的俄羅斯。」她在自己報導的結語裡寫道：「那兒的一切都完全不同。」[9]雨點電視的網路刊物《大象》（Slon）以全稿照登的形式刊載這篇文章：所有編輯都不反對將烏克蘭稱為俄羅斯的某種替代。

*

瑪莎是唯一採訪了金鵰部隊的俄羅斯人。回到莫斯科後，她成了真正的記者。

回來才過了一天，瑪莎在閱讀推特時大聲咒罵。然後她把畫面截圖，寄給雨點電視的網路編輯，只問了一個問題：「搞什麼鬼啊？」（WTF?）

那篇推文是從雨點電視發出來的。全文如下：「要是能拯救數十萬人命的話，列寧格勒應該向德軍投降嗎？」

---

9 Maria Baronova, "'Vot oni khotyat Klichko: Klichko—on debil, on boksyor, po golove poluchal,'" *Slon*, January 27, 2014, https://slon.ru/world/baronova_na_maydane-1048640.xhtml（二〇一六年八月十九日瀏覽）。

這一天是列寧格勒解圍七十周年紀念日。列寧格勒圍城戰持續了八百七十二天，死亡人數超過一百萬。瑪莎的歷練夠久，知道這則推文會引發多大的麻煩，她曾在部落格裡看過人們為了更小的事戰到至死方休。她知道，對蘇聯在第二次世界大戰中的行為提出任何疑問，都不可能不受到懲罰——而這則推文的問題暗示了國家在那場戰爭中最巨大、也最被當成神話傳誦的犧牲，其實是可以避免、也應當避免的。她也知道，雨點電視新上任的社群媒體經理才十八、十九歲，而他就要受到人生當中最慘痛的一次教訓。

這則推文只存活了八分鐘——頻道的網路編輯從他恰好所在的健身房沖完澡出來，打開置物櫃，就看見瑪莎及其他無數人憤怒和擔憂的訊息，立即刪除了推文——共八分鐘。但太遲了。火風暴開始延燒了。隨後數日，聖彼得堡市議會要求關閉這個頻道。一位聯邦副總理公開支持這項要求。[10]普丁的新聞祕書季米特里・佩斯科夫（Dmitry Peskov）向頻道宣戰：

> 我要求閱聽人給予毫不留情的回應。即便我們給予這種調查最低限度的容忍，但那刻起我們的民族便開始腐蝕，我們的記憶會腐蝕——我國人民的遺傳記憶。我確信，其他國家會讓一個跨越這種倫理道德紅線的頻道吃下更大的苦頭。[11]

瑪莎去上班的時候，迎接她的是「我們」青年組織的成員，他們在雨點電視門外架設糾察線。他們帶來了裝滿排泄物的塑膠袋，灑滿頻道的庭院，並丟向偶然經過的員工。

不到兩週後，該頻道的所有衛星電視經營者全都將它下架，多數廣告商也終止合約。和丈夫一同持有雨點電視的頻道總裁召開職員會議。她宣布將要進行解僱，繼續留下的員工也必須減薪三成。瑪莎在心裡迅速做了計算，她在現況下幾乎無法維持收支平衡。減薪三成意味著她得再找另一份工作補充新聞工作的收入，但她最初投入新聞工作，是因為身為政治案件被告、為了求生才加入的。她決定辭職，藉由自行離開，她至少可以讓總編輯的工作稍微輕鬆一些。此時總裁還在說話。

「正在進行中的這一切，讓我完全見不到我的孩子們，」她說：「所以從明天起，我會放個短假——我們之前就規劃到瑞士阿爾卑斯山滑雪度假，放完假剛好接上達沃斯經濟論壇。」

總裁的話還沒說完，一位名叫阿莉亞（Alya）的女攝影師向全體職員發出這條訊息：「有人可以提供一張沙發讓我睡嗎？看來我得走人了。」瑪莎知道阿莉亞有個兒子，年紀跟薩沙一樣，與阿莉亞的母親同住；阿莉亞並非莫斯科出身，即使用原有的薪水，在這個城市裡也只夠租個小房間。瑪莎自己原有的兩房一廚公寓被警察查抄之後就將它出租，然後在距離市中心更近之處租了相似的公寓。誰說她不能跟阿莉亞共享一個房間？總裁還在說話。瑪莎向房間另一端的阿莉亞揮手，伸出

---

10 "V skandal vokrug 'blokadnogo' oprosa 'Dozhdya' mozhet vmeshat'sya Yu. Chayka," RBK, January 29, 2014, http://www.rbc.ru/spb_sz/29/01/2014/5592aab69a794719538d19a2（二〇一六年八月二十一日瀏覽）.."Zdes' i seychas: Natalya Sindeyeva: Ya khochu izvinit'sya pered lud'mi, kotorykh eto deystvitel'no zadelo, takiye lyudi byli i vnutri telekanala," TV Rain, January 29, 2014, https://tvrain.ru/teleshow/here_and_now/natalja_sindeeva_ja_hochu_izvinitsja_pered_ljudmi_kotoryh_eto_dejstvitelno_zadelo_takie_ljudi_byli_i_vnutri_telekanala-361621/（二〇一六年八月二十一日瀏覽）.

11 "Zdes' i seychas: Dmitry Peskov: Ya ne vizhu smysla zakryvat' telekanal, no oni narushili bol'she, chem zakon, pereshli krasnuyu liniyu," TV Rain, January 29, 2014, https://tvrain.ru/teleshow/here_and_now/dmitrij_peskov_o_situatsii_s_dozhdem_ja_ne_vizhu_smysla_zakryvat_telekanal_no_oni_narushili_bolshe_chem_zakon_pereshli_krasnuju_liniju-361620/（二〇一六年八月二十一日瀏覽）。

兩隻大拇指指著自己，然後回訊息：「我有多的房間。夠你和孩子用了。」

往後幾天有大量人員調動。雨點電視的一位直播節目名人，被人看到用超市手推車載著個人物品，沿著花園環路推著走。他的貓坐在他的衣物上。阿莉亞招了計程車前往瑪莎的住處。那天晚上，兩人都把個人臉書的關係狀態改成「同居關係」。

*

索契冬季奧運會就在職員會議當天開幕。外國特派記者們在社群網路上大量散發骯髒的自來水照片，以及尚未完工的旅館等各種荒唐故障情事。[12]但開幕典禮非常壯麗，俄羅斯贏得的十三面金牌也是參賽國家之冠。要是瑪莎沒有像現在這樣感到迷失方向又孤立無援的話，她的愛國熱情或許會多一些。

在烏克蘭，廣場上的流血事件變本加厲。這時已有一百多人死亡，包括幾名政府軍人。二月二十一日，十萬多人聚集於廣場，悼念遇害的抗爭者。到了晚間，廣場上的群眾揚言，總統若不下臺，他們就要攻向政府大樓。亞努科維奇總統逃離首都，先是在烏克蘭東部尋求庇護，最後來到俄羅斯。隔天，瑪莎接到一通基輔打來的電話：一月那一夜訪問過的其中一名金鵰部隊軍官打電話告訴她，他的搭檔被殺了。她也訪問過那位搭檔。這感覺真奇怪，簡直像是她不知怎麼地得負起責任似的。

一個朋友從克里米亞打電話來：所有人都在那兒，瑪莎也應該來。她去了。她在抵達的當天就意識到，有些事一夜之間改變了。街上滿是武裝人員，他們的制服全無識別符號。他們微笑著走來走去。數小時內，克里米亞的普通人民就加入他們，他們上街來跟這些軍人合照。沒人能夠確切知道情況，但他們覺得，這些軍人是前來拯救這個俄語人口占絕大多數的黑海半島脫離廣場控制的。人們當時就這麼說：「拯救我們脫離廣場。」有了這些制服全無識別符號的軍人駐守街頭，每個人的聲音聽起來都欣喜若狂，表情看起來都容光煥發。

實際上全都到齊的莫斯科記者們持續發出報導，但都不被他們的編輯採用。莫斯科當局未曾確認這些武裝人員是由他們指揮的，因此記者描述的見聞不能見報。瑪莎甚至不確定自己現在還算不算記者——她的媒體生涯或許才剛開始就要結束了——她會很難解釋自己為何出現在克里米亞。她為美國《新共和》（New Republic）雜誌寫了篇專欄。文章這麼開頭：「此刻在克里米亞，我這三十年人生中所見最怪異的一場戰爭正在展開。」[13]其實她以前也不曾看過一場戰爭，但你不需要親眼看到，也能知道這場戰爭跟其他任何戰事都不一樣。

三月一日，普丁請求俄羅斯國會上議院授權政府在境外動用武力——當天就得到全票通過。那時，武裝人員早已進駐克里米亞了。克里米亞街頭到處充斥著看板，看板左邊畫著納粹的卍字徽和鐵絲網，右邊畫著俄羅斯國旗，附上這段說明文字：「三月十六日，我們要在這兩個選項之間做出

---

12 Caitlin Dewey, "Journalists at Sochi Are Live-Tweeting Their Hilarious and Gross Hotel Experiences," *The Washington Post*, February 4, 2014, https://www.washingtonpost.com/news/worldviews/wp/2014/02/04/journalists-at-sochi-are-live-tweeting-their-hilarious-and-gross-hotel-experiences/（二〇一六年八月三十一日瀏覽）。

13 Maria Baronova, "No One Has Done More for Ukrainian Nationalism Than Vladimir Putin," *New Republic*, March 3, 2014, https://newrepublic.com/article/116841/bolotnaya-prisoner-maria-baronova-putins-ukraine-occupation（二〇一六年八月二十一日瀏覽）。

選擇。」當天，在一場匆促舉行的公民投票裡，百分之九十六點七七的克里米亞人投票選擇加入俄羅斯聯邦。[14]

＊

克里米亞的歷史和前蘇聯境內任何區域一樣暴力，但或許又比多數區域更令人困惑。從沙俄帝國首先於一七八三年併吞克里米亞開始，它在將近兩百年間一直是俄羅斯的一部分。一九四四年，史達林對克里米亞進行種族清洗，占了半島人口大多數的韃靼人遭到驅逐，當地的亞美尼亞人、白俄羅斯人和希臘人也被驅趕。半島上只剩下俄羅斯族，這是史達林在第二次世界大戰之後唯一信任的民族。接著在一九五四年，接任蘇聯總書記不久的赫魯雪夫重新劃定各加盟共和國的邊界，將克里米亞劃入烏克蘭。當時未曾說明理由，日後也無法查明——至少在文獻上找不到有力的解釋。

赫魯雪夫曾任烏克蘭黨委書記——因此引起一種猜測：他想送給這個加盟共和國一份慷慨的禮物；或者反過來說，他想彌補自己在烏克蘭犯下的罪行（他在一九三二至一九三三年的人為大饑荒過後才上任，但在他任內仍造成大量人命損失）。哈佛大學的歷史學者馬克・克萊默（Mark Kramer）提到，赫魯雪夫在二戰後運用克里米亞來確保對烏克蘭的掌控。烏克蘭曾被德軍占領將近三年。戰後歐洲的劃分讓蘇聯得以保有一九三九年遵照莫洛托夫—里賓特洛甫密約而併吞的大多數領土。今日的烏克蘭西部因此先後被占領過三次：一九三九年蘇聯占領、一九四一年德國占領、一九四四年再被蘇聯占領。蘇聯是當地的新統治者，立足不穩，這使得新占領的西部領土與共和國東部之間的分歧更為明顯。將種族清洗過後的克里米亞劃入烏克蘭，可能是一種殖民策略：烏克蘭共和國獲得了將近一百萬的新住民，但他們全是說俄語的俄羅斯族人。[15]

在一九五四年當時，多數俄羅斯人並沒有理由懷疑赫魯雪夫的動機。首先，蘇聯領袖們的多數行動，在蘇聯公民看來都是隨心所欲的；此外，這個行動並未對日常生活帶來差別。俄羅斯人仍然認為克里米亞是全國最重要的度假勝地，也繼續使用它。克里米亞則以自己的方式發揮均衡作用。像謝廖沙這樣出身極端特權階級的人，在一座結構複雜的城堡裡放暑假；瑪莎的母親則能租用一間當今的公寓；廖沙的母親也能為自己和兒子各租一張床。俄羅斯人的所有故事都從克里米亞開始，這裡是締結兒時友誼、點燃愛火、喪失童貞、試用毒品，以及各式各樣回憶誕生的所在地。還沒在克里米亞度過夏日的人，也都認為自己總有一天會去。這是俄羅斯人普遍懷抱著的志向。全體俄羅斯人的夏日美夢可能屬於他人（另一個國家）這份意識，在蘇聯解體後粗魯地襲來。俄羅斯族人在當地仍占人口大多數，但他們如今使用一套不同的貨幣，俄羅斯公民也需要外國旅遊護照才能前往。這些年來，許多俄羅斯人發現保加利亞和土耳其的黑海度假勝地更舒適、價格也更能負擔，但克里米亞依然是夏日和青春的象徵。

三月十八日，克里米亞公投後兩天，普丁召集國會兩院全體議員、各州州長及其他克里姆林宮政要，舉行一場特別演說。他講了四十多分鐘，其間一再被掌聲和起立鼓掌中斷。最後，普丁和三

---

14 “Referendum v Krymu o statuse avtonomii,” RIA compilation, March 16, 2015, http://ria.ru/spravka/20150316/1052210041.html（二〇一六年八月二十一日瀏覽）。

15 Mark Kramer, “Why Did Russia Give Away Crimea Sixty Years Ago?” Cold War International History Project E-Dossier no. 47, March 19, 2014, https://www.wilsoncenter.org/publication/why-did-russia-give-away-crimea-sixty-years-ago（二〇一六年八月二十二日瀏覽）。

名克里米亞代表——其中一位身穿厚重的黑色高領毛衣，彷彿剛從想像中的西班牙內戰歸來——簽訂條約，將克里米亞併入俄羅斯，演講廳中的男人們和一些女人在俄羅斯國歌的樂聲中肅立。當普丁和條約的共同簽署者一同離去，演講廳再度爆出一陣起立鼓掌，以及齊聲呼喊：「謝謝你！」（*Spasibo!*）「謝謝你！謝謝你！謝謝你！謝謝你！」這樣的呼喊大概只會在搖滾樂演唱會結束時聽到。這一屋子官員們的回應方式，不像是對一位帶領國家贏得勝利的領袖——那種情況下的呼喊會是「萬歲！萬歲！萬歲！」——反倒符合了「黑手黨國家」模式，彷彿對一位賜予家族成員一份大禮的家父長那樣歡呼。

普丁的演說清楚說明了俄羅斯對克里米亞的論點。他的第一個論點訴諸歷史，呼應了自古至今任何國家對其他領土提出的歷史主張。普丁說，克里米亞是俄羅斯文明的搖籃（宛如塞爾維亞一貫宣稱科索沃是它的文明搖籃）。他多少承認了克里米亞發生過種族清洗：

> 的確，曾有一段時期，克里米亞的韃靼人如同蘇聯其他民族一般，受到不公正的對待。但我要指出一點：千百萬人在那些時期都受到壓迫，其中當然以俄羅斯人占多數。[16]

這並不屬實，但這段陳述在蘇聯全境來說事實上是準確的，即使原因只不過是俄羅斯民族人數遠遠多於其他族群。普丁藉由這個話語上的戲法，排除了克里米亞少數民族的痛苦與恐懼，將俄羅斯人重新定位為受害者：

> 可嘆，看似不可能的事竟然成真了。蘇聯解體了……克里米亞就在這時突然成了另一個國

家的領土，俄羅斯意識到它不只被偷竊了，更被搶奪了……千百萬俄羅斯人在自己的國家上床睡覺，醒來時卻置身於他國。一夜之間，他們成了前蘇聯加盟共和國的少數民族。俄羅斯民族成了世界上最大的被分裂民族之一，即使未必是最大的。

「被偷竊」和「被搶奪」這兩個詞的意義差別很微妙也不明確，但它們的暴力意涵明白無誤。在普丁敘述的這套故事中，俄羅斯因受到脅迫而不得不承認，後蘇聯時代將克里米亞劃入烏克蘭是因為本國太虛弱，無力反對。隨後，在普丁統治下，俄羅斯為了區域和平而犧牲自身的民族利益與深沉欲望，不質疑一九九一年後的國界。但克里米亞俄羅斯人不曾移動就被迫入籍其他國家，甚至發現他們成了一個不穩定國家的公民：

俄羅斯人一如其他烏克蘭公民，受苦於侵襲烏克蘭二十多年的持續政治危機與永久治理危機。

這段話同時指涉廣場抗爭與橘色革命，普丁的演說也從這裡開始從俄羅斯轉向美國——或者應該說，從俄羅斯的損失轉向美國的獲益。他說，美國資助了廣場抗爭，廣場勢力一旦獲勝，就會開始鎮壓異己：

---

16 普丁在克里姆林宮演說，二〇一四年三月十八日。克里姆林宮逐字稿：http://kremlin.ru/events/president/news/20603；官方英文譯本：http://en.kremlin.ru/events/president/news/20603（二〇一六年八月二十三日瀏覽）。

> 克里米亞——說俄語的克里米亞——會在鎮壓中首當其衝。因此克里米亞人民……請求俄羅斯保護他們的權利和生命安全。……當然，我們必須回應這項懇求。我們不能拋棄克里米亞和它的人民，聽任他們陷入困境。那是背叛。

普丁繼續說，俄羅斯的行動不只正確，也根據了美國自己創造的先例——促成科索沃脫離塞爾維亞。他堅稱，科索沃與克里米亞的唯一差異，在於前者得到美國支持，美國自以為能替冷戰後的世界制訂規範。「他們要我們所有人都吃那一套。」他說。他實際上的說法是*nagnuli*，這是句粗俗的話，最精準的譯法是「他們要所有人翹起屁股來」，讓人明確聯想到同性性侵的意象。克里姆林宮的官譯將它翻譯成英文「要求所有人同意」。17

普丁繼續宣洩他對美國的一連串不滿。在科索沃之後，「是整整一系列由外部勢力操控的『顏色革命』」——烏克蘭發生的只是其中兩次。「被策動」發起這些革命的國家，接著就「被迫接受不適用於該國人民傳統、文化及生活方式的標準」：

> 他們一次次說謊騙我們。他們背著我們做出決定，然後要我們接受既成事實。北約的東擴就是這樣，軍隊前哨基地就設在我國的國界上。他們一直跟我們說這不干我們的事。他們說得倒輕鬆。

俄羅斯再也不能忍受了。「就像被壓得太緊的彈簧」，它鬆開了：

我們無疑會面臨外部勢力的反對。我們必須決定，我們究竟是準備好捍衛我們的民族利益，還是我們永遠都要屈服，退到無處可退。某些西方政治人物已經在脅迫我們了，除了運用制裁，也運用國內問題。我不知道他們意欲為何：他們是寄望於第五縱隊？各式各樣的民族叛徒？還是他們以為自己能夠對俄羅斯經濟造成負面影響，由此引發民眾騷亂？……我們必須採取適當行動。

這是一場戰爭演說。儘管普丁就連在演說時都對戰爭的顧慮一笑置之：

> 他們在談論侵略，議論著俄羅斯對克里米亞的某種干預。真是怪了。不知怎地，我想不起來有哪個歷史先例是干預時不開一槍、無人傷亡就能發生的。

真是這樣嗎？古德科夫馬上就能想到一個這樣的例子。希特勒一九三八年合併奧地利時就是一例；他對捷克斯洛伐克蘇台德區（Sudetenland）的接管則是另外一例。希特勒過程中從未開槍——反倒運用了一次公民投票、一場演說，還有其他不流血的工具。希特勒一九三八年九月的演說中，痛斥西方民主國家虛偽，他說西方國家拒絕承認人民真正意志的表達。他提到法國對捷克斯洛伐克的唯一興趣，就是利用它做為攻打德國的基地。最重要的是，他提及捷克斯洛伐克的日耳曼少數民族，他說這些人「以（捷克斯洛伐克）自決之名被剝奪了自決權利」。他說，德國之所以忍受這種

17 http://en.kremlin.ru/events/president/news/20603（二〇一六年八月二十三日瀏覽）。

事態——以及分割日耳曼民族的國界——起先是因為它在第一次世界大戰過後衰弱，隨後是為了歐洲的和平與穩定，但這被「曲解成了軟弱的跡象」。他說，如今德國終於要堅定立場，為了捷克斯洛伐克受壓迫的日耳曼人履行其神聖使命。[18]

普丁的克里米亞演說多數成分，在他先前的聲明中也很常見：慣用的暗箭傷人（近年來也必須是恐同的）蘇聯解體的悲劇、美國的虛偽、北約的背信棄義、由美國策劃的革命並將其價值強加於傳統文化之上，甚至國內的敵人——「第五縱隊」。但民族分裂的概念，以及替代了法律與國界，對國外同胞負起的道德責任，卻出自不同先例——直接令人聯想起希特勒的蘇台德區演講。古德科夫因此開始閱讀或重讀那些探討納粹主義的思想家。他想到，自己從以前到現在對於意識型態的想法全都錯了。他學過的是極權主義意識型態必定包含對未來的願景。但這從來不是納粹主義的關鍵特徵。它的願景陳舊、承諾也很簡單：回歸到想像中法律全屬本能、民族仍是部落的過去。

或許就是這麼回事。克里米亞是俄羅斯的意識型態。正因如此，它將普丁先前提過的每一個主題全都串連起來。而從普丁演說得到的回應，以及民調資料看來，它也發揮了意識型態的作用：克里米亞將全國動員起來。列瓦達中心的民調顯示，全國人口的百分之八十八支持併吞克里米亞，只有百分之一的人表示「明確反對」。這遠遠低於民調的誤差邊際，彷彿這些反對的人——古德科夫這樣的人——不存在。[19]

漢娜．鄂蘭寫過，意識型態不過是被邏輯上推到極致的單一觀念。沒有一種意識型態與生俱來是極權主義的，但任何意識型態都含有極權主義的種籽——它可能變得概括、完全脫離現實、以單一前提凌駕於整個世界。她寫道：「極權主義領袖對觀念本身缺乏興趣，他們更感興趣的是它的用處——做為行動的驅動力及正當理由。」他們從這一個選定的觀念中獲取「歷史法則」，而後動員人民去實現這些想像出來的法則。[20]

既然現在顯然有了一套意識型態，俄羅斯也就符合了任何一份傳統極權主義社會特徵清單上的所有條件——或許只除了古德科夫的清單，他還在清單上多了一項：強迫貧困。

或許當一個極權社會自我重組，不再由極權政體形塑時，就是這樣運作的：意識型態是最後定型的。古德科夫認為俄羅斯的極權主義是復發極權主義（recurrent totalitarianism），一如反復發作的傳染病；就像傳染病一樣，復發或許不會像初次患病那樣致命，但症狀會跟第一次發病時明顯有別。

*

另一個覺得普丁的演說聽起來耳熟的人是杜金。他認出了自己。從杜金宣告自己想成為全國首席理論家以來，才過了五年，這個目標就實現了。普丁正在運用杜金的言論與概念，並貫徹他的預言。早在二〇〇九年，杜金就預言烏克蘭會分裂成兩個國家——東半部會與俄羅斯結盟，西半部則

---

18 希特勒在德意志國家社會主義工人黨（NSDAP，即納粹黨）大會的閉幕演說，一九三八年九月十二日在紐倫堡：http://der-fuehrer.org/reden/english/38-09-12.htm（二〇一六年八月二十三日瀏覽）。

19 "'Maidan,' Krym, sanktsii," Levada Center, December 30, 2014, http://www.levada.ru/2014/12/30/majdan-krym-sanktsii/（二〇一六年八月二十三日瀏覽）.

20 Hannah Arendt, *The Origins of Totalitarianism* (New York: Harcourt Brace Jovanovich, 1976), pp. 470-474. 譯者按：本段敘述參看鄂蘭著，林驤華譯，《極權主義的起源》，頁四七〇至四七六。

會永遠仰仗歐洲。杜金認為烏克蘭居住著兩個明顯不同的民族。西部是說烏克蘭語的烏克蘭人；東部的人民則構成一個包含俄羅斯族和烏克蘭族的集合體，但語言與文化都是俄羅斯的。在杜金看來，這兩個民族的地緣政治傾向根本不同。這就意味著烏克蘭不是個民族國家。它同時意味著烏克蘭的分裂是注定的——唯一的問題是能否和平分家。他當時就警告雙方很可能會發生戰爭。[21]

這遠遠不只關乎克里米亞、也遠遠不只關乎烏克蘭。普丁的演說也表達得很清楚。許多年來，杜金都在等待俄羅斯聲張自己是反現代世界的領袖及其應有的地位。這個觀念，一如杜金的其他觀念都逐漸風行起來。杜金累積了強大的盟友。當烏克蘭的抗爭創造出一個陳述己見的機會，他的其中一位盟友——一名長期支持極端民族主義團體的億萬富豪，向克里姆林宮提交了一份備忘錄。備忘錄提議利用烏克蘭陷入混亂的機會，啟動併吞克里米亞及烏克蘭東南部的進程。這份在亞努科維奇下臺前寫成的備忘錄，預告了他的垮臺。它也將廣場抗爭歸因於波蘭及英國的祕密情報機構，並建議俄羅斯以其人之道還治其人之身，在烏克蘭東南部策動騷亂，為干預取得正當理由。這份備忘錄的許多言論和觀念都出自杜金。[22]

二月下旬，普丁政府開始在烏克蘭東部和南部城市策動及資助反基輔、親莫斯科的抗爭。按照計畫，一旦人民能被激勵，進而攻占政府大樓，並在政府大樓裡決議請求莫斯科的援助，俄羅斯就會開始干預。[23]克里姆林宮高階官員向地方組織者發布指令並分派資金；杜金則與行動者保持聯繫，提供戰略建議並給予保證。他告訴他的人脈，俄羅斯不會止步於克里米亞，它還會支援烏克蘭東南部。他則會坐在家中辦公室的高背黑皮椅上，以數百本書籍為背景，運用Skype和烏克蘭行動者進行漫長的會議。「這只是開始而已，」他說：「那些以為事情會在克里米亞了結的人，全都大錯特錯。」[24]

四月初，烏克蘭東部兩個地區中心城市——頓內次克和盧甘斯克（Luhansk）的抗爭者開始接

---

21 “Expert: Raspad Ukrainy neizbezhen,” russia.ru, October 8, 2009, http://tv.russia.ru/video/diskurs_5615/（二〇一六年八月二十六日瀏覽）。

22 “Predstavlyayetsya pravil’nym initsiirovat’ prisoyedineniye vostochnykh oblastey Ukrainy k Rossii,” *Novaya gazeta*, February 23, 2015, http://www.novayagazeta.ru/politics/67389.html（二〇一六年八月二十六日瀏覽）。《新報》認為這份備忘錄出自人稱「正教億萬富豪」的康斯坦丁．馬洛費耶夫（Konstantin Malofeev）。但其行文邏輯，尤其文中運用的許多詞彙，則強烈指向杜金可能共同撰寫。特別是「地緣政治」一詞的一再使用，以及更重要的，「城市游擊戰」（*gorodskaya guerrilya*）這個似乎只會出現在百科全書裡，卻在杜金著作中經常使用的俄文術語。大量書面證據記載了馬洛費耶夫與杜金持續至今的合作關係，可參看”Chorniy Internatsional: Malofeyev i Dugin,” 俄國駭客「匿名國際組織」（Shaltay Boltay）部落格發文，二〇一四年十一月二十七日，https://b0ltai.org/2014/11/27/%D1%87D0%B5%D1%80%D0%BD%D1%8B%D0%B9-%D0%B8%D0%BD%D1%82%D0%B5%D1%80%D0%BD%D0%B0%D1%86%D0%B8%D0%BE%D0%BD%D0%B0%D0%BB%D0%BC%D0%B0%D0%BB%D0%BE%D1%84%D0%B5%D0%B5%D0%B2-%D0%B8-%D0%B4%D1%83%D0%B3%D0%B8/（二〇一六年八月二十六日瀏覽）。

23 “Dokazi prichetnosti vladi RF do poasyaganiya na teritorial’nu tsilisnist’ Urkainy,” 烏克蘭檢察總長室發布的電話錄音，https://www.youtube.com/watch?v=l6K1_vHrJPU（二〇一六年八月二十六日瀏覽）。

24 “A. Dugin i Ye. Gubareva obsudili budushcheye Donbassa i Ukrainy,” Skype對話錄影，二〇一四年三月二十九日，https://www.youtube.com/watch?v=-jP0yebodlM（二〇一六年八月二十六日瀏覽）。發布這段影片的頻道為頓內次克人民共和國「行政長官」帕維爾．古巴列夫（Pavel Gubarev）所有，但他當時身陷囹圄，因此我推測，這通來電是由其妻葉卡捷琳娜．古巴列娃（Yekaterina Gubareva）本人錄下並發布的。

管政府大樓。其中一些人配備著從當地軍械庫搶來的武器。[25]四月七日，抗爭者組織自己的政府，命名為頓內次克人民共和國（People's Republic of Donetsk），並通過決議請求俄羅斯干預。戰鬥首先從東部其他城市的個別戰役開始——烏克蘭政府軍得以阻止更多地方的政府大樓被占領——然後變成全面戰爭。[26]美國在俄國占領克里米亞之後，已經開始對俄國實施制裁——包括對數名商人及政治人物凍結資產及禁發簽證——這時揚言進一步擴大制裁，但歐洲遲疑了。[27]俄羅斯最終未能在烏克蘭南部挑起夠大規模的暴動，但烏克蘭政府軍也無法在東部重新建立起基輔的權威。[28]

四月十七日，普丁舉行了年度電視熱線。他走進攝影棚之前，兩位主持人的其中一人暖場：

要是事態發展不同，我也許會說，這將是又一次年度對話，但今天，我們有一整個截然不同的國家在傾聽我們。俄羅斯如今與克里米亞和塞凡堡市（City of Sevastopol）[29]統一了。自從蘇聯瓦解開始，我們等待這一刻已經等了漫長的二十三年。為了這個理由，今天的所有問題將與克里米亞直接相關，又或弦外之音有著克里米亞的色彩。[30]

這次節目持續了將近四小時。其中說了很多話。併吞克里米亞，竟與俄國在第二次世界大戰的偉大勝利並駕齊驅了。反對併吞的俄羅斯人則被譴責為叛徒。一位這樣的反對者來到節目現場賠禮道歉。她是伊琳娜．袴田（Irina Khakamada），[31]一九九九年時是唯二反對普丁成為總統候選人的右翼力量聯盟發起人之一——另一位是涅姆佐夫。節目進行前一個月，她也反對併吞克里米亞。但這時她對普丁說：

我來這兒是要說以下這些話。克里米亞始終需要有俄羅斯的身分。我經常去克里米亞……他們總是想要成為俄羅斯的一部分。它如此發生了，那就這樣。你是勝利者。你確實不開一槍就進行了這次行動。

---

25 "Pro-Russian Crowds Storm Government Buildings in Eastern Ukraine," from "The Ukraine Crisis Timeline," Center for Strategic and International Studies (CSIS), April 6, 2014, http://ukraine.csis.org/east1.htm#45（二〇一六年八月二十六日瀏覽）。

26 "People's Republic of Donetsk Calls for Russia to Send 'Peacekeepers,'" from "The Ukraine Crisis Timeline," CSIS, April 7, 2014, http://ukraine.csis.org/east1.htm#46（二〇一六年八月二十八日瀏覽）。

27 "US, Others Support Ukraine but Europe Divided on Sanctions," http://ukraine.csis.org/east1.htm#58; "Pro-Russian Forces Seize APCs as Ukrainian Operation Falters," http://ukraine.csis.org/east1.htm#59; April 15-16, 2014, "The Ukraine Crisis Timeline," CSIS（二〇一六年八月二十七日瀏覽）。

28 "Ukraine, Pro-Russian Protestors [*sic*] Square Off in East," April 8, 2014, http://ukraine.csis.org/east1.htm#48; "Pro-Russian Forces Seize Additional Facilities," April 12, 2014, http://ukraine.csis.org/east1.htm#53; "Ukrainian Military, Pro-Russian Forces Clash as 'Anti-Terrorist Operation' Begins," April 15, 2014, http://ukraine.csis.org/east1.htm#57; all from "The Ukraine Crisis Timeline," CSIS（二〇一六年八月二十六日瀏覽）。

29 編按：地理上屬於克里米亞一部分的塞凡堡市，原是烏克蘭直轄市，而後跟隨克里亞米直轄於莫斯科。

30 *Pryamaya liniya s Vladimirom Putinym*, April 17, 2014, Kremlin transcript, http://kremlin.ru/events/president/news/20796（二〇一六年八月二十七日瀏覽）。

31 編按：伊琳娜・袴田的父親是一九三九年流亡蘇聯的日本共產黨員袴田陸奧男，母親是亞美尼亞人；她的伯父袴田里見曾任日共副委員長，晚年與日共反目。

幾乎察覺不到的百分之一反對者正在降伏。只有一名國會議員——瑪莎的前老闆伊利亞・波諾瑪瑞夫投票反對俄羅斯與克里米亞統一。從此他就被迫離開俄羅斯。[32]這時，反對併吞的一方唯一稍具知名度的人物就只剩下涅姆佐夫。

對杜金來說，這次節目最重要的部分，就是他從中辨認出自身的影響力。其中幾個時刻裡，效忠基輔的烏克蘭人被稱為「民族主義者」，甚至被稱為納粹——普丁指出「這些領土、這些土地、這些人民的歷史過往正是如此」——言下之意是烏克蘭西部被一九四一至一九四四年間的德國占領給永久汙染了。另一方面，普丁又說東部「根本上與俄羅斯相連，那兒的人民具有某種不同的心態」。節目結束時，普丁進一步說明這種心態觀：

> 有某些特殊的性質，我想它們跟價值觀有關。我認為一個俄羅斯人，或者更廣泛地說，一個俄羅斯世界（Russian World）的人，首先想到的是人類有著道德目的、有更高的道德基礎。正因如此，俄羅斯人，俄羅斯世界的人，並不那麼專注於自我……

普丁的聲音漸弱，他閒扯了一會兒，由此向全神貫注的聽眾透露他還沒能完全吸收自己提出的觀念。但沒過多久，他又接著說下去：

> 我們的愛國情操根深柢固。這是戰時大量的英雄行為，以及平時自我犧牲的來源。這是互助與家庭價值的起源。

「俄羅斯世界」這句話來自杜金。這是個地理上幅員廣闊的概念，是一個俄羅斯領導下的文明願景。普丁圍繞著「家庭價值」發揮是對的。所謂俄羅斯世界，正是說明無論其邊界為何，它都由價值觀統一起來。杜金多年來一直提倡「普世人類價值」這個概念本身是一種誤導。例如說，西方的人權觀念不應適用於一個「傳統價值文明」。杜金最精闢的一個說法如下：「普世人權毫無普遍之處。」

普丁在節目另一段落裡，也談到了杜金從事多年的另一件事——與共享俄羅斯世界價值的人物及組織建立聯繫，即使它們位於歐洲：

> 我想，我們確實見證了歐洲國家重新估定價值的過程。我們所謂的保守價值正開始風行起來。就拿奧班在匈牙利的勝利，或是瑪琳．勒龐（Marine Le Pen）在法國的成功來說——她在法國的一次市長選舉裡排名第三。同樣的傾向也在其他國家增長。很明顯、明顯透了。

確實如此。過去幾年來，杜金重新恢復他與西方的聯繫。他和法國的極右翼運動者——那些相較於勒龐的國民陣線看起來太過激進的人——以及比奧班更右翼的匈牙利人，還包括極端保守主義

32 Yuri Maloveryan, "Gosduma utverdila prisoyedineniye Kryma k Rossii," BBC Russian Service, March 20, 2014, http://www.bbc.com/russian/russia/2014/03/140320_ukraine_crimea_duma_ratification; Ilya Ponomarev, "In Exile, but Ready to Save Russia," *The New York Times*, April 15, 2015, https://www.nytimes.com/2015/04/16/opinion/in-exile-but-ready-to-save-russia.html?_r=0（皆於二〇一七年五月十二日瀏覽）。

的歐洲人甚至以色列猶太人組織等其他許多團體建立了互動橋樑。將這些在傳統政治術語中截然不同的運動者及團體結合起來的，是他們在政治上反對布魯塞爾（歐盟），在哲學上反對現代性。33 他的工作成果如今實際上得到總統承認，獲得了全國計畫的地位。

隔天，杜金在全國最受歡迎的訪談節目中擔任來賓。他以前接受過很多次電視專訪，但上這個節目還是第一次。節目由弗拉基米爾．波斯納（Vladimir Pozner）製作並主持，他是一位曾在美國工作的猶太人。這是俄羅斯電視上至今為止最具自由派、親西方色彩的節目——而杜金受邀出席則意味著他得到了政治分量，令他成為一個不可或缺且無法迴避的來賓。訪談在敵對氣氛中進行——杜金甚至一度對波斯納說，他認為波斯納應該從電視圈被封殺——但這個節目提供了一個講臺，令他的觀點可以盡可能傳達給最廣大的閱聽人。杜金在節目中表述，過去幾個月來發生的事件——克里米亞，以及正在進行中的東烏克蘭戰爭——構成了一次俄羅斯復興，一場「俄羅斯之春」。「我們開始對自己的國家感到驕傲了，」他繼續說：「俄羅斯人開始意識到，他們生存在世界上並不只是被動的對象，而是自身歷史的主體。我們愈是展現出我們關懷俄羅斯人、俄羅斯境外的俄語人口，讓我們的社會變得更強大，我們就愈能擺脫沉睡狀態而進入動員狀態……看看從克里米亞來的人們吧！這是一種完全不同於我國官員或烏克蘭官員的人。他們是新生代的人，新品種的人。」

波斯納：你的意思是，這些人讓我們的民族更健康嗎？

杜金同意。接著波斯納提出自己在杜金最近著作〈大俄羅斯〉裡讀到的一個說法，要求他詳加說明。

杜金：大俄羅斯就是俄羅斯世界，俄羅斯文明。我認為大俄羅斯的疆域約略與俄羅斯帝國和蘇聯的疆域一致，相差不會太大……

波斯納：那麼我問你。高加索也是其中一部分嗎？喬治亞、亞美尼亞、亞塞拜然？

杜金：沒錯，當然是。它們都是大俄羅斯的一部分。但這不表示——

波斯納：那中亞呢？

杜金：中亞——當然是，沒錯。

波斯納：波羅的海呢？

杜金：我不認為。我認為波羅的海部分地區和西烏克蘭，在某些條件下——

波斯納：但除此之外的一切都是——

杜金：大俄羅斯。你看，文明沒有這樣那樣的國界。

節目由此轉向一場關於文明例外主義的爭論。波斯納是個很難對付的訪問者。儘管如此，事情還是這樣發生了：一小時專訪、向俄羅斯最大一群電視閱聽人闡述俄羅斯世界的觀念。杜金也提到了叛徒，並在波斯納的催促下提到叛徒應該被消滅，再追問下去，他甚至逐一點名：納瓦尼、涅姆佐夫、卡西亞諾夫（Mikhail Kasyanov）、雷日科夫（Vladimir Ryzhkov）。[34]他說出自己對這些人確

33 Marlene Laruelle, ed., *Eurasianism and the European Far Right: Reshaping the Europe-Russia Relationship* (Lanham, MD: Lexington Books, 2015).

34 編按：米哈伊爾・卡西亞諾夫在二〇〇〇至二〇〇三年間出任俄羅斯總理，但後來公開反對普丁，並與涅姆佐夫聯手。弗

信的事實，以及他確信全體俄羅斯人都應該知道的事：這些人都是被美國人僱用的。[35]

杜金接受了許多訪談、也寫下許多文章。局勢的急迫性增強了他原先就具備的超人效率。他撰文宣稱，美國正對俄羅斯發動戰爭，俄羅斯終於挺身迎戰，全世界可能就在爆發第三次世界大戰的邊緣。[36]但到了五月底，他對普丁愈來愈沒耐心，甚至感到失望。克里姆林宮並未發動一場拚盡全力的公開戰爭，反倒似乎有意創造出一個泥淖。這麼做意義何在？沒錯，一場在東部緩慢進行的戰爭可以達成動搖烏克蘭的目的，耗盡它的國力、弱化它的新政府，但這些都是無足輕重的戰術目標。杜金想要普丁公然入侵烏克蘭，動用正規軍，以一場擴張俄羅斯的光榮勝利為目標。實際上，這將只是俄羅斯擴張行動的開端。可當這場戰爭未能發生，杜金也知道原因：普丁被他根本上親西方的溫和派顧問們給制止了。他發明了一個詞形容這群顧問：「第六縱隊」。倘若「第五縱隊」指的是杜金認定為直接向美國效勞的涅姆佐夫等人，那麼「第六縱隊」就不只是叛國賊，更是文明的叛徒。他們在眾目睽睽之下藏身於克里姆林宮中。[37]

杜金總是告訴自己的支持者：「我們追求的不是權力，而是影響力。」這時他又將這兩件事相提並論，以緩解支持者們的失望。「我們的權力微不足道，」他說：「但影響力巨大。」[38]這在他最親密的盟友中成了某種口號。不斷聽見自己的言論受到俄羅斯高階官員複誦很有幫助，他們發揮影響力的證據就在眼前，人所共見，人們都能聽得出來。普丁的行動與他們的言論不一致這件事，只會更堅定他們的決心。

從外在來看，杜金的地位也改變了。他的左右手瓦列里．柯羅文（Valery Korovin）成了總統辦公廳公民會議室（Presidential Civic Chamber）的一員，這個組織是為了統治公民社會而成立。杜金再也不是個邊緣行動者了。即使他如今發現自己被利用做為陪襯，好讓普丁的觀點與行動顯得溫和，但這也令杜金自身的立場得以正當化。

*

四月下旬，霍多爾科夫斯基在基輔召集了大約三百人，舉行一場他所謂的「對話」。這份名單很奇怪，其中包括知名作家、不太有名的運動者，以及對霍多爾科夫斯基意義重大的人。瑪莎也受邀出席，大概是因為她曾在沼澤廣場案被起訴，也因為她曾在霍多爾科夫斯基坐牢期間和他通信。獄中的霍多爾科夫斯基取得了近乎鄉村長老的地位，人們寫信向他提出問題、傾訴委屈。瑪莎則有自己的委屈，她覺得自己被背叛、被拋棄了。霍多爾科夫斯基的回信強調耐心、超脫紛爭和目光放遠的美德。瑪莎想不起來自己的信到底寫了些什麼，但霍多爾科夫斯基必定記得，因為他邀請了她。

拉基米爾・雷日科夫是前任國會議員，他與涅姆佐夫和卡西亞諾夫共同發起了一個右翼自由派反對黨。

35 "21 aprelya v programme 'Pozner'—Aleksandr Dugin," April 18, 2014, http://pozneronline.ru/2014/04/7669/（二〇一六年八月二十七日瀏覽）。

36 Alexander Dugin, "Nakanunye voyny—2," *Malorossiya*, April 21, 2014, http://maloros.ru/new/4120-aleksandr-dugin-nakanune-vojny-2.xhtml（二〇一六年八月二十八日瀏覽）。

37 Alexander Dugin, "Putin, vvodi voyska!" *Malorossiya*, May 28, 2014, http://maloros.ru/new/4687-aleksandr-dugin-putin-vvodi-vojska.xhtml; Alexander Dugin, "Russkiye zemli to suzhayutsya, to rasshiryayutsya," *Malorossiya*, May 27, 2014, http://maloros.ru/new/5019-aleksandr-dugin-russkie-zemli-to-suzhayutsya-to-rasshiryayutsya-video.xhtml; Alexander Dugin, "Shestaya kolonna," *Vzglyad*, April 29, 2014, http://www.vz.ru/opinions/2014/4/29/684247.html（二〇一六年八月二十八日瀏覽）。

38 作者訪談娜塔莉亞・瑪吉耶娃（Natalya Makeeva），二〇一五年五月二十二日在莫斯科。

霍多爾科夫斯基在會議開幕致詞時，再度強調要將眼光放遠：

> 人們總是問我，這場會議有什麼意義？……我的答案也還是一樣，這個答案支持著我度過漫長的十年（牢獄生活）：為所應為。不論如何……過去十年來，我學會了長程思考，並謹記黑暗永遠都會讓路給光明，今天看似最不切實際的夢想，會成為明日的現實。[39]

就瑪莎所見，每個與會者都懷抱著同一個夢想：向霍多爾科夫斯基領薪水。據傳，他想要資助一整個影子社會（shadow society）。人人都排隊想要加入。瑪莎決定，她一點都不想要眾人趨之若鶩的事物。其實她原先約好了和霍多爾科夫斯基會面，但時間是早上十點，但她前夜喝得太醉，所以她取消了。但霍多爾科夫斯基親自到旅館大廳找她，他們談了話，她發現自己對他的喜愛超出預期，而且超出很多。他們出人意料地相似，而且不像多數與會者，他們都在心願相違之下成了異議人士。瑪莎覺得，霍多爾科夫斯基其實想要融入體制——他想當上總統，而不是總統的頭號敵人。多數對抗暴君的人自己並不追求權力，但霍多爾科夫斯基想要權力，而瑪莎喜歡他這點。她樂意在他的軍隊裡成為將領，或至少在他的政府中當個官員。

數週之後，霍多爾科夫斯基的部屬邀請她到頓內次克地區，觀察當地的事態。那裡很可怕。她在兩年前到那兒過另一種生活的時候，曾經很喜歡頓內次克，當時攝影師謝爾蓋帶她去看歐洲盃足球賽。美麗的機場還在——事實上，整個頓內次克都還在原地——但機場裡不再有精心排定的交通運輸，那兒如今一片忙亂，緊張而憤怒的武裝人員成群結隊出沒。他們在頓內次克仍未開一槍，但你知道遲早會開槍的。

人們在城市內外建立檢查哨，並插上旗幟。瑪莎看出這裡的男人們都像莫斯科任何酒吧裡的常客般顫抖著：安非他命的效果。他們靠著服用安非他命而徹夜不眠。瑪莎和雙方人馬交談。她們說著同一種語言，但他們彼此仇恨。每一方都認為對方不是人。他們的槍全都裝滿子彈，而且都開了保險。

瑪莎打電話給前婆婆，告訴她自己在頓內次克；前婆婆是在頓內次克長大的。前婆婆發表了一長串反基輔的控訴，在她看來，烏克蘭新政府是由納粹組成的。

瑪莎離開頓內次克兩星期後，反基輔戰士們攻下了機場。烏克蘭軍隊歷經一整天的戰鬥後又奪回機場。四個月後，機場再次遭受攻擊——這次，它在數週戰鬥之後落入分離勢力之手，但變成一片廢墟——只剩下堆積如山的瓦礫、四散的飛機殘骸，還有大量屍體。[40]

瑪莎終於在霍多爾科夫斯基的組織裡得到一份工作。她要協助他對政治犯的工作。她跟莫斯科祕密辦公室的新同事們正在尋找新的辦公地點，並準備籌辦教育研習。這些研習是由跟瑪莎差不多歲數的弗拉基米爾．卡拉—穆爾札（Vladimir Kara-Murza）協調舉辦。內容本身無害：基礎公民教育。但這些研習由於得到霍多爾科夫斯基的支持，引來了過多關注。地方官員阻止它們舉行，除了向場地施壓取消，甚至有一次對一處場地直接斷電。瑪莎討厭自己如今成了專業政治犯，或至少是

---

39 Mikhail Khodorkovsky, "My mozhem i khotim reshat' samiye slozhniye zadachi, kotoriye stavit pered nashimi narodami zhizn'," khodorkovsky.ru, April 24, 2014, http://old.khodorkovsky.ru/news/2014/04/24/18768.html（二〇一六年八月二十八日瀏覽）。

40 Alan Taylor, "A Year of War Completely Destroyed the Donetsk Airport," *The Atlantic*, February 26, 2015, http://www.theatlantic.com/photo/2015/02/a-year-of-war-completely-destroyed-the-donetsk-airport/386204/（二〇一六年八月二十八日瀏覽）。

政治犯專家這樣的想法，但她喜歡這場戰鬥。

歐盟、加拿大，以及西方其他數國也跟隨美國，對俄羅斯實施制裁。他們禁止某些俄羅斯國營公司上市、禁止向俄羅斯出口高科技石油設備，並禁止向俄羅斯出售軍事科技及軍民兩用科技。此外，多位俄羅斯政治人物實際上被宣告為不受歡迎人物。二〇一二年通過的《馬格尼茨基人權問責法》為這種個人制裁鋪平了道路——瑪莎的新同事卡拉—穆爾扎當時就在華盛頓遊說要求制裁。

＊

企業界緊張起來。西方投資人懼怕制裁及其效果而紛紛撤資。俄國經濟在戰爭爆發前就已經驟然趨緩，但如今卻似乎開始直線下跌。其他人也怕了。世界家庭大會對於原定在九月舉行的盛大集會打退堂鼓；大會的預定場地是克里姆林宮和基督救世主主教座堂。每個人（或者幾乎每個人）還是前來讚揚俄羅斯如何勇敢對抗ＬＧＢＴ遊說團，並談論著「性別意識型態」的危害與「人口寒冬期」的陰影，但顯然考慮到制裁措施，這次會議被宣傳成由俄羅斯主辦，而不是世界家庭大會。[41] 加俄羅斯正教會牧首在開幕式上發表講話，國會的一位副議長、文化部長還有其他人也發表演說。加拿大生命權運動者與記者約翰—亨利．威斯登（John-Henry Westen）在一篇報導裡吹捧道：「想像一下，有這麼一片土地，生命、家庭、信仰和文化都受到政府官方提倡。大家庭在這裡不再被當成地球上的禍害，而確實被當成『人類的未來』。」[42]

隨著制裁生效，這個論壇對於克里姆林宮更增添了幾分重要性。有些西方國家來賓在本國是民選官員——無論他們所屬的政黨是多麼邊緣，他們都具有阻斷制裁實施及延長生效的潛力。目前，就連俄羅斯在歐洲最親密的盟友也加入了制裁行列，如匈牙利，但這塊制裁鐵板最後總會出現裂縫。杜金也在此得到了施展影響力的契機，充分利用自己與希臘、芬蘭、法國、奧地利，尤其義大利等國極右翼政黨的聯繫。[43]他不只能當來賓——即使看似他將全副精力投入東烏克蘭之際，他仍持續出國演講——也能當東道主。他在二〇一四年六月邀請了一些最有膽量的外國朋友來到頓內次克地區，向他們呈現歷史是如何被締造的，偉大俄羅斯的未來又是如何被編織的。[44]

西方強權按部就班實施制裁，他們的行動建立在普丁被迫讓國家改弦易轍這個前提上，以避免俄國經濟蒙受更大的損失。但在堅信自己與美國進入戰爭狀態的俄羅斯看來，壓力的逐步增加除了升高對立，別無其他意義。到了夏末，普丁也以自己的制裁回應：俄羅斯禁止從西方國家進口食物。克里姆林宮的媒體估計，這項禁令適用於價值九十億美元的進口貨物。由此傳遞的訊息是，敵對的外國將損失這些貿易金額，而俄羅斯的食品製造商則因此獲利。[45]真正發生的事卻是食物價格

---

41 Cole Parke, "Natural Deception: Conned by the World Congress of Families," Political Research Associates, January 21, 2015, http://www.politicalresearch.org/2015/01/21/natural-deception-conned-by-the-world-congress-of-families/#sthash.DJXMcOU7.a9bkcdgH.dpbs（另刊於 *The Public Eye*, Winter 2015，二〇一六年八月二十九日瀏覽）。

42 John-Henry Westen, "Conference Promoting Large Families in Russia Amazes Westerners," lifesitenews.com, September 10, 2014, https://www.lifesitenews.com/news/conference-promoting-large-families-in-russia-amazes-westerners（二〇一六年八月二十九日瀏覽）。

43 Anton Shekhovtsov, *Russia and the Western Far Right: Tango Noir* (Abingdon, England: Routledge, 2017).

44 作者訪問約翰·貝克曼（Johann Beckman），二〇一四年六月於莫斯科。

45 "Rossiya zapretila import prodovol'stviya na $9 mlrd v otvet na sanktsii," TASS, August 7, 2014, http://tass.ru/ekonomika/1367515（二〇一六年九月四日瀏覽）。

在一個月內就上漲百分之十，超市能買到的食物品項也顯著減少。比方說，乳酪大多消失了。俄羅斯再次成了一個最適合以食物做為贈禮的地方——來自西方的觀光客或歸國旅人總是帶著乳酪前來。

古德科夫做了一張圖表，其中有兩條曲線：普丁的支持度，以及列瓦達中心的消費者認知指數。該指數取自以下五個問題的答案：（一）你的家庭經濟狀況過去一年來有何轉變？（二）你預期家庭經濟狀況明年將如何變化？（三）你預期今後十二個月內，全國經濟整體上將會好轉還是惡化？（四）今後五年呢？（五）現在是進行家具、電視、冰箱等大型採買的好時機還是壞時機？[46]他們從一九九五年開始追蹤這個指數，從二〇〇八年開始使用當前這套提問。就在普丁的支持度直線上升後不久，消費者認知指數開始下降。經濟發展趨緩在冬季奧運會之前就顯而易見，那時還有過一段短暫的樂觀時期，但在入侵烏克蘭兩個月後，衰退轉為暴跌。[47]到了二〇一四年春天，解僱潮開始蔓延。十多年來一直維持穩定的盧布，兌美元匯率開始貶值。制裁讓盧布更弱，反制裁讓它進一步貶值，二〇一五年秋季石油價格下滑更使它暴跌。十二月時，盧布在一整天之內如同溜溜球般來回擺盪，兌美元匯率最終以跌幅百分之十一作收，俄羅斯人急忙脫手貨幣換取耐用的物品。車行的存貨被搜刮一空，電器用品店的大尺寸電視也被搶購一空。[48]

古德科夫研讀這兩條分歧的曲線。普丁的支持度穩定維持在不尋常的高水準，持久到顯然再無反常之處。消費者認知指數則持續下降。這是不可能的事。這兩條曲線終究要打破目前的走勢，彼此趨近的。

或者也不會。古德科夫自己曾經將貧困增補到極權主義的定義之中：他當時得出結論，短缺是極權政體存續所不可或缺的要素。因此，或許在這個復發極權主義事例中——這套由下而上建立的社會結構幾乎相當於由上而下強加的極權主義——國家與社會正在合作創造出短缺感。

當然，人們得找出規避制裁的方法，他們將食品標示為其他物品，或將產地標示為原產地以外的地方；於是人們有可能買到的是內陸國家白俄羅斯出產的海鮮。二〇一五年夏天，反制裁實施一年後，普丁簽署命令，下令銷毀一切被認定為違禁品的食材。內閣隨後頒布法規，命令應以「一切可用手段」，在兩名公平見證人監督下銷毀查禁食物，過程必須留下照片及影片紀錄。傳聞提到了火葬場和移動焚化爐。有些人大吃一驚。政府竟要銷毀大量食物——可食用的食物、不可否認地擁有需求的食物——在任何國家大概都是怪事一樁，但在俄羅斯卻有可能尤其令人震驚。這是個在人為饑荒中死了千百萬人的國家，也是接連發生過列寧格勒圍城、戰後饑饉、一九八〇年代災難性物資短缺，以及一九九〇年代人民仰仗小片土地上的作物補償欠薪並賴以維生的國家。總統自己的母親就差點在列寧格勒圍城期間餓死——這樣的經驗是雨點電視推文引發眾怒的明顯原因——但現在，總統卻下令銷毀食物。超過十五萬人連署請求政府改變做法，將查禁的物品送給窮人，有些官員也對這個想法表達支持。

---

46 "Indeks potrebitel'skikh nastroyeniy," explication, Levada Center, undated, http://www.levada.ru/indikatory/sotsialno-ekonomicheskie-indikatory/indeks-potrebitelskikh-nastroenii/（二〇一六年九月四日瀏覽）。

47 "Index potrebitel'skikh nastroyeniy," graph, Levada Center, undated, http://www.levada.ru/indikatory/sotsialno-ekonomicheskie-indikatory/（二〇一六年九月四日瀏覽）。

48 Masha Gessen, "The News in Moscow," newyorker.com, December 27, 2014, http://www.newyorker.com/news/news-desk/news-in-moscow-russia-ruble（二〇一六年九月四日瀏覽）。

隨後，一百一十四噸豬肉在伏爾加河畔的城市薩馬拉（Samara）被銷毀。這些豬肉標示為巴西進口，但被查獲來自歐盟國家。接著被銷毀的是奧倫堡（Orenburg）地區的二十噸乳酪。再來是聖彼得堡銷毀的更多豬肉，還有裝滿三卡車的非法進口甜桃。[49]這下子，再也沒有什麼事情會恐怖或怪異到令人難以置信了。

---

49 Masha Gessen, "A Country Haunted by Starvation Burns Its Food," newyorker.com, August 11, 2015, http://www.newyorker.com/news/news-desk/russia-haunted-by-starvation-burns-its-food（二〇一六年九月四日瀏覽）。

第二十一章　冉娜，二〇一五年二月二十七日

索契冬季奧運會閉幕於二〇一四年二月二十三日。隔天，莫斯科法院對沼澤廣場案八名被告進行宣判。數週之前，當宣判日期決定時，情況就很清楚，將日期訂在普丁不再需要顧慮如何短暫散發出溫和形象的第一天，結果恐怕凶多吉少。沼澤廣場案或許會成為克里姆林宮報復被迫釋放霍多爾科夫斯基這一箭之仇的大好機會。

只有一名被告獲得緩刑，這位十九歲女子先前已被軟禁在家一年多。其他人——七名男性，全都在審判前就遭到羈押——各自被判處有期徒刑兩年半到四年不等。[1]少數群眾在宣判當天聚集於法院門外，隨後警方展開逮捕——警方將兩百三十四人押上巴士載走。當天稍晚，人群開始聚集於莫斯科市中心的馴馬場廣場，也就是七個月前成千上萬民眾抗議納瓦尼判刑之地。但這次只有四百三十二人，他們全被逮捕。[2]

1 “Prigovor po ‘delu vos’mi’ oglashen,” OVDInfo, February 24, 2014, https://ovdinfo.org/express-news/2014/02/24/prigovor-po-delu-vosmi-oglashen（二〇一六年九月六日瀏覽）。

2 “Na Manezhnoy zaderzhali 423 cheloveka,” OVDInfo, February 24, 2014, https://ovdinfo.org/expressnews/2014/02/24/na-

涅姆佐夫當時站在人行道上接受一家法國電視臺採訪，這時一名警員走近他並說道：「請你跟我上巴士。」涅姆佐夫向記者告退，跟著警員走。如果在以前，他會拒絕前往，並要求警方說明拘捕他的理由，讓警察得費力將他龐大的身軀拖上巴士。但涅姆佐夫在六個月前又投入了選舉政治——俄國僅存的選舉政治。這時只有某些城市的市長和市議員仍由人民直選。涅姆佐夫當選了雅羅斯拉夫爾市的市議員，這座人口約有五十萬的城鎮，距離莫斯科約兩小時半車程。他認真履行職責，大約將一半時間花在雅羅斯拉夫爾，也在該市成了公眾人物。他介入調查當地的貪腐問題，同時推廣地方體育。身為民選官員，警方不能隨意拘留他，他這樣的人需要經過特殊法律程序才能逮捕。因此他信步走向巴士，手持議員證書——然後發現自己被逮捕。

他和納瓦尼在一間雙人牢房度過那一夜。[3]隔天，納瓦尼被判處七天拘役，涅姆佐夫則是十天。其他幾位行動者則被判處一週到兩週不等的拘役。他們全都因為違抗警察命令而被定罪。[4]傳達的訊息很清楚——奧運辦完了，就要加強鎮壓。抗爭一律嚴懲不貸。涅姆佐夫這個傻瓜，竟以為俄國有任何法律可以保障他。

*

當涅姆佐夫身陷囹圄之時，俄國軍人身穿無識別符號的制服入侵了克里米亞。涅姆佐夫在部落格上寫了一篇短文，將它傳給莫斯科回聲電臺，他經常上這個電臺的節目，也在電臺網站裡經營自己的部落格。回聲電臺回信給他：他得把這篇文字改得和緩一些。他們明確要求他刪去「手足相殘的戰爭」、「心理狀態反覆無常的祕密警察特工」以及「食屍鬼在人民血泊中取樂」這幾句話。涅姆佐夫拒絕了，他轉而在自己的臉書頁面發布這篇文章：

普丁向烏克蘭宣戰了。這是一場手足相殘的戰爭。俄羅斯和烏克蘭都要為了這個心理狀態反覆無常的祕密警察特工之血腥瘋狂付出慘重代價。雙方的年輕人都要犧牲。母親和姐妹的悲痛無可慰藉。孩子們將淪為孤兒。克里米亞會成為空城，因為再也不會有人去度假。人民不分老幼將被榨取數十億、數百億盧布投入到戰火之中；接著還會需要更多錢，支持在克里米亞掌權的小偷。他一定找不到其他掌握權力的方式。這個食屍鬼在人民血泊中取樂。俄羅斯將要面臨國際孤立、人民貧困和政治鎮壓。天主啊，我們究竟身犯何罪，要遭受如此報應？我們又要再忍受多久？[5]

同日，六個人來到馴馬場廣場，打出一條橫幅，上面寫著「為了你我的自由」（For Your Freedom and Ours）。這句話是雙重典故：它最初是波蘭人的口號，十九世紀波蘭獨立鬥爭期間由俄國的聲援者們採用，而後在一九六八年，由七位前往紅場，抗議蘇聯入侵捷克斯洛伐克的異議人士

---

manezhnoy-zaderzhali-423-cheloveka（二〇一六年九月六日瀏覽）。

3 Yelena Masyuk, "Nepovinoveniye zakonnomy rasporyazheniyu kosmonavta. Statya 19.3," *Novaya gazeta*, March 3, 2014, http://www.novayagazeta.ru/politics/62480.html（二〇一六年九月六日瀏覽）。

4 "V Tverskom sude vynosyat prigovory oppozitsionnym politikam," OVDInfo, February 25, 2014, https://ovdinfo.org/express-news/2014/02/25/v-tverskom-sude-vynosyat-prigovory-oppozicionnym-politikam（二〇一六年九月六日瀏覽）。

5 Boris Nemtsov, "Voyna—eto bezumiye, eto protiv Rossii," blog post, March 2, 2014, http://b-nemtsov.livejournal.com/2014/03/02/（二〇一六年九月八日瀏覽）。

再次使用。這七人當時全部被捕、被判入獄及流放西伯利亞。而這次，六位抗爭者一拉開橫幅就被逮捕了。[6]當天稍晚，更多人來到馴馬場廣場，其他人則前往國防部大樓。沒人確切知道該去哪裡，多半是由於多年來安排地點與時間，再把消息傳出去的涅姆佐夫、納瓦尼及另外幾名核心行動者這時都在獄中。當天結束時，共有三百六十二人被捕。[7]正是在這一天，國會允許俄國在境外使用武力，涅姆佐夫及其他關注的俄國人都意識到自己的國家對烏克蘭開戰了。

同時也有一場倉促策劃的支持入侵遊行——國會的官報稱它為一場「支持烏克蘭人民，反對在基輔奪權的破壞分子」遊行。[8]親克里姆林宮的青年組織在社群網路上刊登了以下廣告徵求參與者：

> **集會與音樂會，時薪五百盧布**
>
> 與烏克蘭最近事態有關的集會。下午三點在地鐵普希金站大廳中央集合。需要五十位年輕人。回信附兩張照片、名字、姓氏、年齡及電話號碼報名，或電話聯絡89104465285，找馬克西姆。事成付款。[9]

這則廣告透露出這類青年運動標準的動員慣習，更甚於花錢找人來慶祝。然而，人們湧現的喜悅是巨大而真誠的，冉娜感受到身邊滿是歡欣鼓舞。所有人都失去理智了。冉娜體驗到了政治憤慨——甚至是她的政治熱情。她從未有過這種感受，就連父親在二〇〇九年除夕夜被逮捕時也沒有，在她競選公職時當然也沒有。這些年來，她對父親理想的支持是智識上的——她同意父親的論點確實有可取之處，即使未必始終如此。但這時，她覺得自己正在凝視深淵。像她祖母或同事這樣聰明的人，怎麼可能不懂戰爭帶來的災難？在經濟問題與意見上令她敬重的那些人，怎麼可能不懂經濟會因此從疲軟落入衰亡？她很快就意識到，他們也全都沉迷於激情中。不願分享民族喜悅的她，在辦公室裡和國內都成了賤民。

她想跟父親談談這件事，但他又被捕入獄了。她把食物送去給他。他這次被關在一棟翻修好的監獄大樓裡，磁磚地面光滑閃亮，窗框是塑膠的。食物的規定則很怪異：番茄允許攜帶，但禁帶黃瓜。

他一獲釋，她就去找他談話。

「我們得離開，」她說：「這個國家完了。」

他聽著。

「我要辭職。」她說。「國家自己都沒有未來了，辯論天然氣壟斷的未來又有什麼意義？」

---

6 “Shest’ chelovek zaderzhany na Manezhnoy ploshchadi za rastyazhku ‘Za nashu i vashu svobodu,’” OVDInfo, March 2, 2014, https://ovdinfo.org/express-news/2014/03/02/shest-chelovek-zaderzhany-na-manezhnoy-ploshchadi-za-rastyazhku-so-slovami（二〇一六年九月八日瀏覽）。

7 “Kak minimum 362 cheloveka zaderzhali segodnya v Moskve,” OVDInfo, March 2, 2014, https://ovdinfo.org/express-news/2014/03/02/kak-minimum-362-cheloveka-zaderzhali-segodnya-v-moskve（二〇一六年九月八日瀏覽）。

8 “V Moskve proydiot shestviye v podderzhku naroda Ukrainy,” *Rossiyskaya gazeta*, March 2, 2014, https://rg.ru/2014/03/02/podderjka-anons.html（二〇一六年九月九日瀏覽）。

9 廣告截圖取自記者安德烈．馬爾金（Andrei Malgin）部落格，二〇一四年三月三日，http://avmalgin.livejournal.com/4376564.html（二〇一六年九月九日瀏覽）。

「別辭職，」他說：「先找另一個工作。」

「我要去烏克蘭。」

「那就去吧。」

冉娜去了基輔。她向所有電視臺求職，卻一無所獲。父親鮑里斯提議，他可以聯繫他正在烏克蘭競選總統的朋友彼得．波洛申科（Petro Poroshenko），請他幫忙為冉娜找個工作。

「儘管你住在烏克蘭，對我的形象不會是好事。」他補充。既然俄國正與烏克蘭交戰，他和這個國家及橘色革命的關係也就更常被拿出來講。他成了叛國賊的代名詞。

「不要，別打這個電話。」冉娜說。不是因為他提到了自己的名聲，她更擔憂自己的名聲。她好不容易才掙得了專屬於自己的名聲。

「那你得繼續在RBK工作，只要他們還能用你。」

RBK是昔日的金屬業大亨米哈伊爾．普羅霍洛夫（Mikhail Prokhorov）所有，他是鮑里斯的朋友，自己也曾涉入政治。他正是那個曾經提議資助冉娜，同時也資助她對手的人。普羅霍洛夫想盡辦法至少從外表看來獨立於克里姆林宮，因此他的媒體管道比其他多數媒體更自由一些。冉娜有一份無須被迫公然扯謊的新聞工作——這是一種奢侈。過不了多久，冉娜和她的父親就知道了，還有一份工作可做或許就像是一種奢侈。

＊

鮑里斯和其他團結組織的運動者一出獄，立刻提交舉行和平遊行的申請。約有五萬人在三月十五日前來參加。這個人數十分驚人，倘若民調結果沒錯，只有百分之一俄羅斯人反對這場戰爭，那麼在莫斯科，幾乎所有的反對者都上街遊行去了。另一方面，民調也有可能只反映出一件事——如今只有最死忠的、賭上一切的反對運動成員願意表達不同意見，即使面對民調訪員也一樣。鮑里斯走在遊行最前端，在高舉著「別碰烏克蘭」（Hands off Ukraine）橫幅的一排人中間。在他們身後，許多幅標語都寫著「為了你我的自由」。

涅姆佐夫是集會的第一位講者。他談論烏克蘭的內容，倒不像談論普丁那樣多：

> 他是個病人。……但他又不只是病人：他也是個損人利己、不誠實的人。他占領克里米亞就只因為他想要永遠掌權！[10]

冉娜參加了這場遊行——這是二〇〇九年除夕夜她在警察追捕下逃跑後，第一次加入父親的街頭抗議。

遊行過後數日，涅姆佐夫聽說自己會在沼澤廣場案成為被告。想到其他抗爭領袖的遭遇，他一點都不覺得意外。尤達佐夫正在獄中；納瓦尼只因成千上萬人民上街抗議而免於入獄，但他這時又面臨了新羅織的詐欺罪官司；卡斯帕洛夫被威脅起訴之後移居國外。鮑里斯對冉娜說，他想談一談。

「我不知道能不能活過十年刑期。」他說：「你也知道，我五十五歲了。」

---

10 Yuri Maloveryan, "'Marsh mira' v Moskve sobral desyatki tysyach uchastnikov," BBC Russian Service, March 15, 2014, http://www.bbc.com/russian/international/2014/03/140315_ukraine_moscow_rallies（二〇一六年九月九日瀏覽）。

他每天都鍛鍊身體。他滑風浪板。他愛拍自己在海灘上的照片。他穿著緊身藍色牛仔褲，白襯衫不扣鈕扣以展現自己的胸肌。他最近兩三個女友年紀比冉娜還小；其實冉娜很欣賞現任這位女友——一位來自基輔、金色頭髮的長腿年輕女子，因為她從來不像前幾個女友那樣在大人的對話裡插嘴。

「我永遠支持你。」冉娜說。家人支持會是囚犯能不能活著離開俄羅斯監獄的重大差別。

「你會失業的。」

「你知道的，我不在乎。」

「那麼，要是他們把我關起來，你會在電視直播提這件事嗎？」

「你答對了。」

＊

三月二十六日，普丁首度當選總統十四周年，冉娜年滿三十歲。鮑里斯在早上打電話給她。

「對不起，我今晚沒法出席，」他說：「我在以色列。你能來看我嗎？」

冉娜大哭起來。他們從來不曾錯過彼此的生日。他們都會舉辦盛大的派對。「我想，這是我最後一次辦派對了。」她對母親雷莎說。其他所有人都來了，每個人都注意到鮑里斯缺席，但沒人問起。

下一週，冉娜飛往特拉維夫。鮑里斯在機場接她，模樣宛如電影《教父》裡的艾爾．帕西諾，那個角色總有一隻眼睛是黑青的。只差在鮑里斯兩眼都黑青。

「我去開刀割除眼袋了。」他解釋：「我需要醫生證明。」

他指的是雅羅斯拉夫爾市議會的強制性出席規定。但他在想什麼？他以為自己可以無限期請病假留在這兒？以為要是等得夠久，調查委員會就會改變主意不再追查他？他打算留在以色列嗎？他說他要留下來。他也抱怨自己在以色列不適應。冉娜說她同意。這裡太擠、太熱、太潮溼了。「還有別的國家，」她建議：「天氣更好。」

父親一語不發。

他們在海灘上漫步，他談論著自己的人生，彷彿需要為自己一生的成就做出總結似的。他看起來老了許多——而他以前從不顯老。他的模樣不像個超級英雄。他一直提議要去購物，想買東西送她。她拒絕了。

她離開前，他對她說，不要告訴任何人他在哪裡。他不是在躲藏——他只想隱瞞目前不在俄國這件事。冉娜誰也沒告知。就連老闆直接問她父親是不是人在以色列，她都回答：「你在說什麼啊？」

冉娜的祖母當然知道兒子在國外，而且她覺得很開心。為了確保他留在國外，她決定在莫斯科回聲電臺網站上發表一封寫給兒子的公開信。她把信給了鮑里斯的表兄弟安排發表。這位表兄弟把信寄給冉娜，冉娜再寄給鮑里斯。

> 我只有一件事要求你、懇求你——你想要的話，可以說它是我的遺囑。不要坐牢。這對任何人都沒有好處。我是指那些愛你的人，還有一般來說的好心人。

吉娜．雅可夫列夫娜怎麼會要他避免坐牢？她是在蘇聯時代生長的女人，因此她不能公開建議他移民。在她生命中的多數時候，流亡者都被斥責為蘇聯事業的叛徒。儘管如此，所有人也都知道，當她懇求他不要入獄，她其實是在請求他移居國外。由於這是一封公開信，也就明確表達了擔憂——她的兒子要是移民的話，人們會認為他不愛國：

我還要補充一點，我的父親，鮑里斯的祖父，從年少時代就是布爾什維克黨人，他是列寧主義的忠誠信徒，而且親眼看過列寧演說。他在退休後獲得蘇聯表揚，因此是一位最光榮的人。對鮑里斯幸災樂禍的人們都無法理解，他的一切思想與行動，全都出於**赤誠和熱愛俄羅斯**。它們絕不只是空話。順便一提，他和普丁有個共通之處：他們都**熱愛俄羅斯**。

當克里米亞加入俄羅斯時，我和其他所有人一樣雀躍。我認為正義得到伸張了。我和我的女婿討論這件事，得到一致的結論：普丁確立了自己的歷史地位。我們都是單純的人，我們不知道這一切會怎麼演變，我們看不到事物的另一面。

但我現在明白了。我認為或許普丁對這一切都不再那麼興奮了。我女兒說，或許他的顧問並非一致支持這樣的事態。他們有些人或許更聰明一些。

再回來講鮑里斯。我記得在某份報紙上讀過：霍多爾科夫斯基被人問到，「你這麼聰明的人，明明可以躲過牢獄之災，怎麼最後卻入獄了？」霍多爾科夫斯基回答他：「世上有聰明人，還有睿智的人。」

鮑里亞（Borya），請做個睿智的人。

愛你的媽媽

二〇一四年四月十六日

鮑里斯暴跳如雷。在一封公開信裡被自己的母親喊話，還訴諸蘇聯時代的榮譽概念，幼稚地操弄他的意志與形象；但最嚴重的是，他被拿來跟普丁相提並論——他們都熱愛俄羅斯這句斷言——全都激怒了他。儘管如此，冉娜還是覺得他那天在電話裡叫罵得太過份了。他最近似乎一再過度反應。

大約在同一時間，一位如今在雨點電視當主播的社交名流在推特發文：「結果涅姆佐夫在以色列。由於遭受刑事調查，可能不會回俄國。」[11]當他們在電話裡談到這件事，鮑里斯聽來很受傷：他一直以為那個女人是他的朋友。

他是個蹩腳的流亡者。他的心不在外國。成功的流亡者為了拯救子女或財產而逃走。他逃走是為了拯救自己的性命，但他的人生都在俄羅斯。

幾天後，他去基輔參加了霍多爾科夫斯基的會議，然後從基輔搭機返回莫斯科。他在機場拍了一張自拍照，發上臉書，同時引述了那位雨點電視主播兩週前的推文。他回來了。[12]

＊

11 Ksenia Sobchak, tweet, April 14, 2014, https://twitter.com/intent/like?tweet_id=455701786901639169&ref_src=twsrc%5Etfw&original_referer=http%3A%2F%2Fperebezhchik.ru%2Fslukhi%2F366.html&tw_i=455701786901639169&tw_p=tweetembed（二〇一六年九月九日瀏覽）。

12 Boris Nemtsov, Facebook post, April 26, 2014, https://www.facebook.com/boris.nemtsov/posts/619540304782240:0（二〇一六年九月九日瀏覽）。

鮑里斯的生命此時朝不保夕，因此他加倍地拚命工作。他針對索契冬季奧運會前置工作中的貪汙與詐欺發布了一份報告書。報告中提到許多人，尤其聚焦於弗拉基米爾・亞庫寧（Vladimir Yakunin），此人是壟斷俄羅斯鐵路事業的首腦，也是俄羅斯正教「傳統價值」社會運動的重要資助者。他的妻子經營一個名為「母親聖潔」（Sanctity of Motherhood）的組織，同時也是世界家庭大會的固定參與者。亞庫寧生於一九四八年，蘇聯時代是國安會軍官。他從一九九〇年代起就是普丁親信的一員。[13]但涅姆佐夫的重點不是亞庫寧的生平，而是他在索契做的生意，包括一份興建四十八公里長的鐵路，造價卻超過五百億美元的合同。涅姆佐夫確信這創下了世界紀錄。他將這個章節命名為「史上最昂貴奧運會中最昂貴的計畫」。[14]亞庫寧從那年春天開始對涅姆佐夫興訟，控告他誹謗，並索賠三百萬盧布——在最初提告時相當於十萬美元，但在隔年冬末終於排上審判日程時，折合美元的金額就幾乎減半了。[15]

涅姆佐夫也開始蒐集資料，為普丁在烏克蘭的戰爭撰寫報告。其中收錄了他在克里米亞及烏克蘭東部動用俄軍的證據、克里姆林宮列為機密的傷亡人數；二〇一四年七月擊落馬來西亞航空客機、造成兩百九十八人喪生的導彈，是由俄羅斯及其支持的烏克蘭分離勢力控制區內一架俄製發射器所發射的證據。它也將收錄二〇一四年秋天在明斯克舉行的和平談判資訊，例如俄羅斯追加簽署了當時所訂立的協議（由俄國駐烏克蘭大使米哈伊爾・祖拉波夫〔Mikhail Zurabov〕代表），從而承認了自己也是引發衝突的其中一方。[16]

涅姆佐夫在二〇一四年九月二十一日領導了第二場和平遊行——約有兩萬五千人參加。[17]當天，遊行路線上的其中一棟大樓打出一面兩層樓高的方形橫幅，上面寫著「叛國賊遊行」字樣。在美國國旗與白宮的圖案下方，這面橫幅畫上了六個人的臉孔——兩位作家、一位搖滾音樂人，以及包括涅姆佐夫在內的三位運動者。[18]這六人至少有三人的全部或大半人生在俄國之外度過。涅姆佐夫的臉孔，早在四月時就曾出現在市中心一棟大樓懸掛出來的一面同樣大小的橫幅上，那時他在以色列。那面橫幅寫著「第五縱隊。我們之間的異己。」成員幾乎完全不一樣，但必定少不了涅姆佐夫的臉孔。[19]他在二〇一五年一月又出現了，在至今為止最大的一面橫幅上——這面橫幅懸掛於一棟高樓公寓，覆蓋了三層樓半。「第五縱隊堅持要制裁自己的國家。他們藉由支持制裁造成了所得

---

13 Sergei Mel'nikov, "10 vydvizhentsev KGB," *Ogonyok*, November 7, 2011, http://www.kommersant.ru/doc/1802255（二〇一六年九月九日瀏覽）。

14 Boris Nemtsov and Leonid Martynyuk, *Zimnyaya olimpiada v subtropikhakh: Nezavisimyi Ekspertnyi Doklad* (Moscow: Self-published, 2013), p. 14.

15 Sergei Goryashko, "Vladimir Yakunin reshil nakazat' Borisa Nemtsova rublyom," *Kommersant*, May 28, 2014, http://www.kommersant.ru/doc/2481601; "Sud perenyos slushaniye po delu RzhD k Nemtsovu na 10 fevralya," life.ru, December 10, 2014, https://life.ru/t/%D0%BD%D0%BE%D0%B2%D0%BE%D1%81%D1%82%D0%B8/146712（皆於二〇一六年九月九日瀏覽）。

16 Boris Nemtsov, Facebook post, Sept. 6, 2014, https://www.facebook.com/boris.nemtsov/posts/683165751753028:0（二〇一六年九月九日瀏覽）。

17 "Skol'ko cheloek prishli na shestviye v Moskve i chem otlichilsya Milonov na peterburgskom 'Marshe mira': Itogi 21 sentyabrya," TV Rain, September 21, 2014, https://tvrain.ru/teleshow/here_and_now/skolko_chelovek_prishli_na_shestvie_v_moskve_i_chem_otlichilsja_milonov_na_peterburgskom_marshe_mira_itogi_21_sentjabrja-375624/（二〇一七年三月十四日瀏覽）。

18 "Marsh predateley," *Glavplakat*, Sept. 21, 2014, http://glavplakat.ru/article/319（二〇一六年九月九日瀏覽）。

19 "Chuzhiye v gorode," *Glavplakat*, April 11, 2014, http://glavplakat.ru/article/147（二〇一六年九月九日瀏覽）。

下降，物價和失業率升高。」接著引自涅姆佐夫部落格的一段文字，出現在他的臉孔旁邊：「實施至今的制裁有可能動搖國家。普丁將要面對俄羅斯內部的危機與混亂。」[20]

二〇一五年除夕，阿列克謝·納瓦尼和他的弟弟奧列格被判詐騙一家公司，即使該公司代表出庭作證，表示公司其實沒被詐騙。阿列克謝被判處三年半居家軟禁——當局顯然試圖避免另一次群眾抗爭——但奧列格被判入獄三年半。他成了人質。[21]

隨著納瓦尼判刑、尤達佐夫坐牢，卡斯帕洛夫和波諾瑪瑞夫流亡國外，涅姆佐夫如今成了唯一還能在莫斯科（以及雅羅斯拉夫爾）自由行動的抗爭領袖。冬季假期結束後，他開始籌劃第三次遊行，時間訂在入侵克里米亞周年。但這次他無法取得在市中心遊行的許可。他也無法為遊行爭取到多少支持，就連參與運動的同儕們都不太支持。他的盟友們堅稱，俄羅斯人現在更擔心自己的經濟問題，而非戰爭。涅姆佐夫對這兩點都讓步了：遊行會在距離市中心一小時地鐵車程的市郊舉行——名稱則是「反危機春遊」（The Spring March Against the Crisis）。

就在遊行日期十天前，烏克蘭總統亞努科維奇下臺一周年當天，一場政府核准的遊行在莫斯科市中心舉辦。另一個親克里姆林宮的青年運動——反廣場運動（Anti-Maidan）在這天正式成軍，公開宣告的唯一目標就是防止「顏色革命」在俄國發生。[22]約有三萬人參加，許多人攜帶著旗幟和預先印好的標語，上面寫著「廣場帶來戰爭與混亂」之類的口號。一面由十多人同時高舉的巨大黑色橫幅以白色字體寫著：「徹底清除第五縱隊。」數十名遊行參與者都高舉著同一款海報，那是張加上了橘色相框的涅姆佐夫黑白照片，說明文字寫著：「廣場勢力組織者。」[23]

*

冉娜不打算到郊區參加遊行。她也不喜歡婉轉的遊行名稱；她要參加反戰遊行，其餘免談。她反倒要去義大利度假；當莫斯科的冬天似乎總讓人覺得沒完沒了，三月第一週正是脫身抽離的大好時機。雷莎也會同行——她在二月二十七日從下諾夫哥羅德來到莫斯科過夜，隔天一同出國。冉娜在回家路上經過鮑里斯的住處，將一個裝有一萬美元的信封寄放在門房那兒。這筆錢要用在討論普丁與烏克蘭戰爭的報告書上，報告書就要付印了。

冉娜在深夜十一點半向雷莎說了晚安，上床睡覺，把燈和手機都關掉——她總是遵守這條心理衛生規則。雷莎睡在客廳裡。

深夜，冉娜被雷莎的尖叫聲驚醒。冉娜知道尖叫的人是母親，但那聲音她從來沒聽過，那是驚駭的尖叫。冉娜一定是忘記鎖門，有人闖入了。

雷莎一個人坐在客廳裡。她坐在沙發上尖叫著。她手裡抓著手機。

「他們殺了他。」她說。

---

20 “Desyatimetrovyi banner Glavplakata na Novom Arbate,” *Glavplakat*, January 23, 2015, http://glavplakat.ru/article/424（二〇一六年九月九日瀏覽）。

21 Masha Gessen, “The Bitter Education of Alexey Navalny,” newyorker.com, Dec. 31, 2014, http://www.newyorker.com/news/news-desk/bitter-education-alexey-navalny（二〇一六年九月十三日瀏覽）。

22 “Manifest,” Antimaidan, https://antimaidan.ru/page/9（二〇一六年九月十三日瀏覽）。

23 Yevgeni Feldman, “‘Antimaidan’ v Moskve: Tridtsatitysyachnoye shestviye to Petrovke,” *Novaya gazeta*, February 21, 2015, http://www.novayagazeta.ru/photos/67368.html（二〇一六年九月十三日瀏覽）。

冉娜打開手機和電視。手機裡都是簡訊，電視也播出報導。她父親就在不到十五分鐘距離外的一座橋上被人槍殺。雷莎呼吸困難。

「不要緊。」冉娜說：「我們現在一起過去。」

天空下著傾盆大雨。她攔了計程車。

「帶我們去莫斯科河大橋（Moskvoretsky Bridge），麻煩你。」

「你們去那裡幹嘛？」

「他們殺了涅姆佐夫。」

駕駛第一次看著她。他的臉孔在街燈映照下顯得憤怒。

「那關你什麼事？」

「這個嘛，或許你不在乎一個世界知名人物剛才在莫斯科市中心被人開槍打死，但他剛好是我父親。」

警方封鎖了大橋。冉娜走過一個又一個警員面前，一面出示記者證和護照。「我是記者。我們是家屬。我是記者。」過程彷彿永無止境。

她們在路障彼端遇見的第一個人，是鮑里斯的年輕友人弗拉基米爾・卡拉—穆爾札，他是和平遊行的共同組織者，目前為霍多爾科夫斯基工作。

「遺體送上救護車了。」他說：「我會跟車去殯儀館。」

這時候駕車在城裡到處跑沒有意義。

「我們得想想看該怎麼跟奶奶說。」冉娜對雷莎說。

她們打電話告知鮑里斯在下諾夫哥羅德的姐姐和表兄弟，然後前往吉娜・雅可夫列夫娜家，等待早晨來臨。因為吉娜・雅可夫列夫娜一起床就會打開電視或收音機，而她們必須在那裡，親口把消息告訴她。

「我要去莫斯科。」老太太說。

隔天，吉娜・雅可夫列夫娜在莫斯科帶領了一場遊行。這不是一場和平遊行或「春遊」，而是一場哀悼遊行。五萬人未經許可就遊行穿越莫斯科市中心。他們高舉著俄羅斯國旗和涅姆佐夫的肖像，以及一面寫著「英雄不死」的巨大橫幅。沒人阻止。[24]

*

冉娜手機裡有幾十通未接來電。人人都要求採訪。她打電話給自己的電視臺。

「我想先讓你們採訪。」她說。

「好，我們這就開始錄影。」總編說。

「我要現場直播。」冉娜說。

「我辦不到。」

她掛了電話。

她轉而接受英國廣播公司的記者採訪。她說，她認為普丁本人要對她父親的死負責，她是在陳述顯而易見的事實。鮑里斯在跨越莫斯科河的大橋上遇害，克里姆林宮就在謀殺現場的背景裡。克

---

24 "Tysyachi lyudey prinyali uchastiye v marshakh pamyati Nemtsova," BBC Russian Service, March 1, 2015, http://www.bbc.com/russian/russia/2015/03/150301_nemtsov_march_moscow（二〇一六年九月十三日瀏覽）。

里姆林宮距離這麼近，使得這座大橋隨時受到監控——任何曾經試圖在那兒出鏡拍攝的電視記者全都知道，總統衛隊立刻就會衝上來阻止他們。但鮑里斯的屍體橫躺在橋上至少十分鐘，總統衛隊始終不見人影。發生在何處其實也不是重點。普丁長久以來持續將冉娜的父親塑造成叛國賊，去年開始更把他說成是敵方的戰鬥人員——他們對坐牢的恐懼如今顯得幼稚。

舉行了喪禮。為涅姆佐夫五十歲生日拍攝了影片的記者帕維爾．舍列梅特主持追悼儀式。但他們判斷出錯，不得不提前結束——在出殯行列出發前往墓地之時，前來致哀的人們還未能全部進入靈堂。

冉娜和雷莎還是去了義大利，但英國廣播公司又在那兒找上她，這次冉娜說得更多。俄羅斯警方偵辦鮑里斯的謀殺案，已經逮捕一名車臣人警員。但她說，她不信任俄國的任何偵查機關。

你一直問我，我父親是不是對政權構成威脅。他當然是。你對世界的看法是這麼淺薄。眼界放寬一點。研究一下世界上的極權政體。異議人士要不是流亡——看看有多少人離開了俄國，像卡斯帕洛夫那樣——不然就是在坐牢或被軟禁，或者被殺了……任何想法不同的人對極權政體都是威脅……

你會害怕回俄國嗎？

一點也不，我不怕。我要回去。

你父親被殺後有改變你的想法嗎——

你知道，我一直都是悲觀主義者，但這件事完全顛覆了我的世界。倒不是說我還有幻想。但我確實完全想不到這種事有可能發生——我還是無法相信他們殺了我父親。我不認為自己是個運

> 動者。但我是個有榮譽感的人，我非常愛我的父親，我要所有人都知道事實真相。而真相就是我所說的；我們絕不可能從俄國當局那兒得知真相。但我只想說，我現在說的這些話，意思是當局從今而後會把我當成運動者。我要說的就是這些。[25]

冉娜的確回到了莫斯科。她估計自己遲早要失業——RBK的人無疑只是在等待一個藉口開除她。

鮑里斯的朋友們——過去十年來在團結組織、遊行裡和牢獄中陪伴過他的人們——在橋上擺設了紀念物。在當局第一次清掉鮮花和俄羅斯國旗後，他們不分晝夜派人在現場守候。弗拉基米爾·卡拉—穆爾札是每天前往現場佇立悼念和守護的六個人之一。

五月下旬，波昂大學（University of Bonn）邀請冉娜演講紀念父親。鮑里斯死去滿三個月當天，她在一間稍嫌老舊的德國現代主義風格旅館裡醒來。她閱讀新聞，得知弗拉基米爾·卡拉—穆爾札身中不明毒素，導致多重器官衰竭而住院治療。所以，運作的方式就是這樣。名人被一顆子彈打穿心臟，不太有名的人則在茶裡被下毒。

後來她知道這間旅館按月收租金。她可以在尋找公寓時住在那兒。經營旅館餐廳的家族說義大利語——她可以和他們對話，即使她在這個城市裡舉目無親。冉娜沒想到要去別處。波昂安靜、整潔又安全，已是個夠好的地方。她不會再回俄羅斯了。

---

25 "Zhanna Nemtsova: 'Putin politicheski vinovat v smerti ottsa,'" BBC Russian Service, March 12, 2015, http://www.bbc.com/russian/russia/2015/03/150311_janna_nemtsova_interview（二〇一六年九月十三日瀏覽）。

第二十二章 永遠的戰爭

二〇一三年七月，納瓦尼判刑引發了那場抗議之後——謝廖沙歷經他記憶中最美好的幾小時，那時他和身邊所有人都在做該做的事，而不請求任何人許可。當警察最終驅散了群眾，他發現自己佇立在莫斯科大劇院對街的廣場裡。其他人全都離開了。有些人被警察押上巴士。多數人回家去了。幾個人在附近的酒吧落腳。這一夜很溫暖，轉角步行街上的露臺酒吧正在供應自由古巴調酒。謝廖沙還是感受得到自己和一小群人沿著人行道被推著走，離開抗議現場時，警棍戳在他背上的位置。他還是感受得到因為呼喊其他抗爭者掙脫警察、原路折返、重新各就各位而變得嘶啞的嗓子。太少人聽見他叫喊了。他回家去。

隔天，納瓦尼從獄中獲釋之後，謝廖沙在臉書上讀到，有個女人回到廣場上繼續抗議。他認識她——不熟，但知道她的名字，也常去她經營的咖啡館。她一直在臉書頁面上寫著同一件事，呼籲人們前來，和她站在一起拒絕離開，直到納瓦尼的所有罪名撤銷、直到沼澤廣場案的囚犯獲釋。她也在朋友的頁面上留言——她有很多朋友——要求他們前來加入。他們有時會去一兩個小時，然後各自回到自己的生活中。她留了下來。整整三星期，她每天都站在廣場上，站在一個倒數索契奧運還有幾天、幾小時的時鐘下。她拿著一幅俄文和英文對照的手寫標語牌：「釋放所有政治犯！」最初幾天，她被數十名警員和幾輛警用廂型車包圍——他們顯然預期抗爭者會回來。但他們隨後離開了，女人獨自站在原地。她每天都上傳一張自己站在時鐘下的照片，時鐘倒數著日子，如同囚犯一般。[1]

謝廖沙知道自己應該前往，但他沒去。他感到烏雲再度籠罩著自己，而且更加沉重。他只能想到，他，謝廖沙，並不是無可非議的。要是他並不無可非議，他就沒有權利像前天那樣呼籲其他人行動。他必須自己行動。但行動又會牽涉他人，而他沒有權利牽連別人。於是他不行動。不行動則是可恥的。對於不行動的羞恥，如今結合了對自己的驕傲、對自己未經授權就呼喊他人注意的羞恥，而這份雙重羞恥，這份不斷回頭找上他的羞恥，癱瘓了他。

癱瘓狀態在三月稍微緩和了。占領克里米亞之後，外在世界的喧囂，打破了這個聲音。謝廖沙聯繫上了二〇一一至二〇一二年間抗爭中遇見的一些人。他們一起列印了在廣場抗爭中死難的一百多位男女的肖像，並將照片護貝。他們帶著這些照片來到烏克蘭大使館，沿著圍牆排成一列，形成一條紀念線。[2]數小時後，警方要求大使館移除這些照片。他們解釋，附近正在舉行慶祝克里米亞併入俄國的集會，可能會引發麻煩。大使館聽從了。在那之後，烏雲又覆蓋上來。

謝廖沙在那年春天去看一位精神科醫師。他解釋自己身上發生的事。他沒有朋友，他沒在工作，多數時候連家門都不出。他是個沒用、沒價值的人。

精神科醫師開了抗憂鬱藥物。謝廖沙開始服藥後幾天，除了渾身發癢外，感受不到任何差別。至少他感覺到自己的身體了——這或許是好事，康復的開端。然後他除了發癢外什麼都感受不到。等到他察覺自己需要就醫，等到他告訴醫師他覺得自己的皮膚在脫落，他覺得自己快死了。他確實已經奄奄一息，他患了毒性表皮溶解症（Toxic Epidermal Necrolysis），這是抗憂鬱藥物的罕見副作用。[3]有些傷害是永久性的。在那之後，每當謝廖沙努力想在早上起床，總是很困難，通常辦不到，原因既是憂鬱症的作用，也是抗憂鬱藥物的作用。

*

1 這名抗爭者是瓦爾瓦拉・杜洛娃（Varvara Turova）。她拍下的照片：August 4, 2013, https://www.facebook.com/photo.php?fbid=10200597542444759&set=a.2095488550548.2107528.1345351749&type=3&theater; July 29, https://www.facebook.com/photo.php?fbid=10200568078068168&set=a.1019614374366.2003635.1345351749&type=3&theater; July 28, https://www.facebook.com/photo.php?fbid=10200561390820991&set=a.2095488550548.2107528.1345351749&type=3&theater; July 27, https://www.facebook.com/photo.php?fbid=1020055923604314&set=a.2095488550548.2107528.1345351749&type=3&theater; July 25, https://www.facebook.com/photo.php?fbid=10200541214356592&set=a.2095488550548.2107528.1345351749&type=3&theater; July 24, https://www.facebook.com/photo.php?fbid=10200534708553951&set=a.2095488550548.2107528.1345351749&type=3&theater; July 23, https://www.facebook.com/photo.php?fbid=10200529133734584&set=a.2095488550548.2107528.1345351749&type=3&theater; July 22, https://www.facebook.com/photo.php?fbid=10200521098493708&set=a.2095488550548.2107528.1345351749&type=3&theater; July 21, https://www.facebook.com/photo.php?fbid=10200513454662617&set=a.2095488550548.2107528.1345351749&type=3&theater; July 20, https://www.facebook.com/photo.php?fbid=10200508703623844&set=a.2095488550548.2107528.1345351749&type=3&theater（皆於二〇一六年九月二十一日瀏覽）。

2 Sergei Yakovlev, Facebook post, March 10, 2014, https://www.facebook.com/photo.php?fbid=519913491459009&set=a.519916641458694.1073741825.100003210891158&type=3&theater（二〇一六年九月二十一日瀏覽）。

3 Marta Herstowska et al., “Severe Skin Complications in Patients Treated with Antidepressants: A Literature Review,” *Postepy dermatologii i alergologii* 31, no. 2 (2014), pp. 92-97, http://www.ncbi.nlm.nih.gov/pmc/articles/PMC4112250/（二〇一六年九月二十一日瀏覽）。

阿魯圖尼揚審視案主的時候，發現自己幾乎沒注意到普丁時代初期。在她看來，那是一段事物開始封閉的時期——當一個十多年來看似機會無限的世界逐漸閉合起來。但她即使在那時都知道自己是少數人。她的多數案主渴求「穩定」，不管那是什麼意思。多年來的一切都令他們難以承受。他們的焦慮不堪忍受；阿魯圖尼揚體驗到的是免受極權國家限制的「消極自由」，而她許多案主的體驗卻是「積極自由」——想方設法，符合標準，和別人一樣。當最早的一些限制隨著「穩定」的鼓聲敲響、開始恢復原狀，他們確實覺得平靜許多。一位案主終於覺得能完全腳踏實地自行創業了——這件事她想望、卻又恐懼了好多年。她和自己的事業都興旺了一陣子。事實上，即使到了今天，事業還是相當興旺。但這位案主卻開始恐慌發作。太多法律事先毫無通知就修改了，太多潛規則生效，讓她始終不確定自己是否錯失了什麼。二〇一六年二月某日，她早上出門時發現，她家那條街上所有低樓層的商業樓房——那些販售鮮花、麵包、汽水和香菸的商店——一夜之間全被拆除了。

那一夜，莫斯科全市共有九十七棟樓房被拆除。市府表示，這些樓房並未依法取得執照。[4] 但這些樓房已經存在多年，許多情況下存在了十多年——當然，所有權人都以為自己的執照是有效的。這個女人自己的事業在一棟老舊高樓裡租用空間，但她還缺少什麼呢？她強烈感受到——她收到訊號——她應當培養人脈並行賄，但不知門路何在，更重要的是，她強烈覺得自己不該這麼做。她接收到「該怎麼做才對」的訊號，與她內心的是非觀念產生衝突。要是法律規定明確而持久，對所有人一體適用就好了。

事實上，要是法律規定真的明確持久，對所有人一體適用的話，阿魯圖尼揚的工作就會輕鬆得多。她會引導案主理解，她的恐懼只是投射——它們當然是投射，但她又要如何將這個女人對超我互相牴觸的恐懼，和她對俄國所謂「執法部門」的恐懼區別開來？案主的世界不只是感覺上的不可預測而已。它根本被故意設計得不可預測。

活在持續焦慮的狀態裡，也不只這位案主——全國都在這種狀態下生存。這是最老套的把戲了，持續的低層次恐懼使得人們易於被控制，因為那剝奪了他們自認為能掌控任何事的感受。這不是推動人們行動並獲得成就的那種焦慮，這是人類能力所不能及的那種焦慮。這就好比你十幾歲的女兒沒回家——到了隔天早上，你已經找不到任何合理的解釋，你再也不能假裝她可能錯過最後一班地鐵、在朋友家過夜、手機也剛好沒電來安撫自己了，只剩下你獨自面對自己的恐懼。你再也不能坐著不動或推理。這時你會退化，過了一會兒，你唯一能做的就是像無助的嬰兒那樣尖叫。你需要一個成人，一個權威人物，幾乎任何願意承擔責任的人都行。那麼，要是那個某人還想繼續掌控，他就得確定你會持續覺得無助。

整個國家都感到無助。要是打開電視就能看到，而阿魯圖尼揚幾乎不看電視。電視上的每個人隨時都在尖叫。電視上有所謂的辯論節目——意思是，它們被這樣稱呼——其中有兩人或更多人表面上分屬議題兩方，而他們每次都用一個半小時互相叫囂。「美國想要看到我們衰弱！」有個政治人物吼叫，他恰好是簽下莫洛托夫—里賓特洛甫密約的史達林時代外交部長莫洛托夫的孫子。「那俄國該怎麼辦？」他名義上的對手吼回去——這方本來應該是要主張與美國維持和平的，但他們在

---

4 Masha Gessen, "Moscow Just Razed Its Small Businesses and Became Even Blander," newyorker.com, February 10, 2016, http://www.newyorker.com/news/news-desk/moscow-just-razed-its-small-businesses-and-became-even-blander（二〇一六年九月二十二日瀏覽）。

節目上就只是投射焦慮而已。雙方辯士在恐懼中叫囂之際，每次節目都穿著一身黑的主持人，也為了驚嚇參與者和閱聽人，大吼大叫著。[5]

新聞報導和晨間節目則播放著千篇一律製造焦慮的橋段。新聞報導會聚焦於毒品的可怖或性掠食者的危害。然後有個被介紹為社運人士的人物會走進攝影棚，解釋政府應對危機的作為不夠。毒販應該判處死刑！戀童者應該被閹割！這段獨白結束時，通常是一男一女的兩位主持人陷入恐慌，尖叫著沒有人保護他們的孩子，免於毒品和戀童者侵害。這套公式近似於某種蘇聯傳統，總有想像中的「一般大眾」據稱向黨請求加重嚴刑峻法；但它最主要的目的，仍是維持一種不變的高度焦慮音調。

這個驚恐的國家，對自己焦慮不堪的公民提供了哪些選項？他們可以蜷縮起來完全被動，或者加入一個比他們更強大的整體。倘若任何財產都可能隨意被奪取，人們就再也不會認為有什麼事物真正屬於自己。但他們可以和其他公民一同為了克里米亞是「他們的」而歡欣鼓舞。他們可以完全認同一套偏執的世界觀——所有人在美國的領導下都來削弱和摧毀俄羅斯。偏執提供了一定程度的舒適，至少它把壓倒性的焦慮源頭安全地置於個人之外，甚至國家之外；歸屬於某種更強大的事物，並將權威託付給它是一大解脫。唯一的問題是，歸屬本身需要時刻警覺。人們必須注意，重要的戰爭今天在烏克蘭進行，明天就到了敘利亞。在偏執的世界觀裡，危險的源頭是個變動不居的目標。人們可以歸屬，但絕不能感到自己有能力掌控。

*

按照一位美國理論家的說法，創傷是「一種超出生還者理解範圍的生還歷史經驗」。[6]這是接觸到一次巨大危險、而危險本身與脫險的事實都被心智適應所拒絕而產生的經驗。佛洛伊德首先在一戰生還者的脈絡下探討創傷，而後在他努力想要理解納粹對猶太人的迫害時又討論了一次。他在一九二〇年的論文《超越快樂原則》（Beyond the Pleasure Principle）裡，開展了死亡驅力（death drive）的觀念，這股毀滅力量受到那些生還已變得不堪忍受的創傷所助長。死亡驅力強迫人們重複，向喪失永劫回歸。佛洛伊德的許多門徒後來都拒斥死亡驅力觀，佛洛伊德本人在晚年著作中，將這個概念擴張到包含外向的侵略行為。但日後專門研究創傷的部分學者，則將死亡驅力觀與納粹集中營或越戰生還者的高自殺率聯繫起來。[7]

二戰後，在精神分析領域也受過訓練的美國精神病學家羅伯・傑伊・利夫頓，研究了中國戰俘營生還者和廣島原爆生還者，以及在納粹集中營成為殺人兇手的醫師。他寫道，研究宗旨在於「發現身陷歷史風暴中的人們之心理經驗」。[8]他用盡一生發展出創傷的臨床及理論取徑。他描述生還者特有的現象，他將其中一種現象稱為「心理麻木」（psychic numbing）——回應傷天害理事件的一種情緒關閉。[9]他在對納粹醫生的研究中，確認了一種名為「分身」（doubling）的心理原則，定

5　Vyacheslav Nikonov versus Nikolai Zlobin, on *Poyedinok*, hosted by Vladimir Solovyev, April 21, 2016, https://www.youtube.com/watch?v=WiKWoy3RPI4（二〇一六年九月二十二日瀏覽）。

6　Cathy Caruth, *Unclaimed Experience: Trauma, Narrative, and History* (Baltimore: Johns Hopkins University Press, 1996), p. 66.

7　前引書，頁六三。

8　Robert Jay Lifton, *Witness to an Extreme Century* (New York: Free Press, 2011), p. 28.

9　前引書，p. 127。

義為「自我分割為兩個運行的整體，使得每一部分自我都做為完整自我而行動」。[10] 他也描述了他所確信的一種二十世紀特有經驗：「終生沉浸於死亡」（lifelong immersion to death）的經驗。[11]

利夫頓的著作開啟了關於創傷的對話，不只是個人所經驗的創傷，也包括整個社會在內的群體創傷。有些情況下，群體會把生還於不可想像之事的經驗代代相傳。社會一如個人，回應創傷時可能變得支離破碎，也有可能麻木，或許就像尼古拉斯・艾伯施塔特為俄國的過高死亡率尋求解釋時所提到的——整個社會都有可能變得抑鬱。要是艾伯施塔特當初接受的是精神分析訓練而非經濟學訓練，他說不定會認為整個社會都有可能被死亡驅力攫取。

影響整個社會的創傷經驗可能包含天然災害、悲慘的戰事、種族滅絕、革命，以及在長期壓迫形勢中度過的人生。在創傷曠日持久的狀況下——像是長年壓迫或國家恐怖——改變會產生更嚴重的創傷，就連明顯正向的改變也一樣。當熟悉的社會結構停止運作，創傷程度可能一如物理結構在天災中崩毀。在舊秩序之下管用的適應策略再也沒有用處。比方說，二〇〇〇年在科索沃工作的治療師們發現，多年來被命令使喚而受害的人們，如今卻渴望被命令使喚。流亡美國的賴比瑞亞人得到立意良善的美國治療師鼓勵，在自身社群中尋求支持，結果重新創造出了貪腐與剝削——在熟悉的虐待中受害其實反倒令人寬慰。[12]

阿魯圖尼揚的導師們不認同「創傷」一詞——這是個太過廉價的解釋。這個詞會顯得人們彷彿被動接受自己的任何遭遇，彷彿外在的壞事會在內心中創造出可預期的壞結果。這種思考恰好與精神分析背道而馳，而阿魯圖尼揚當初選擇精神分析，畢竟是因為它將肆虐於個人心靈內部的諸多不同衝突全都獨立看待。阿魯圖尼揚見過一些精神分析學者，他們真心認為一個人所有的恐懼和焦慮始終都是投射，沒有任何外部因素。她但願自己也能這樣想。

一位英國分析學者說過，相較於顯然自發的抑鬱，他更喜歡重大壞事所引發的抑鬱——悲劇增加了康復機率。何其不幸，這套邏輯只適用於你能預期到有重大且惡劣之事有個盡頭的情況。

*

二〇一五年十月，普丁跟專門研究俄國的學者、記者召開了年度會議。這一年的會議在索契舉行，前一年冬季奧運所興建的設施，此時已經廢棄。就在一個月前，普丁飛往紐約，在第七十屆聯合國大會上演說。他提議組織一個「一如反希特勒同盟的」國際反恐同盟。[13]換句話說，他提議聯手對抗伊斯蘭國，以換取俄羅斯對烏克蘭及其他相關區域的統治不受阻礙——如同蘇聯參與了反希特勒同盟，令它得以保有先前與希特勒談好所獲得的戰利品那樣。當這個提議在聯合國受到冷落時，俄國開始自行轟炸敘利亞。如今普丁召集了世界各國的來賓參加一場討論，命名為「戰爭與和平間的社會」。

「和平、和平的生活，一直都是、也仍然會是人類的理想。」他說：「但和平做為世界政治的一種狀態，從來不是穩固的。」換言之，和平是一種反常，一種脆弱的均衡狀態，他說這種狀態極其

10 Robert Jay Lifton, *The Nazi Doctors: Medical Killing and the Psychology of Genocide* (New York: Basic Books, 1986), p. 418.

11 Lifton, *Witness to an Extreme Century*, p. 151.

12 作者訪問創傷心理學家傑克・索爾（Jack Saul），二〇一五年十二月二十三日於紐約市。

13 "70-yz sessiya General'noy Assamblei OON," Kremlin transcript, September 28, 2015, http://kremlin.ru/events/president/news/50385（二〇一六年九月二十六日瀏覽）。

難以維持。他說，核子武器的出現得力於冷戰雙方引進相互保證毀滅（mutually assured destruction）的陰影，在一段時間內——自一九五〇年代至一九八〇年代——「世界各國領袖採取負責任的行動，權衡一切情勢與可能後果。」這是常見的蘇聯懷舊話語之變種——將冷戰說成世界和平的黃金時代。

> 過去二十五年來，動用武力的門檻明顯降低了。兩次世界大戰帶來對戰爭的免疫力，確實在心理層面、潛意識層面上被削弱了。[14]

他接著將這樣的事態歸咎於美國，並為俄國干預敘利亞的行動辯護，但他演說的關鍵重點，在於俄羅斯唯有在戰爭中才能和平。或者正如佛洛姆在七十五年前對納粹德國的描述：「之所以會有戰爭……都是命運。」[15]鄂蘭在對希特勒的討論中，則描述了對第一次世界大戰的懷舊之情，它滿足了「對匿名的渴求，似乎他們只是一個數字，發揮一個小齒輪的功能……戰爭被體驗為『最有力的群眾行動』，它消除個人之間的差異。因此，即使受難（照傳統的說法，受難標誌著個人承受獨特的、難以改變的命運），現在也可以被解釋為『歷史進步的一種工具』。」[16]反過來說，這種歷史進步的（永恆運動）概念，則是鄂蘭理解極權主義如何掌權的關鍵所在。

俄羅斯的官方話語則完全依照古德科夫對於「復發極權主義」的診斷而演進。遵循這套不可阻擋的邏輯，二〇一六年九月，俄國司法部將列瓦達中心歸類為外國代理人。古德科夫數月以來都預期這件事會發生，而他知道，這意味著他一生的工作終結了。「外國代理人」法要求這類組織在一切公共傳播內容中都如此自我稱呼。要是他們必須自我介紹為「外國代理人」，列瓦達中心的社會學家要怎麼再進行調查？[17]

*

多年前，阿魯圖尼揚生於一九八〇年的兒子對父母親說，他明白了他們如何「在一片綠洲中」將他撫養長大。他成長的這個家——阿魯圖尼揚的祖母所有，巨大的科學院公寓，如今這裡住了四代人——在一九八〇年代的私有化、一九九〇年代的恐懼之中多半得到保護，甚至足以抵擋住大半瀰漫於整個二〇〇〇年代的閉鎖感。但近來，阿魯圖尼揚卻發現，待在綠洲裡變得很困難。

不只是國家在政治上改變了，就連她四周的城市在物理上也改變了。低樓層的商店和咖啡館被剷平，消滅了一九九〇年代出現的視平線（eye-level）城市環境。城市回復到了極權時代的規模。在阿魯圖尼揚的街區裡，街道是寬敞的八線道，人行道可以讓十二個人並排行走，大樓則有七層樓高的拱廊。少了低樓層商店，人們再次成為區區斑點。

---

14 “Zasedaniye mezhdunarodnogo diskussionnogo kluba ‘Valdai,’” Kremlin transcript, October 22, 2015, http://kremlin.ru/events/president/news/50548（二〇一六年九月二十六日瀏覽）。

15 Erich Fromm, *Escape from Freedom* (New York: Henry Holt, 1994), p. 168. 譯者按：此處參看佛洛姆著，劉宗為譯，《逃避自由》，頁一九四。

16 Hannah Arendt, *The Origins of Totalitarianism* (New York: Harcourt Brace Jovanovich, 1976), p. 329. 譯者按：此處參看鄂蘭著，林驤華譯，《極權主義的起源》，頁三五五，略有改動。

17 Lev Gudkov, “Zayavleniye direktora Levada-tsentra,” Levada Center, September 9, 2016, http://www.levada.ru/2016/09/09/14393/（二〇一六年九月二十六日瀏覽）。

接著，市府開始將整個莫斯科市中心的人行道柏油路面刨除，改鋪地磚。第一次結冰就顯示，這些磁磚上結成的冰面始終光滑而清澈，不如柏油路上的多數冰面，所以人們摔倒了。某些日子裡，街道看起來就像是低俗喜劇（slapstick comedy）的場景。行人不停滑倒和摔倒，又滑倒和摔倒，實在很難忍住不笑，即使人們就在你身邊摔斷了手臂或髖部。再來就是時候，對政權如此堅持將自己的隱喻轉換為字面意義感到驚嘆了——它真的決心要折斷自己的人民。

二〇一六年夏天，市府再度刨除整個莫斯科市中心的人行道。數週之內，彷彿整個城市都在對自己開戰。步行到商店或地鐵站變得困難且不可預測——人們在低樓層商店消失後，才剛開始建立新的規律，這時壕溝、圍籬和死胡同卻變幻莫測地阻擋去路，逼得行人們走上馬路，左閃右躲，最重要的是隨時留意。不分晝夜，無時無刻，低層次恐懼狀態都成了在城市裡出門的一項特徵。最後市府鋪設了更多磁磚地面，如今也設置了一系列自行車道——儘管通常只是將兩條死胡同連接起來的短短一段。莫斯科的新面貌有著一種經由建築演繹出來的對稱與美感。但就像建築系大一新生那樣，有人忘記把樹加進透視圖裡了。城市街道兩旁原來生長的樹木都被砍掉了。一切都是石頭和直角構成的。莫斯科得到了宛如墳場的幾何形狀與質地。

或許佛洛伊德一開始對死亡驅力就說得沒錯。或許一個國家正如個人一般，的確會被死亡驅力影響。或許這股能量在俄羅斯釋放出來了。或許它決心要為了毀滅而毀滅，為了戰爭而戰爭。或許這個城市和這個國家都在活埋自己。阿魯圖尼揚思考得愈多，就愈不覺得這個觀念異想天開。歷史上曾經有過整個文明不復存在的例子。這些文明中的生命在最後數十年和最後幾天裡是如何感受自己的？俄羅斯和俄羅斯人已經消亡了一世紀——在戰爭中、在古拉格勞改營裡，最重要的是，在日常的漠視人命之中。她以前一直以為這種漠視是疏忽，但或許應當將它理解成積極的欲望。這個國家想要自殺。一切活生生的事物——人民、人民的話語、人民的抗議、人民的愛——都會引來攻擊，因為生命的能量對這個社會來說變得不堪承受。它想去死；生命是外國代理人。

至少，佛洛伊德會這麼說。至少，阿魯圖尼揚讀過他。未來世代的俄羅斯人或許沒有這種幸運了——要是還有未來世代的俄羅斯人的話。

她捻熄一根菸，又點起另一根。

終章

二〇一七年六月十二日是俄羅斯宣告國家主權二十七周年，無論這個舉動意義為何。這一天也是鮑里斯．葉爾欽當選俄羅斯總統二十六周年。這是國定假日。這個假日設立之後的最初十年叫做「國家主權宣言通過日」，但在二〇〇二年更名為「俄羅斯日」（Russian Day）。宣告維護國家主權——俄羅斯從蘇聯計畫中脫離的第一步——再也不是值得慶祝的事件。這個假日必須去除政治意義，同時又不犧牲愛國主義精神。這些年來，慶祝活動運用了民俗音樂、流行音樂，以及將歷史題材改編為戲劇。最後，這個假日成了眾聲喧嘩。

二〇一七年的俄羅斯日，共有一千七百二十人被逮捕——數十年來最大的一波逮捕行動。阿列克謝．納瓦尼呼籲群眾走上街頭，數萬人則在西起加里寧格勒、東到海參崴的全國各個城市走上街頭，這是俄羅斯歷史上地理跨度最遼闊的抗爭。多數被捕者都在數小時內獲釋，許多人被罰款，並處以五天到三十天不等的拘役；有些人則可能要在勞役營服刑幾年。大約一週後消息傳出，部份被拘留者在莫斯科曾被酷刑虐待，聖彼得堡的監獄看守則將有毒氣體灌進抗爭者關押的牢房裡。

在莫斯科，八百多名被拘留者的其中一些人得在警分局院子裡的板凳上過夜，因為屋內沒有空間給他們，但當天城市裡的場面卻不那麼悲慘或可怕，更多的是荒誕。這一年的俄羅斯日移交給歷史重演活動，當局並不特意指定歷史時期，但對中世紀的愛好顯而易見。有些孩子身穿紅色絲綢服裝，讓人隱約想起少年先鋒隊的紅領巾，但多數大人都穿著鎖子甲，手持盾牌和劍。即使如此，仍有其他人穿著第二次世界大戰時期的制服，在裝滿沙土的麻布袋所構築的路障附近晃蕩。在某個時刻，有個身穿二十世紀農民服裝——這套裝束在不同脈絡下，很容易被當成是潮人裝束——爬上一堵沙袋牆，高舉一幅英文標語：「普丁說謊！」他一邊爬牆，一邊用俄語呼喊：「普丁是小偷！」當他爬到牆頂，一個身穿內務人民委員部——二戰時期蘇聯祕密警察——制服的男人爬上沙袋追趕他。這位抗爭者從牆上滾落下來，落入另外兩個身穿不同時期祕密警察制服的男人手中，這些人把他轉交給了兩名當代警員。

所有這些怪異的景象對外國特派記者來說都太難理解了，他們試圖迴避這些迷人卻難解的畫面——身穿閃亮甲冑的騎士，名副其實地用盾牌保護一位青少年抗爭者不被警察追捕——記者們轉而聚焦於抗爭者中的青少年。人人看來都同意，俄羅斯抵抗運動的新面孔才剛進入青春期。一個身穿短褲的男孩被鎮暴警察壓制，一名女孩衝向警方防線，警用廂型車上載滿了青少年。一名俄國臉書用戶上傳了警用廂型車裡的青少年照片，解說如下：「俄羅斯有未來了。」他設想：「每一次對年輕人的大規模逮捕，都會加強年輕人的抗爭。」相對來說，這必定導致政權的終結。

這位發文者是六十九歲的政治學者喬治．薩塔羅夫。二十多年前，薩塔羅夫正是受命於葉爾欽，設法為俄羅斯表述一套新國家觀念，最後卻失敗收場的人。這時他將責任轉移到了青少年身上。這是列瓦達的舊概念又一次反覆——免於蘇維埃人恐懼、嫉羨及雙重思想的下一代，將會引領自由的新時代來臨。這些下一代的年紀愈來愈小。對史達林恐怖全無記憶的第一代人，未能成功克服極權遺緒；後蘇聯的第一代人——生於重建時期，長於一九九〇年代的人——是二〇一一至二〇一二年抗爭的面孔，但他們再也不能體現出希望；這份責任如今交給了普丁時代出生的孩子們。

瑪莎看到一張她被警察拖走的照片後如此說明：「俄國抗爭，數百人被捕，包括少女。」不由得被逗樂了。她被短暫拘留後釋放——她還在雨滴中迂迴行進——一經獲釋，立即開始為被捕人士安排辯護律師。她仍在霍多爾科夫斯基的主持下從事這項工作，但他縮減了資助——或者更確切地說，他設定了上限，同時俄國政府則毫無底限。被捕者人數呈指數增長，霍多爾科夫斯基的資金無法隨之增加。募資成了瑪莎的一部分職責，隨即成為愈來愈重要的工作。而且看不到盡頭——會有更多人被捕、更多募資工作、絕無休假可能。她決心辭職。她甚至在部落格發文宣告：她會募得必要資金，確保六月十二日被捕的每一個人都有辯護律師，並會堅持到這些案件走完法律程序，然後再辭職。她要去過另一種生活。[1]

瑪莎的運動者人生持續了五年半。她在二〇一六年競選過公職——當時有一個國會席次出缺。[2]沒有獲勝的希望，就連成為候選人都愈來愈困難，但霍多爾科夫斯基認為，獲得選舉經驗是很重要的。瑪莎也同意，但這段經驗證明了損傷比她預期的更大。她洗心革面，戒除了酒和娛樂性

1　譯註：瑪莉亞．巴隆諾娃（瑪莎）在二〇一九年二月加入俄國政府的今日俄羅斯電視臺，從事慈善項目工作。她曾向本書作者葛森說明，一方面是無處求職、生計所逼，同時在國家完全掌控一切的現狀下，她仍想盡一己之力，讓自己僅有的國家更適宜於人們生活。本書作者對此事的專文討論，參看：Masha Gessen, "When a Dissident Becomes a Collaborator," newyorker.com, March 12, 2019, https://www.newyorker.com/news/our-columnists/when-a-dissident-becomes-a-collaborator。

2　譯註：自二〇〇七年國會選舉開始，下議院選舉方式完全採用政黨比例代表制，依照各政黨得票比例分配席次；但二〇一六年再度修法，將下議院選舉方式改回過去的選區投票與政黨比例代表並立制。

用藥，開始隨時穿著扣領襯衫和西裝外套，但她還是被自己努力想要取悅的那些人批判。知識分子認為她的語言太過尖刻且憤世嫉俗。他們多數人寧願投票給一位反對烏克蘭戰爭、但毫不掩飾自己惡毒恐同觀點的歷史學教授。但這位歷史學教授也沒能獲勝；全國各地沒有任何一位反普丁的候選人能在投票中取得進展。霍多爾科夫斯基想建立影子社會的計畫，在書面上看來還是比現實生活美好得多。

儘管如此，比起沼澤廣場案的其他被告，瑪莎的人生還是充滿魅力。其他多數被告都被判處勞役營的刑期。有些人在兩年或兩年半刑滿後獲釋，有些人至今仍在獄中，還有其他人在等待審判——他們是後來被逮捕的。國家持續對這個歷時五年的案件添加被告。

*

冉娜在波昂定居。她在德國之聲（Deutsche Welle）工作，這是由納稅人資助的廣播電視機構。如同英國廣播公司和美國自由歐洲電臺／自由電臺（Radio Free Europe / Radio Liberty）的俄語部門，德國之聲在蘇聯時代也曾使用短波頻率對蘇聯廣播，葉爾欽總統任內取得調幅頻率，普丁時代又被收回。它如今是以網路為基礎的廣播機構，閱聽人不多不少，但冉娜成了該臺的明星採訪記者。在德國之聲，沒人會叫她不要鑽研政治。

冉娜成立了以父親為名的基金會。她召集了一個委員會，每年頒發獎項給展現出勇氣與決心對抗普丁政權的人。不可思議的是，這個獎項總是面臨激烈競爭，委員會也長時間熱烈爭辯。二〇一七年六月，冉娜公開宣布，她父親原先規劃要在二〇一八年競選總統——儘管她認為，要是阿列克謝・納瓦尼有意參選，父親就會退讓。納瓦尼這時正在爭取參選——姑且這麼說——這時他正在為了召集六月十二日抗爭而被拘役三十天，同時面臨愈來愈多羅織而成的詐欺罪指控，足以讓他入獄多年。稍早在二〇一四年除夕終結的一次審判中——以確保多數放假的俄羅斯人被充分分散注意力，不會注意到宣判消息——納瓦尼被判處軟禁，弟弟奧列格則被判處在勞役營服刑三年半。目的很明顯，軟禁看起來是相對人道的措施，因此這次不會引發群眾抗爭了。弟弟的刑期會讓納瓦尼本人安分下來——奧列格是人質。納瓦尼拒不奉陪。在弟弟允許和鼓勵之下，他堅持進行自己的貪腐調查。他也拒不承認自己所受的刑罰，因為俄國法律實際上並不以軟禁做為懲罰手段。他照樣上街行動。國家要求他停止，他拒絕聽命。國家放棄了。這時，納瓦尼正運用自己持續動員群眾上街的能力，來保障他的自由，以及性命。

二〇一七年七月，莫斯科法院以謀殺鮑里斯．涅姆佐夫的罪名，判處五個人十一年到二十年不等的有期徒刑；這五人全都來自車臣，據稱的第六名共犯，則在警方企圖於車臣逮捕他時，拒捕被殺。法庭幾乎不試圖查明這些人的動機；檢方的說法似乎是指稱這些人沒有明確的理由就策劃謀殺。冉娜和她的法律團隊堅持要傳喚車臣的高階官員，但這些人從來不曾被訊問過。最終，這件謀殺案實際上成了懸案。

鮑里斯的運動者老友們——在他離開國會之後與他共事的這許多不修邊幅的人——在他被槍殺的橋上繼續維持著活生生的紀念。市府對於將大橋以涅姆佐夫命名，或在現場設立永久紀念碑的申請皆予駁回。反倒每隔兩週，甚至每隔幾天，市府員工就會突然前來，把鮮花和標語牌收走。一次又一次，運動者們在隔天都會換上新的。他們也持續守望。即使他們無力阻擋紀念物被移除，但他們確保了每天的每分鐘，都有一位鮑里斯健在的朋友守在他喪生的現場。

＊

在紐約，廖沙發現自己隨時都在談車臣問題。二〇一七年春天，傳出車臣的男同志被圍捕、監禁、拷打，有時甚至被殺害的消息；車臣和俄羅斯官員對同性戀者失蹤的問題都一笑置之。在莫斯科和聖彼得堡，LGBT運動者起初不願相信這些報導，只因為它們太可怕而幾乎不可能發生，但證據沒多久就堆積如山。車臣將克里姆林宮的反同性戀政策在邏輯上推到了極致，使得占領戀童癖——當初在彼爾姆困擾著廖沙的這類治安維持團體——成了國家的事業。幸運的車臣男同志是那些設法逃往俄國其他城市、最終試圖逃往西方國家的人。

廖沙在二〇一七年春天取得庇護身分。在美國生活的將近三年裡，他無法在自己的領域找到工作——取得學界職位變得難如登天，就連臨時的職位也是——但他學會了英語，成為能見度愈來愈高的運動者。他被提名為俄美LGBT（RUSA-LGBT）的共同主席，這是由說俄語的酷兒協助新來者尋求庇護的組織。最後，他在一個研究愛滋病的非營利組織找到工作。

他仍然住在布萊頓海灘，這片俄國人飛地在二〇一六年美國總統選舉中，是紐約市極少數支持川普的社區之一。廖沙經常面臨美國友人難以置信的詢問，從蘇聯和普丁手裡逃生的人，怎能投票給川普這種人？不過，這些人當然不是逃避極權主義迫害的人。他們多數在蘇聯帝國開始解體前就抵達美國了。要說他們在逃避什麼的話，逼迫他們出國的其實是對蘇聯解體的恐懼。他們渴望回到想像中的過去，要是他們留在俄國，他們也會成為普丁的支持者。但在美國，他們就投給川普。

這裡也有明目張膽、有時具攻擊性的恐同行為。儘管許多新近抵達尋求庇護的酷兒在布萊頓海灘租公寓居住，他們的同志生活卻是在曼哈頓度過的。另一方面，廖沙決定要組織布萊頓海灘同志驕傲遊行。二〇一七年五月，約有三百人從康尼島（Coney Island）出發，沿著木板步道遊行，以俄語和英語呼喊著反對恐同的口號。

＊

謝廖沙從二〇一五年六月開始，就不再回覆我的訊息和來電。

＊

列瓦達中心被認定為「外國代理人」，並因未曾主動登記而遭到罰款。中心在官方網站底下補上一行字，表示列瓦達中心「被強行加入扮演外國代理人角色的非政府組織名冊」。列夫・古德科夫起初感到驚恐。要是研究者必須向可能的應答者自我介紹為「外國代理人」，他們要怎麼工作下去？結果它並未構成古德科夫原先以為的那種阻礙。他意識到，在某些人看來，「外國代理人」這個稱號反倒成了某種榮譽勳章。可能的應答者看來並沒有因為這個稱號而卻步。二〇一七年六月，中心完成了「全世界自古至今最傑出人物」的這項調查。史達林高居榜首，一如二〇一二年的前一次調查。普丁則首度躍居第二，與詩人普希金並列。

＊

二〇一五年，莫斯科精神分析學會在國際精神分析學會內部正式升格為「成員學會」。這時已有二十三位精神分析學者成為正式會員，還有三十位候補會員——基本上是正在接受培訓，但可以與案主工作的精神分析師。合計有五十三位精神分析學者，比例上每二十多萬名莫斯科人之中有一位精神分析師。

二〇一六年，阿魯圖尼揚的兒子季米特里．維利科夫斯基（Dmitry Velikovsky）——就是那個曾經感謝父母在綠洲中將他撫養長大的孩子——成為追查巴拿馬文件（Panama Papers）這個巨大離岸帳戶資訊寶庫的三位俄國記者之一。文件的俄國部分最出人意表的內容，涉及大提琴家謝爾蓋．羅爾杜金（Sergei Roldugin），他是普丁從大學時代以來最親密的友人之一，而他顯然聚斂了大量海外資產，或是為別人保管這些資產。二〇一七年春天，季米特里是全球各地四百多位追查巴拿馬文件而共同獲頒普立茲獎的記者之一。但相關報導在俄羅斯幾乎沒有引起迴響，很快就被遺忘。

二〇一七年春夏兩季，莫斯科市中心的人行道（以及大部份路面）連續第三年被刨除，改鋪排列得更加完美的幾何圖形磁磚，這令阿魯圖尼揚強烈聯想到墓碑。市府也宣布一項拆除四千五百棟至八千棟建築的計畫，其中包括許多結構牢靠、建築風格引人入勝的樓房，並以高樓取代。

*

亞歷山大．杜金做為向普丁說悄悄話的人，得以享有某種國際名聲一段時日——數年來，某些分析師和新聞記者確信，他就是普丁對外開戰的謀主。杜金仍繼續堅稱他有龐大的影響力，但權力微不足道。儘管如此，他的明星地位卻意外竄升得更高。隨著川普當選美國總統、以「另類右翼」而聞名的新納粹運動，以及運動領袖理查．史賓塞（Richard Spencer）都在公眾中聲名大噪；美國人史賓塞娶了俄國妻子妮娜．科普莉亞諾娃（Nina Kouprianova），她正是杜金的英文翻譯和杜金思想在美國的倡導者。

＊

沙皇尼古拉二世、皇后和三名子女的遺骸在一九九八年安葬於聖彼得堡，但二〇一五年在俄羅斯正教會請求下，又將遺骸挖掘出土。據稱，教會要求確認另外兩具分別找到的遺骸，是否同樣為沙皇家族成員。這兩具遺骸在二〇〇七年發現，經遺傳學家鑑定基因，確認為沙皇獨生子及其中一位女兒的遺骨。但教會堅持對所有遺骸進行比較研究。一旦研究完成，必定會重新舉行葬禮，從而抹滅前一次葬禮和葉爾欽發表演說的記憶，那是俄羅斯領袖唯一一次為了蘇聯政權的暴行而道歉。但遺骸出土接近兩年了，仍未重新安葬，或許由於二〇一七年是十月革命一百周年，教會和克里姆林宮都想不出應對這個象徵的方法。

＊

一度對冉娜提議同時資助她和她的競選對手，好讓自己看戲的寡頭米哈伊爾・普羅霍洛夫，又進行了另外幾次涉入政界的嘗試。克里姆林宮一再示意，要他知道自己的斤兩，他也一直不予理會。最後，當他持有的新聞媒體——冉娜以前工作的RBK——紙媒部門刊出一篇調查報導，針對普丁的女兒如何在莫斯科獲利豐厚的房地產使用特許使用權後，普羅霍洛夫不只被迫出售RBK，更被迫將俄國的一切財產脫手。他遷居紐約，曾經持有過職業籃球隊布魯克林籃網隊（Brooklyn Nets）幾年時間。

＊

曾經說過冉娜返回莫斯科是瘋了，隨後為了保護自身地位而不再與鮑里斯往來的寡頭米哈伊爾．弗里德曼，繼續在俄國經營一家生意興隆的銀行。二〇一六年美國總統選舉期間，他的阿爾法銀行（Alfa Bank）兩度出現在俄國涉嫌干預美國選舉的相關報導中。其中一篇報導指稱川普陣營與阿爾法銀行聯繫，建立起祕密管道；儘管隨後有另一篇報導指出，這可能並無違法。接著，阿爾法銀行又被BuzzFeed刊載的一份未經證實的情報部門檔案提及。弗里德曼控告BuzzFeed誹謗。

*

任用過另一個廖沙的彼爾姆市議員尼基塔．貝利赫，在梅德維傑夫總統時期被任命為基洛夫州州長。往後數年，他享有俄國唯一親民主派州長的名聲。二〇一六年六月，在警方一次故設圈套的行動中，貝利赫在莫斯科一家酒吧遭到逮捕。他被控收賄。一年後仍在審判前的羈押狀態。

*

為涅姆佐夫五十歲生日拍攝影片的電視記者帕維爾．舍列梅特遷居基輔。涅姆佐夫遇害之後不久，舍列梅特開始在烏克蘭主持電視節目。二〇一六年七月，舍列梅特在基輔遭到汽車炸彈暗殺。

*

被控猥褻親生女兒的公務員弗拉基米爾．馬卡洛夫服滿五年半刑期。他一再申請假釋都被拒絕。他在二〇一六年獲釋。歐洲人權法院拒不受理他的案件，由此顯示出戀童指控是完美的迫害工具。此後還有更多人遭受兒童性侵指控。二〇一七年，查出多處史達林時代集體處決萬人塚的「紀念」組織運動者尤里．季米特里耶夫（Yuri Dmitriev），因為兒童色情相關罪名而被逮捕。

＊

抗爭期間雇用過瑪莎的國會議員伊利亞．波諾瑪瑞夫被控侵吞公款。他逃往國外，在加州居住過一陣子，然後定居於烏克蘭。

＊

二〇一一至二〇一二年抗爭的所有重要組織者，全都面臨流亡和坐牢（或是更殘酷命運）的嚴峻選擇。前世界西洋棋冠軍加里．卡斯帕洛夫，二〇一三年受刑事罪名的起訴威脅而移居紐約。激進左翼領袖謝爾蓋．尤達佐夫正在獄中服刑四年。涅姆佐夫死了。只有伊利亞．雅辛和納瓦尼仍在公開活動。二〇一七年春天，納瓦尼被一名攻擊者潑酸，造成一隻眼睛喪失大部分視力。

＊

瑪莎當年在俄羅斯日週末接到電話、告知公寓被搜索時，正要去參加莫斯科政治研究學校的課程，該單位被政府宣告為外國代理人，並被迫終止活動。

＊

當天打電話通知瑪莎的涅姆佐夫助理奧爾嘉．索里娜（Olga Shorina）也前往國外。她定居於波昂，協助冉娜營運鮑里斯．涅姆佐夫自由基金會（Boris Nemtsov Foundation for Freedom）。

＊

前政治技術專家，經營彼爾姆當代藝術博物館的畫廊經理人馬拉特・蓋爾曼，二〇一三年離開俄羅斯，定居於蒙特內哥羅，目前在當地經營一個當代藝術節活動。他可能以為總人口不到一百萬的蒙特內哥羅是個與世隔絕的目的地，但二〇一七年卻傳出，由於蒙特內哥羅想要加入北約組織，俄國陰謀在該國發動政變未遂。

＊

冉娜抵達父親遇害現場時，最先見到的弗拉基米爾・卡拉—穆爾札，從二〇一五年中毒事件中生還。他當時昏迷五天之久，最後被空運前往美國治療，並在美國復健。他重返霍多爾科夫斯基基金會在俄國的崗位。他也拍了一部記錄涅姆佐夫生平的電影。二〇一七年二月，他在涅姆佐夫最後一次當選公職的雅羅斯拉夫爾市放映這部電影。不到兩天後，他再度因為全身器官衰竭入院治療。幸好醫師知道治療方法，這次他沒有昏迷多久就得以甦醒。

致謝

我和兩個人的對話，給了我靈感開始撰寫這本書。奇特拉・拉格哈凡（Chitra Raghavan）當然不會料到，她討論創傷心理的講座會使得我寫下關於蘇聯終結後心理經驗的五百多頁新書。另一方面，阿南德・葛德哈拉哈斯（Anand Giridharadas）在我們第一次見面時就對我說，我應該動手寫這本書，而他確切知道自己在做什麼——但我不相信他會想到我真的聽從了他的建議。無論如何我都感謝他們。

本書的研究與大部份撰寫，因卡內基基金會而得以實現，我在二〇一五至二〇一六年間曾是卡內基全球學人之一。

二〇一六年夏天，我再次有幸成為維也納人文科學研究院（Institute for Human Sciences）的訪問學者，在那兒寫下了本書的將近一半。我享受了學院其他訪問學者及研究員的支持，以及知識上的陪伴：安東・謝霍夫佐夫（Anton Shekhovtsov）、馬克・里拉（Mark Lilla）、塔蒂亞娜・朱爾仁科（Tatiana Zhurzhenko），以及提姆・史奈德（Tim Snyder）和馬爾西・肖爾（Marci Shore）。

我感謝我的編輯蕾貝卡・薩勒坦（Rebecca Saletan），她鼓勵本書非同尋常的結構，對字數也不大驚小怪，直到最後才要我將致謝寫得簡短些。河源出版團隊讓本書得以確切而有型地問世。吉妮・迪靈（Jynne Dilling）、凱倫・梅耶（Karen Mayer）和安娜・賈丁（Anna Jardine），謝謝你們。

我很幸運能擁有伊麗絲・錢尼（Elyse Cheney）和亞歷克斯・雅各布斯（Alex Jacobs）這兩位經紀人。

我感謝和我交談、與我爭論、在我撰寫時讀過部份內容的人——朋友、家人、同事，還有一些幾乎不疑有他的幾近素不相識之人——以及過程中經由其他各種方式幫助我的人：羅傑・貝克維茲（Roger Berkowitz）、卡蘿・德克魯茲（Carol D'Cruz）、大衛・丹伯羅（David Denborough）、羅伯・霍瓦斯、尼古拉斯・李曼（Nicholas Lemann）、伊斯特萬・雷夫（Istvan Rev）、傑克・索爾（Jack Saul）、薇拉・中格利亞（Vera Shengelia）、雪瑞兒・懷特（Cheryl White），還有陪著我完成最近七本著作的伴侶達莉婭・奧列什金娜（Darya Oreshkina）。

但我最感恩的仍是本書的主角們，他們允許我進入他們的人生，用了不知多少個小時回答我毫無道理的詳盡提問。謝謝你們，瑪莉亞・巴隆諾娃、阿列克謝・戈什可夫、謝爾蓋・雅可夫列夫、冉娜・涅姆佐娃、瑪莉娜・阿魯圖里安，以及列夫・古德科夫。

【VISUM】MV0009

偉大的俄羅斯回來了：國族、極權、歷史記憶，人民為何再次臣屬於普丁的國家？

The Future Is History: How Totalitarianism Reclaimed Russia

作　　者❖瑪莎·葛森（Masha Gessen）
譯　　者❖蔡耀緯
封面設計❖許紘維
內頁排版❖張彩梅
總 編 輯❖郭寶秀
責任編輯❖力宏勳
行銷企劃❖許芷瑀

發 行 人❖凃玉雲
出　　版❖馬可孛羅文化
10483台北市中山區民生東路二段141號5樓
電話：(886)2-25007696
發　　行❖英屬蓋曼群島商家庭傳媒股份有限公司城邦分公司
10483台北市中山區民生東路二段141號11樓
客服服務專線：(886)2-25007718；25007719
24小時傳真專線：(886)2-25001990；25001991
服務時間：週一至週五9:00～12:00；13:00～17:00
劃撥帳號：19863813 戶名：書虫股份有限公司
讀者服務信箱：service@readingclub.com.tw
香港發行所❖城邦（香港）出版集團有限公司
香港灣仔駱克道193號東超商業中心1樓
電話：(852)25086231　傳真：(852)25789337
E-mail：hkcite@biznetvigator.com
新馬發行所❖城邦（馬新）出版集團【Cite (M) Sdn. Bhd.(458372U)】
41, Jalan Radin Anum, Bandar Baru Seri Petaling,
57000 Kuala Lumpur, Malaysia
電話：(603)90578822　傳真：(603)90576622
E-mail：services@cite.com.my
輸出印刷❖中原造像股份有限公司
初版一刷❖2020年9月
定　　價❖680元

ISBN：978-986-5509-32-3

城邦讀書花園
www.cite.com.tw

國家圖書館出版品預行編目（CIP）資料

偉大的俄羅斯回來了：國族、極權、歷史記憶，人民為何再次臣屬於普丁的國家？／瑪莎·葛森（Masha Gessen）著；蔡耀緯譯. -- 初版. -- 臺北市：馬可孛羅文化出版：家庭傳媒城邦分公司發行，2020.09
　面；　公分 --（Visum；MV009）
譯自：The Future Is History: How Totalitarianism Reclaimed Russia
ISBN 978-986-5509-32-3（平裝）
1.政治制度　2.俄國史
748.28　　109008693